KB108066

세계은행 부총재 린이푸 교수의

중국 경제 입문

린이푸 저 | 서봉교 역 | 이 근 감수

Demystifying the

CHINESE
ECONOMY

圖書出版 오래

　중국 경제에 대해서 린이푸 교수만큼 잘 알고 있는 사람은 없을 것이다. 그리고 중국 경제의 핵심에 대해서 그보다 더 잘 파악하고 있는 사람도 없을 것이다. 이 책은 중국의 경제 기적에 대한 독창적인 견해와 독보적인 식견을 제공하고 있다.

Barry Eichengreen
George C. Pardee and Helen N. Pardee Professor of Economics and Political Science, University of California, Berkeley

　린이푸 교수의 이 책 "Demystifying the Chinese Economy"는 절묘한 역작이다. 이 책은 몇 가지 측면에서 매우 뛰어나다. 먼저 이 책에는 중국 경제의 지난 수천 년 간의 업적과 침체 그리고 경이로운 부흥에 대한 광범위한 역사적 통찰을 제공하고 있다. 또한 이 책은 개혁개방정책 이후 중국 경제성장의 원동력과 미래의 지속적인 성장 전망을 분석적으로 제시하고 있다. 린이푸 교수는 중국 경제에 대해서 그의 "비교우위 발전전략(Comparative Advantage Following)"의 분석틀을 사용하여 접근하고 있다. 또 이 책에서는 전통적인 신고전학파 이론을 비판적으로 검토하고 있고, 이행경제를 분석할 때 전통적인 신고전학파 이론의 기본적인 개념들이 얼마나 적합하지 않는지를 잘 보여주고 있다.

James J. Heckman
Henry Schultz Distinguished Service Professor of Economics, 2000 Nobel Prize in Economics, University of Chicago

이 책은 중국 경제가 어떻게 전 세계 가장 가난한 국가에서 글로벌 경제 리더로 성장한 거대한 변화를 이룰 수 있었는지 근본적인 의문에 대해서 고민하고 있다. 이것은 우리 세대가 직면하고 있는 가장 중요한 질문이며, 린이푸 교수는 이 질문에 대한 해답을 얻기에 가장 많은 도움을 주고 있다. 이 책에서 그는 중국이 이러한 경제발전을 이룰 수 있었던 원인에 대한 새롭고 중요한 관점들을 제공하고 있다.

Roger Myerson
Glen A. Lloyd Distinguished Service Professor of Economics, 2007 Nobel Prize in Economics, University of Chicago

중국의 실패와 경이로운 성공에 대한 원인을 분석하는 것은 현재의 중국 경제성장을 이해하고자 하는 사람들에게 가장 중요하다는 것은 명확하다. 이런 측면에서 이 책은 매우 중요하다.

Edmund S. Phelps
McVickar Professor of Political Economy, 2006 Nobel Prize in Economics, Columbia University

지난 몇 년간 대학교에서 중국 경제에 대한 강의를 할 때 두 가지 어려움을 겪었다. 하나는 학생들에게 경제학 일반에 대한 지식을 어느 정도나 전달해야 하는가의 문제였고, 다른 하나는 중국의 과거 개혁개방정책에 대한 소개를 어느 정도나 전달해야 하는가의 문제였다.

현재 대학교 중국경제 교과서로 쓰이고 있는 많은 책들은 주로 두 번째인 과거 개혁개방 이후 중국 특색의 정책들을 소개하는 데 주력하고 있다. 역자가 과거 학교에서 열심히 배웠던 것도 그런 것들이 많았다. 중국의 개혁개방 과정은 매우 특이하였고, 여러 정책들의 중국어 용어를 외우는 것은 얼마나 중국 경제를 잘 아는지 판단 기준이 되기도 했다. 하지만 본인의 수업을 듣는 학생들에게 개혁개방 이후의 여러 정책들을 순서대로 외우게 하고, 중국어 용어를 시험에 출제하는 것은 별로 내키지 않았다. 사실 우리 대학생들이 중국 개혁개방의 정책들을 공부하는 것은 미국 대학생들이 한국의 새마을 운동을 공부하는 것과 비슷하지 않을까 하는 생각이 들었기 때문이다.

다른 하나는 중국 경제를 공부하는 학생들이 느끼는 경제학 일반에 대한 어려움이다. 이 문제에 대해서 다른 학교의 교수님들은 강의 초반에 경제학 일반의 강의를 하거나 선수과목으로 경제학을 지정하기도 한다고 한다. 하지만 본인의 수업을 듣는 학생들 중에서 중국어 전공을 하는 학생들이 많은 까닭에 경제학에 대한 이들의 어려움을 잘 이해하고 있다. 뿐만 아니라 본인은 경제학의 모든 것이 중국 경제를 이해하는 데 필요하다고 생각하지도 않는다. 사실 중국 경제를 이해하기 위한 경제학 이론은 경제학 전체 중에서 일부에 불과하고, 그 정도면 충분하다고 생각한다.

이 책을 처음 읽었을 때의 느낌은 중국 경제 교과서로 쓰면 정말 좋겠구나 하는 생각이었다. 무엇보다도 저자인 린이푸 교수는 중국 경제를 가장 잘 이해하고 있는 경제학자라는 것은 자명하다. 물론 최근에 중국 경제를 보다 시사적인 현황들을 중심으로 설명하고 있는 학자들도 많고, 이런 책들도 한국어로 번역되기도 하였다. 하지만 중국 경제를 강의하는 교과서로서 필요한 두 가지 중요한 요소들을 이 책은 가지고 있다. 하나는 중국 경제를 설명하는 방식에서 기본적인 경제학적인 틀을 가지고 설명하고 있다는 점이다. 이 책의 2장이라던가 5장 등은 중국 경제를 강의할 때 경제학의 가장 기본적인 설명방식을 사용하고 있기 때문에, 중국 경제를 배우는 학생들에게 적절한 수준에서 경제학적인 관점에서 문제를 분석하는 역량을 키워줄 수 있을 것이다.

다른 하나는 이 책이 처음부터 끝까지 일관된 하나의 논리인 "비교우위 발전전략"의 중요성이라는 분석틀을 가지고 있다는 것이다. 중국 경제를 설명할 때 옛날에 뭐가 있었고, 그 다음에 뭐가 있었고 하는 형태로 사실들을 나열하고 이를 외우라고 하는 형태가 아니라, 저자의 중국 경제에 대한 과거와 현재와 나아가 미래를 아우르는 넓은 통찰력을 바탕으로 가장 핵심적인 분석틀을 제공하는 것이다. 요즘 학생들을 지도할 때 느끼는 것은 이것 저것 정보는 많이 가지고 있지만, 이를 분석하고 자기의 견해를 말하는 능력이 부족하다는 것이다. 이 책에서 저자가 일관된 논리로 과거와 현재의 정보들을 어떻게 분석하고 이를 바탕으로 미래를 얘기하고 있는지를 공부하는 것은 학생들의 분석 역량을 키워줄 수 있을 것이다.

이 책 번역 과정에서 많은 도움을 준 칭화대학교의 황문우 후배와 대구대학교 민성기 교수에게 고마운 마음을 표시하고 싶다. 번역 과정에서 어색한 표현이 없도록 신경을 썼고, 역자 서문 등을 통해 학생들이 쉽게 이해할 수 있도록 노력하였지만, 그래도 부족한 부분이 적지 않습니다. 많이 이해해 주시고, 개인적으로 지적해 주시면 차후에 수정하도록 하겠습니다.

2012년 7월

서봉교

서 문

이 책은 "중국의 경제성장과 이행"이라는 베이징대학교 강의내용에 기초하여 쓰여졌다. 나는 베이징대학교에서 1993년 중국 경제연구센터(CCER: China Center for Economic Research)를 설립한 이후 매년 이 강의를 했었다.

내가 2008년 6월 세계은행(World Bank)의 수석경제학자이자 부총재가 되었을 때 강의노트를 책으로 엮었고, 2009년 중국어판이 베이징대학교 출판부에서 출간되었다. 그 책은 중국이 18세기 이전의 최고 호황기에서 쇠퇴한 이유와, 그 쇠퇴로부터 벗어나기 위한 중국의 노력들, 그리고 시장이 제대로 기능을 하는 시스템으로 이행하기 위해 필요한 개혁들에 대해 다루고 있었다. 영문판에서 나는 몇 개의 장들을 업데이트하였고, 글로벌 불균형에 관한 단락을 부록으로 추가하였다.

지속적인 경제발전은 끊임없는 기술혁신과 구조전환에 의존한다. 前근대 시기, 기술혁신은 농부들과 수공업자들의 경험에 기반하여 이루어졌다. 이 시기 기술혁신의 속도는 느렸고, 구조전환은 인지되지도 못할 정도로 천천히 진행되었다. 당시 대부분의 사람들은 자급자족 수준의 농업에 종사하였고, 극히 소수만이 지배층이거나 군인, 혹은 수공업자였다. 인구 자체가 많았기 때문에, 중국에는 자연적으로 많은 수의 농부들과 수공업자들이 있었고, 따라서 발명과 기술혁신의 이득도 많았다. 나아가 중국은 비교적 발달된 시장 시스템과 유교 철학과 과거시험이라는 공무원 임용시스템이 유지되고 있었다. 이는 자원배분의 효율성을 높이고, 사회신분적 유동성을 허용하여 국가통합을 촉진시켰다.

이러한 이유로 중국은 매우 오랜 기간 동안 여러 측면에서 세계를 이끌어 나갔다. 하지만 15세기에 서양에서는 수학과 실험으로 대변되는 과학혁명이 발생하였고, 이는 18세기 중반 산업혁명으로 이어졌다. 과학적인 실험이 발명의 기초가 되면서 서양의 기술발전은 매우 놀라울 정도로 가속화되었으며, 이로 인해 구조전환과 경제성장도 빠르게 진행되었다. 아프리카, 아시아, 그리고 라틴아메리카의 많은 나라들은 서구와의 전쟁에서 패배하여 식민지로 전락하였으며, 뒤처지게 되었다.

유교경전에 기반한 과거시험 제도로 인해 중국의 지식인들은 수학과 연구실에서의 실험을 배우는 것에 소극적이었고, 이로 인해 과학과 산업혁명은 중국에서 자발적으로 발생할 수 없었다. 산업혁명이 일어난 이후 수십 년 만에 중국은 더 이상 기술과 경제성장의 선도자가 아니었으며, 오히려 한참 뒤처지게 되었다. 1840년 아편전쟁 이후에 중국은 서구열강에게 반복적인 굴욕을 경험하였고, 국가의 주권은 심각한 위협에 직면하였다.

유교사상의 영향으로 중국의 지식인들은 국가의 번영을 자신들의 책임으로 여겼고, 지도자 계층과 우국지사들이 끊임없이 상황을 개선하기 위해 노력하였다. 하지만 1949년에 중화인민공화국이 수립되기 전까지, 실제로는 1978년 개혁개방 정책이 시작되기 전까지 중국은 빈곤과 낙후성의 굴레를 벗어나지 못하였다.

세계 1차 대전 이후 독립운동이 전 세계적으로 일어났다. 그리고 세계 2차 대전 이후, 과거 식민지였던 아프리카, 아시아, 그리고 라틴아메리카의 여러 나라들이 독립을 쟁취하였다. 중국에서와 마찬가지로 이처럼 새롭게 독립한 국가들은 혁명을 이끈 1세대 지도자들의 지도하에 당시 주류이론에 따라 근대화를 추진하기 시작하였으며, 이를 통해 자본집약형 선진 산업이 발전하기를 희망하였다.

이들 국가에서 우선적으로 발전하고자 했던 산업은 당시 그 나라의 비교우위에 반대되는 것이었고, 개방적이고 경쟁적인 시장에서 유효하지 못한 것이었다. 그런 산업들을 육성하고 지속시키기 위해서 정부는 보호정책과 보조금을 사용할 수밖에 없었고, 이로 인해 시장 시스템은 여러 측면에서 왜곡되었다. 결과적으로 많은 노력들에도 불구하고 경제는 정체되었고 사회적, 정치적 위기가 발생하면서 선진국과의 1인당 소득 격차는 더욱 커지기만 하였다.

　　반면 1970년대 말까지 단지 동아시아의 몇 개 국가만이 선진국을 따라잡는 데 성공하였다. 하지만 1950년대와 1960년대까지도 국제학술계는 이들 동아시아 국가들이 채택했던 시장 중심적이고 수출지향적인 발전전략을 비판하였다. 당시 주류 이론은 추격발전전략이었다.

　　중국이 1970년대 말 개혁을 시작했을 때에도 상황은 마찬가지였다. 중국의 개혁과 개방 정책은 점진주의적인 이원화된 방식으로 추진되었다. 정부는 계획경제 시기 우선순위를 부여했던 중공업 분야의 국유기업에게 보호정책을 계속 제공하였지만, 다른 한편으로는 중국의 경쟁우위에 부합하는 새로운 노동집약적 산업분야에서는 민영기업들의 진입을 허용하였다. 이러한 이원화된 정책들에 대해서 국제학자들은 매우 회의적인 의견을 제시하였다. 그러나 이러한 비판에도 불구하고 중국 경제는 이후 30년 동안 줄곧 높은 경제성장을 지속하는 "중국의 기적"이라는 놀라운 성과를 이루어 냈다.

　　중국이 1970년대 말 개혁개방정책을 시작했을 때, 사회주의나 非사회주의권의 다른 개발도상국에서도 당시 유행하고 있던 "워싱턴 컨센서스"에 기초한 급진적인 개혁정책을 실시하였다. 하지만 그런 국가들의 경제성장 속도는 개혁 이전에 비해 오히려 낮았고, 그 중 많은 국가들이 경제위기나 장기 침체에 빠졌다.

　　이러한 경험은 개도국이나 이행국가에서 경제, 사회, 문화를 발전시키고 정치적인 발전과 전환을 이루어서 현대화를 빠르고 안전하게 실현시키는 적합한 이론은 없다는 것을 보여준다. 왜 이런 것일까? 사회과학자들이 제안하는 이론들은 대부분 그들이 살아온 국가가 형성해왔던 현상들에 기반을 두고 있다. 경제학을 예를 들자. 아담 스미스가 1776년에 근대경제학의 기초를 쌓았던 국부론(*The Wealth of Nations*)을 편찬했을 때부터, 일반적으로 널리 알려진 경제이론들은 대부분이 선진국의 경제학자로부터 제안된, 선진국들이 직면한 현상을 해석하고 문제를 해결하고자 했던 것들이다.

　　그러나 개도국들이 직면한 기회나 도전들은 선진국의 것들과는 다르다. 그러므로 선진국에게 적합한 이론들이 개도국에게도 적용되어야 할 필요는 없는 것이다. 또한 선진국들의 사회경제적 현상과 문제들이 끊임없이 진화되기 때문에, 그들의 지배적인 이론들은 시대에 따라 변하기도 한다. 그러므로 개도국이 선진국의 여러 이론들 중에서 어떤 것을 채택하고자 할 때는 어떤 것을 선택할지 어려움을 겪을 수밖에 없다.

나아가 그들이 그 중 하나를 선택했다고 하더라도, 자신들의 상황에 맞지 않을 수도 있는 것이다. 사회과학은 본질적으로 인과관계라는 단순한 논리적인 체계이다. 그 이론이 특정 국가에 적용할 수 있는지는 그 국가의 사회경제적인 조건이 그 이론에서 설정하는 가정과 일치하는지 여부에 기반하고 있다. 일반적으로 오직 그 나라의 학자들만이 그 나라의 역사, 문화 그리고 현실에 대해서 가장 잘 알고 있기 때문에 여러 다양하고 복잡한 사회경제적인 조건들 중에서 핵심 변수들을 찾아낼 수 있고, 문제의 원인을 설명하고 결과를 예측하는 단순한 논리 체계를 만들 수 있다.

그러므로 중국과 다른 개도국들의 지식인들은 정치, 경제, 그리고 다른 사회적 측면의 것들을 포함한 그들 국가에 관한 모든 측면에 대한 이해의 수준을 높일 필요가 있다. 그러한 이해들을 통해 그들 국가의 현대화에 필요한 본질, 리스크, 그리고 기회들을 아우르는 창조적인 이론 체계를 만들어낼 수 있을 것이다. 이 책은 이러한 목적을 위한 시도라 할 수 있다. 중국의 성공과 과거의 실패를 설명하는 이 책을 통해서 중국뿐만 아니라 다른 개도국의 미래 발전에도 기여할 수 있길 바란다.

Contents

이 책의 **차례**

제13장 신고전학파 경제이론에 대한 고찰

제01장

중국 경제성장의 기회와 도전

중국 경제성장의 기회와 도전

제1장

중국은 근대 이전 천년 이상 전 세계에서 가장 발달한 강대국 중의 하나였다. 19세기까지도 중국은 세계경제에서 상당한 위치를 차지하고 있었다. 저명한 경제사 전문가인 메디슨(Angus Maddison[1])에 따르면 1820년 중국은 전세계 GDP의 1/3을 차지하고 있었다(〈그림 1-1〉). 하지만 18세기 산업혁명(Industrial Revolution)으로 서구 국가들이 빠르게 성장한 반면 중국은 낙후되었다. 중국의 경제력이 약화된 이후 서구 국가들에게 여러 차례 패배하면서 반식민지로 전락하였다. 전 세계 20여 국가들에게 무역항의 치외법권을 양보하였고, 관세 수입은 외국인들이 통제하였다. 영국, 일본, 러시아에게는 조차지를 할양하기도 하였다.

1840년 아편전쟁에서 패배한 이후 중국의 지식인들은 중국이 다시 예전처럼 강력하고 존경받는 국가가 되게 하기 위해 많은 노력을 기울였다. 하지만 그들의 노력은 별다른 성과를 거두지 못하였다. 전 세계 GDP에서 중국이 차지하는 비중

---

[1] Angus Maddison(1926~2010)은 영국 경제학자로 경제성장과 경제발전을 중심으로 경제사를 연구하였다(역자 주).

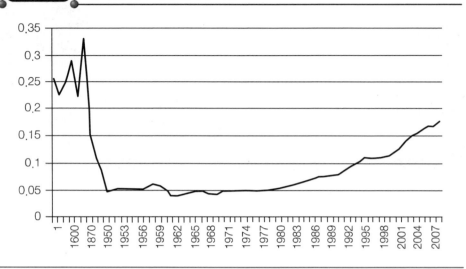

자료: Groningen Growth and Development Centre, 2008.

은 1979년 5%까지 감소하였다(〈그림 1-1〉).

　　이러한 중국의 경제상황이 극적으로 변화되기 시작한 것은 1970년대 말 이후였다. 중국은 이때부터 개혁개방정책(改革開放: reform and opening strategy)을 실시하였다. 개혁개방정책 이후 중국의 경제성과는 경이로운 수준이었다. 30년 이상 연평균 GDP 성장률이 9.9%를 넘었고, 무역 증가율은 16.3%를 기록하였다.

　　1979년 당시 중국의 1인당 국민소득은 210달러밖에 되지 않아 전 세계에서 가장 가난한 나라였다. 이는 사하라 사막 남쪽의 아프리카 최빈국들의 1인당 소득 평균의 1/3밖에 되지 않는 수준이었다. 하지만 중국은 2009년 1인당 GDP가 3,744 달러에 달해 중진국 수준으로 성장하였다.

　　2010년에는 일본을 제치고 세계 2위의 경제대국으로 성장하였고, 독일을 제치고 세계 1위의 수출국이 되었다. 또한 현재 중국은 세계 1위의 자동차 생산국이며, 상하이는 2005년 이래 전 세계에서 물동량이 가장 많은 항구이다. 중국이 현재의 성장세를 유지한다면 2030년, 혹은 그보다 더 이른 시기에 다시 전 세계에서 가장

강력한 경제대국이 될 것이다.[2]

이 장에서는 이러한 역사적인 배경보다는 현재 중국 경제성장의 기회와 도전에 포커스를 맞추고자 한다. 이를 통해 다음 장에 이어질 다음의 다섯 가지 질문에 답하기 위한 기초를 확립할 수 있을 것이다.

1) 왜 산업혁명 이전에 가장 발달했던 강대국 중국이 산업혁명 이후 서구 국가들에게 뒤처지게 되었는가?

2) 왜 중국은 1970년대 후반의 개혁개방정책 이전에는 경제적 성과가 그렇게 나빴고, 이후에는 기적같은 성장을 이루어 냈는가?

3) 왜 중국은 개혁개방정책을 추진하는 과정에서 경기변동 사이클로 어려움을 겪었고, 금융시스템이 부실해졌고, 국유기업 개혁이 어려움을 겪었고, 지역간 소득격차와 소득 불평등이 확대되었는가?

4) 중국이 21세기에도 지속적으로 고성장을 달성하기 위해서는 어떤 측면을 개혁해야만 하는가?

5) 중국의 경제성장은 진짜인가? 환율은 어떻게 될 것인가? 사회주의 신농촌 건설이나 조화사회(和諧社會)와 같은 당면한 과제들은 어떻게 될 것인가?

나는 중국과 다른 국가들의 경제 개혁과 발전에 대한 성공과 실패 요인들을 분석하면서 나름의 체계적인 경제이행(economic transition[3])과 경제성장에 대한 이론을 구축할 수 있었다. 나는 이 이론을 바탕으로 중국이 개혁개방 과정에서 이룩한 성과 및 사회 경제적인 문제들, 그리고 이러한 문제들의 원인을 분석하였고 나아가 그 해결책들을 제시하고자 한다.

---

[2] World Bank, 2011.

[3] 이행경제(移行經濟: transition economy)란 소련과 동유럽의 사회주의 국가들이나 중국 등의 사회주의 경제에서 자본주의 경제로 변화되는 과정에 있는 과도기의 경제를 지칭하였다(역자 주).

1 개혁개방정책의 성과

중국의 운명이 바뀐 것은 1978년 12월 중국 공산당 11차 3중전회(十一 三中全會)[4]의 결정으로 개혁개방정책을 시작한 이후이다. 이때부터 중국은 경제 시스템을 개혁하였고, 대외무역을 확대하였다. 일반적으로 한 국가의 개방 정도는 GDP 대비 대외무역(수출과 수입의 합)의 비율로 표시되며, 이를 "무역 의존도(foreign trade dependency ratio)"라고 한다. 중국의 대외무역 규모는 1978년 208억 달러로 대만보다도 12%가 작았다. 당시 중국의 수입은 GDP의 4.8%에 불과하였고, 수출은 4.7%로 수출과 수입의 합은 GDP 대비 9.5%에 불과하였다.[5]

중국 개혁개방 정책의 총설계자였던 덩샤오핑(鄧小平)은 개혁개방정책을 시작하면서 20세기 말까지 GDP를 4배로 확대하겠다는 경제성장 목표를 제시하였다. 이를 달성하기 위해서는 연평균 경제성장률이 7.2%를 넘어야만 했다. 당시 베이징대학교의 대다수 경제학자들은 그 목표의 실현 가능성에 대해서 상당히 의구심을 표명하였다. 왜냐하면 당시 일반적으로 통용되었던 경제성장 이론에서는 어떤 국가도 장기 성장률 평균이 7%를 넘을 수 없다고 알려졌기 때문이다. 오직 대규모 전쟁이나 자연재해 이후에만 예외적으로 그러한 성장률이 가능하다고 알려졌다. 물론 일본과 아시아의 네 마리 호랑이들도 1960년대 이래 20여 년간 7% 이상의 성장률을 달성하였으나, 그들의 경제적 성과는 동아시아의 기적이라는 아주 예외적인 사건으로 취급되었다.

더구나 1978년 말 중국의 인구는 10억 명이었는데, 그 중 80%가 농부였으며 그들 대다수는 문맹이었다. 그렇기 때문에 가난하고 낙후되었던 중국이 20여 년간 7.2%의 경제성장 속도를 유지할 수 있을 것이라고 믿기가 어려웠던 것이다. 심지어는 옛날 중국 격언에 있듯이 "최상을 얻기 위해 노력하면 적어도 중간은 얻고,

---

4 덩샤오핑을 중심으로 중국 공산당 11차 전국대표대회에서 선출된 11기 중앙위원회의 세 번째 전체회의를 지칭한다(역자 주).

5 중국국가통계국.

중간을 얻기 위해 노력하면 기껏해야 조금밖에 얻지 못한다"는 말이 있듯이 GDP를 네 배로 확대한다는 것은 실현 가능한 목표라기보다는 단지 구호에 불과한 것으로 인식되기도 하였다.

하지만 20년이 지난 이후 덩샤오핑의 목표는 오히려 너무나 낮게 설정되었던 것으로 판명되었다. 주지하다시피 1979년부터 2009년까지 30년간 중국의 연평균 경제성장률은 9.9%로 당초 목표였던 7.2%보다 2.7% 포인트나 높았다.[6] 이 차이는 일견 작아 보이지만 경제 규모로 환산하면 1978년의 18.6배가 되어 7.2%의 경제성장률로 달성할 수 있는 목표의 두 배 이상이 되는 것이다. 그리고 1978년 이래 대외무역의 연평균 증가율은 16.3%로 GDP 연평균 성장률보다 6.4% 포인트가 높았다. 2009년까지 대외무역 규모는 2조 2,070억 달러로 30년 사이에 107배가 증가하였다.[7] 덩샤오핑은 진정 위대한 비전을 가진 정치가였던 것이다. 불가능해 보였던 목표를 제시하고 그의 야심찬 목표가 실현 가능하다는 것을 증명하였다.

내가 시카고 대학교에서 박사 학위를 받고 예일 대학교에서 박사후 과정을 1년 마친 뒤 1987년 베이징 대학교로 돌아왔을 때, 중국은 무역을 통해 "세계경제 순환 체제"에 편입하는 국제화 전략[8]을 추진하고 있었다. 그 구체적인 내용은 "가공수출을 장려하고 원자재의 수입을 장려하기(大進大出)", "원료, 설비, 샘플의 수입과 보상무역의 장려(三來一補[9])" 등을 통한 가공무역 전략을 추진하는 것이다. 이 전략을 접하고 나는 엄청난 충격을 받았다. 만약 중국이 세계경제 순환 체제에 참여하게 된다면 대외무역 의존도는 얼마나 높아질 수 있을까?

대외무역 의존도는 아시아의 4마리 호랑이 같은 소규모 경제에서는 매우 높아서 심지어 100% 이상이 되기도 한다. 하지만 보다 경제규모가 큰 나라에서는 일

---

6 중국국가통계국.

7 중국국가통계국.

8 세계경제의 순환체제 편입 전략이라는 것은 왕젠 박사에 의해서 주창된 경제발전 전략이다. 그는 중국의 연해지역에서 노동집약적, 수출 지향형 산업을 육성하는 형태로 개방정책을 추진하는 것을 옹호하였다. 이를 통해 농촌 지역의 잉여 노동력을 흡수하고 중국 경제의 발전을 추진할 수 있는 외화를 확보할 수 있기 때문이다.

9 삼래(三来)는 원료제공 방식(来料加工), 넉다운(knock-down) 수출방식(来件装配), 샘플제공 방식(来样加工)을, 일보(一补)는 보상무역을 가리킨다(역자 주).

반적으로 훨씬 낮다. 세계은행의 세계 발전보고(World Development Report)에 따르면 인구규모가 1억 명이 넘는 나라들 중에서는 인도네시아의 대외무역 의존도가 1984년 23%로 높은 편이었다.[10] 당시 나는 중국이 매우 열심히 한다면 좀 더 높은 수준인 25% 정도는 될 수 있을 것이라고 생각했다. 하지만 많은 사람들 특히 내가 공부했던 미국에서는 중국을 과소평가하였고, 중국의 상황을 이해하지 못하였다. 중국의 대외무역 의존도는 1978년 9.5%에서 1984년 16%로 증가하였다. 같은 기간 미국의 대외무역 의존도는 15.2%였고, 일본은 23.9%였다.[11] 따라서 많은 사람들은 무역 의존도 25%라는 것이 중국의 새로운 정책하에서도 실현 가능한 목표가 아니라고 생각하였다. 하지만 나의 예측은 덩샤오핑이 1978년 중국 경제성장에 대해 예측했던 것과 마찬가지로 매우 보수적으로 예측했던 것으로 판명되었다. 2008년 중국의 대외무역 의존도는 62%나 되었다.

대외무역의 성장뿐만 아니라 중국은 외국인 투자도 활발하게 유치하였다. 2008년 중국으로의 외국인직접투자 유입(FDI: Foreign Direct Investment)은 6,920억 달러로 미국에 이어 세계 2위의 투자대상국이 되었다. 그리고 지속적인 경제성장과 무역의 확대로 중국은 3조 달러라는 세계에서 가장 많은 외환보유고를 가지고 있으며 이를 통해 세계 무대에서 중국의 협상력을 높이고 있다.

❷ 세계경제의 안정화와 성장원동력 제공

개혁개방 이후 중국경제의 급성장은 중국 국내뿐만 아니라 전 세계에 많은 영향을 미쳤다. 중국 국내적으로 나타난 현상은 삶의 질이 극적으로 향상된 것이다. 1980년대 해외 체류 중국인이 중국으로 돌아올 때 3가지 물건에 대해서 관세를 면제해 주었다. 해외 체류 기간이 반년 이상이 되면 6가지 물건에 관세가 면제되었다. 내가 1987년 중국으로 돌아올 준비를 할 때에는 해외에서 학위를 취득한 사람의 귀향을 장려하기 위해서 8가지 물건에 대해서 관세를 면제시켜 주었다. 내

---

10 World Bank 1986.

11 World Bank 1986.

가 선택한 8가지 물건에는 컬러 TV, 냉장고, 세탁기, 전기히터, 그리고 가족들 네 명의 선풍기 한 대씩이 포함되었다. 당시에만 해도 언젠가 도시의 모든 사무실과 집안에 에어컨이 장착될 것이라고는 생각도 하지 못했다.

화이트칼라 계층뿐만 아니라 농민들의 삶의 질도 극적으로 개선되었다. 1978년 전체 인구의 30% 이상에 달했던 2억 5,000만 농민들이 빈곤층에 속해 생산과 삶의 유지를 위해 빚을 질 수밖에 없었다. 하지만 2009년에는 이런 빈곤층의 수가 3,600만 명으로 감소하였다.[12]

중국 사람들만이 개혁개방 정책의 혜택을 누린 것은 아니다. 중국산 소비재와 생필품 수출품은 저렴하면서도 품질이 우수하였기 때문에 이를 수입하는 많은 나라들의 저소득층 주민들의 생활수준 향상에도 크게 기여하였다.

중국이 세계경제의 안정화에 기여한 또 다른 사례는 1997년 10월 동아시아 금융위기의 극복 과정에서 찾아볼 수 있다. 금융위기 기간 동안 동아시아 지역의 통화는 연쇄적으로 평가절하되었다. 한국의 원화는 달러당 770원에서 위기 이후 달러당 1,700원까지 절하되었다. 태국의 바트화는 달러당 25에서 54로, 인도네시아의 루피화는 달러당 2,203에서 1만1,950으로 절하되었다.[13] 동아시아 경제는 경제성장 단계나 수출상품의 구성 측면에서 중국과 유사하였다. 동아시아 지역 국가의 평가절하로 그들의 수출품이 세계시장에서 싼 값으로 판매되면서 중국의 수출은 큰 타격을 받았다. 당시 중국에게 수출은 매우 중요한 의미를 가졌기 때문에 글로벌 금융기관들은 중국 역시 동아시아 다른 국가들과 마찬가지로 위안화를 평가절하할 것이라고 예측하였다. 그렇지만 위안화까지 평가절하하게 되면 이는 다시 동아시아 다른 국가 통화의 "경쟁적인 평가절하(competitive devaluations)"로 이어져 위기를 겪고 있던 국가들을 더욱 어렵게 만들 수 있었다.

당시 동아시아 지역의 경제 예측은 미국의 1929년 대공황 시기보다 더욱 암울했었다. 많은 국제경제와 금융계 인사들은 동아시아 경제가 10년 또는 그 이상 회복하기 힘들 것이라고 예측하였다. 때문에 전 세계는 중국이 과연 평가절하를

---

12 중국국가통계국.

13 Thomson/Datastream.

할 것인지를 주시하였다. 하지만 이러한 의구심에도 불구하고 중국은 주변국의 경제적 안정을 더욱 중요하게 생각하였고 위안화의 평가절하를 허용하지 않겠다고 공언하였다. 그리고 그 약속을 지켜내면서 동아시아 국가들의 빠른 경제회복에 기여하였다. 그렇다면 무엇이 이 약속을 지켜낼 수 있도록 하였는가? 바로 중국이 개혁개방정책을 추진하는 과정에서 축적한 막대한 외환보유고(foreign reserves)가 이를 가능하게 하였다.

이와 비슷한 경우는 2008년 9월 리만 브라더스(Lehman Brothers)의 파산에서 촉발된 글로벌 금융위기가 발생하였을 때도 나타났다. 중국은 재정적인 여유와 외환보유고가 충분하였기 때문에 글로벌 금융위기 이후 즉각적으로 6,850억 달러에 달하는 경기부양정책을 실시하였다. 이에 따라 중국경제는 2009년 1/4분기 이후 빠르게 회복되기 시작하였다. 중국의 GDP 성장률은 2009년 9.1%에서 2010년 10.1%로 높아졌다. 또한 세계경제 성장에서 중국의 기여도는 2009년 2.2%에서 2010년 3.9%로 높아졌다. 글로벌 금융위기 과정에서 중국경제의 빠른 성장은 세계경제 회복의 중요한 원동력이었다.

사실 중국의 경제성장은 주변 국가들뿐만 아니라 멀리 떨어져 있는 나라들에게도 많은 혜택을 제공하였다. 2000년에서 2007년 사이에 아프리카 국가들의 2/3가 5.5% 이상의 경제성장률을 기록하였는데, 특히 1/3 정도는 성장률이 7%에 달하였다. 이러한 아프리카 경제의 예상치 못한 급성장에서 중국의 기여도가 적지 않았다. 중국이 원자재를 대량으로 수입하면서 세계시장의 원자재 가격이 상승하였기 때문에 아프리카 자원부국들의 경제성장에 유리한 환경이 조성되었던 것이다.

이는 아시아와 라틴 아메리카의 경우에도 마찬가지였다. 일본의 신일본제철은 1950년대와 1960년대 급격한 성장을 하였으나, 1970년대 이후 일본 철강산업의 쇠퇴 이후 수익성이 악화되기 시작하였다. 하지만 2000년대 이 회사의 수익성은 다시 개선되었다. 가장 중요한 이유는 중국이 대량으로 철강을 수입하면서 국제 철강가격이 상승한 것이다. 아르헨티나, 브라질, 칠레 그리고 다른 라틴아메리카 국가들 역시 중국과의 무역을 통해 많은 혜택을 누릴 수 있었다.

중국은 이제 세계경제 성장의 중요한 원동력이 되었다. 1980년대와 1990년대

그림 1-2 세계경제 성장 기여도 상위 5개 국가, 1980~2009

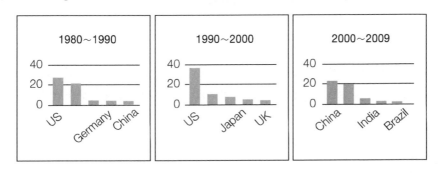

자료: World Development Indicators를 통해 저자가 계산.

세계경제 성장에 대한 기여도가 가장 큰 국가들은 대부분 선진 G7 국가들이었다. 그렇지만 이 기간 동안 중국의 기여도는 매우 빠르게 상승하였는데, 초기에 미국 기여도의 13.4%밖에 되지 않았지만 나중에는 26.7%로 상승하였다. 더구나 2000년에서 2009년 중국은 전 세계 성장 기여도가 가장 높은 국가가 되었으며, 미국의 기여도보다 4% 포인트나 높았다.

하지만 지난 30년 간의 이러한 급격한 성장에도 불구하고 중국의 1인당 GDP는 2009년 3,650달러에 불과하다. 이는 미국 1인당 GDP의 8%밖에 되지 않는 수치이다. 1인당 소득에서도 중국은 다른 선진국들에 비해 많이 뒤처져 있다. 이러한 선진국과의 1인당 소득격차는 중국이 지속적으로 경제성장을 하고 도시와 농촌에서의 일자리 창출을 통해서만 줄일 수 있다.

개혁이 일부 사람들의 이익을 침해할 수 있고, 이로 인해 사회적인 긴장이 조성될 수 있다. 하지만 중국은 개혁과정을 통해 구소련이나 동유럽의 실패를 반복하지 않았기 때문에 전면적인 사회 혼란은 피할 수 있었다. 왜냐하면 중국정부가 급속한 경제성장으로 창출된 부를 이용하여 이익을 침해받은 집단에게 보상을 해줄 수 있었기 때문이다.

❸ 중국의 지속적인 경제성장 잠재력

1) 경제성장의 결정 요인

18세기 산업혁명(Industrial Revolution) 이전, 전 세계의 경제성장률은 연평균 0.05%도 되지 않을 만큼 낮았다. 산업혁명 이후 성장률은 높아졌지만 매우 불균등하였다. 국가간의 성장률 격차는 매우 컸으며, 1~2개 국가가 세계경제 성장의 견인차가 되었다. 첫 번째 견인차 역할을 담당했던 국가는 산업혁명이 처음 시작된 영국이었다. 하지만 영국은 19세기 말과 세계 1차 대전 사이에 미국에게 그 자리를 내어 주어야 했다. 세계 2차 대전 이후에는 일본과 독일의 경제성장이 매우 빨라서 세계경제 성장에 새로운 활력소가 되었다.

그러나 21세기에는 이들 네 선진국들은 새로운 성장 원동력을 찾는 것에 많은 어려움을 겪고 있다. 또한 이들 국가의 여러 정치 사회적 이슈들이 경제성장을 제약하고 있다. 이런 상황에서 중국은 새로운 세계경제의 성장엔진으로 등장하였다. 중국이라는 새로운 기관차가 얼마나 잘 달려 나갈 수 있을 것인가는 결국 그 연료인 성장 잠재력이 어느 정도인가에 달려 있다.

중국의 경제성장 잠재력에 대해서는 매우 다양한 의견이 존재하지만, 전형적으로는 두 가지 유형으로 분류할 수 있다. 하나는 중국이 2030년 혹은 그 이전에 미국을 따라 잡을 수 있다는 견해이다. 반면 다른 하나는 중국 경제가 언제라도 붕괴할 것이라는 것이다.[14] 어느 쪽 의견이 옳은가? 이에 대한 해답을 얻기 위해서는 경제성장의 핵심적인 요인들을 이해하는 것이 필요하다. 생산함수(production functions)의 관점에서 경제성장은 다음과 같은 요인들에 의해 결정된다.

(가) 생산요소의 증가

경제학에서 생산요소에는 자원(resource), 노동(labor) 그리고 자본(capital)이 포함된다. 생산요소의 투입이 증가하면 산출물도 증가한다. 하지만 현대사회에서 자

---

14 Chang(2001)이 이러한 견해의 대표적인 경우이다.

연자원은 지역단위로 제한되기 때문은 이들은 고정된 것으로 취급된다. 노동의 투입증가는 인구증가율로 제한된다. 따라서 자본만이 이들 생산요소 중에서 가장 중요한 변수이다. 더구나 중국은 개혁개방 정책을 실시한 이래 저축과 투자가 매년 GDP의 40% 이상을 차지하였다. 반면 어떤 나라에서는 저축과 투자의 비율이 GDP의 10% 정도에 머물고 있으며, 아프리카 같은 나라에서는 0%에 가깝다. 따라서 생산요소 중에서 자본이 경제성장의 가장 중요한 요소이다.

(나) 산업구조의 고도화

동일한 생산요소라고 하더라도 만약 더 부가가치가 높은 산업에 투자될 수 있다면 산출물은 증가한다. 따라서 산업구조 역시 국가의 경제성장에 영향을 미친다. 생산요소를 부가가치가 높은 산업으로 이전하는 것을 통해 경제는 생산요소의 추가적인 투입 없이도 성장할 수 있다.

(다) 기술의 진보

기술은 또 하나의 중요한 생산요소이다. 기술의 진보는 생산성의 증가를 의미하기 때문이다. 따라서 산업구조나 생산요소의 투입에 변화가 없더라도 기술이 발전하면 경제성장률이 높아진다.

(라) 제도의 개선

앞서 설명한 생산요소, 산업구조, 기술을 가지고 가장 이상적인 상태에서 한 경제가 생산할 수 있는 최대의 산출물을 생산가능경계(production-possibility frontier)라고 한다. 어떤 국가의 경제가 어떻게 이런 생산 최대치에 근접할 수 있는가의 여부는 그 국가의 제도(institutions)에 달려 있다. 제도의 개선을 통해 노동의 적극성을 높이고, 생산요소의 효율성을 높이고, 적절한 기술을 채택하게 할 수 있기 때문이다.

한편 이러한 4가지 요소 중에서는 기술진보가 가장 중요한 요소이다. 나머지 3가지 요소들은 일정 정도 기술의 변화속도에 제약을 받기 때문이다.

2) 기술혁신의 중요성

(가) 기술진보와 자본축적

먼저 기술진보의 중요성을 자본축적과의 관계를 통해 살펴보자. 토지와 자연 자원은 고정되어 있는 것이고, 노동의 증가도 다소 제한되어 있다. 만약 기술진보가 없다면, 비록 자본축적이 빠른 속도로 진행되더라도 한계수익체감의 법칙(law of diminishing marginal returns)[15]에 따라 수익률은 감소한다. 따라서 자본을 더 많이 축적하고자 하는 유인도 점차 줄어들게 된다. 오로지 기술진보가 일정 속도를 유지해야만 한계수익체감 효과를 약화시키고 지속적으로 자본을 축적하고자 하는 열의를 유지시킬 수 있는 것이다.

노벨 경제학 수상자인 슐츠(Theodore Schultz)는 이와 관련하여 매우 흥미로운 논문을 발표하였다. 그가 노벨상을 받는 데 기여했던 책 중의 하나인 "전통 농업의 변신(*Transforming Traditional Agriculture*)[16]"에서의 내용이다. 이 책이 출간되기 전까지 대부분의 경제학자들은 전통 농업사회의 농부들은 합리적이지 않다고 생각하였다. 왜냐하면 전통 농업사회의 농부들이 자신들의 돈을 저축하여 자본을 축적하지 않았기 때문이다. 반면 현대 농업사회의 농부들은 합리적이라고 주장하였는데, 왜냐하면 저축을 하고 이 돈으로 투자를 하기 때문이다. 예를 들면 현대 미국 농부들은 평균 100만 달러(11억원) 이상을 농기계 부문에 투자한다. 당시 많은 경제학자들이 이런 논리를 바탕으로 전통사회의 농부들이 가난했던 가장 중요한 원인이 그들이 비합리적이어서 자본을 축적하지 않았기 때문이었다고 결론 내렸다.

반면 슐츠 교수는 이 문제에 대해 전혀 다른 의견을 제시하였다. 그는 전통사회에서도 농부들의 선택은 당시의 기준에서는 실제로는 매우 합리적이었다고 주장하였다. 왜냐하면 과거에는 기술진보가 매우 느리게 진행되었기 때문에 당시 농부들의 저축과 투자는 균형을 이루고 있었기 때문이다. 기술진보가 정체되어 있는

---

15 기술수준이 일정할 때 자본과 노동 중 한 요소를 일정하게 두고 다른 한 요소의 투입을 증가시키면, 그 투입 요소가 한 단위 증가할 때마다 증가되는 산출물의 증가분이 점차 감소한다(역자 주).
16 Schultz 1964.

상황에서 자본을 축적하기 위해서는 허리띠를 졸라 매고 저축을 해야 했고 그것은 오히려 생산성을 감소시키는 것이었다. 이득은 없이 비용만 증가시키는 것이었다.

간단한 예를 들어보자. 중국 농부는 쌀과 밀을 기르고 추수를 할 때 낫을 사용하였다. 전통 농업사회에서 농부들은 각자 하나의 낫을 사용하였다. 당시의 투자라는 것은 낫을 하나 더 구매하는 것을 의미했다. 하지만 추수할 때 두 개의 낫을 사용한다는 것은 전혀 효율적이지 않았다. 그래서 대부분의 농부들은 단지 예전에 쓰던 낫이 부러지거나 거의 쓸 수 없을 때가 된 이후에 새로운 낫을 살 정도로만 저축을 하였다. 그것이 과거 전통사회에서 농부들이 저축을 하지 않은 선택이 현명했다는 이유다. 이러한 상황이 변화되기 위해서는 농부들에게 새롭고 더 나은 기술이 제공되어서 투자를 통해 더 많은 수익을 창출할 수 있는 기회가 생겨야만 했다. 이런 경우에야 자본축적에 대한 열망이 증가할 수 있었다.

(나) 기술진보와 산업 고도화

기술진보의 중요성은 산업 고도화에서도 살펴볼 수 있다. 새로운 기술이 없다면 더 많은 가치를 창출할 수 있는 새로운 산업이 생겨날 수 없기 때문에 산업 고도화도 불가능하다. 오늘날의 전기전자나 바이오 엔지니어링과 같은 대부분의 고부가가치 산업들은 발명과 혁신 그리고 새로운 기술의 결과들이다. 끊임없는 기술혁신만이 고부가가치를 창출하는 새로운 산업으로 연결된다. 기술혁신을 통해 높은 수익을 창출할 가능성이 존재해야만 이러한 신흥 산업분야에 대한 비즈니스 활동 투자가 지속되고, 결과적으로 산업구조가 고도화되는 것이다.

(다) 기술진보와 제도 발달

자본축적과 산업고도화, 그리고 기술진보가 이윤을 추구하는 과정에서 능동적으로 진행되는 것과 달리 제도의 발달은 수동적으로 이루어지는 과정이다. 따라서 제도는 독립적으로 판단될 수 없는 것이다. 마르크스(Marx)가 밝혔듯이 상부구조를 결정하는 기본이면서 상부구조의 일부인 제도는 실물경제 조건에 순응해야만 한다. 앞에서 말했듯이 기술의 변화는 상부구조의 다양한 변화를 야기하여 결국 제도의 변화로 이어진다. 따라서 기술진보는 제도 발달의 전제조건이다.

요약하자면 경제성장의 잠재력은 결정적으로 기술혁신에 의해서 결정된다. 메디슨의 책 "세계 경제(*The World Economy*)"[17]에 따르면 18세기 이전의 천 년간, 가장 발달된 유럽에서 조차도 1인당 GDP 연평균 성장률은 고작 0.05%였다. 이는 1인당 소득이 두 배로 증가하기 위해서는 1,400년이 필요했다는 것을 의미한다. 반면 산업혁명 이후 18세기와 19세기 유럽의 경제성장률은 빠르게 상승하여 1인당 소득의 연평균 성장률은 1%로 증가하였다. 이는 1인당 소득이 두 배가 되는 시간이 70년밖에 걸리지 않게 되었다는 것을 의미한다.

20세기가 되면서 1인당 소득의 증가율은 2%로 상승하였는데, 이는 산업혁명 이전에 비해 40배가 증가한 것이다. 이에 따라 1인당 소득이 두 배로 증가하는데 고작 35년, 즉 한 세대 정도밖에 걸리지 않게 되었다. 이와 같은 경천동지할 변화는 경제성장에서 기술혁신의 핵심적인 역할을 잘 보여준다. 따라서 중국의 향후 성장 잠재력을 이해하기 위해서는 중국의 기술혁신 가능성을 살펴보아야 한다.

3) 기술혁신의 두 가지 방법: 도입과 연구개발

기술혁신에는 크게 두 가지 종류가 있는데, 하나는 제품혁신이고 다른 하나는 생산공정(process)의 혁신이다. 제품혁신은 컴퓨터가 주판을 대신하였듯이 새로운 상품이 옛날 상품을 대체하는 것을 의미한다. 반면 공정혁신은 상품은 그대로 남아 있지만 이를 생산하는 방식이 비용이 훨씬 적게 들고 효율적인 방식으로 바뀌는 것을 의미한다. 포드 자동차는 공정혁신의 좋은 사례이다. 포드는 전통적인 수공예 방식을 효율적인 조립공정 라인방식으로 대체하여 일반인들이 쉽게 자동차를 구매할 수 있도록 하였다.

제품과 공정의 혁신을 가능하게 하는 방법은 두 가지가 있는데, 하나는 국내의 연구개발(R&D)을 통한 자체개발이고 다른 하나는 해외로부터의 기술도입이다.[18] 기술혁신이라는 것은 반드시 가장 최신의 기술이 포함되어야 하는 것은 아

---

17 Maddison, 2006.

18 기술변화와 혁신에 대한 자세한 내용은 Ji Shu Chuang Xin, Fa Zhan Jie Duan Yu Zhan Lue Xuan Ze, *Technology Innovation, Development Phase and Strategic Choice*(Lin, 2004) 참조.

니다. 오히려 서로 다른 상황에 있는 나라들은 서로 다른 혁신방법을 채택하는 경향이 있다. 미국, 일본, 독일과 같이 1인당 소득이 높고 최첨단 기술을 가진 선진국에서는 자체적인 연구개발만이 유일한 기술혁신의 방법이다. 하지만 선진국에 비해 뒤쳐진 개발도상국에서는 대부분의 산업에서 기술혁신의 방법에 기술을 해외에서 수입하거나, 복제하거나, 특허를 구매하는 형태가 포함되어 있다.

그렇다면 자체적인 연구개발과 해외로부터의 도입 중 어떤 방법이 더 좋은가? 이 질문에 대해서 서로 다른 산업의 다른 직종에 종사하는 사람들이 서로 다른 대답을 할 것이다. 연구개발에서 중요한 역할을 담당하는 연구자들은 연구개발의 구체적인 성과나 연구개발 과정에서의 경험을 중시한다. 반면 그 결과를 상업화하는 것이나, 얼마나 많은 자금을 연구개발 기관이나 회사의 연구개발 파트에 투입해야 하는지에 대해서는 관심을 적게 가진다. 그들에게는 연구개발의 결과는 언제나 긍정적이다. 반면 기술도입에서는 그들의 역할이 훨씬 적기 때문에 그들 대부분은 본질적으로 자체적인 연구개발을 선호한다.

반면 비용과 이익에 관심이 있는 대부분의 경제학자들과 기업가들은 아마 다른 대답을 할 것이다. 그들은 연구개발의 두 가지 측면에 주목한다. 첫째, 연구개발에 투입되는 자금은 엄청나다. 예를 들면 IBM이나 인텔의 연구개발 비용은 매년 수십억 달러에 달한다. 둘째, 연구개발의 성공 확률은 극히 낮다. 대부분의 연구에서 99%는 실패하고 성공하는 확률은 1%에 불과하다. 나아가 그 연구개발의 결과물이 시장성이 있을 것이라는 보증도 없다. 물론 기술혁신이 성공하면 그 결과물은 특허기간 동안에 엄청난 가치를 창출한다. 이로 인해 많은 기업가들이 1%의 성공 뒤에 존재하는 실패한 99%의 리스크과 이에 따른 엄청난 비용을 곧잘 잊어버리곤 한다. 중국의 옛날 속담에도 "위대한 장군의 평판은 수억 명의 썩은 뼈로 만들어진다"라는 말이 있다. 사람들은 수억 명의 죽은 병사들에 대해서는 잊어버리고 장군에게 박수갈채를 보내는 것이다.

기술혁신의 두 가지 방법에는 각기 장점과 단점이 있기 때문에, 그 판단은 결국 그 나라의 구체적인 상황에 바탕을 두고 결정되어야 한다. 중국과 같은 개발도상국에서는 선진국으로부터의 기술도입이 일반적으로 선호된다. 대부분의 경우 새로운 기술에 대한 특허보호 기간은 20년 정도이지만, 사실 기술 변화의 속도가 매우 빠르기 때문에 대부분의 기술이 10년 이상이 되면 기술도입 비용이 그렇게 크지 않다. 물론 최신기술일수록 기술도입 비용이 더 높지만 일반적으로는 최초의 연구개발 비용의 30%를 넘지 못하는 경우가 대부분이다. 더구나 실패의 경험비용까지도 포함할 경우 연구개발 비용의 1% 미만밖에 되지 않는다.

4) 후발 국가들의 기술도입 장점

일반적으로 후발 개도국들은 선진국의 기술과 경험을 전수 받아서 더욱 빠르고 적은 비용으로 기술혁신을 이루어 낼 수 있다. 이러한 기술혁신을 통해 경제의 효율성을 높이고 자본수익률을 향상시키며, 자본축적을 더욱 빠르게 할 수 있기 때문에 후발 국가들의 산업고도화와 경제성장에 기여할 수 있다. 산업혁명 이후 1인당 GDP가 두 배가 되는데 얼마나 많은 시간이 필요했었는지 나라별로 살펴보면 이를 쉽게 이해할 수 있다. 영국은 이 기간으로 58년(1780~1838)이 걸렸고, 미국은 47년(1839~1886), 일본은 34년(1885~1919), 터키는 20년(1957~1977), 브라질은 18년(1961~1979), 한국은 11년(1966~1977)이 걸린 반면 중국은 고작 10년(1977~1987)밖에 걸리지 않았다.[19]

위에서 보듯이 후발 국가일수록 경제 성장 속도가 더욱 빨라져서 1인당 GDP가 두 배가 되는 시간은 더욱 짧아졌다. 1인당 GDP 성장률은 산업혁명 이후 1세기 동안에는 1%였지만, 20세기에는 2%로 증가하였다. 반면 아시아의 4마리 호랑이, 개혁개방 이후의 중국과 같은 20세기 후반의 성공적인 개도국의 경우에는 성장률이 8%까지 상승하였다.

2차 대전 이후 아시아의 4마리 호랑이와 중국은 기본적으로 같은 출발선상에 있었다. 하지만 1980년대 4마리 호랑이들은 신흥선진국(emerging developed economies)으로 성장하여 1인당 소득이 미국의 1/3에 달할 정도로 발전하였다. 이들 국가들이 빠르게 성장할 수 있었던 가장 중요한 원인은 그들이 선진국의 기술을 도입하여 산업을 고도화하는 측면에 능숙하였기 때문이다. 1950년대 아시아 4마리

---

19 World Bank, 1991.

호랑이 국가들의 국민들은 대부분 농부였다. 하지만 새로운 기술의 지속적인 도입으로 고부가가치 산업이 발달하였고, 노동력은 고부가가치 산업으로 이동하였다. 이런 산업들의 자본수익률이 높았기 때문에 자본은 더욱 빠르게 축적되었고, 경제는 눈덩이처럼 성장하였다.

개혁정책을 채택한 이후 완전히 달라진 중국의 경제성과도 기술도입이 경제에 얼마나 중요한 요인인지를 잘 보여준다. 1978년 이전 중국에서 유명했던 구호는 "영국을 10년 안에 따라잡고, 미국을 15년 안에 추월한다"는 것이었다. 중국은 1960년대에 원자폭탄을 실험하였고, 1970년대에 인공위성을 발사하였다. 이들 모두 당시 최첨단 기술이었다. 하지만 당시 중국의 경제는 최첨단과는 완전히 거리가 멀었다. 다행히 중국은 1978년 이후 개혁개방정책을 채택하면서 동아시아의 다른 국가들과 같은 길을 걸어가기 시작하였고 기술과 자본을 수입하기 시작하였다. 동시에 "글로벌 경제 시스템에 편입"하면서 노동집약적 상품을 수출하고 외환보유고를 축적하였다. 중국이 개혁개방정책을 실시한 이후 이와 같이 급속하게 성장할 수 있었던 가장 중요한 이유는 낮은 비용으로 기술을 도입하여 기술혁신을 이루어낸 것이다.

5) 고속성장의 지속가능성

중국을 제외한 어떤 나라도 30년 이상 연평균 성장률을 9% 이상으로 지속했던 나라는 없었다. 중국이 앞으로도 20년 혹은 그 이상 고속성장을 지속할 수 있을까? 나는 그렇다고 대답한다. 이렇게 답할 수 있는 것은 단순히 낙관론자의 자신감이 아니라 중국이 아직도 후발자의 이점을 가지고 있다는 것을 알기 때문이다.

메디슨의 추정에 따르면 구매력평가(purchasing power parity: PPP)[20]로 환산한

---

20 구매력(purchasing power) 평가(parity)는 국가간 환율이 각국의 구매력에 의해서 결정된다는 이론이다. 이를 기반으로 1인당 GDP 같은 경제지표의 국제비교에서 시장환율이 아니라 구매력평가환율을 적용하고 있다. 구매력평가 환율은 특정 화폐가 어느 나라에서나 동일한 구매력을 지닌다는 가정 아래 각국 통화의 구매력을 비교해서 결정하는 환율이다. 예를 들면 한국의 만원은 한국이나 미국에서 똑같은 양의 물건을 살 수 있어야 한다는 것이다. 국가별 구매력평가환율은 OECD나 세계은행 등에서 주기적으로 계산하여 발표하고 있다(역자 주).

중국의 1인당 소득은 미국의 21%에 불과하다.[21] 이러한 미국과 중국의 소득격차
는 중국과 선진국 간에 여전히 많은 기술격차가 존재한다는 것을 의미한다. 따라
서 이 격차가 더 좁혀지기 전까지는 중국이 지속적으로 후발자의 이점을 누릴 수
있다.

　　메디슨의 추정에 따르면 현재 중국의 미국경제에 대한 상대적인 위치는 1951
년의 일본이나 1975년의 대만, 그리고 1977년의 한국과 유사하다. 일본은 1951년
에서 1971년 사이에 GDP 성장률이 9.2%에 달했고, 대만은 1975년에서 1995년 사
이에 8.3%, 한국은 1977년에서 1997년 사이에 7.6%가 성장하였다. 1979년 개혁개
방 이후 중국의 발전전략은 일본과 한국, 대만과 유사하였다. 이는 중국이 향후에
도 20년 동안 여전히 8% 이상의 성장 잠재력을 가지고 있다는 것을 의미한다. 구
매력으로 평가된 일본의 1인당 소득은 1971년 미국의 65.6%였고, 한국은 1997년
50.2%, 대만은 1995년 54.2%였다. 중국은 지금부터 20년 이후에야 구매력평가 1인
당 소득이 미국의 50% 수준에 이른다. 더구나 중국의 전체 경제규모가 구매력평가
로 측정할 경우 2030년 미국경제의 두 배가 될 것이라고 하는 사람도 있지만, 시
장환율로 측정할 경우에는 미국과 동일한 규모밖에 되지 않을 것이다.

4　중국 경제의 문제점

　　중국이 이처럼 여전히 성장 잠재력을 보유하고는 있지만, 수많은 非경제적인
요인들이 실제로 이러한 성장 잠재력을 실현할 수 있을 것인지를 결정할 것이다.
중국 역시 경제가 급성장하면서 다른 개도국들이 겪었던 많은 문제들, 예전에는
없었던 문제들에 직면할 것이기 때문에 이 문제들을 짚어볼 필요가 있다.

1) 소득 양극화와 도농 소득격차

　　개혁개방정책의 초창기에는 도시와 농촌지역, 동부, 중부와 서부지역의 격차

---

21 여기서 사용되는 국가통계는 메디슨의 세계경제 역사통계(www.ggdc.net/maddison/Historical_
Statistics/horizontal-file_02-2010.xls)에 기반하고 있다.

들은 오히려 줄어들었다. 하지만 1985년 이후 이러한 격차들은 확대되었다. 지니 계수(Gini coefficient: 소득 불평등을 측정하는 계수로 0에 가까울수록 평등하고 1에 가까울수록 불평등한 것을 의미)는 1981년 0.31에서 2005년 0.42로 증가하였는데, 이는 라틴 아메리카 국가들의 소득불평등 수준에 근접한 것이다.[22] 공자가 말했듯이 "불평등은 부족한 것보다 더 나쁜 것이다(不患寡而患不均)." 실제로 소득 불평등이 확대되면 저소득층은 사회에 불만이 커진다. 특히 중국은 교육, 의료, 공공복지 시스템이 발달하지 못했기 때문에 소득격차의 확대는 심각한 사회적 불안을 야기하고 사회통합과 안정을 해칠 수 있다.

2) 자원과 환경 문제

중국의 급성장은 에너지와 자원을 많이 소모하면서 진행되었다. 2006년 중국은 전 세계 GDP의 5.5%를 차지하였지만, 석유는 9%를 소비하였고, 알루미늄은 23%, 철은 28%, 석탄은 38%, 시멘트는 48%를 사용하였다. 자연자원은 유한한 것이다. 따라서 중국이 성장방식을 바꾸고 자원의 소비를 줄이지 않는다면, 다른 나라들과 이후 세대들에게 심각한 악영향을 미칠 것이다. 뿐만 아니라 자원가격의 상승은 비용을 상승시키는데, 이는 공산당이 추진하고 있는 과학적 발전전략을 지속하는 데 장애요인이 될 것이다.

빠른 경제발전으로 인해 환경문제 역시 심각하다. 최근 몇 년간의 광산사고와 자연재해는 환경문제 악화의 증거이다. 1990년대에는 3가지 중요한 홍수가 있었는데, 모두 세기에 한 번 있는 일이라고 했다. 어떻게 세기에 한 번 있는 홍수가 10년 사이에 3번이나 있을 수 있는가? 자연재앙은 심각한 타격을 주기 때문에 이를 예방하기 위해 환경을 보호하는 것은 중국에게 매우 중요한 일이다.

3) 외부 불균형과 환율의 평가절상

중국은 1994년 이래 경상계정과 자본계정에서 모두 흑자를 지속해 왔다. 2005년 이전에는 경상계정의 흑자가 비교적 적은 수준이었지만, 2007년에는 GDP의

---

[22] World Bank, 2010.

7.6%까지 상승하였다. 무역흑자가 크게 증가하면서 중국의 외환보유고도 급격하게 증가하였다. 1990년 외환보유고는 111억 달러로 겨우 2달 반의 수입을 감당할 수 있었다. 하지만 현재 외환보유고는 3조 달러로 늘어났고, 세계 1위를 기록하고 있다(부록).[23]

중국의 무역흑자 증가는 미국의 무역적자와 동시에 진행되었다. 이러한 불균형은 2008년 글로벌 금융위기 이전부터 주목을 받았다. 2007년 미국의회 연설에서 페터슨 재단의 버그스텐(C. Fred Bergsten)은 "글로벌 불균형은 미국과 전 세계 경제가 성장과 안정을 지속하는 데 현존하는 유일하고 가장 강력한 위협이다"라고 하였다.[24] 대공황 이래 가장 심각한 전 세계적인 경기침체를 가져온 글로벌 금융위기는 일부 혹은 전적으로 글로벌 불균형, 특히 미국과 중국 간의 불균형 때문이라는 주장이 제기되었다. 노벨 경제학상을 받은 크루그만(Paul Krugman) 같은 경제학자들은 금융위기가 발생한 원인을 위안화의 저평가 때문이라고 주장하였다.[25] 위안화의 저평가로 인해 미국의 무역적자가 발생하였고, 중국이 미국의 국채를 구입하여 이자율이 낮게 유지되었기 때문에 미국의 주식과 부동산에 거품이 생겼기 때문에 금융위기가 발생하였다는 것이다. 어떤 사람들은 위안화의 평가절상을 통해 미국과 중국의 무역불균형을 조정하는 것이 글로벌 경제가 회복되는 전제조건이라고 주장하였다.[26]

4) 부패 문제

개혁 이전에는 서로 다른 사회계층에 속했던 사람들도 단일한 소득원만을 가지고 있었기 때문에 부패는 쉽게 발각되었고 부패방지가 가능했다. 하지만 개혁 이후 금전적인 인센티브가 사회적 효용성을 높이는 가장 중요한 수단이 되었다. 나아가 소득원은 점차 분산되었고, 다양한 음성 소득원이 증가하면서 부패를 파악하기가 힘들어졌다. 광범위한 관료사회의 부패는 소득격차를 더욱 확대하였고, 이

---

[23] Lin, 2010.
[24] Bergsten, 2007.
[25] Krugman, 2009 · 2010.
[26] Goldstein, 2010.

는 사회 여러 계층의 분노를 야기하여 정부에 대한 신뢰를 약화시켰다. 정부에 대한 신뢰가 약화된 상황에서 큰 위기가 발생할 경우 사회적 화합을 유지시키기 어렵고 사회·경제적 안정은 약화될 수 있다.

5) 교육 문제

중국의 교육정책은 질보다는 양에 초점이 맞춰져 있다. 이는 노동자들을 훈련시키고 사회의 장기적인 발전을 추진하는 데 불리하다. 외국에서 도입하거나 국내 연구개발에 의한 것이거나 중국에 제대로 된 교육이 없다면 순전히 개인적인 재능에 의존해야 하기 때문에 기술혁신이 불가능하기 때문이다.

이 외에도 중국에는 다양한 문제들이 존재한다. 사회보장제도가 덜 발달되어 있고, 기술수준도 낮다. 지역 보호주의도 여전히 존재하고 있고, 세계화의 도전이 거세다. 법률 시스템의 미비, 그리고 많은 정치·사회·경제적 문제들이 존재한다. 이러한 문제들을 여기서 모두 언급할 수는 없지만 그들 중 하나가 사회·경제적 대혼란을 야기할 수 있으며 정치적인 불안정으로 연결될 수 있다. 안정적인 정치·경제적 환경이 없다면 중국은 고속성장을 지속하거나 성장의 잠재력을 현실화하기 어려울 것이다.

결론적으로 중국은 향후 20년 혹은 그 이상 현재의 고속성장을 유지하여 2030년 혹은 그보다 더 조기에 전 세계 최대 강대국이 될 수 있는 거대한 잠재력을 보유하고 있다. 하지만 중국이 이를 현실화하기 위해서는 많은 내재적인 문제점들을 극복해야만 한다. 다음 장들에서는 중국이 이런 잠재력을 현실화하고, 문제들을 해결할 수 있을 것인지를 분석하고자 한다.

01 참고문헌
Bibliography

Bergsten, C. Fred, "*Currency Misalignments and the U.S. Economy*," Statement before the U.S. Congress, May 9, 2007 (http://www.sasft.org/Content/ContentGroups/PublicPolicy2/ChinaFocus/pp_china_bergsten_tstmny.pdf).

Chang, Gordon H. *The Coming Collapse of China*. New York: Random House, 2001.

Goldstein, Morris. "Confronting Asset Bubbles, Too Big to Fail, and Beggar-thy-Neighbor Exchange Rate Policies." Paper based on remarks delivered on December 15, 2009, at the workshop on "The International Monetary System: Looking to the Future, Lessons from the Past" sponsored by the International Monetary Fund and the UK Economic and Research Council, Peterson Institute of International Economics, 2010.

Groningen Growth and Development Centre. "Angus Maddison." Last modified September 3, 2008. http://www.ggdc.net/MADDISON/oriindex.htm.

Krugman, Paul. "World Out of Balance." *New York Times*, November 15, 2009.

Krugman, Paul. "Chinese New Year." *New York Times*, January 1, 2010.

Lin, Justin Y. *Fa Zhan Zhan Lue Yu Jing Ji Fa Zhan* [Development Strategy and Economic Development]. Beijing: Peking University Press, 2004.

Lin, Justin Y. *Lun Jing Ji Xue Fang Fa* [On Economic Methodology]. Beijing: Peking University Press, 2005.

Lin, Justin Y., Fang Cai, and Zhou Li. *The China Miracle: Development Strategy and Economic Reform*, revised ed. Hong Kong: Chinese University of Hong Kong Press, 2003.

Lin, Justin Y. "Global Imbalances, Reserve Currency and Global Economic Governance." Prepared for the Closing Panel at the IPD-FEPS Global Economic Governance Conference at Brookings Institution, Washington DC, October 7, 2010.

Maddison, Angus. *The World Economy*. Paris: Organization for Economic Cooperation and Development, 2006.

Schultz, Theodore W. *Transforming Traditional Agriculture*. New Haven, CT: Yale University Press, 1964.

Smith, Adam. *The Wealth of Nations*. Chicago: University of Chicago Press, 1776.

Smith, Adam. *Guo Min Cai Fu De Xing Zhi He Yuan Yin De Yan Jiu* [An Inquiry into the Nature and Causes of the Wealth of Nations]. Beijing: The Commercial Press, 1981.

World Bank. *World Development Report 1986: Trade and Pricing Policies in World Agriculture*. Washington, DC: World Bank, 1986.

World Bank. *World Development Report 1991: The Challenge of Development*. Washington, DC: World Bank, 1991.

World Bank. *World Development Indicators 2010*. Washington, DC: World Bank, 2010.

World Bank. *Global Development Horizons 2011. Multipolarity: The New Global Economy*, 2011.

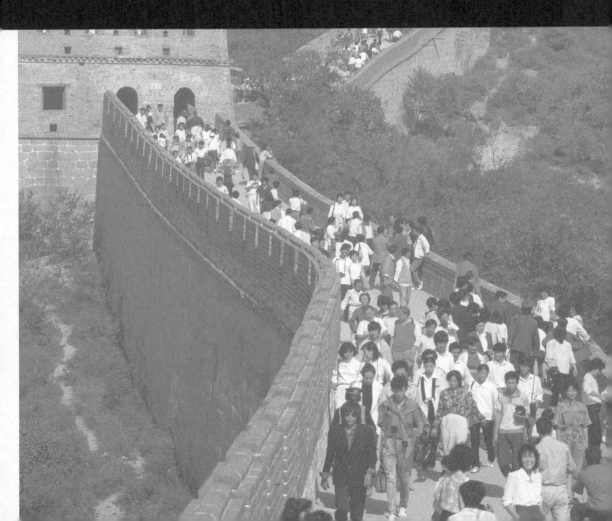

제02장

과학혁명과 산업혁명은 왜 발생하지 못했나?

과학혁명과 산업혁명은 왜 발생하지 못했나?

제 2 장

이 장에서는 근대 이전의 중국이 서양보다 경제, 과학, 기술 측면에서 더 발달했었음에도 불구하고, 왜 그 이후에는 서양에 뒤처지게 되었는지를 분석하고자 한다. 지속적인 기술혁신과 기술향상은 한 나라의 경제가 장기적으로 성장하기 위한 기본 전제요건이다. 前근대 시기에는 발명이 대부분 농부들과 수공업자들의 경험에 의존해서 이루어졌기 때문에, 엄청나게 많은 인구를 가졌던 중국은 많은 혜택을 누릴 수 있었다. 하지만 이러한 혜택은 서양에서 일어난 산업혁명과 함께 사라졌다. 왜일까? 그 이유는 발명의 전제 조건이 개인적인 경험에서 과학자들의 연구실에서 이루어진 실험들로 대체되었기 때문이다.

산업혁명을 야기했던 과학혁명의 특징은 수학과 계획된 실험이었다. 하지만 중국의 과거제도는 재능을 가진 사람들이 수학과 실험에 필요한 능력을 배울 의지를 떨어뜨렸기 때문에 중국에서는 과학혁명이 일어나지 못했다. 같은 이유로 중국에서는 기술혁신이 경험을 기반으로 하는 형태에서 과학과 실험을 기반으로 하는 형태로 이행하지 못했다. 이에 따라 서양이 빠르게 변화 발전하고 있는 동안에 중국은 뒤처질 수밖에 없었다. 그러나 이런 사실들이 중국이 산업혁명과 과학혁명을 유도할 수 있는 역량을 보유하지 못한다는 것을 의미하지는 않는다. 현대에 와서 중국은 수학을 배우고 실험을 하는 것에 방해가 되었던 요소들을 제거하였기 때문에, 중국은 예전에도 그랬듯이 다시 한번 과학과 기술의 발전에 커다란 기여를 하게 될 것이다.

① 前근대 시기 중국의 성과

1) 세계에서 가장 거대한 경제 규모

중국은 세계에서 가장 거대한 경제대국이 될 수 있다. 하지만 이는 완전히 새로운 사실은 아니다. 경제사(史) 전문가인 메디슨(Angus Maddison)은 중국, 유럽 등 세계 각국의 경제사에 대한 세밀한 분석작업을 바탕으로 "세계경제(The World Economy)"[1] 라는 책을 집필하였다. 그의 분석에 따르면 중국은 19세기 중반까지 거의 2천년 동안이나 다른 나라와는 비교도 되지 않을 만큼 큰 경제규모를 가졌고, 19세기 중반까지도 전 세계 가장 큰 경제규모를 가지고 있었다.

서기 1년경 중국이 한(漢)왕조의 황금기를 보내고 있을 때, 유럽은 로마제국 시대라는 전성기를 보내고 있었다. 중국과 로마는 서로 직접적으로 충돌하지는 않았기 때문에, 어느 쪽이 더 강력했고 부유했었는지를 판단하기는 쉽지 않다. 하지만 메디슨은 중국의 1인당 소득이 로마보다 더 높았을 것이라고 추측했다.

아담 스미스가 국부론(The Wealth of Nations)에서 제기한 경제성장의 제1법칙에 따르면 분업(division of labor)은 경제성장의 중요한 원동력이다. 분업이 활성화될수록 생산성은 높아진다.[2] 그러나 분업은 시장의 규모에 의해서 제한된다. 시장의 규모가 커져야만 노동 분업이 더욱 전문화되고 세분화될 수 있는 것이다. 시장의 규모가 커지지 않은 상황에서 분업이 확대된다면 증가된 생산품을 시장에서 흡수할 수 없기 때문이다. 로마제국이 붕괴된 이후 도시단위의 봉건사회로 분열되었

---

1 Maddison, 2006.
2 Smith, 1776.

을 때, 시작의 규모는 급격하게 축소되었고 노동분업과 생산성 수준도 떨어졌다. 모든 도시국가들은 자급자족의 경제상태(natural economy)가 되었고, 도시국가들 사이의 상업적인 교환은 거의 이루어지지 않았다. 이에 따라 1인당 소득은 급감하였다. 하지만 이와 대조적으로 중국은 한왕조가 중국대륙을 통일한 이후 대부분의 시기에 통일 국가로 유지되었다. 이를 고려할 경우 중국의 시장규모는 유럽보다 훨씬 컸다고 할 수 있다.

2) 기술의 선두주자

기술혁신은 경제의 장기적인 성장에 필수 요소이다. 개도국과 선진국의 격차를 가장 극명하게 보여주는 특징은 기술의 후진성이다. 17세기 이전 중국의 기술은 전 세계에서 가장 발달했었다. 영국의 유명한 정치인이자 철학자인 베이컨(Francis Bacon)[3]은 유럽이 암흑시대에서 현대사회로 넘어올 수 있었던 3가지 가장 중요한 발명으로 화약, 나침반 그리고 종이 인쇄술을 꼽았다.

화약의 발명은 귀족봉건제도의 견고했던 성벽들을 무너뜨렸고 국내시장을 단일 시장으로 만들었다. 13세기에서 14세기 이후 독립적이었던 도시국가들은 하나의 거대한 국가로 통합되기 시작하였다. 이에 따라 국내시장은 확대되었고, 노동분업이 증가하면서 경제도 성장하였다.

나침반이 없었더라면, 콜럼버스(Columbus)는 금이나 새로운 작물을 통해 유럽을 완전히 바꾸었던 신세계를 발견하지 못했을 것이다. 신세계에서 새롭게 도입된 다양한 작물 덕분에 16세기와 17세기 유럽의 인구는 증가할 수 있었다. 신세계에서 새롭게 도입된 옥수수, 감자 그리고 다수확 경작물이나 가뭄에 잘 견디는 작물들 덕분에 유럽의 농업생산성은 크게 증가하였다. 식량생산의 증가로 생존이 용이해졌고, 인구가 증가하였다.

종이와 인쇄술이 도입되기 전, 글은 값비싼 양가죽에 기록되었고 모든 책들은 손으로 직접 써야 했다. 성경책 한 권을 옮기는 데 수도사는 자신의 한평생을 보

---

3 프랜시스 베이컨(Francis Bacon, 1561. 1. 22.~1626. 4. 9.)은 런던 출신으로 르네상스 후의 근대철학, 특히 영국 고전경험론의 창시자이다(역자 주).

내야 했다. 그랬기 때문에 책 한권의 가치는 한 사람의 인생과도 같다고 말할 수 있을 정도였다. 그러나 종이와 인쇄술의 발명으로 책을 만드는 비용이 현저하게 감소하였고, 지식의 축적과 보급은 가속화되었다.

　　베이컨은 화약, 나침반, 인쇄술, 이 3가지 발명품의 중요성을 이해하고 있었지만, 그것들이 어디서부터 전래된 것인지는 알지 못했다. 오늘날 우리는 그것들이 모두 당시의 기술 선두국가였던 중국에서부터 전파되었다는 것을 알고 있다.

3) 역동적인 시장경제

　　중국의 우수성은 토지를 포함한 사적소유(private ownership)를 기반으로 하는 역동적인 시장경제에서도 찾아볼 수 있다. 기원전 770년~476년의 춘추시대와 기원전 475년~221년 경의 전국시대 당시 중국에는 이미 토지의 사적소유가 가능했었고, 이에 따라 토지의 거래도 가능했었다. 하지만 유럽에서는 봉건시대 기간 동안 귀족만이 토지를 소유하였기 때문에 사실상 토지 거래시장은 존재하지 않았다.

　　중국의 노동시장 역시 매우 활발하게 작동하였다. 춘추시대, 공자와 같은 사람들은 자신들의 이론을 팔기 위해서 마치 현대의 경영진들이 자신의 직무경험을 해외로 파견 나가는 것과 같이 여러 나라들을 돌아다녔다. 관중(管仲)[4]이 집필한 관자(管子)에서도 이와 관련된 이야기가 있다. "부유한 나라는 멀리 떨어져 있는 사람들도 끌어들이는 힘이 있다(國多財則遠者來)." 이는 당시 중국에서 활발한 노동시장이 존재하여 현대사회와 같은 노동자들의 자유로운 이동이 가능했었다는 것을 보여준다. 그러나 유럽에서는 토지뿐만 아니라 농노들까지 봉건귀족인 지주에게 묶여 있었다. 농노들은 해방되기 전까지는 자유롭게 이동하지 못하였는데, 농노들의 해방은 사실상 거의 기대할 수 없었다.

　　중국은 원자재 시장도 발달했었다. 춘추전국 시대에는 투기적인 선물거래 시장도 존재했었는데, 그 투기적인 성격은 놀랍게도 현대와 거의 유사하였다. 유명

---

4 기원전 716~646년 중국의 정치가이자 군국주의자이며 철학자. 친구 포숙아의 권유로 환공을 섬기고 재상으로 공을 도와 패자가 되게 하였다. 포숙아와의 우정은 관포지교(管鮑之交)로 후세에까지 전해진다.

한 예로 판리(范蠡)의 이야기가 있다. 약 2,500년 전 오(吳)나라와 월(越)나라가 전쟁을 하고 있을 때, 판리는 월나라 왕 고우젠(勾踐)의 책사였다. 판리의 활약으로 월나라가 승리를 거둔 이후 그는 관직을 버리고 상업에 종사하여 단기간 내에 엄청난 부를 축적하였다. 또한 그는 "조화로운 사회(和諧社會)"를 위해 3번씩이나 그의 전 재산을 사회에 기부하였다.

판리는 나중에 도주공(陶朱公)이라고 칭하고 상업활동으로 유명해졌다. 그의 일생은 사마천(145~87 BC)이 쓴 사기(史記)의 상인열전(貨殖列傳) 부분에 기록되어 있다. 판리는 단기간의 투기를 통해 큰 부를 축적하는 데 아주 전문가였다. 그의 3가지 원칙은 다음과 같다. 첫째, 만약 시장에서 상품의 공급이 과도하거나 부족하다면, 그 재화의 가격이 원가보다 낮거나 높아진다. 둘째, 재화의 가격이 높아지더라도 언젠가는 결국 하락할 것이며, 반대의 경우도 동일하게 적용된다. 셋째, 재화의 가격이 낮다면 마치 소중한 보물처럼 그 재화를 비축해 놓아야 하지만, 그 재화의 가격이 높다면 마치 쓰레기를 버리듯이 그 재화를 하루 빨리 매각해야 한다.

판리는 가격의 결정이 수요(demand)와 공급(supply)의 법칙에 의해서 움직인다는 것을 잘 알고 있었다. 그리고 가격체계가 어떻게 수요와 공급을 조정하는지도 알고 있었다. 일반적으로 상품의 공급자는 그 상품의 가격에 근거하여 얼마나 생산할 것인지를 결정한다. 가격이 높다면 공급자는 더 많이 생산하여 공급을 확대한다. 만약 생산량이 늘었음에도 수요량에 변화가 없다면 그 상품의 가격은 어느 순간 하락할 것이다. 가격이 하락하게 되면 생산을 증가시킬 유인이 감소하기 때문에 공급은 다시 줄어들 것이다. 만약 이때 공급이 줄어도 수요가 변하지 않는다면, 공급이 부족해져서 결국 가격이 다시 상승하게 된다.

그러나 현실 세계에서는 많은 사람들이 정반대의 선택을 하곤 한다. 상품이 가격이 높을 때 사람들은 그 상품을 마치 보물처럼 간직하고 싶어 하고 매각하기를 꺼려한다. 반대로 가격이 낮을 때는 사람들이 그 상품이 저렴하다는 이유로 투자하기에 부적합하다고 여기고 사려고 하지 않는다. 오늘날 많은 주식투자자들도 비슷한 생각을 가지고 있는 듯하다. 가격이 높을 때 매수하고 언제나 엄청난 손실로 고통을 받곤 한다.

투자를 할 때 가장 어려운 부분이 그 가격이 높은지 낮은지를 판단하는 것이다. 나스닥 지수(Nasdaq index)를 봐도 그렇다. 나스닥 지수는 1990년대 초 1,000포인트였다가 1998년 2,000포인트로 올랐고, 1999년 3,000포인트, 그리고 2000년에는 4,000포인트까지 상승하였다. 2001년 3월에는 나스닥 지수가 5,300포인트까지 올랐다. 그러나 그 당시에도 많은 사람들이 아직도 지표가 낮은 수준이라고 판단하였기 때문에 계속해서 매수를 하였다. 그들은 나스닥 지수가 1만 포인트까지도 오를 수 있을 것이라고 믿었기 때문이다. 그러나 나스닥 지수는 5,300포인트가 최고점이었다. 2002년에는 3,000포인트까지 급락하였다. 당시 많은 사람들은 나스닥 지수 3,000포인트는 이미 바닥을 친 것이라고 판단했기 때문에 다시 매수하기 시작하였다. 하지만 사람들의 예상과는 달리 나스닥 지수는 1,200포인트까지 하락하였다.

상품의 가격보다 더욱 중요한 것은 가격변화의 동향이다. 판리가 말했듯이 "가격이 오르더라도 어느 시점에서는 결국 가격이 하락할 것이고, 반대의 경우도 같은 논리가 성립"되기 때문이다. 생산자는 시장가격에 기반하여 공급과 투자를 결정하는데, 당시의 가격이 높다면 생산자는 많은 양을 생산하고자 할 것이다. 그러나 공급이 어느 수준 이상 증가했는데 수요가 더 이상 늘어나지 않는다면, 가격은 다시 하락하여 생산자는 막대한 손해를 입게 될 것이다. 그렇다면 생산자들은 상품에 대한 생산과 투자를 중단하게 될 것이다. 이에 따라 공급 역시 점차적으로 줄어든다. 반면 수요가 지속적으로 증가한다면 공급이 부족하게 되고, 어느 시점에서는 가격이 다시 상승할 것이다. 이러한 흐름이 자연스럽게 진행되기 위해서는 시장가격이 수요와 공급에 올바른 신호가 될 수 있는 유연한(flexible) 시장시스템이 형성되어 있어야 한다.

판리의 이야기는 중국에는 이미 춘추전국 시대부터 유연한 시장경제 시스템이 형성되어 있었다는 것을 의미한다. 서구 국가들이 보기에 중국이 현대에 와서야 계획경제에서 시장경제로 이행한 것처럼 보이지만, 중국은 사실 이미 2,000여 년 전부터 토지, 노동 그리고 상품에서 굉장히 성숙된 시장을 보유하고 있었다.

4) 번화한 도시들

16세기 이전까지 중국은 세계에서 가장 부유했고, 가장 발달해 있었으며, 가장 도시화된 나라였다. 중국 도시들은 당시 서양의 도시들보다 훨씬 더 번화했었다. 그러나 안타깝게도 옛말처럼 "번영은 한 줄기의 연기만큼 순간일 뿐"이었다.

지금 우리들은 오래 전부터 전해져 내려온 진귀한 예술품들을 통해 당시의 번영을 엿볼 수 있을 뿐이다. 북송(北宋) 왕조(서기 960~1127년) 시기 장저두안(張擇端)의 "청명 축제에서 본 강가의 풍경(淸明上河圖)"이라는 그림은 당시 세계에서 가장 큰 도시인 벤량(卞梁)5을 정교하고도 상세하게 묘사하고 있다. 그 그림의 예술적 가치는 이미 오래 전에 입증되었지만, 그림이 담고 있는 역사적, 사회적, 문화적, 그리고 자연적인 정보들은 더욱 높은 가치를 지니고 있다. 5미터 너비의 이 그림에는 500명 이상의 사람들이 다양한 활동을 하는 모습과 함께 탑과 교량들 사이를 지나다니는 마차와 선박들로 가득한 도시경관을 담아내고 있다.

시인 류융(柳永) 역시 남송(南宋) 왕조의 수도인 린안(臨安)6 지역의 생활상을 그의 명작인 "조석을 바라보며(望海潮)"에서 묘사하였다. 그의 시 속에서 묘사되고 있는 린안 지역의 생활상은 지금 보아도 굉장히 매력적으로 느껴질 정도이다.

〈망해조(望海潮)〉: 류융(柳永)

東南形勝, 三吳都會, 錢塘自古繁華.
동남쪽의 명승지, 삼오(三吳: 吳郡, 吳興, 會稽. 모두 오나라의 도시였음)의 도회지인 전당(지금의 항주)은 자고로 번화한 곳.

煙柳畵橋, 風簾翠幕, 參差十萬人家.
안개에 싸인 버드나무와 그림 같은 다리, 드리운 주렴 비취빛 장막 너머로 수많은 인가가 들쭉날쭉 들어섰네.

---

5 현재 허난성(河南省)의 카이펑(开封).
6 현재 저장성(浙江省)의 항조우(杭州).

雲樹繞堤沙, 怒濤卷霜雪, 天塹無涯.
뭉게구름 같은 숲이 제방을 휘감고, 성난 파도는 눈보라를 일으키니, 험한 지세 끝도 없이 펼쳐지네.

市列珠璣, 戶盈羅綺競豪奢.
저잣거리에는 진주보석 즐비하고, 집집마다 화려한 비단옷 입고 호사로움을 다투는구나.

重湖疊巘清嘉, 有三秋桂子, 十里荷花.
서호 뒤로는 첩첩 산봉우리 맑고도 빼어난데, 가을의 계수나무 꽃이며 십리에 걸쳐 피어나는 연꽃이 일품일세.

羌管弄晴, 菱歌泛夜, 嬉嬉釣叟蓮娃.
맑은 하늘엔 피리소리 울리고, 마름 캐고 돌아오는 밤배엔 노랫소리 들리니, 고기 잡는 늙은이 연꽃 따는 아가씨도 즐겁기만 하구나.

千騎擁高牙, 乘醉聽簫鼓, 吟賞煙霞.
고관대작 뒤따르는 장대한 행렬에는 깃발이 높이 걸렸네, 술기운 타고 음악소리 들려오니 안개 낀 노을 풍경 바라보며 한 수 읊조린다.

異日圖將好景, 歸去鳳池夸.
훗날 이 좋은 경치를 그림으로 남겨 조정으로 돌아가 대신들에게 자랑하리라.

그의 시를 통해 린안 지역은 여러 강들이 끼고 있는 아름다운 녹색도시라는 것을 알 수 있다. 린안의 강에는 조각품들이 전시된 교량들이 있었다. 또한 도시의 주택들은 커튼마저도 우아하게 장식되어 있었다. 시를 통해서는 정확한 가구의 수를 알 수는 없지만, 린안의 대략적인 인구는 약 100만 명 이상이었던 것으로 추정된다.

이러한 추정이 가능했던 이유는 당시에는 산아제한 정책이 없었고, 많은 가정에서 한 명 이상의 아내를 가졌기 때문이다. 따라서 가구(家口) 수가 10만 가구 정도 되면, 인구 수는 100만 명 이상이 될 수 있었다. 이에 따라 당시의 시장은 매우 번성하였고, 모든 가정에는 귀중품 하나쯤은 있었다. 부가 과시의 수단이 되었기 때문이다. 위의 시 중에서도 "마름 캐고 돌아오는 밤배엔 노랫소리 들리니"라는 구절을 통해 당시의 사람들이 화려한 밤 문화를 즐겼다는 것도 알 수 있다. 그러니 많은 사람들이 당연히 "슬기운 타고 음악소리 들려오니 안개 낀 노을 풍경 바라보며 한 수 읊조린다"에서 묘사되었던 삶을 어찌 살지 않았겠는가. 이러한 구절은 당시의 문화가 얼마나 귀족적이었는지를 짐작하게 한다.

어떤 사람들은 류융(柳永)이 예술적 표현을 위해 당시의 모습을 과장했다고 의심할 수도 있을 것이다. 때문에 당시 유럽사람들이 중국여행을 통해 기록해 놓은 모습들이 보다 더 객관적일 수도 있을 것이다. 이탈리아 사람인 마르코 폴로(Marco Polo)는 원(元)왕조 시대(서기 1271~1368)에 무역 활동이 활발했던 양조우(揚州)에 방문하였고, 후에는 관료로도 일했었다. 그는 나중에 이탈리아로 돌아가 동방견문록(The Travels of Marco Polo)을 집필하면서 쑤저우(蘇州)에 대해 이렇게 묘사하였다. "쑤저우는 그 둘레만도 40리[7]가 족히 될 만큼 아주 넓다. 또한 그곳에는 너무 많은 거주민들이 있어서 그 숫자를 세는 것이 거의 불가능하다." 또한 그는 항저우(杭州)에 대해서는 이렇게 묘사하였다. "항저우는 의심할 여지없이 세계에서 가장 우수하며 화려한 도시이다… 누구든지 이 많은 수의 사람들을 보게 된다면 그 많은 사람들의 식욕을 충족시켜 줄 수 있는 식량을 구하는 것이 거의 불가능할 정도라고 생각하게 될 것이다."[8]

② 중국의 갑작스러운 몰락

18세기 이전까지 중국에는 인구 100만 명 이상의 도시가 8개 있었다. 13세기에서 14세기 사이 마르코 폴로가 중국을 방문했을 때, 그와 동료들은 중국이 매우 부유한 나라라고 생각했다. 그들이 중국을 보았던 시각은 오늘날 우리들이 유럽사람들을 보는 시각과 유사했다. 아담 스미스도 국부론(The Wealth of Nations)에서 중국을 발달된 경제와 높은 생산성을 가진 경제부국이라고 묘사하였다.[9] 카를로 치폴라(Carlo Cipolla)[10]는 유럽의 산업혁명 이전의 사회에 대한 책(1980)을 썼다. 그는

7　16킬로미터(역자 주).

8　Polo, Marsden, and Masefield, 1908.

9　Smith, 1776.

10　Carlo Cipolla(1992~2000), 이탈리아의 역사가이자 UC 버클리의 교수.

서기 1000년에서 1700년 사이 서양은 가난하고 낙후된 농업경제였던 반면, 중국은 부유하고 발달된 산업경제를 가지고 있었다고 결론지었다.[11] 그러나 현대에서는 이와 완전히 반대로 위 문장에서 주어를 서로 바꾸어야 현재의 상황을 묘사할 수 있다.

중국이 유럽에게 이처럼 추월당하게 된 것은 아주 짧은 시간에 일어났는데, 그 가장 중요한 원인은 18세기 중반 서양에서 있었던 산업혁명이다. "중국이 쇠로 만들어진 쟁기를 사용하고 있을 때, 유럽은 나무로 만들어진 쟁기를 사용하고 있었다. 하지만 유럽이 강철로 만든 쟁기를 사용하기 시작할 때에도, 중국은 여전히 쇠로 만든 쟁기를 사용하였다." 즉, 유럽이 단기간에 급속하게 성장하고 있을 때에도 중국은 여전히 그대로 정체되어 있었기 때문에 유럽에 뒤처지게 되었던 것이다.

산업혁명은 영국에서 시작되어 유럽대륙으로 퍼져나갔다. 증기기관의 발명과 철강산업의 발달을 가장 큰 특징으로 하는 이 산업혁명은 섬유산업의 기계화에서 시작되었다. 많은 사람들이 산업혁명이 왜 유럽에서 시작되었는지, 그리고 그 중에서도 왜 영국에서 시작되었는지를 연구했다. 물론 영국은 산업혁명이 시작되기 위한 여러 유리한 조건들을 보유하고 있었다. 하지만 중국사를 연구하는 학자들에 의하면 중국은 13세기 초반에 이미 18세기 영국이 산업혁명에 필요했던 경제, 기술 그리고 공업 분야의 조건들을 갖추고 있었다. 즉, 중국은 이미 13세기나 14세기 초반에 산업혁명을 시작할 수도 있었다는 것이다. 그러나 중국은 안타깝게도 그 이후 수세기 동안 더 이상의 발전을 이루어내지 못했다.

19세기 중반 아편전쟁이 발발하였을 때, 중국은 그들이 세계의 다른 나라들에 비해 엄청나게 뒤처져 있다는 것을 비로소 깨닫게 되었다. 이 현상은 중국 과학기술의 역사에 대해 깊게 연구한 요셉 니담(Joseph Needham) 박사에 의해 처음 제기되어 "니담의 퍼즐(Needham puzzle)"이라 이름 지어진 흥미로운 수수께끼를 제기하게 하였다.

---

11 Cipolla, 1980.

3 니담의 퍼즐

니담은 20세기 초반 캠브리지 대학교에서 젊었을 때부터 생화학자로 명성을 누렸다. 그의 실험실에는 세 명의 중국인 학생이 있었는데, 니담은 종종 그들과 과학기술에 관한 이야기를 하는 것을 즐겼다. 당시 영국은 가장 강한 경제대국이자 산업혁명의 발상지였기 때문에, 니담은 모든 선진기술들이 유럽, 특히 영국에서부터 시작된 것이라고 생각했다.

그의 중국인 학생 중 한 여학생은 아버지가 베이징 대학교의 과학기술사(史) 교수였다. 때문에 그 학생은 중국의 과학기술 역사에 대해서 많은 지식을 가지고 있었다. 니담이 종종 어떤 기술이 유럽대륙에서 발명되었다고 주장했을 때, 그 여학생은 사실은 그 기술들이 중국에서부터 전해진 것이라고 알려주었다. 뿐만 아니라 그런 사실들은 역사적으로 기록되어 있다고 덧붙였다. 처음에 니담은 그 학생의 말을 믿지 못하였다. 하지만 나중에 많은 연구를 통해 그 여학생의 말이 옳았다는 것을 알게 되었다.

그는 많은 놀라움과 궁금증을 가지고 중국의 과학기술사를 연구하기 시작하였다. 나중에 그는 2차 세계대전 기간에 충칭(重慶)의 영국 영사관의 문화참사로 근무하면서 중국의 여러 역사적인 자료들을 수집하였다. 전쟁이 끝난 후에는 유네스코에서도 근무하였고, 중국에서 수집한 많은 역사·문화 자료들을 가지고 영국으로 돌아와 캠브리지 대학교에 니담 도서관을 세우기도 하였다. 그는 자신이 수집한 중국 과학기술의 역사적 자료들을 상세히 분석하여, 각각의 기술, 기계설비 그리고 각종 장비들의 발명과 그에 대한 자료들의 연대를 책으로 집대성하기도 하였다.

그는 특히 중국과 유럽의 기술격차에 대해서 주목하였다. 15세기와 16세기 이전에는 기술이 동양에서 서양으로 일방적으로 전파되었다. 그러다가 16세기와 17세기에는 서양의 일부 기술들이 동양으로 전파되기 시작하였고, 18세기 중반에 이르면서는 거의 모든 기술들이 서양에서 동양으로 전파되었다.

이러한 사실들을 바탕으로 니담은 다음과 같은 수수께끼를 제시하였다. 첫째,

중국은 어떤 이유로 다른 문명들보다 먼저 과학기술이 발전할 수 있었을까? 둘째, 왜 현대 중국은 과학기술이 낙후되었을까?[12] 이 두 가지 의문은 중국 과학기술의 너무나 극적인 변천으로 표현되었기 때문에 많은 사람들이 관심을 가졌다.

인류의 유구한 역사에서 많은 문명들이 훌륭한 한 페이지를 장식해 왔다. 약 5000년에서 7000년 전에는 이집트가 세계 최대의 경제 대국이었다. 3000년 전에는 메소포타미아가 최고로 발달된 문명을 이룩하였고, 그 이후에는 그리스, 로마 그리고 중국에게 그 명성이 이어졌다. 대부분의 문명국들은 비슷한 발전 경로를 경험하였다. 약소국에서 강대국으로 성장한 이후 수백년 혹은 수천년 동안 강대국의 위치에 머무른 후 서서히 쇠락해 갔다. 이집트의 경우도 비록 파라오 시대와 오늘날이 같은 이름을 사용하고 있지만, 고대 이집트시대의 화려한 문명은 오늘날 더 이상 찾아볼 수 없다. 메소포타미아 역시 그러했다. 비록 중화문명이 유일하게 수천년 동안 끊임없이 면면히 이어져 오기는 하였지만, 중국 역시 결국은 이집트와 메소포타미와 문명과 같이 쇠락할 운명인 것일까?

그에 대한 해답은 니담이 제기하였던 두 가지의 의문에 대한 답과 밀접하게 연관이 있다. 그 의문에 답하는 과정에서 우리는 중국이 다시 부흥하여 강대국으로 거듭날 가능성이 있는지 판단하는 데 도움을 받을 수 있을 것이다. 니담의 수수께끼에 대답하기 위해서는, 우리는 먼저 중국이 왜 한때는 번영하였다가 내리막 길로 접어들게 되었는지에 대해서 이해하고 넘어가야 한다. 왜냐하면 앞으로 중국이 고유의 창의력을 회복하고 미래의 지속적인 성장을 이루기 위해서는 과거의 문제들을 극복해야 한다는 사실을 알기 때문이다.

니담의 수수께끼는 지금까지 많은 사람들이 주목하였고, 이에 대한 여러 가설과 설명들도 많이 제기되어 왔다(Box 2-1 참조). 하지만 지금까지 대부분의 가설들은 두 가지 의문 중에서 단지 하나에 대해서만 답할 수 있었다. 중국의 부흥을 이루어 내기 위해 진짜로 필요한 가설이 되기 위해서는 두 가지 의문에 대해서 모두 답할 수 있는 것이어야 한다.

---

12 Needham, 1981.

Box 2-1　　　　　　　　　니담의 퍼즐을 설명하기 위한 가설들

(1) 문화결정 가설(Cultural determinism)

문화결정론자들은 유가가 사회의 화합과 사람과 자연 간의 조화를 강조하기 때문에 상당히 보수적이었다고 믿고 있다. 그러나 문화결정론자들은 중국이 그러한 문화의 영향하에서도 어떻게 1,000년 이상 세계의 강대국이 될 수 있었는지는 설명하지 못한다. 문화결정론은 단지 니담의 퍼즐 중 중국이 낙후된 뒷 부분만을 설명할 뿐 앞 부분을 설명하지는 못한다.

(2) 국가경쟁 가설(National competition)

어떤 학자들은 유럽이 번영할 수 있었던 이유가 작은 나라들 사이의 경쟁이 존재했기 때문이라고 설명했다. 유럽의 많은 나라들은 경쟁 상대국들보다 앞서기 위해 과학과 기술을 중요하게 생각했다. 이와 반대로 중국은 하나의 국가로 통일되어 있었고, 경쟁은 필요하지 않았다. 오랫동안 경쟁이 부족했기 때문에 중국에서는 기술혁신이 결여되었다. 이 가설은 일견 타당해 보이지만, 앞에서와 마찬가지로 중국이 통일 왕조로 존재했던 1,000년 이상 세계의 강대국으로 존재할 수 있었던 이유를 설명하지는 못한다.

(3) 특허보호 가설(Patent protection)

또 다른 가설은 유럽의 산업혁명이 특허보호에 의해서 촉진되었다고 주장한다. 영국은 15세기에 이미 특허보호를 실시하였다. 이 가설은 마찬가지로 중국의 영광스러웠던 과거를 설명하지 못하는 문제가 있다.

더구나 특허의 적용은 기술정보의 공개를 요구하기 때문에, 다른 사람들이 특허의 직접적인 침해 없이도 비슷한 기술을 개발하기도 한다. 특허보호는 정보의 수집과 집행에 많은 비용이 들기 때문에 다소 비효율적인 측면도 있다. 오늘날에도 편리성을 위해 많은 발명가들이 특허를 신청하지 않기도 한다. 따라서 특허보호라는 제도가 현대에서는 매우 중요한 요인이라고 판단되더라도, 산업혁명 당시에서도 가장 결정적인 요인이었다고 결론 내리기는 어렵다.

(4) 고차원 균형함정 가설(high-level equilibrium trap)[13]

이 가설은 학계, 특히 서구 학계에서 많이 받아들여지고 있는데, 중국의 발전이 정체된 가장 중요한 이유가 새로운 기술에 대한 수요가 부족했기 때문이라는 것이다. 중국에서는 장자상속과 가문의

---

13 high-level equilibrium trap 개념은 중국이 자력으로 산업혁명을 이루지 못했던 이유를 설명하기 위해 마크 엘빈(Mark Elvin, 1973, *The Pattern of thee Chinese Past*)이 제안한 개념이다. 그는 중국에서는 기계를 이용하지 않는 농업과 산업이 매우 효율적으로 잘 발달되어 있었기 때문에 기계화 공정이 도입되기 어려웠다고 주장했다(역자 주).

대를 잇는 것에 대한 집착으로 인구가 급속하게 팽창하였다. 반면 중국의 전체 토지는 고정되어 있었기 때문에 남자 1인당 토지의 비율은 하락할 수밖에 없었다. 마크 엘빈(Mark Elvin)[14] 등의 학자들은 남자 1인당 토지비율의 하락이 두 가지 방식으로 새로운 기술에 대한 수요를 감소시켰다고 주장한다. 첫째는 잉여 농업 생산물이 거의 없었기 때문에 새로운 기계나 장비를 구입할 여력이 없었다. 둘째는 새로운 기술은 노동비용을 낮추었는데, 노동비용이 너무 낮았기 때문에 이를 기계로 대신하는 데 관심이 없었다.

하지만 이 가설에 따르면 중국에서는 기술진보가 전혀 없어야 한다는 결론에 이른다. 뿐만 아니라 노동절감형 기술에 대한 수요는 노동비용뿐만 아니라 기술비용에 의해서도 좌우된다는 사실이 고려되지 못했다. 만약 어떤 기술이 충분히 효율적이어서 인구증가에 따른 노동비용의 감소보다 더 빠르게 노동비용을 대체할 수 있다면 새로운 기술이 발전할 수 있다. 다시 말해 비록 노동비용이 조금씩 감소하더라도 기계가 충분히 효율적이라면 노동이 기계로 대체될 수 있다는 것이다.

4 니담의 퍼즐을 풀어줄 새로운 이론

1) 산업혁명의 본질

16세기 이전까지 중국은 세계에서 가장 부유했고, 가장 발달해 있었으며, 가장 도시화된 새로운 이론을 찾기 위해서는 우선, 기존의 가설에서 문제점을 도출해 내어야 한다. 그 다음으로 같은 현상을 제대로 설명할 수 있는 새로운 이론을 도출해 내어야 한다. 많은 학자들이 이미 산업혁명이 일어나기 전까지 중국은 서양에 비해 뒤처지지 않았다는 것을 밝혔다. 그렇다면 산업혁명이 무엇이기에 이런 결과가 나타나게 된 것인가? 전통적인 정의에 따르면 산업혁명은 "증기기관의 발명과 그것의 상용화, 섬유산업의 기계화, 그리고 철강의 대량생산과 사용"을 의미한다. 그러나 이러한 단순한 묘사는 산업혁명의 본질을 간과하는 것이다.

18세기 중반 이후 서양의 기술혁신 속도는 눈부실 정도로 빨랐을 뿐만 아니라, 점점 더 가속화되었다. 그로 인해 중국과 서양의 격차는 그렇게 짧은 시간에 급속하게 벌어지게 되었다. 따라서 기술혁신의 가속화가 산업혁명의 가장 중요한 특징이었

---

14 Elvin, 1973.

다고 할 수 있다. 천공개물(天工開勿)[15]의 기록에 따르면 13세기 이전에는 중국의 섬유산업은 매우 발달해 있었다. 그러나 이후 중국의 섬유산업은 기계화와 같은 기술혁신으로 이어지지 못했다. 18세기 중반 영국을 포함한 유럽대륙은 섬유산업의 기계화에 머물지 않고 여러 새로운 기술들을 발전시켰다. 결국 이러한 기술혁신은 화학, 자동차, 우주선 그리고 정보통신과 같은 새로운 산업의 성장으로 이어졌다.

그렇다면 왜 유럽에서는 기술혁신이 가속화될 수 있었는가? 중국에서 산업혁명이 일어나지 못했던 이유를 설명하기 위해 우리는 먼저 이 문제부터 고찰해 보아야 한다.

2) 세 가지 개념들

(가) 기술분포곡선(technology distribution curve)

우선 기술과 발명의 정의를 살펴보자. 많은 사람들이 기술은 기계와 장비라고 설명한다. 하지만 경제학자들은 일반적으로 기술을 생산요소의 투입을 어떻게 조합할 것인가에 대한 지식이라고 정의한다. 고급기술인지 저급기술인지의 차이는 투입과 산출량과의 관계에서 나타난다. 어떤 상품을 생산하기 위해 자본, 노동 그리고 토지라는 생산요소가 투입되어야 한다고 가정하자. 서로 동일한 가치의 생산요소가 투입된 상황에서 산출량이 많을수록 기술 수준이 더욱 발달되었다고 할 수 있다.

이를 그림에서 살펴보자. 〈그림 2-1〉은 기술상태를 나타낸다고 가정하자. 그림의 왼쪽으로 갈수록 기술력이 낮은 상태를 나타내고 오른쪽으로 갈수록 기술력이 발달된 상태를 의미한다. X축의 값은 각각 동일한 가치의 생산요소 투입으로 얻어진 일정 수준의 산출량을 나타내고 있다. 즉, 점A는 자본, 노동 그리고 토지를 특정 방법(기술)으로 투입하여 일정하게 산출물을 얻는 방법을 나타내고 있다. 〈그림 2-1〉에서 점C는 점A와 동일한 산출량을 나타내고 있지만, 점B는 점A나 점C보다 더 높은 수준의 산출량을 나타내고 있다. 만약 생산요소 투입의 모든 방법을 구하고 그것을 그래프로 나타낸다면, 이는 그림과 같은 분포함수의 모든 점들의

---

15 중국 명나라 말기의 학자 송응성(宋應星)이 지은 과학기술서로, 명나라 말기의 농업사와 공업사를 살피는 데 중요한 자료, 1697년 출판되었다(역자 주).

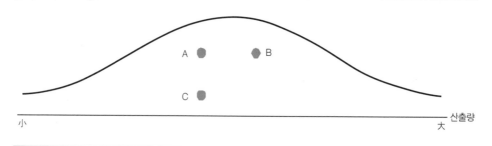

그림 2-1 기술분포곡선

조합으로 나타낼 수 있을 것이다. 분포함수의 각각의 점들은 동일한 가치의 생산 요소를 서로 다른 기술로 투입하여 각각의 산출물을 얻는 방법을 의미하게 된다. 이때 나타나는 경계선을 "기술분포곡선(technology distribution curve)"이라고 한다. 이 기술분포곡선 안에 있는 점들은 기술적으로 생산요소를 투입하는 것이 가능한 방법(기술)을 의미하는 반면 곡선 바깥의 점들은 생산요소 투입이 불가능한 방법 (기술)을 의미한다.

(나) 발명가능곡선(invention probability curve)

발명(invention)은 투입되는 생산요소의 비용은 같지만 더 높은 수준의 생산이 가능한 요소투입 방법이라고 정의할 수 있다. 위의 〈그림 2-1〉에서 점A가 현재의 기술수준을 나타낸다고 가정하자 만약 동일한 비용의 생산요소를 투입하여 더 낮은 수준의 산출량을 얻는 방법이 있다면, 그 방법은 "발명"이라고 하기에는 부족할 것이다. 반면 현재의 기술 기준점이 점A인 상황에서 점B는 동일한 비용의 생산요소를 투입하여 더 많은 산출량을 얻는 방법이기 때문에 발명이라고 할 수 있다. 이런 방법으로 우리는 "발명가능곡선(invention probability curve)"을 만들어 낼 수 있다. 주어진 기술분포곡선에서 현재 기술수준의 오른쪽에 있는 모든 점들은 발명 가능한 지점이다. 예를 들면, 만약 〈그림 2-2〉에서 점A가 현재 기술수준을 나타낸 다면, 점A의 오른쪽에 있는 빗금친 부분은 발명이 가능한 모든 점들의 조합이라고

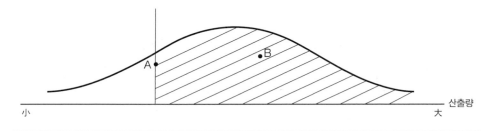

그림 2-2 발명가능곡선

할 수 있다.

(다) **시행착오 발명모델**(trial and error invention model)

앞의 발명가능곡선은 발명모델을 이해하는 데 도움을 줄 수 있다. 前근대 시대나 현대시대나 발명의 방법은 "시행착오(trial and error)"에 기반하고 있다. 예를 들면, 前근대 시대의 한 농부가 게으름이나 다른 이유로 우연히 그의 일상생활에서 벗어난 행동을 하게 되었는데, 오히려 더 높은 생산물을 얻게 되었다고 가정하자. 아마 그 농민은 그 다음 해에도 전에 했던 "올바르지 못한" 방법을 다시 시도할 것이다. 그럼에도 만약 또 좋은 결과를 얻게 된다면, 우리는 그 농부가 "새로운 기술을 발명했다"고 말할 수 있다. 초창기에는 그 농부가 그의 발명을 다른 사람들에게 알려주지 않을 수 있지만, 다른 사람들은 왜 그 농부의 산출량이 언제나 더 많은지 의문을 가지고 그 이유를 알아내기 위해 모든 방법을 동원해서 샅샅이 캐내려고 할 것이다. 따라서 머지않아 그 기술은 모두에게 알려지게 될 것이다.

현대의 발명 역시 기본적으로 크게 다르지 않다. 예를 들면 홍콩과학기술대학교의 총장인 폴 주(Paul Chu: 朱經武) 교수는 초전도재료에 대한 연구로 유명하다. 그는 실험실에서 다양한 고온 초전도체를 만들어 냈다. 그가 고온 초전도체를 만들어낸 방법은 위의 농부의 사례와 마찬가지로 많은 재료를 이용하여 다양한 조합들을 시도해가면서 많은 시행착오를 실시하는 것이었다.

시행착오에는 두 가지의 종류가 있다. 첫 번째는 일반적으로 前근대 시대에서

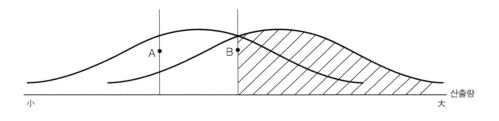

그림 2-3 기술분포곡선의 이동

이루어졌던 것과 같은 경험에 기반한(experience-based) 시행착오이다. 당시 생산에 종사했던 사람들은 지식인들이 아니라 농부와 수공업자들이었다. 맹자(孟子)는 "양반이라면 부엌에 발을 들이지 말아야 한다(君子遠疱廚)[16]"라고 말했다. 당시의 지식인들은 농사일은 물론이고 스스로 요리를 하는 경우도 없었다. 다른 하나의 방법은 실험에 기반한(experiment-based) 시행착오이다. 현대의 시행착오는 과학적인 지식을 바탕으로 통제된 실험에 의한 경험에 더욱 의존하고 있다. 비록 발명의 방법으로 시행착오의 본질은 동일하지만, 두 방법에는 엄청난 차이가 존재한다.

시행착오를 통한 발명의 성공은 로또처럼 확률에 기반하고 있다. 앞의 기술분포곡선에서 오른쪽 부분, 즉 발명가능곡선의 면적이 넓을수록 발명의 "성공(winning)" 확률이 높아지는 것이다. 이때 기술분포곡선 자체가 여러 원인으로 오른쪽으로 옮겨질 수도 있다. 〈그림 2-3〉에서 현재의 기술 수준이 주어져 있을 때 기술분포곡선이 오른쪽으로 이동하면 발명가능곡선의 면적이 더욱 넓어진다는 것을 알 수 있다.

기술분포곡선이 오른쪽으로 이동하는 원인은 다음과 같다. 첫 번째는 개인의 천부적인 능력(talent)에 의한 것이다. 예를 들면 뉴턴은 아마도 떨어지는 사과에 맞은 후에 만유인력의 법칙을 발견했다. 다른 사람이었다면 사과에 맞았다는 사실만

---

16 君子遠疱廚는 군자는 푸줏간과 부엌을 멀리해야 한다는 말로, 심성을 어질고 바르게 하기 위해서는 무섭거나 잔인한 일을 하는 것을 해서도 안되며 봐서도 안 된다는 뜻을 포함하고 있다. 맹자와 제나라 선왕의 대화에서 나온 말이다(역자 주).

을 불평하거나 아니면 공짜 과일을 얻었다는 사실에만 기뻐했을지도 모른다. 두 번째는 새로운 재료(material)의 발견에 의한 것이다. 생산활동에는 도구가 필요한 경우가 많다. 가령 밭을 갈기 위해서는 쟁기가 필수요건이다. 쇠 쟁기는 나무 쟁기와 같은 모양으로 같은 기능을 수행한다. 그러나 쇠 쟁기는 생산성을 크게 향상시켰다. 이러한 재료의 변화는 기술진보를 촉진한다. 세 번째는 지식(knowledge)이다. 현대의 화학이 발달되기 전에 많은 사람들은 돌을 금으로 바꿀 수 있는 마법을 믿었지만, 그 어떤 시도도 돌을 금으로 바꾸지는 못했다. 현대의 과학은 금을 함유한 돌에서만 금을 추출할 수 있다는 사실을 명확하게 알려주었다. 이러한 과학적 지식 때문에 이제 아무도 금성분을 함유하지 않은 돌에서는 금을 추출하려고 시도하지 않게 되었다. 결과적으로 지식을 기반으로 한 실험을 통해 과거보다 높은 확률로 금을 추출해 낼 수 있게 된 것이다.

세상은 1%의 천재와 1%의 바보, 그리고 98%의 평범한 사람들로 구성되어 있다고 한다. 이에 따라 인구가 많을수록 더 많은 천재들이 존재한다. 이런 사실로 미루어 볼 때 인구가 많을수록 기술혁신의 가능성은 높아진다.

3) 세 가지 가설들

앞에서 얘기한 기술, 발명 그리고 기술혁신에 대한 개념들을 기반으로 다음의 세 가지 가설을 제시할 수 있다.

(가) 가설 1

현재 주어진 기술수준과 기술분포곡선을 통해 발명가능곡선은 결정된다. 발명가능곡선이 주어진 상황에서, 시행착오의 수가 많을수록 새로운 기술을 발명하게 될 확률은 높아진다. 시행착오는 무작위로 뽑는 로또 복권과 같으며, 모든 복권은 이길 수 있는 확률이 동일하다. 따라서 10장의 복권을 가지고 이길 수 있는 가능성은 1장의 복권을 가지고 이길 수 있는 가능성보다 훨씬 크다.

(나) 가설 2

시행착오의 수와 기술분포곡선이 주어져 있는 상황에서는 현재의 기술수준이 높을수록 새로운 기술을 발명해 낼 확률은 낮아진다. 앞의 그림에서 현재의 기술수준이 높을수록(점A보다 점B가 기술수준이 높다) 발명가능곡선의 면적이 작아진다. 이는 발명이 성공할 확률이 그만큼 줄어든다는 것을 의미한다. 위에서 언급한 로또의 예를 다시 생각해 보자. 로또에서 1개의 1등 복권과 100개의 2등 복권이 있다고 가정하자. 이때 그 어떤 복권을 사더라도 2등에 당첨될 확률이 1등에 당첨될 확률보다 100배나 높은 것이다.

(다) 가설 3

현재의 기술수준과 시행착오의 수가 주어진 상황에서 기술분포곡선이 오른쪽으로 움직일수록 발명가능곡선의 면적은 넓어지는데, 이로 인해 새로운 기술을 발명할 확률이 높아진다(〈그림 2-3〉). 예를 들어 인류의 발전 과정에서 자연의 본질에 대한 이해가 깊어지게 되었다. 중세시대 유럽에서는 몇 세기 동안이나 연금술 열풍이 불었지만 아무도 돌을 금으로 바꾸지 못했다. 오늘날 우리는 과학적 지식을 기반으로 선별적이고 통제된 실험을 수행하여 성공확률은 그 어느 때보다 높아졌다. 혹은 새로운 재료의 등장은 발명의 확률을 높여주었다. 예를 들면 강철이 발명되기 전에는 쇠 쟁기의 발명은 상상도 할 수 없었다. 하지만 강철의 등장으로 쇠 쟁기의 발명뿐만 아니라 다양한 철기 제품들이 연달아 발명되었다. 즉, 기술분포곡선이 오른쪽으로 움직이면서 발명의 확률도 증가한 것이다.

이제 이 3가지 가설을 바탕으로, 니담의 퍼즐을 풀어보자.

4) 니담의 퍼즐에 대한 해석

(가) 前근대 중국의 발전 — 경험에 기반한 발명

중국은 언제나 인구가 많은 국가였다. 자연조건이 유리했기 때문에 중국의 농업생산성(경작지의 생산성)은 항상 유럽보다 높았다. 생활비가 저렴하였기 때문에 중국의 인구는 빠르게 증가하였다. 반면 문명발상지의 하나였던 유럽은 곡식을 많이 수확할 수 있는 조건은 아니었다. 유럽의 토지는 생산성이 상대적으로 낮았기 때문에, 역사적으로 유럽의 인구는 언제나 중국의 인구보다 적었다.

前근대 시대의 기술혁신은 농부와 수공업자들의 경험에 의한 시행착오를 바탕으로 이루어졌다. 인구의 수가 많을수록 수공업자와 농부의 수도 많았기 때문에, 그들의 경험에 기반한 발명의 가능성도 높았다. 개인적인 경험은 기술에 있어 중요한 부분을 차지했고, 대대로 전해져 내려왔다. 이런 속담도 있지 않은가: "노인들의 말을 듣지 않으면 대단히 고생할 것이다." 하지만 때로는 전통을 지키는 와중에도 우연한 혁신의 경우도 있었다. 우연한 시도가 생산성 향상에 도움이 되는 방법을 찾게 해 주면 그렇게 찾게 된 기술은 나중에 대중화되곤 했다.

前근대 시대에는 동·서양을 불문하고 경험에 기반하여 발명이 이루어졌기 때문에, 더 많은 인구라는 유리한 조건은 더 많은 시행착오가 가능하게 하여 발명의 가능성을 증가시켰다. 중국 역시 이와 다르지 않았다. 대부분의 고대 문명들(예를 들면, 나일 강을 따라 발달된 이집트, 메소포타미아 강을 따라 형성된 고대 바빌론, 그리고 인더스 강을 따라 발달된 고대 인도 등)은 모두 많은 노동 인력을 가지고 있었다. 이러한 풍부한 인적자원은 고대 문명들에게 기술혁신을 위한 유리한 조건을 제공하였다.

(나) 8~12세기 중국 기술혁신의 가속화

8세기에서 12세기 중국의 기술혁신이 가속화된 가장 큰 원인은 북방 소수민족들의 침략으로 경제의 중심과 수많은 사람들이 남쪽으로 이동한 것이다. 중국의 남쪽 지방은 강수량이 풍부하고 충분한 일조량의 혜택이 존재하였다. 기후의 차이로 인해 북쪽 지방은 밀, 수수, 그리고 곡물들을 주로 기르는 반면, 남쪽 지방에서는 벼를 재배하고 있었다. 인구가 남쪽으로 이동하면서 벼가 주요 곡식이 되었고, 생산성은 증가하였다.

생산성 향상을 위한 전제조건으로는 적절한 도구의 사용이 있었다. 북쪽 지방에서 사용하던 농기구는 쟁기였는데, 이는 남쪽 지방의 환경과는 맞지 않는 도구였다. 결국 쟁기는 호미로 대체되었고, 기술은 변화하였다. 이와 유사한 차이로 북쪽 지방의 주요 운송수단은 마차였지만 남쪽 지방은 배였다. 그렇기 때문에 사람들의 대규모 이주와 함께 배에 관련된 기술들도 발달하기 시작하였다. 생산성이 높은 곳일수록 기술혁신이 발생할 가능성이 더 높아진다. 남쪽 지방에의 일조량, 물, 그리고 토양 등의 유리한 자연환경은 생산성 향상을 가능하게 하였다. 이에 따라 기술분포곡선은 오른쪽으로 움직일 수 있었고, 새로운 기술들이 급속히 퍼져나갔다.

그러나 인구의 대량 이주로 인해 가능했던 기술분포곡선의 이동이 언제까지나 계속될 수는 없었다. 기술혁신이 가속화되던 시기가 지나자 발명의 가능성은 앞의 두 번째 가설에서 설명했던 것처럼 점차 줄어들었다. 즉, 기술수준이 향상되면서 기술분포곡선의 오른쪽 면적인 발명가능곡선이 점차 줄어든 것이다. 결국 어느 수준에 도달하게 되면서 인구 증가와 더 많은 시행착오를 겪는다 하더라도 발명의 속도는 점차 정체되었던 것이다. 물론 인구가 줄어들었을 때는 더 적은 시행착오가 발생한다는 것을 의미하게 되므로 발명의 속도 역시 줄어들게 된다. 12세기 이후 중국의 인구는 증가하기도 감소하기도 하였지만, 기술혁신의 속도는 두 번 다시 가속화되지 못했다.

(다) 중국이 유럽에 추월당한 원인 ─ 실험에 기반한 발명

前근대 시대, 유럽은 인구 수가 적었기 때문에 중국에 비해 낙후되었다. 유럽인들은 중국의 세련된 물건들과 최첨단 기술을 가져다 준 실크로드와 항로(航路)들을 부러워하였다. 하지만 18세기에 섬유산업의 기계화, 증기기관, 그리고 철강의 사용을 특징으로 하는 산업혁명이 발생하였다. 산업혁명의 가장 중요한 특징은 기술혁신이 가속화된 것이다. 이는 경험기반의 발명에서 실험을 바탕으로 하는 발명으로 변화하였기 때문에 가능할 수 있었던 것이다.

前근대 시대에서 경험은 생산활동의 부산물로 얻어지는 것이었다. 즉, 새로운 기술은 농부들의 우발적인 시행착오라는 경험을 바탕으로 발명되었다. 그러나 18세기 이후의 시행착오는, 대부분이 의도적인 실험에 의해 수행되었다. 과학자들의 수많은 실험들은 과거 수천 명의 수공업자와 농부들이 평생 동안 할 수 있는 경험과도 같은 시행착오였다. 이에 따라 인구의 수는 기술혁신에 있어 더 이상 중요한 요소가 되지 않았다. 아주 적은 인구로도, 집중적인 실험을 통해 발명의 확률은 높

아졌다.

산업혁명 당시 발명의 기초가 경험에서 실험으로 대체되자, 유럽에서는 수많은 시행착오들이 일어났고 그에 따라 발명의 속도는 가속화되었다. 이 때문에 유럽은 단기간에 중국보다 앞설 수 있었다. 그러나 앞의 두 번째 가설에 의하면, 발명의 속도가 어느 수준까지 가속화되면 기술수준이 충분히 높아졌기 때문에 발명의 확률은 다시 낮아지게 된다. 기술혁신의 병목현상(bottleneck)이 일어나는 것이다.

유럽의 국가들은 이 기술혁신의 정체 문제를 해결하기 위해, 과학적 지식에 더 많은 투자를 하였다. 자연에 대한 지식을 더 확대하여 기술분포곡선을 오른쪽으로 이동시킬 수 있었던 것이다. 이에 따라 기술혁신이 가능한 영역은 다시 확장되었다. 이러한 새로운 방식으로 기술혁신은 지속적으로 가속화된 상태를 유지할 수 있었다.

물론 과학이 기술혁신에서 가장 중요한 역할을 하는가의 여부는 18세기에 논쟁의 여지가 존재하였다. 예를 들면 증기기관을 발명한 와트(Watt)의 경우를 들 수 있다. 와트는 사실 과학자가 아니라 단지 실험실 조수에 불과하였기 때문이다. 19세기까지도 기술혁신에서 과학의 중요성은 완전히 인정받지 못했던 것은 사실이다. 그렇지만 과학이 사람들에게 자연에 대한 지식을 넓혀주어서 기술혁신의 가능성을 확대하였다는 것은 분명하다. 19세기 이후에 기술혁신의 병목현상이 일어났을 때, 서양은 과학적 기초에 대한 투입량을 증가시킴으로써 이를 극복해냈다. 지속적으로 발명가능곡선을 오른쪽으로 움직였고, 발명을 위한 새로운 공간을 창출하였다.

유럽에서 이 모든 것이 가능했던 전제조건은 15세기와 16세기 서양에서 일어났던 과학혁명(Scientific Revolution)과 연관이 있다. 따라서 산업혁명이 중국에서 일어나지 못한 이유를 찾기 위해서는, 중국에서 과학혁명이 일어나지 못했던 원인을 알아내는 것이 가장 중요한 열쇠가 된다.

5 관료주의: 과학혁명이 발생하지 못한 원인

1) 과학혁명과 방법론의 혁신

중국에서 과학혁명이 일어나지 못했던 이유를 이해하기 위해서는 먼저, 원시과학(primitive science)과 현대과학(modern science)의 차이를 이해할 필요가 있다. 일반적으로 과학은 단순하게 "세상에 대한 체계적인 지식"이라고 정의할 수 있다. 과학적인 발견은 기술혁신 과정과 유사하다. 때문에 과학혁명의 본질은 과학자체의 내용에 관한 것이 아니었다. 왜냐하면 원시과학이나 근대과학 모두 자연현상을 설명하기 위한 체계적인 지식이기 때문이다.

원시과학의 대표라고 할 수 있는 그리스의 철학자이자 과학자인 아리스토텔레스는, 모든 물질은 땅, 물, 공기 그리고 불이라는 네 가지 원소에 의해 이루어져 있다고 하였다. 반면 고대 중국은 "다섯 가지의 요소(五行說)"를 주장하였는데, 이는 쇠, 나무, 물, 불 그리고 흙이다. 고대에는 쥐의 기원에 대한 재미있는 "학설"이 있었는데, 쥐는 언제나 침대 밑에 놓아둔 옷상자에서 나타난다는 것이다. 이것은 정말 우습게 들리지만, 단순히 그 상황 자체만을 생각해 본다면 이 이야기도 어느 정도 타당하게 보인다. 물론 우리는 옷상자에서 나타난 생쥐도 사람처럼 부모를 가지고 있다는 것을 알고 있다. 하지만 일견 타당해 보였던 "쥐의 기원" 가설은 단지 이러한 궁금증에서 시작하여 관찰로 이루어진 귀납법의 결과와 다름없다는 것을 알 수 있다. 이처럼 원시과학은 현대과학과는 큰 차이가 있었지만, 이들은 모두 세계를 이해하기 위한 체계적인 지식이라는 측면에서는 공통점이 있었다.

반면 두 시대의 과학 사이에 존재하는 가장 큰 차이점은 그 내용이 아니라 지식을 발전시키는 방법(method)이었다. 원시과학에서는 지식의 발전이 자연에 대한 천재들의 우연한 관찰을 통해 이루어졌다. 반면, 현대과학에서는 우선 수학적 모델을 통해 자연에 대한 가설을 공식화하고, 나중에 이를 체계적이고 반복적인 실험들을 통해 검증하는 방법으로 지식을 발전시킨다.

현대과학이 가지고 있는 방법론의 우수성은 정확한 수학적 모형들로 자연현상들의 이해를 표현해 낼 수 있고, 시공간의 지식전파가 용이하다는 점이다. 예를 들면, 고대 중국의 "음양(陰陽)"과 "오행(五行)" 이론은 실제로는 이해하기가 매우 난해하기 때문에 잘 알려져 있지 못했다. 그 이론에 의하면 어떤 사람이 "화기(火氣)가 많다"고 표현하지만, 실제로 우리는 그의 몸 어느 곳에서도 연기가 나오는 것을 볼 수 없다. 그렇다면 "화(火)"는 어디에 있는 것일까? 뿐만 아니라 그 이론은 여러 방법으로 설명됐기 때문에, 이론의 전파에 어려움을 겪었다.

또 공자는 만약 50대에 역경(易經, 또는 周易)을 이해할 수 있다면, 그들은 하늘로부터 정해진 운명을 이해하게 될 것이라 하였다. 그러나 역경에 대한 설명은 너무나 다양해서 어느 것이 진리인지를 판가름하기가 어렵다. 또 다른 예로 도덕경(道德經, 도의 미덕에 관한 고전)에는 이렇게 기록되어 있다. "玄之又玄, 衆妙之門"(현묘하고 현묘하여, 모든 묘함이 나오는 문이다). "현묘함"을 나타내는 하나의 설명은 "난해하고도 불가사의한 것"이다. 당연하게도, 이런 모호한 설명은 현묘함을 이해하는 데 전혀 도움이 되지 않는다.

이와 반대로 현대과학에서 사용하는 수학적 의미는 변하지 않는 동시에 명백하게 제시되기 때문에 수학을 이용하게 되면 그 개념과 이론들은 더욱 쉽고 명확하게 이해될 수 있다. 나아가 문자의 번역과정은 매우 어렵다. 중국의 유명한 번역가이자 20세기 초반 북경대학교의 교장을 역임했던 옌푸(嚴復) 선생에 따르면 문학작품을 번역하기 위한 3가지 기준[17]을 제시하였다. 하지만 그 3가지 중에서 가장 덜 어려운 것을 하나 하는 것도 매우 힘든 일임은 자명하다. 우선, 번역가가 핵심내용을 잘못 파악할 수도 있다. 언어는 문화 속에 스며들어 있기 때문에, 하나의 언어를 완벽하게 이해하는 것은 그 나라의 문화를 이해해야만 가능하다. 같은 언어 체계 속에서도, 하나의 단어는 시간의 흐름에 따라 그 뜻이 변하기 마련이다. 따라서 지식을 확산시키기 위해서는, 수학적 언어가 자연적 언어보다 훨씬 용이하다고 할 수 있다.

---

17 그 3가지 기준은 信, 雅, 達로 표현된다. 신은 텍스트에 대한 충실성, 아는 문체의 고상함, 달은 텍스트 전체 의미의 가독성을 의미한다(역자 주).

방법론의 혁신은 매우 중요하다. 산업혁명과 과학혁명의 핵심은 바로 방법론의 혁신이기 때문이다. 과학혁명은 크게 두 가지 형태로 산업혁명에 기여했다. 하나는 방법론의 혁신이다. 경험을 대신하여 통제된 실험이 시행착오의 기반이 되도록 하였다. 다른 하나는 기술분포곡선을 오른쪽으로 이동시키는 데에 기여했다.

과학혁명의 본질은 방법론의 혁신이고, 방법론 역시 일종의 기술이다. 서양의 과학혁명은 수학과 통제실험의 결합을 통해 과학적 지식을 확산시키고, 부적절한 가설을 빠르게 배제하는 방법론의 기술혁신을 이루어내었다.

2) 과학혁명 부재의 원인에 대한 기존 설명들

(가) 중상주의 가치관의 부재?

그렇다면 중국에서는 과학혁명을 가능하게 만들었던 방법론상의 혁신이 왜 일어나지 못했는가?

과학적 발견에 대한 특별한 기술을 알고 싶은 사람들은 우선 자연의 본질에 대한 궁금증을 가져야 한다. 궁금증을 많이 가지고 있는 사람들의 숫자는 통상적으로 인구밀도의 정규분포를 따른다. 정규분포의 오른쪽 끝에 해당하는 1퍼센트, 혹은 0.1퍼센트에 해당하는 아주 극소수의 사람들이 이에 해당한다. 그 비율은 다른 나라에서도 크게 다르지 않다. 중국은 인구 자체가 많았기 때문에, 그에 비례해 본질에 대해 의문을 가졌던 사람들도 많았다. 중국 사람들이 수학에 취약하다는 것은 사실이 아니다. 또한 그들이 통제실험을 좋아하지 않는다는 이야기도 사실이 아니다. 그렇다면 강한 궁금증을 가지고 있던 중국의 수많은 천재들이 왜 그들의 궁금증을 해소시켜 줄 수 있는 방법인 수학적 모델과 통제실험의 결합을 찾지 못했을까?

이에 대한 해석으로 니담은 유럽의 귀족봉건제도가 중국의 관료제도에 비해 중상주의적 가치를 구축하는 데 더 유리하였고, 이에 따라 유럽 봉건제도의 몰락과 함께 자본주의와 현대 과학이 등장할 수 있었다고 주장하였다.

하지만 니담은 유명한 경제학자도, 역사가도 아니었다. 그는 현상들을 잘 제시하였으나, 논리적 일관성이 부족하였다. 그는 중국 봉건사회에서 중상주의가 발달하기 어려웠던 이유는 유교적 위계질서에 따라 상인은 학자(혹은 귀족), 농부, 그리고 수공업자보다 더 아래의 계급이었기 때문이라고 주장하였다. 역대 왕조의 공문서에 의하면, 상인들은 천거제도(擧孝廉)나 과거시험제도에 응시조차 할 수 없었으므로, 상인이 관료집단이 되는 일은 있을 수 없었다.

하지만 실제로는 당(唐)나라 시대 이후에는, 상인들이 과거시험을 볼 수 있도록 허용되었다. 몇몇 사람들은 심지어 돈으로 관직을 사기도 했다. 중국에서는 춘추전국 시대부터 전통적인 상업이 번영하였다. 이러한 배경이 있었기에 관리는 세 번이나 막대한 부를 축적할 수 있었던 것이다. 한(漢) 우(武) 황제(기원전 156~87년)가 동중서(董仲舒)가 제안한 "오직 유교사상만이 채택되어야 하며, 다른 모든 사상들은 일체 거부되어야 한다"는 법안을 받아들였을 때에도, 상인계급을 완전히 억압하지는 않았다. 그렇지 않았다면 명(明)나라 시대에 그토록 발달된 상업이나 자본시장이 결코 존재할 수 없었을 것이다. 많은 연구자들은 명(明)나라에서는 이미 초기자본주의의 형태가 있었다고 말한다. 유럽의 봉건제도는 14세기와 15세기 이후가 되어서야 붕괴되었기 때문에, 적어도 14세기에서 15세기에는 유럽에 비해 중국의 "자본주의"가 더 앞서 있었을 것이라고 추측할 수 있다.

(나) 특허권 보호의 부족?

어떤 사람들은 산업혁명이 영국에서부터 시작될 수 있었던 이유로 발명과 특허권에 대한 보호정책을 지적하고 있다(Box 2-1). 그러나 과학혁명이 산업혁명을 이끌었기 때문에, 과학혁명이 현재의 삶에 미치는 영향에 앞서 그것이 발생하게 된 배경에 대해 초점을 맞추어야 한다. 400년 전 중국이 누리지 못했던 특허보호라는 제도는 사실 유럽에서도 존재하지 않았다. 비록 현재에는 재산권이 중요한 이슈가 되고 있지만, 과학혁명이 일어났을 15세기에는 재산권을 보호해 줄 수 있는 제도가 없었다. 당시의 연구는 상업적인 목적보다는 현상에 대한 문제의식이나 궁금증을 바탕으로 이루어진 것이었고, 연구의 결과는 기본적으로 상식 선에서 머물렀다. 따라서 상업적인 동기는 이유가 되지 않았다.

(다) 경쟁의 부재?

서구의 학자들이 말하는 또 다른 이유로는 경쟁이 모든 것을 바꿔 놓았다는 견해이다(Box 2-1). 중국은 그 역사 속에서 언제나 하나의 커다란 통합국가로 존재하였기 때문에 국가 간의 경쟁이 존재하지 않았다. 그와는 대조적으로 다수의 작은 국가들로 구성되어 있는 유럽에서는 경쟁이 만연했다. 그러한 경쟁은 기술혁신을 추구하도록 압력을 불어넣어 주었다. 이것은 사실 오늘날의 서양이 훨씬 빠른 기술적 진보를 이룰 수 있게 된 가장 큰 이유이기는 하다. 미국과 구소련의 경쟁 구도를 보자. 두 강대국 사이의 치열한 경쟁 때문에 과학과 기술(특히 우주산업과 군수산업 분야)에는 엄청난 자원이 투입되었으며, 놀랄만한 성과를 이루어 냈다. 하지만 그렇다고 할지라도 경쟁 가설을 입증하기 위해서는 더욱 빈틈없는 분석이 필요하다.

첫째, 중국이 비록 하나의 통합 국가이긴 했지만, 중국의 사상에 대한 통제는 유럽보다 더 강력했다고는 할 수 없다. 유럽은 여러 나라로 나뉘어져 있기는 했지만, 자연의 본질을 이해하기 위한 가장 중요한 요소는 종교로 통일되어 있었다. 당시에는 만약 누군가가 무모하게 정통사상과 반대되는 의견을 제시한다면 그들은 종교 이단으로 몰려서 사형을 당했다. 반면 중국에서는 기원전 246~210년경 첫 통일제국의 황제인 진시황에 의해 "책을 불태우고 학자들을 생매장시킨(焚書坑儒)" 사건 이외에는 이러한 사상적 탄압이 거의 없었다. 본질의 탐구를 위해서 정부의 개입은 축소되어야 한다. 비록 누군가가 주류와 다른 견해를 보인다 할지라도, 그들은 화형을 당하는 위험을 감수하지 말아야 하는 것이다. 따라서 통일된 정치 환경은 적어도 이데올로기의 관점에서는, 본질을 탐구하는 데에 장애요소가 되지는 않았다.

둘째, 국가 간의 경쟁이 과학적 진보를 결정짓지는 않는다. 현대에서도 기술 진보의 병목현상이 나타난 이후에야 기초 과학에 대한 투자가 활발하게 진행되었다. 당연한 말이겠지만, 300년 전에는 기술적 병목현상을 극복하고 국가의 번영을 꾀하기 위해 기초 과학에 투자하고자 하는 열의는 거의 없었다.

셋째, 과학적 연구는 엄청난 자원이 투입되어야 하기 때문에 큰 국가일수록 더욱 좋은 연구를 수행할 수 있었다. 송(宋)나라 시대에는 물시계 발명을 위해 정부가 재정 지원을 하였다. 그러나 국가에 의해 지원받을 수 있는 프로젝트는 흔하지는 않다. 때때로 중국의 부유층이나 귀족층들도 연구 활동을 지원하기도 했지만 유럽만큼 많지는 않았다.

즉, 국가간 경쟁가설은 현대에서 보면 그럴 듯 하지만 500년 전에는 그렇지 못했다. 그럼 이제 새로운 가설을 제시해 보겠다.

3) 관료주의: 과학혁명 부재의 원인

(가) 수학과 실험에 능숙한 사람들의 부족

앞에서 언급하였듯이 호기심은 타고난 천성이므로, 인구 수가 많았던 중국에는 호기심을 갖고 있는 사람들이 많았다. 따라서 중국에서 과학혁명이 발생하지 않은 이유는 호기심을 갖고 있는 사람들이 적어서가 아니라, 그 사람들 중에서 수학과 실험을 잘 하는 사람들이 적었기 때문이다. 이러한 능력은 천성이라기보다는 노력에 의해 얻어질 수 있다. 호기심이 많은 사람들은 대부분 재능을 가지고 태어난다. 하지만 前근대 시대의 중국에서는 호기심이 많고 재능을 가진 사람들이 국가 과거시험에 몰두하였기 때문에, 수학과 실험에 대해 관심을 가질 여유가 없었다. 따라서 수학적 능력을 지닌 인적 자본이 부족했기 때문에 중국은 과학혁명을 만들어 내지 못하게 된 것이다.

유럽의 호기심 많은 사람들은 수학과 실험에 필요한 능력을 개발하는 데에 적극적이었는데, 이는 정치 시스템과 관료선발 체계가 중국과 달랐기 때문이다. 유럽의 귀족은 세습으로 이루어졌다. 그렇기 때문에 유럽에서는 비록 호기심을 가진 사람의 수는 적을지라도, 호기심과 함께 수학과 통제실험에 능한 사람들의 수가 더 많았다. 이것이 과학 혁명이 중국이 아닌 유럽에서 일어날 수 있었던 가장 중요한 이유이다.

진(秦) 왕조(기원전 221~206년) 이전의 중국은 유럽의 봉건사회와 비슷한 모습을 보였다. 그러나 지방행정 시스템이 수립되면서 과거의 귀족체제는 무너지게 되었다. 새로운 시스템으로 인해 중앙정부는 직접적으로 지방의 모든 지방관료에게 명령을 내릴 수 있었다. 진 왕조의 중앙집권 시스템은 그 다음 왕조에도 이어졌다. 과거제도는 수(隨)나라 시대에 와서야 시행되었다. 후에 송(宋) 나라 시대에는 유교의 사서오경이 과거선발 시험의 모범서로 지정되었다.

당시에는 이런 말이 있었다, "공부하는 것은 그 어떤 거래와도 바꿀 수 없을 정도로 가치 있는 일이다." 이러한 말 뒤에는, 한 번 관료가 되면 그들에게는 높은 보수가 보장된다는 의미가 포함되어 있다. 또 "충분히 공부한다면 부와 높은 임금, 그리고 아름다운 아내는 자연적으로 따라오게 되어 있다"라는 말도 있다. 관료가 되면 가문 전체의 큰 영광이라는 이점도 있다. 이러한 이유로 재능이 있는 사람은 높은 보수와 명예가 보장되는 과거시험을 혼신을 다해 준비하였다.

재능이 있는 사람이라고 해서 반드시 호기심이 많은 것은 아니지만, 호기심이 많고 관찰력이 뛰어나며 자신의 관찰로부터 체계적으로 과학적 이론을 나타낼 수 있는 사람은 매우 뛰어난 재능을 지녔다고 할 수 있다. 사람의 행동은 인센티브에 의해 큰 영향을 받기 때문에, 재능 있는 사람들은 높은 보수와 명예라는 인센티브가 있는 과거제도에 자연적으로 몰두하였다. 때문에 비록 과학적 연구에 열정을 가지고 있다고 할지라도, 연구를 위해 많은 시간을 소비하지는 못했다.

(나) 사서오경(四書五經)

과거시험을 위한 모범서인 사서오경에는 40만 단어가 포함되어 있다. 한 사람이 하루에 200 단어를 외울 수 있다고 가정하면(그리고 그 후에도 까먹지 않는다고 가정한다면), 사서오경을 모두 깨우치기까지는 6년 이상의 시간이 걸린다. 그 외에도, 응시자들은 역사서를 읽고 시를 짓는 방법과 팔고문(八股文)[18]도 배워야 했다. 이 모든 것들을 다 배우기까지 최소한 10년이 걸렸으니, "10년 동안 찾아오는 사람이 없어 창문이 쓸쓸하다(十年寒窓)"라는 말은 과거시험을 준비하기까지 얼마나 많은 노력이 필요한지를 대변해준다. 당시에는 오늘날보다 공부하기가 더 어려운 상황이었다.

---

18 경서(經書)의 구(句)·절(節)·단(段)을 뽑아 주제로 하고, 그 뜻을 부연하여 팔고(八股)의 형식으로 한 편의 문장을 짓는 문체(역자 주).

다행히 과거시험에 통과하여 관직을 얻었다고 할지라도, 승진하기 위해서는 관직 평가의 기준인 사서오경에 의한 가치와 이론적 체계에 맞추기 위해 끊임없이 노력해야 했다.

중국사(史)에 관한 수수께끼의 하나가 '정보수집과 감독 관리체계가 원시적이었던 상황에서, 황제는 어떻게 방대한 영토의 모든 관료들을 통제하고 국가의 통합을 유지할 수 있었을까?'이다. 이에 대한 답은 진 나라 시대의 관료체제에서 찾을 수 있다. 진시황 이전의 중국은 유럽에서 그랬던 것처럼, 황제가 지방의 관료들에 비해 더 강력한 힘을 가지고 있지 않았기 때문에 춘추 전국시대에는 전쟁이 잦았다. 그러나 진 나라 때 시행된 과거제도로, 현명하고 야심적인 사람들에게 관료가 될 수 있는 기회가 주어졌고, 그들은 더 이상 지배계층이 되기 위해 폭력적인 방법에 의지할 필요가 없었던 것이다. 과거제도는 국가의 통일을 위해 진 시대 이후에도 계속 시행되었다.

(다) 유교적 가치관

중국의 과거제도는 세습을 기반으로 하는 유럽의 봉건제도와는 달랐다. 유교사상은 송(宋)나라 때부터 군주와 부모의 공경을 위해 중시되어 왔으며, 과거시험을 준비하는 사람들에게 큰 영향을 미쳤다. 과거시험을 준비하는 과정에서 그들은 사서오경을 통해 유교사상에 지속적으로 노출되어 왔기 때문이다. 만약 그들 중 누군가가 군주에게 충성하지 않는 행동을 하게 된다면, 그는 죄책감에 휩싸이게 될 것이다.

이렇듯 유교사상에 의해, 사회는 도덕적으로 높은 수준에 있었다. 고대 중국의 정치, 사회체계를 쉽게 풀어 쓴 책으로, 레이 황(Ray Huang)이 1587년에 쓴 "아무 일도 없었던 해: 명나라의 쇠퇴(*A Year of No Significance: The Ming Dynasty in Decline*)"[19]를 들 수 있다. 이 책에는 명나라 신종(神宗) 황제 시대 관료조직의 수장인 장거정(張居正)에 대한 흥미로운 이야기가 있다. 장(張)은 당시 정부개혁을 제기하였지만, 바로 그때 그의 어머니가 돌아가셨다. 유교적 가치관에 의하면, 그는

---

19 Huang, 1981.

사직을 하고 3년간 제사를 지내야 했다. 그가 만약 그랬더라면 그 개혁은 중단되었을 것이다. 그는 사직을 원치 않았고, 신종 황제 역시 그가 떠나지 않기를 바라고 있었다. 하지만 결국 그는 사직하지 않았다는 사실 때문에 탄핵되었다. 황제의 권한은 관리들이 유교사상을 존중하는 것에서 나온다. 만약 한 나라 관료조직의 최고 수장이 유교적 가치를 따르지 않는다면, 비록 황제가 이를 허락했다고 하더라도 국가의 아주 기본이 되는 것을 위협했다고 볼 수 있었다. 이렇듯 유교적 바탕으로 인해 전통사회에서 국가를 다스리는 것이 그리 큰 힘이 들지 않았기 때문에 중국이 오랫동안 커다란 통일국가로 유지될 수 있었다.

처음 과거제도가 도입되었을 때, 수학도 과거시험 과목 중 하나였다. 그러나 황제는 수학과목이 그가 통치하는 데에 있어 별다른 도움이 되지 않는다고 여겼기 때문에 수학과목을 폐지시켰다. 중국의 과학과 기술에 있어 역사적으로 가장 중요한 업적은, 1637년 명(明) 나라 시대의 송응성(宋應星)에 의해 쓰여진 "천공개물(天工開物)"라는 책의 발간이었다. 송은 서문에서 이 책은 과거시험에 별로 도움이 되지 않기 때문에 현명하고 야심찬 사람들을 위한 책은 아니라고 밝혔었다.

사서오경을 공부하는 것은 오랜 시간이 걸렸는데, 사실 그 시간은 수학과 통제실험을 연구할 수도 있는 시간이었다. 나아가 중국에서는 수학적 방법론이 발전하지 못했기 때문에 과학혁명이 일어나지 못한다. 왕양명(王陽明, 1472~1529, 명나라의 위대한 철학자이자 정치인이며 군인)은 이러한 시를 쓰기도 했다. "산은 높고 달은 멀리 있어서 달이 작아 보인다고 그 산이 어찌 달보다 크다 할 수 있는가, 만약 사람이 하늘에서 본다면 달이 산보다 훨씬 크다는 것을 알 수 있을 것이다." 그의 관찰은 현대과학으로 보면 맞는 것이지만, 당시에는 수학적 도구가 부족했기 때문에 그의 이론을 과학적 체계로 발전시키지는 못했다.

(라) 경험에서 실험으로

물론 고대 중국이 번영할 수 있었던 이유로 과거제도의 역할도 적지 않았다. 그러나 기술혁신의 기반이 경험에서 실험으로 변화되었을 때, 과거제도는 그 자체의 우수성을 잃고 과학 기술혁명을 방해하는 요인이 되었다. 특정 기술과 물리적

조건하에서 우월했던 제도는 사회개혁에 필요한 다른 조건에 방해요소가 될 수도 있다. 경제학에서는 이를 "제도함정(institutional traps)"이라고 부른다.

　　정보수집의 방법이 제한적이면서 감독비용은 높았을 시절, 과거시험 제도는 야망있는 사람들로 하여금 노력을 통해 관직에 들 수 있는 기회를 제공해 주었기 때문에 매우 좋은 제도로 여겨졌다. 이 제도는 객관적인 평가기준에 근거하고 있기 때문에 비교적 공평하면서도 객관적이었다. 과거제도는 또한 능력이 있는 사람들에게 기회를 주었기 때문에, 관료집단에 활력을 불어넣어 주기도 하였다. 하지만 과거제도로 인해 중국의 과학혁명은 서양보다 늦어질 수밖에 없었다.

　　막스 베버(Max Weber)는 중국이 이미 명(明)나라 시대부터 자본주의가 싹트기 시작한 것을 발견하였는데, 그럼에도 왜 중국에서 자본주의가 뿌리 내리지 못했는지에 대해 의문을 제기하였다.[20] 이러한 베버의 의문도 니담의 수수께끼와 밀접한 관련이 있다. 주의 깊게 분석해 보면 이 문제의 핵심도 역시 왜 중국에서 과학혁명이 왜 일어나지 않았는가 하는 것이다. 과학혁명이 없으면 산업혁명도 일어날 수 없었기 때문이다. 8세기에서 12세기 사이 중국에서 기술혁신의 진보가 매우 빠른 속도로 진행되었다. 그러나 12세기 이후에는 정체되었다. 이러한 상황에서 자본의 영향은 커질 수 없었고, 자본주의 역시 발달할 수 없었다. 자본주의는 자본의 심화(capital deepening)[21]와 자본과 임금노동자 사이의 관계에 관한 것이라고 할 수 있다.[22] 前근대 사회의 중국에서 전통기술로는 기계화를 통한 대량 생산을 위해 노동자를 많이 고용하는 것이 거의 불가능했고, 이에 따라 자본주의의 형성도 어려웠다. 이러한 이유로 중국에서 산업혁명이 없었다는 것이 베버의 의문에 대한 대답이라고 할 수 있다. 산업혁명 없이는 지속적인 기술발전과 자본의 심화도 이루어질 수 없었다. 이것이 자본주의가 비록 중국에서 싹트긴 했지만, 온전히 발달되지 못한 이유가 되는 것이다.[23]

20　Weber, 1997.

21　1인당 자본생산성이 증가하는 과정(역자 주).

22　Weber, 1930.

23　Lin, 2008.

02 참고문헌
Bibliography

Cipolla, Carlo M. *Before the Industrial Revolution: European Society and Economy*, 1000–1700, 2nd ed. New York: Norton, 1980.

Elvin, M. *The Pattern of the Chinese Past*. Stanford, CA: Stanford University Press, 1973.

Huang, Ray. 1587, *A Year of No Significance: The Ming Dynasty in Decline*. New Haven, CT: Yale University Press, 1981.

Lin, Justin Y. "The Needham Puzzle: Why the Industrial Revolution Did Not Originate in China?" *Economic Development and Cultural Change* 41 (1995): 269–92.

Lin, Justin Y. "The Needham Puzzle, Weber Question and China's Miracle: Long Term Performance since the Sung Dynasty." *China Economic Journal*, Vol. 1, No. 1 (2008): 63-95.

Maddison, Angus. *The World Economy*. Paris: Organisation for Economic Cooperation and Development, 2006.

Needham, Joseph. *Science in Traditional China: A Comparative Perspective*. Cambridge, MA: Harvard University Press, 1981.

Perkins, Dwight H. *Agricultural Development in China*, 1368–1968. Chicago: Aldine, 1969.

Polo, Marco, William Marsden, and John Masefield. *The Travels of Marco Polo*. London: J. M. Dent, 1908.

Smith, Adam. *The Wealth of Nations*. Chicago: University of Chicago Press, 1776.

Weber, Max. *The Protestant Ethic and the Spirit of Capitalism*. London: Allen and Unwin, 1930.

Weber, Max. "Confucian Politics in China and the Sprout of Capitalism in China: Cities and Industrial Associations." *Collected Works of Max Weber: The Historical Steps of Civilizations*, Shanghai, Shanghai Sanlian Bookstore. 1997.

Xuanchong, Xu. *100 Tang and Song Ci Poems*. Beijing: China Translation and Publishing Corporation, 2007.

제03장

중국의 굴욕과 사회주의혁명

중국의 굴욕과 사회주의혁명

제 3 장

1 중국 근대 지식인의 고민

1) 굴욕의 시작

중국은 17세기 말까지만 해도 강대국으로 인식되었다. 하지만 19세기 중반에는 낙후된 농업국가로 전락했었다. 유럽은 많은 금과 은을 가져다 준 신대륙의 발견으로 중국을 따라잡기 시작하였다. 신대륙에서 가져온 새로운 부는 유럽인들의 생활수준을 급속히 향상시켰다. 산업혁명이 시작된 18세기, 유럽에서는 기술혁신이 가속화되었고 이에 비해 중국은 뒤처지며 그 격차는 커져갔다.

1820년 중국의 1인당 소득은 당시 국제화폐단위로 523이었는데 이는 미국의 1,287이나 당시 세계최고였던 영국의 1,756에 비하면 훨씬 적은 수준이었다.[1] 나아가 1950년에는 중국의 1인당 소득이 614였는데, 이는 당시 세계최고였던 미국의 9,573과 영국의 6,847의 극히 적은 부분에 지나지 않았다. 중국의 1인당 소득은

---

[1] Maddison, 2006.

미국의 1/15, 영국의 1/10로 감소하게 되었다.

국제정치 분야에서도 중국의 지위는 급격히 추락하였다. 청조(1644~1911) 중기 이전까지만 해도 중국은 여전히 전 세계에서 가장 강대국 중의 하나였고, 이웃 나라의 공물을 받던 종주국이었다. 대영제국이 중국에 처음 사신을 파견했을 때, 중국은 영국에게 외교의례를 존중하지 않는 야만스러운 국가라는 것을 암시하는 경멸어린 이름(狺猲獟)을 붙여주었다. 하지만 산업혁명 후 1세기가 채 지나지 않은 1840년, 중국은 아편전쟁에서 영국에게 대패하였다. 이후 중국은 프랑스, 일본, 8개국 연합군에게 잇따라 패배하였고, 이로 인해 중국은 이루 말할 수 없는 피해와 모욕을 받았다.

잇따른 패배로 중국은 주변의 조공국가들을 잃었는데, 예를 들면 중국을 종주국으로 하던 한국은 일본의 식민지가 되었다. 뿐만 아니라 중국 역시 반(半)식민지 국가가 되었다. 중국은 20개가 넘는 국가들과 불평등조약 체결을 강요당했고, 많은 도시의 이권을 양도했으며, 일본, 러시아, 영국 등에게 영토를 할양했다. 이전의 강대국으로서의 자주권은 굴욕적인 방법으로 침탈당했다.

어떤 사람들은 중국왕조가 갑작스럽게 몰락한 이유가 청(清) 왕조의 만연한 부패 때문이었다고 믿는다. 하지만 이 주장은 실증적인 증거와 상충한다. 청 왕조에는 백성들이 심각한 가난을 겪도록 놔둘 만큼 지각이 없거나 부패한 황제는 한 명도 없었다. 사실 일부 한족을 중심으로 반(反) 정부적인 정서는 있었지만, 이 반 정부적인 정서는 민족주의에서 나온 것이지 황제에 대한 불만은 아니었다. 관료체제가 부패했을 수도 있지만 부정직한 관리들은 다른 왕조에서도 만연했었다. 따라서 중국이 점차 약화된 것을 전적으로 청 왕조의 책임으로 보는 것은 온당하지 않다.

앞장에서 살펴본 바와 같이 유럽이 기술혁신과 경제발전에 박차를 가하고 부지런히 과학실험에 몰두하고 있는 동안, 중국은 낡은 기술과 생산성에 고착되어 있었다. 그 이유는 공무원 임용시험제도(과거제도)와 전통적인 교육제도가 과학혁명과 산업혁명을 억압했기 때문이었다. 따라서 중국과 유럽의 격차는 커지게 되었고, 중국은 연이은 전쟁에서 패배할 수밖에 없었다.

물론 유교영향권에서 양성된 중국의 지식인들은 책임감이 강했다. 그들은 같은 동포들의 안녕(well-being)을 지켜야 한다는 강한 사명감을 가졌다. 그리고 그들은 국가가 거대한 변혁의 움직임에 직면했을 때 다시 떨치고 일어날 수 있기를 바랐다. 하지만 그들의 국가가 모욕당하고 더욱 상황이 나빠지는 것을 보면서 극심한 좌절감을 느낄 수밖에 없었다. 장대한 역사와 문화를 가진 그들의 모국이 불과 1세기 전에만 해도 "미개하고 야만스러웠던" 나라들에게 탄압 당했다. 따라서 국가의 재기는 정치, 문화 엘리트들에게 시급한 과제가 되었다.

당시 그들의 정서를 이해하는 것은 중국 근대의 정치, 경제, 역사를 이해하는 바탕이 된다. 고대 문명국가였던 중국은 새롭게 등장하는 신흥문명(emergent civilization)과 충돌할 수밖에 없었다. 두 문명 간의 전쟁은 그 충돌의 정점이었다. 헌팅톤(Huntington)이 그의 책 "문명의 충돌(The Clash of Civilizations)"에서 언급했듯, 다른 국가의 문명을 이해하고 반응하기 위해서는 문화와 문명의 의미를 먼저 연구하는 것이 필요하다.[2]

2) 물질의 변화: 양무운동

문화(culture)와 문명(civilization)의 정의는 학자마다 차이가 있다. 마르크스(Marx)에 의하면 문화체계는 하부구조(base)와 상부구조(superstructure)로 이루어져 있으며 하부구조는 상부구조를 결정한다. 하지만 저자는 중국 근대사의 연구에 대해서는 유명한 중국 사회학과 인류학 전문가인 페이샤통(費孝通)의 스승인 말리노스키(Bronislaw Malinowski)[3]의 정의가 더 적절하다고 생각한다. 말리노스키에 따르면 문화는 3가지의 필수적인 요소들로 구성된다. 첫 번째는 조상들로부터 상속받은 가시적인 물건들인 유물들(artifacts)과 기술공정(technical processes)이다. 예를 들면 칼, 총, 마차, 젓가락, 포크 그리고 이들의 생산기술이다. 두 번째는 사회조직(social organizations)인데 은행체계, 교육체계 그리고 정치체계와 같은 것들이다. 세

---

2 Huntington, 1993.
3 말리노스키는(Bronislaw Malinowski; 1884~1942) 폴란드 출신 영국 인류학자로 남태평양 파푸아뉴기니 부족사회에 대한 연구로 "미개사회의 범죄와 관습(1926)" 등의 책을 출간하였고, 사회인류학의 아버지라고 불린다(역자 주).

번째는 생각, 습관 그리고 선악을 판단하는 행동수칙과 같은 가치이다.

사실 말리노스키의 분류와 마르크스의 분류는 크게 상충되지는 않는다. 마르크스 체계 속의 하부구조는 조상들로부터 상속받은 유물들과 기술공정에 해당하고, 상부구조는 다른 두 요소들, 즉 사회조직과 행동수칙에 해당한다. 말리노스키는 문화의 3가지 요소들이 유기적으로 통합된다고 생각했다. 두 문명이 충돌할 때 충돌의 원인을 이해하기 위해서 우리는 대중과 지식인의 문화에 대한 반응을 모두 이해해야 한다.

중국은 1840년에 아편전쟁에서 굴욕적인 패배를 겪었는데, 이 전쟁은 청 정부가 외국과의 전쟁에서 패한 최초의 전쟁이었다. 그 이전에는 패배를 상상할 수도 없었다. 이 참패로 중국의 지식인들은 심각한 자기반성을 하였다. 지식인들은 먼저 이 패배가 중국과 서양과의 물질적 격차 때문이라고 결론지었다. 따라서 동치(同治: 청나라 목종 재위기간, 1862~1874) 기간 증국번(曾國藩), 이홍장(李鴻章), 좌종당(左宗棠), 장지동(張之洞)과 같은 유명한 관료들이 양무운동(洋務運動: Westernization Movement)을 시작하였다.

양무운동의 구호는 "중학을 근본원칙으로 하고 서학을 실용적으로 활용한다(中學爲體, 西學爲用)"는 것이었다. 이것은 중국의 기존 사회체계와 유교 기반의 도덕적 가치는 그대로 고수하면서 서구 문명의 물건과 상품들만을 활용하겠다는 것을 의미한다. 예컨대 서구의 총, 대포, 군함을 구입하는 것이다. 그들은 이 물건들로 중국이 다시 강성하고 번영할 수 있다고 믿었다. 중국 지식인들의 사고방식은 여전히 변하지 않은 그대로였다. 그들은 여전히 중국의 사회조직과 가치가 우수하다고 믿었다. 30년 동안의 노력으로 양무운동은 상당한 성과를 가져왔다. 3개의 해군함대가 산둥성(山東省)의 웨이하이(威海), 푸젠성(福建省)의 천주(泉州)와 마웨이(馬尾)에 세워졌다.

그 다음의 충돌은 1894년 청일전쟁을 계기로 격화되었다. 메이지유신(明治維新) 이후 신흥강대국으로 부상하던 일본은 당시 중국의 보호하에 있던 한국을 식민지화하려고 시도했다. 이로 인해 중국과 일본의 충돌이 발생했다. 일본은 19세기 중반까지만 해도 다른 나라에 문호를 개방하지 않았으나, 미국해군에 의해 문호를 개방하게 되었다. 이 사건으로 일본은 커다란 반성을 하였고, 당시 토쿠카와 막부에 불만을 품고 황제에게 권력을 이양하자는 "존왕양이(尊王攘夷), 즉 황제를 받들고 야만인을 추방하자"라는 정치 구호가 등장하였다. 메이지 천황이 이를 계기로 권력을 되찾은 이후 일련의 개혁이 시작되었다. 마침내 일본은 영국처럼 "입헌군주제(constitutional monarchy)"를 확립했고 신식학교, 군대, 은행, 공장과 여러 정치·경제조직을 도입했다. 이 메이지유신은 중국의 양무운동과 거의 같은 시기에 발생하였다.

1894년 중일전쟁 이전에 국제사회는 대체적으로 전쟁에서 중국이 승리할 것이라고 예상했다. 그 이유는 중국 역시 대영제국과 프랑스에서 구입한 최첨단 군함을 보유하고 있었기 때문이었다. 일본은 거대 규모의 군함을 구입할 능력이 없었으며, 따라서 그들이 생산한 더 작은 배로 만족해야 했다. 더욱이 일본의 총과 대포는 중국의 것보다 못했다. 하나의 일화가 당시의 상황을 잘 보여준다.

1894년 중일전쟁 이전 청 정부는 손자병법에 있는 전략을 추진했다. 바로 "전쟁에서 최고의 기술은 싸우지 않고 적을 이기는 것이다"는 전략이다. 중국 해군은 상하이 황푸(黃浦)강을 따라 거대한 규모의 퍼레이드를 개최하였고, 이를 과시하기 위해 중국 주둔 외국 군당국자와 일본 대사를 초대했다. 당시 중국이 원했던 것은 일본을 이길 수 있는 힘이 있음을 일본에게 보여주는 것이었다. 하지만 그 전략은 오히려 역효과를 낳았다. 퍼레이드를 관람한 후에 일본 대사는 비록 중국이 더 나은 무기를 가지고 있지만, 일본이 충분히 전쟁에서 이길 수 있다고 확신했다. 왜냐하면 그는 무질서하고 훈련되지 못한 중국 군대의 모습을 보았기 때문이었다.

이 검증되지 않는 일화는 양무운동 당시 중국이 단지 물질적인 측면에서만 노력을 기울이고 교육, 정치, 경제와 같은 조직적인 측면에서는 노력을 기울이지 않았다는 것을 말해준다. 적절한 조직이 없는 현대 무기는 큰 도움이 되지 못했던 것이다.

3) 사회조직의 변화: 무술변법

청일전쟁에서 패배한 이후에 청 정부는 막대한 배상금을 지불해야 했고, 대만을 일본에게 양도해야 했다. 이는 또 다른 사회적 반성을 야기하였다. 과거 지식인들은 중국이 아편전쟁에서 대영제국에 패배한 이유가 신형무기가 부족했기 때문이라고 생각했다. 그러나 중국보다 열등한 무기를 가지고 있던 일본에게조차 중국이 패배했다. 따라서 또 다른 원인이 있음이 분명했다. 일본에서 무슨 일이 있었는지를 되짚어 보면서, 중국의 지식인들은 또 다른 이유를 발견했다. 일본 역시 서양의 압박으로 문호를 개방하였지만, 일본은 전면적인 사회개혁을 단행하면서 30년이라는 짧은 시간 안에 중국을 앞질렀던 것이다.

이에 따라 중국 지식인들은 새로운 결론을 내리게 되었다. 중국이 서구열강을 따라잡기 위해서는 일본과 마찬가지로 과거제도를 폐지하고 입헌군주제를 도입해야 한다는 것이었다. 2장에서 보았듯, 과거제도의 문제점은 그 형식에 있는 것이 아니라 내용적인 측면에 있었다. 과거제도는 관료주의 체계에서 인재를 등용하는 데는 완벽한 형식을 가지고 있었다. 사실 영국은 자신들의 공무원 선발제도를 마련할 때 내용 측면에서 사서오경을 채택하지 않은 것을 제외하고는 형식적인 측면에서는 중국의 과거제도를 모방하였다. 입헌주의자들은 1898년 입헌군주제 수립을 위해 무술변법(戊戌變法)[4]에 착수했다. 그러나 이 개혁은 보수적인 관료들에 의해 곧 진압당했고, 그 무술변법의 유일한 성과가 북경대학교의 전신인 경사대학당(京師大學堂)이다.

반면 쑨원(孫中山, 孫文)[5] 선생과 같은 해외 유학생들과 화교들은 다른 입장을 취하고 있었다. 그는 광둥성(廣東省)에서 태어나 이후 하와이로 이민을 갔으며 미국에서 교육을 받고 홍콩에서 의학박사 학위를 받았다. 그는 중국이 서구 열강에 의해 굴욕을 당하는 것을 보고 모국이 그 힘을 다시 되찾기를 간절히 바랐다. 대통령제가 입헌군주제보다 우수하다고 생각한 그는 청 정부를 타도하고 민주주의 국가를 건설할 것을 제안했다. 당시에는 입헌주의자나 혁명론자 모두 사회, 정치

---

4 변법자강운동(變法自彊運動)이라고 불리며, 청일전쟁 패배 이후 절충적 개혁인 양무운동의 한계를 극복하고자 정치, 교육, 법 등 청나라 사회전반의 제도들을 근본적으로 개혁하고 한 운동(역자 주).

5 쑨원(1866~1925), 중국혁명의 지도자로 어려서 외국에서 유학하면서 의학을 배웠고, 중국에 돌아와 중국혁명동맹회 조직, 삼민주의 제창 등 중국혁명의 지도자로 활약하였고, 국민당 정부 수립에서도 중요한 역할을 담당하였다(역자 주).

체제에서 조직개혁을 단행해야 한다고 주장했었다.

1900년 8개국 연합군이 중국을 침략한 이후, 강경한 보수주의자였던 서태후(慈禧太后)도 중국정부가 더 이상 개혁을 늦출 수는 없다는 것을 깨달았지만 때는 이미 너무 늦었다. 청 왕조는 결국 멸망하게 되었다.

중국은 제1차 세계대전에 3국 협상[6]의 동맹국으로써 참전했다. 하지만 1919년에 열린 파리평화 조약에서 전쟁 승리의 보상을 받지 못했다. 오히려 베르사유 조약에 따라 독일이 가지고 있던 칭다오(青島) 조계지를 당시 이미 열강의 하나로 성장한 일본에게 양도하게 되었다. 이는 전쟁 전에 중국에 돌려주기로 한 협정과는 다른 것이었다. 이 처절한 굴욕적인 사건은 베이징대학교 학생을 포함한 젊은 지식인층들이 북양정부(北洋政府)[7]에 대한 반발심을 증폭시킨 배경이 되었다.

이로 인해 反제국주의와 反봉건제를 목표로 하는 그 유명한 5·4운동이 일어났다. 당시 이미 구시대적인 정치, 사회제도는 개혁되었고 과거제도는 폐지되었다. 또한 중학교, 고등학교, 대학교로 이루어진 교육제도가 수립되었다. 하지만 중국은 여전히 낙후되고 국력은 약했으며 서구 열강의 억압을 받았다. 왜냐하면 현대화된 물건들과 제도만으로는 상황을 바꾸기에는 역부족이었기 때문이었다. 즉, 현대화된 인식과 가치 또한 도입되어야 했던 것이다. 따라서 5·4운동에서 가장 중요한 구호는 "민주와 과학"이었다.

4) 사상의 변화: 사회주의 사상의 대두

중국은 처음에는 무기의 중요성에 대해서 인식하였고, 이후 이 무기를 활용하기 위해서는 어떤 조직이 필요한지에 대해서 인식하게 되었다. 그리고 마침내 조직뿐만 아니라 서구 사상의 중요성에 대해서도 인식하게 되면서, 사상에서도 점진적인 변화가 나타났다.

---

6 제1차 세계대전에서 연합국의 중심이었던 영국·프랑스·러시아가 맺은 상호협상(역자 주).

7 1912년부터 1928년까지 베이징에 존재한 중화민국 정부를 말한다. 이 정부는 군벌 세력들을 중심으로 정권을 장악하였다(역자 주).

5·4운동 이후 중국 지식인들은 크게 두 그룹으로 나뉘었다. 한 그룹은 서구화를 옹호했고 모든 가치, 행동 기준, 사회제도 심지어 물건들도 서구처럼 따라해야 한다고 주장했다. 반면 다른 그룹은 사회주의를 옹호했다. 1921년 중국공산당이 성립된 이후 이 사회주의 운동은 전국적인 정치, 사회운동으로 발전했는데 그 이유는 다음과 같다.

첫째, 중국 사람들 사이에서는 서구에 대한 반감이 있었다. 중국은 전쟁에서 서구 열강에게 계속해서 패배했고 굴욕을 당했다. 중국인들은 비록 서구의 무기에는 머리를 숙였지만, 정신적으로는 절대 패배를 인정하지 않았다. 따라서 중국인들은 어떤 제도나 이론이 당시 서구의 것보다 좋은 것이라면 이를 쉽게 받아들일 수 있었다. 당시 서구사회는 초기 자본주의 사회로 노동환경은 비참했고 사회적 불안감은 매우 높았다. 산업이 발달해서 도시화가 꽤 진전되었지만 여전히 대부분의 노동력은 농촌에 거주했다. 이런 상황에서 도시와의 임금격차가 컸기 때문에 많은 농촌인력이 꾸준히 도시로 이동하였다.

마르크스 이론에 따르면 인구의 유입과 공급과잉은 많은 실업을 양산한다. 이런 상황에서 자본가들은 노동부족의 걱정이 없기 때문에 임금은 최저수준으로 낮아진다. 그럼에도 여전히 도시의 생활수준이 시골보다는 훨씬 좋았다. 따라서 노동자들의 수입은 거의 나아지지 않았고, 자본가들의 수입은 기하급수적으로 증가했다. 이렇게 두 계층 간의 격차가 더욱 커지면서 빈번한 충돌은 불가피하였다. 이 문제들을 지켜보며 마르크스는 유물사관(唯物史觀: historical materialism)[8] 이론을 내놓았고 사회가 거치는 5가지의 단계를 정의하였다. 이것이 원시공산주의사회(Primitive Communism), 노예제(slavery), 봉건제(Feudalism), 자본주의(Capitalism) 그리고 마지막이 공산주의(Communism)다.

당시 중국에는 쑨원 선생의 삼민주의(三民主義)가 있었는데, 이는 국민의 정부(民族), 국민에 의한 정부(民勸), 국민을 위한 정부(民生)라는 원칙을 가지고 있었다.

---

8 역사가 발전하는 원동력은 관념이 아니라 물질이라는 마르크스주의의 역사관, 사회의 정치적 특징과 문화적 특징은 생산양식에 의해 규정되고 생산양식은 생산력의 발전에 대응하여 변혁된다고 하였다(역자 주).

사실 국민을 위한 정부라는 원칙은 본질적으로 공산주의를 의미한다. 쑨원은 자본주의에는 수많은 문제가 있기 때문에 혁명을 통해 모든 문제를 일시에 제거해야 한다고 주장했다. 이것이 유명한 "한 번의 전투로 모든 문제를 다 처리한다"는 것이다. 자본주의를 옹호한 쑨원 선생조차도 사회주의를 포용했다는 사실을 통해 당시 사회주의 사상의 인기와 그 영향력에 대해 엿볼 수 있다.

둘째, 러시아가 처음으로 사회주의 정권을 수립한 이후 러시아는 기존에 중국과 체결했던 모든 불평등조약을 철회하였다. 당시 많은 중국인들은 불평등조약을 통해 중국에 굴욕을 준 서구 열강들에 대해 적대적이었다. 당시 중국의 여러 사회운동의 목표는 중국을 선진국 수준으로 발전시키는 것이었다. 이런 상황 속에서 사회주의 국가들이 자발적으로 불평등조약을 취소함으로써 중국을 형제처럼 대했다. 이것은 마치 지주가 소작농의 집에 갑자기 나타나 그의 빚이 모두 면제되었다고 말하는 것과 같았고, 이로 인해 소작농은 커다란 감동을 받게 된 것이다.

더구나 러시아는 그런 호의에 대해서 아무런 대가도 요구하지 않았다. 사실 전 세계 첫 사회주의 국가로서 자본주의 국가들에 포위되었던 소련은 제정(帝政) 러시아 시기에 체결되었던 조약에 명기된 이권을 주장하기에는 국력이 너무 약했다. 하지만 많은 중국인들에게 이것은 매우 우호적인 조치로 받아들여졌고, 쑨원 선생 역시 러시아 공산당과 동맹을 맺기로 결심했다. 1930년대 소련은 더욱 강성해졌고, 그 자체가 중국의 번영을 위해 분투하던 당시 중국의 지식인들에게는 좋은 본보기가 되었다.

반면 서구 국가들은 1929년 월스트리트(Wall Street)의 대폭락을 시작으로 10년에 걸친 대공황(Great Depression)을 겪고 있었다. 대공황 당시, 모든 분야에서 실업률은 치솟았고 경제는 30~40%의 하락을 기록하면서 자본주의 국가들은 어려움을 겪었다. 이것은 마치 마르크스가 자본주의의 몰락에 대해 예견한 것이 현실화되는 것 같았다. 또한 소련이 12년 동안 스탈린(Stalin)의 지도 아래 가난하고 낙후된 농업경제에서 선진 군사대국으로 변모한 것과는 극명한 대조를 보였다. 당연히 소련식 발전모델은 중국의 지식인들에게 큰 관심을 불러일으켰다.

② 중국의 사회주의혁명

1) 마르크스주의와 중국 공산당

1917년 러시아 10월 혁명의 승리 이후 중국에도 마르크스-레닌주의가 유입되었고, 베이징 대학교의 리다쟈오(李大釗)와 같은 지식인들을 중심으로 이 새로운 이론이 확산되었다. 이후 이는 중국 공산당의 이념적 기반이 되었다. 1919년 5·4 운동은 중국 공산당의 이념적, 인적 토대를 마련함으로써 마르크스주의와 중국의 노동운동을 결합하는 역할을 했다.

1921년 중국 공산당이 창당되었을 때, 중국의 사회주의 운동은 일련의 이론적인 문제에 부딪혔다. 마르크스의 유물사관에 따르면 사회주의 혁명은 오직 자본가와 노동계급의 갈등이 일정수준으로 심화되었을 때만 발생하는 것이다. 자본가가 부와 권력을 통제하기 때문에 일개 노동자는 자본가의 착취와 억압에 절대 저항할 수 없다. 따라서 단지 한 국가가 아닌 전 세계의 노동자 계급이 연합해야 한다. 그 이유는 한 국가에서 노동자 계급이 자본가 정권을 전복시키려고 한다면 이웃해 있는 자본주의 국가에서는 그 나라의 노동자들도 따라 할 것을 두려워하기 때문에 그 자본가 정권을 도와줄 것이기 때문이다. 한 나라의 노동자 계급은 자본주의 국가의 연합에 대항할 만큼 강하지 않다. 따라서 마르크스는 어떤 국가도 홀로 성공할 수 없기 때문에 사회주의 혁명에서 승리하려면 이 사회주의 혁명이 모든 선진 자본주의 국가에서 동시에 일어나야 한다고 주장했다.

레닌주의는 이와는 다르게 혁명이 선진 자본주의 국가에서 반드시 먼저 일어나지 않아도 된다고 생각했다. 하지만 레닌의 전제조건은 지식인으로 구성된 공산당이 혁명을 이끌어야 한다는 것이었다. 그리고 그 지식인은 노동자 계급일 필요는 없지만 잘 조직되어 있어야 하고 잘 교육받아야 했다. 지식인이 핵심집단이 되고 프롤레타리아(proletariat)[9] 계급이 결속하면 한 개의 국가만으로도 혁명이 가능

---

9 프롤레타리아는 임금노동자 또는 사회적인 하위계층으로 무산계급(無産階級)이라고 한다. 유산계급(有産階級)인 부르주아지(bourgeoisie)와 대비되는 개념이다(역자 주).

했다.

레닌주의에서 얘기하는 것이 정확히 러시아의 경우였다. 먼저 공산당이 세워지고 그 다음에 도시노동자들이 폭동을 일으켰으며 결국 제정러시아 정권이 붕괴되었다. 중국 공산당이 1921년 창당되었을 때, 중국 공산당은 마르크스와 레닌주의를 따랐고 코민테른(Comintern)[10]은 중국을 비롯한 다른 국가들에 혁명을 지도하기 위한 대표자를 파견했다. 레닌주의에 따라 중국 공산당 지도자들은 지식인들로 당을 구성하였고, 도시에서 폭동을 일으켰다. 하지만 그 폭동들은 러시아와 같은 성공을 거두지 못했고 모든 폭동들은 실패로 돌아갔다.

2) 중국에서 레닌 모델의 실패

중국 공산당은 코민테른이 지시한대로 많은 사회운동들과 폭동들을 벌였지만 모두 실패로 끝났다. 러시아와 중국에서 전혀 다른 결과가 나타났던 이유는 두 국가의 조건이 상이했기 때문이었다. 우선, 중국에는 러시아에는 없었던 조계지(租界地, concessions)[11]가 많았다. 제정러시아 시절에 러시아의 산업화는 도시에 집중되어 있었다. 몇몇 전문 사업가나 해외 자본가가 소유한 것을 제외한 거의 모든 기업들은 귀족의 소유였다. 하지만 이와는 대조적으로 중국의 산업화는 텐진(天津), 상하이(上海), 우한(武漢), 푸저우(福州)와 같은 조계지역에 집중되어 있었다.

제정러시아 시절에는 노동자들의 폭동을 진압하기 위해 정부에서 군대를 파견했다. 저항능력이 없던 노동자 계급은 쉽게 사회의 동정심을 얻어낼 수 있었고, 이로 인해 정부에 대한 사회적인 분노가 커졌다. 노동자들을 탄압하고 자본가들을 보호하는 것은 합당하지 않다는 여론이 형성되었다. 반면 중국에서는 주요 공장이 조계지에 집중되어 있었기 때문에 상황은 완전히 달라졌다. 1925년에 있었던 끔찍한 사건(五卅慘案)을 되짚어보자. 방직공장 노동자들의 폭동은 일본군대에 의해 잔혹하게 진압되었다. 그 후 폭동이 영국 조계지로 확산되었을 때 또다시 영국 경찰

---

10 공산주의 인터내셔널(Communist International)의 약칭, 1919년 모스크바에서 러시아 공산당에 의해 조직된 '국제 공산당' 기구이다(역자 주).
11 조계지(租界地)는 청나라 말 외국인들이 행정자치권이나 치외법권을 가지고 거주한 지역을 지칭한다(역자 주).

에 의해 진압되었다. 비무장 노동자들에 대한 학살은 사회적인 분노를 일으켰지만, 이 분노는 집권당인 국민당이 아니라 외국정부를 향한 것이었다. 심지어 장제스(蔣介石)[12]의 국민당은 이 사건으로 대중의 분노와 노동자들의 단합을 정권에 대한 지지로 이끌어내는 효과를 보기도 했다

다시 말해 같은 노동자들의 폭동이라도 서로 다른 상황에서는 전혀 다른 결과를 낳았던 것이다. 러시아에서는 황제가 폭동을 진압하려고 군대를 파견했을 때 대중적 지지와 정권의 정통성 모두를 잃었다. 반면 중국에서는 외국정부들이 폭동 진압을 위해 군대를 조계지로 파견하면서, 집권정당에 대한 지지가 더욱 강력해졌다. 이 사례는 서로 다른 전제조건에서 그 결과가 아주 다를 수 있기 때문에 외국의 이론을 적용할 때 매우 주의를 기울여야 한다는 것을 알려준다. 이론을 절대적 진실처럼 맹목적으로 숭배해서는 곤란하다. 어떤 이론이 성공적으로 적용되고 효과를 보기 위해서는 반드시 전제 조건들이 만족해야만 한다는 것을 중국에서의 레닌주의 모델 실패에서도 알 수 있다.

3) 마오쩌둥 전략의 성공

중국 공산당원들은 레닌주의의 실패를 통해 만약 중국이 오직 다른 나라의 경험에만 의존한다면 중국의 혁명을 성공시키지 못할 것이라는 것을 깨달았다. 그래서 그들은 새로운 방법을 찾기 시작했다. 마오쩌둥은 "농촌이 도시를 포위하는(農村包圍城市)" 전략을 추진하였다. 마르크스-레닌주의에 따르면, 사회주의 혁명의 전제조건은 사회적 불평등과 부의 불평등한 분배이다.

당시 중국 농촌지역에는 지주, 가난한 농부, 땅이 없는 소작농이 있었다. 1950년대의 자료에 따르면 전체인구의 3%에 불과했던 지주가 경작지의 26%를 소유한 반면, 전체인구의 68%인 가난한 농부는 단지 22%의 토지만을 소유하여 토지소유의 격차가 매우 많았다는 것을 보여준다.[13] 물론 도시에서도 자본가와 노동자 사

---

12 장제스(蔣介石, 1887~1975), 중국의 정치가이자 군벌로 항일전쟁 중에 국민당 총재로 최고권력자로 공산당과의 내전을 주도하였다. 이후 공산당에 패퇴하여 타이완으로 정부를 옮겨 타이완 중화민국 총통을 지냈다(역자 주).

13 중국국가통계국.

이의 소득격차가 있었지만, 농촌지역처럼 심각한 상황은 아니었다. 마르크스주의에 따르면 농민들은 진보세력이 아니다. 하지만 중국 농촌에서의 심각한 불평등을 감안했을 때, 지주로부터 토지를 몰수해 소작농들에게 준다는 중국 공산당의 결정은 소작농들의 큰 지지를 받았다. 더군다나 농촌지역에서는 정부의 통제력이 상당히 약했다.

전통 중국사회에서는 현(懸)이 가장 낮은 행정기관이었다. 현급 이하에는 보통 지역 토착세력인 지주(地主)가 행정을 담당하였다. 따라서 그 지역의 독재자인 토호(土豪)를 겨냥한 토지개혁은 러시아의 노동자 폭동과 같은 결과를 가져왔다. 국민당 정부가 소작농들을 진압하기 위해 군대를 파견했을 때, 정의를 믿는 사람들은 가난한 소작농을 동정하였다. 반면 국민당 정부는 가난한 소작농이 아닌 부유한 지주를 보호했기 때문에 정통성을 상실하였다.

레닌주의에 따르면 사회주의 혁명은 보수적인 소작농이 아닌 가장 진보적인 노동자 계층에 의해 이루어져야 한다. 마오쩌둥(毛澤東)은 보다 유용하고 실용적인 사고로 독창적인 이론을 적용하였고, "농촌이 도시를 포위하는" 전략은 농촌지역을 포함한 중국의 모든 사회계급을 분석하는 광범위한 연구의 결과물이었다. 이 전략은 매우 큰 성과를 거두었다.

마오쩌둥 정책의 지도 아래 중국 공산당은 우선 농촌에 혁명근거지를 건설하였고, 점차적 도시의 자본가들로 표적을 확대하였다. "농촌이 도시를 포위하는" 전략은 군사적으로 중요한 의미를 가진다. 마오쩌둥은 정치분야에서의 전략도 개발하였는데, 그것은 "다수와 연합하여 소수와 대항한다(團結大多數, 打擊一小撮)"는 것이다. 당시 도시의 공업과 상업은 중국 민족자본가들이 소유하고 있었다. 조계지에 있는 대규모 공장들에 비하면 이 민족자본가들의 사업은 작고 취약했다. 마오쩌둥은 이런 민족자본가들도 보호받아야 한다고 주장하였다. 대신 표적을 "소수의" 관료주의 자본가들, 즉 "장(蔣), 송(宋), 공(孔), 진(陳)" 4대 족벌 계급으로 국한하였다.

2차 세계대전 이전에 일본과 유럽 자본가들은 중국에 상당수의 공장을 건설하였다. 2차 대전이 끝난 후 이 공장들과 일본의 괴뢰정부가 세운 공장은 국민당 정부에 의해 몰수되었다. 이 몰수된 재산은 나중에 국민당의 고위 관료들에게 분배되었고 이로 인해 관료주의 자본가들이 형성되었던 것이다.

1947년 중국공산당은 신민주주의정책(新民主主義政策)을 발표하였는데, 구체적인 내용은 다음의 3가지 방침으로 요약할 수 있다. 첫째, 지주의 토지를 몰수해 가난한 소작농에게 분배한다. 둘째, 독점 관료자본의 자산을 몰수해 사회주의 정부가 국가자산으로 관리한다. 셋째, 중국 민족자본가가 소유한 공업과 산업은 사회주의 정부의 지도 아래 최소 50년을 보장해준다.

중국이 희망했던 것처럼 가난한 농업국가에서 강력한 사회주의 국가로 빠른 시간 내에 발전하기 위해서는 공업화와 현대화의 추격(catch-up) 과정이 필요했다. 이 과정에서 민족자본가들은 중요한 역할을 수행할 수 있었던 것이다. 신민주주의 정책에 따르면 민족자본가는 최소 50년 동안 보호를 받을 수 있고, 이 기간 동안에는 외국정부와 외국기업들의 압력에서 자유로울 수 있기 때문에, 이전보다 더욱 빨리 발전할 수도 있다. 따라서 이 3가지의 방침은 광범위한 지지를 얻었으며, 중국 공산당이 국민당을 이기고 사회주의 정권을 수립하는 데 커다란 기여를 하였다.

중국에는 "머리 좋은 사람들은 3년 동안 준비해도 반역을 못한다(秀才造反三年不成)"라는 말이 있었다. 하지만 중국 공산당은 몇몇 지식인들의 작은 "사회운동"에서 시작해서 불과 한 세대의 기간 동안(1921~1949)에 한 국가를 통일한 정권으로 성장했는데, 이는 중국 역사에서 전례가 없는 것이다.

❸ 건국 후 소련모델의 선택

중화인민공화국이 설립된 이후 본격적인 사회주의 건설이 시작되었다. 중국은 마오쩌둥 주석의 지도하에 1949년부터 1978년까지 29년 동안 계획경제(planned economy)를 실시했다. 하지만 계획경제는 성공하지 못했다.

많은 비판론자들이 마오쩌둥이 계획경제를 실시할 때 소련의 모델을 답습한 것을 실패의 원인으로 지적한다. 하지만 왜 공산주의 혁명을 추진할 때는 그토록 실용적이고 융통성 있던 마오쩌둥이 중화인민공화국이 건국된 이후에는 소련의 모델을 그대로 모방만 했을까? 어떤 사람들은 그 이유를 그가 산업화에 대한 경험이 전혀 없었기 때문이라고 주장한다. 하지만 그는 혁명이나 전쟁에 대한 경험도 없었지만 이를 성공시켰기 때문에 이 주장에는 허점이 있다. 사실 당시 소련모델을 모방하는 것은 매우 영리하고 현실적인 선택이었다. 비록 중국은 소련과는 여건이 달랐기 때문에 공산주의 혁명 추진과정에서 소련과는 다른 방법을 채택하였지만, 궁극적인 목적은 동일하였다. 중화인민공화국이 건국된 이후에는 목표도 상황도 소련과 유사하였다. 따라서 중국이 공업화를 위해 소련과 같은 길을 택한 것이 당연했던 것이다.

중국 혁명가들의 가장 중요한 목적은 중국을 부강한 나라로 만드는 것이었다. 1949년 10월 1일 마오쩌둥 주석은 베이징의 천안문(天安門)에서 "중국인민들이 일어섰다(中國人民站起来了)"라고 세계에 선언했다. 저자는 그가 이 선언에서 많은 것을 생각했다고 생각한다. 이 선언은 단지 마오쩌둥의 생각을 표현한 것뿐만 아니라 모든 세대의 염원을 나타낸 것이다. 중국인들이 일어서기 위해서는 사회주의혁명에 대한 동기가 밑바탕 되어야 할 뿐 아니라, 아편전쟁 이후 혁명 선구자들의 목숨을 바칠 정도의 뜨거운 열정을 공유해야 했다.

1) 중공업 우선 발전전략

중국인들은 당시까지의 경험을 통해 강한 국력을 가지지 않으면 비참해질 수 있다는 깨달음을 얻었다. 강한 군사력을 가지기 위해서는 강력한 군수공업(軍需工業: military industry)이 필요하고, 이를 위해서는 중공업(重工業: heavy industry)이 강해야 했다. 따라서 중국은 1952년 방대한 국가건설계획에 착수하여 중공업 우선 정책을 추진하였다. 중공업 우선(prioritizing heavy industries) 발전전략을 추진한 목적은 중국이 더 이상 괴롭힘을 당하지 않도록 최대한 빨리 강대국의 대열에 설 수 있게 하는 것이었다.

중국이 단기간에 강대국이 되기 위해, 소련은 중국에게는 중요한 모범이 되었다. 중국은 러시아의 1929년 이전처럼 가난하고 낙후된 농업국가였다. 소련은 스탈린의 지도 아래 급속한 공업화를 이루었고, 강력한 중공업과 국방력을 구축하였다. 반면 미국과 유럽은 그동안 여전히 대공황을 겪고 있었다. 이러한 측면을 고려할 때 중공업을 우선으로 하는 소련의 발전모델은 충분히 실현 가능하고, 개발도상국의 희망을 만족시켜줄 것처럼 보였다.

중국만 소련모델에 관심이 있던 나라는 아니었다. 2차 세계대전 이후 아시아, 라틴아메리카, 아프리카의 많은 신생독립국의 지도자들이 소련식 발전정책을 채택하였다. 그 중에는 인도의 네루(Nehru), 이집트의 나세르(Nasser), 인도네시아의 수카르노(Sukarno), 탄자니아의 나에레레(Nyerere) 등이 있다. 1940년대에는 라틴아메리카에서 종속이론(Dependency Theory)이 제기되었는데, 이 이론에서는 전 세계 국가들이 핵심국가와 주변국가 두 범주로 나뉜다고 주장했다.[14] 핵심국가는 선진 자본주의 국가를, 주변국가는 낙후되고 가난한 개발도상국을 일컫는다. 이 이론에 따르면, 선진국은 공산품을 생산하여 이를 1차 상품을 수출하는 개발도상국에 수출한다. 1930년대에는 원자재 수출가격이 급속히 하락한 반면, 공산품가격은 안정적이었다. 따라서 이론에 따르면 천연자원을 수출하고 제조업 상품을 수입하는 개발도상국은 지속적으로 착취당할 수밖에 없었다.[15]

종속이론은 광범위하게 받아들여졌고 대부분의 개발도상국은 자신들의 천연자원을 수출하기를 꺼려했다. 대신에 그들이 수입하던 상품들을 자체적으로 생산하는 것을 선호했다. 이 전략은 소위 수입대체(import substitution) 전략이라고 한다. 하지만 이 전략에 따르면 한 국가는 소비재를 생산해야 할 뿐만 아니라, 그 상품을 생산하기 위한 장비와 기계도 자체적으로 생산해야 한다. 이것은 중공업 우선 발전전략과 같은 맥락이다. 당시의 주류 개발경제학(development economics)도 개발도상국이 스스로의 중공업 체계를 확립할 수 있도록 노력해야 한다는 논리를 지지하였다. 거의 모든 개발도상국이 중공업 우선 발전전략을 채택했으며 중국도 그 중의 하나였다. 마오쩌둥의 주장처럼 군수공업의 발전 없이는 국방력도 없을 것이

---

14 Prebisch(1950)와 Singer(1950)가 이 이론의 대표 연구자들이다.

15 종속이론은 서구의 대공황 기간의 가격 변화의 경험을 바탕으로 구축되었다. 저자의 생각으로는 1930년대 공산품과 농산품의 가격 변화가 차이가 존재하였던 이유는 주로 공급의 가격탄력성(price elasticity of supply) 때문이었다. 대공황 기간 전 세계의 수요가 줄었다. 수요가 감소한 상황에서 공급의 가격탄력성이 클수록 가격은 덜 하락하는 반면 공급의 가격탄력성이 적으면 가격은 많이 하락한다. 따라서 이런 경우를 착취라고 보기는 어렵다.

고, 중국은 또다시 전쟁에서 패배할 수 있었다. 따라서 스스로의 중공업과 군수공업을 육성하기 위해 중국은 중공업 우선 발전정책을 시행하기로 결정했던 것이다.

2) 요소부존과 비교우위와의 모순

1952년의 중국은 1929년의 소련과 비슷했다. 두 국가 모두 낙후되고 가난한 농업경제였으며 중공업 우선정책을 도입했다. 중공업은 3가지 특징이 있다. 먼저 건설기간이 5년에서 10년으로 매우 오래 걸린다. 경공업(light industry)은 생산을 시작하면 투자한 그 해에 수익을 낼 수 있지만, 중공업은 수익을 창출하기까지 훨씬 오랜 시간이 걸린다. 둘째, 낙후되고 가난한 개발도상국들은 중공업을 육성하기 위한 장비와 기계들을 수입해야 한다. 셋째, 중공업에는 막대한 초기자본비용이 요구된다. 수십억 심지어 수백억 위안(1952년 환율은 1달러당 3.36위안)이 소요되는 사업도 적지 않다.[16] 반면 경공업은 100만 혹은 1,000만 위안의 사업조차 큰 사업으로 여겨진다.

반면 낙후되고 가난한 국가도 3가지의 특징이 있다. 우선 잉여생산품(surplus)이 적다. 개발도상국의 노동자는 대부분 농민이며 생산활동이 대부분 농촌지역과 농업에서 이루어진다. 생산된 농산물은 일부 사료와 종자로 사용되는 것을 포함하여 대부분 농가에서 자체적으로 소비되기 때문에 잉여생산물이 아주 적다. 잉여생산물들은 시장에서 상품으로 판매하여 자본이 될 수 있다. 하지만 잉여가 매우 작기 때문에 자본의 규모도 매우 작다. 자본이 부족하기 때문에 자본비용은 매우 높고, 이에 따라 개발도상국의 이자율은 일반적으로 매우 높다. 대부분의 사채이율은 한 달에 2~3% 혹은 그 이상이었다.

둘째, 이들 국가는 수출 규모도 매우 작다. 이로 인해 외환보유고는 매우 적고 외화의 가격은 매우 높게 책정된다.[17]

셋째, 저축이 매우 분산되어 자금을 모집하기 어렵다. 농업생산이 지역적으로 매우 광대하게 퍼져 있기 때문에 분산되어 있는 자금을 투자하기 위해 모으는 것도 어렵다. 소득이 적기 때문에 농민들은 일반적으로 은행에 저축을 하지 않는다.

---

16 중국국가통계국.
17 이는 다시 말해 위안화의 가치는 매우 저평가된다는 것을 의미한다(역자 주).

왜냐하면 그들은 수십 위안(몇 천원)을 저축하기 위해 수십 킬로미터를 걸어 은행에 가야하고 또 몇 편(100편(分)=1위안)짜리의 간장, 식초, 성냥이 필요할 때 그 돈을 인출하기 위해 또다시 긴 거리를 걸어야 하기 때문이다. 보관의 안정성과 예금 이자는 이동하는 데 생기는 문제점에 비하면 아무것도 아니다. 따라서 대부분의 농민들은 현금을 베개나 누빈 이불 안에 꿰매 숨겨 보관하는 것을 선호했다.

이처럼 중공업과 낙후된 농업경제 사이의 모순에 대한 분석을 하게 되면, 장기적인 건설이 필요하고 대규모 장비를 수입해야 하고 따라서 대규모의 초기자본 지출이 필요한 주요 중공업을 개발도상국이 착수하기는 불가능하다는 결론이 도출된다. 만약 사채이자율이 월 2.5%라고 한다면 연 이자율은 30%가 된다. 한 사업이 완성하기까지 10년이 소요되고 생산이 되기 전까지는 수익은 없는 사업에 투자한다고 가정하자. 30%의 연 이자율을 적용하면 10년 후 사업이 완성되었을 때에 원금의 13.7배를 자본비용으로 지불해야 한다. 이렇게 수익성이 높은 사업은 거의 없다.

나아가, 중공업을 건설하기 위해서는 당시 중국에는 없던 장비와 기계를 수입해야 한다. 제한된 외환보유고로 인해 외환의 가격은 매우 높아진다. 이자율이 높기 때문에 중공업에 드는 비용이 엄청나게 높아진다. 만약 중공업 사업을 하는 데 백만, 심지어 백억 위안(1억 8,000만원)의 초기자본이 필요하다면 농촌에서 충분한 자본을 모으는 것은 거의 불가능하다.

그렇다면 이렇게 자본이 부족한 농업경제 국가인 중국이 자본집약적 중공업 우선 발전전략을 어떻게 추진할 수 있었는가? 다음 장에서는 이에 대해 설명하고자 한다.

03 참고문헌
Bibliography

Huntington, Samuel P. "The Clash of Civilization." *Foreign Affairs* 72, no. 3 (1993): 22-28.

Lin, Justin Y., Fang Cai, and Zhou Li. *The China Miracle: Development Strategy and Economic Reform*. Hong Kong: Chinese University Press, 1996.

Lin, Justin Y., Fang Cai, and Zhou Li. *The China Miracle: Development Strategy and Economic Reform*, revised ed. Hong Kong: Chinese University Press, 2003.

Maddison Angus. *The World Economy*. Paris: Organization for Economic Cooperation and Development, 2006.

Malinowski, Bronislaw. *A Scientific Theory of Culture and Other Essays*. Chapel Hill, NC: University of North Carolina Press, 1944.

Prebisch, Raúl. *The Economic Development of Latin America and Its Principal Problems*. New York: United Nations, 1950.

Singer, Hans W. "The Distribution of Gains Between Borrowing and Investing Countries." *American Economic Review* 40 (1950): 473-85.

제04장

비교우위 역행, 추월전략

비교우위 역행,
추월전략

제 4 장

오랜 기간 강대국으로 번영을 누렸던 중국은, 1840년 아편전쟁 이후 서구 열강들의 제물로 전락했다. 하지만 그 후 많은 우국지사들이 조국의 과거 영광을 되찾기 위해 끊임없이 노력하였고, 1949년 중화인민공화국이 건설됨으로써 국민들의 오랜 독립의 꿈을 실현시킬 수 있었다. 새로운 체제의 지도자들은 어떤 발전전략을 가지고 어떤 국가운영 체제를 만들어갈 것인가에 대해 결정을 해야 했다. 이때 지도자들은 중공업에 우선순위를 두어서 중국이 선진국처럼 독립적이고 강력한 국력을 가지도록 하는 "도약형 추월전략(leapfrog strategy)"을 채택하였다. 이는 중국이 낙후된 농업국가임을 고려한 결론이었다. 중공업우선 발전전략은 개혁개방 이전 중국의 경제체제 형성에서 가장 중요한 시작점이 되었다.

이 장에서는 중공업 우선 발전전략의 제도적 형성과정을 살펴보고, 그 내부의 경제적 논리 근거를 탐색하고자 한다. 또한 1959년에서 1961년 사이의 대기근의 원인을 분석하고, 1978년 이전의 중국 경제성장을 간략하게 살펴본다.

① 중공업 우선 발전전략

앞의 3장에서 마오쩌둥 주석이 중화인민공화국 설립 이후 소련의 경제정책을 모방해서 중공업 우선 발전전략을 채택하게 된 이유를 간략하게 언급하였다. 1949년의 중국은 1929년 스탈린 치하의 구소련과 매우 흡사하였다. 두 나라 모두 그 시기에는 급속한 중공업화와 군수산업 발전을 추구하고자 하는 낙후된 농업국가였다. 이처럼 두 나라 모두 당시의 조건과 목표가 비슷하였기 때문에 중국이 사회주의 동맹국가인 소련을 따라 중공업 우선 발전전략을 채택하고, 종합적인 산업발전체계를 구축하고자 한 것은 너무나 당연했다. 하지만 개발도상국의 입장에서 보면 이러한 중공업 우선정책은 시장의 힘에 역행하는 것이기 때문에 성공하기 매우 힘든 전략이었다.

왜냐하면 자본집약적인 중공업의 3가지 특징이 당시 중국의 현실과는 상충되었기 때문이다. 중공업의 특징은 첫째, 건설기간이 길다. 둘째, 핵심기술과 장비를 수입해야만 한다. 셋째, 프로젝트의 초기자본 규모가 수백억, 수천억 위안에 달할 만큼 거대했다. 하지만 대부분의 개발도상국과 마찬가지로 중국은 농업국이었기 때문에 자본축적이 이루어지지 않은 상황이어서 여유자금이 거의 없었다. 중국 역시 자본이 부족하였기 때문에 자본조달 비용이 높았고, 수출이 가능한 상품이 적기 때문에 외환보유고가 제한되어 있었으며, 농업생산이 분산되어 있었기 때문에 자본모집이 매우 어려웠다.

이런 특징들만을 보면 개발도상국이란 조건과 중공업 우선 발전전략은 서로 양립 불가능한 것으로 보인다. 그 이유는 첫째, 개발도상국은 높은 이자율을 감당할 수 없기 때문에 오랜 시간이 걸리는 중공업 건설기간을 견뎌낼 수 없다. 둘째, 외환보유고가 제한되어 있고 외환의 가격이 비싸기 때문에 기계 장비의 수입 비용이 비싸지게 된다. 셋째, 이윤이 적은 농업으로는 중공업을 육성할 거대한 자금을 모으기가 쉽지 않다.

1) "3위1체" 제도 구축의 논리[1]

(가) 인위적 정부개입의 필요성

막 경제발전을 시작한 개발도상국 정부가 자본집약적인 중공업을 육성하기 위해서는 행정수단을 사용해서 시장보다 낮은 이자율을 유지하는 것이 가장 중요한 핵심이 된다. 이는 그 나라가 사회주의 국가이던 자본주의 국가이던 간에 상관없이 공통된 것이다. 또한 비싼 장비수입 문제를 해결하기 위해서 정부가 직접적이고 인위적으로 환율 시스템에 개입해야 한다. 마지막으로 자본축적을 위해 여유자금을 동원하기 위해서는 기존 기업들에게 높은 이윤을 보장해 주어서 이를 다음에 생산에 사용하도록 해야 한다.

그렇다면 정부가 어떤 방식으로 기업들의 이윤을 확대할 수 있는가? 첫 번째 방법은 기업들을 독점(monopoly)기업으로 만드는 것이다. 독점기업들은 생산품의 가격을 높게 책정할 수 있기 때문에 높은 이윤을 확보할 수 있다. 두 번째 방법은 생산에 필요한 투입요소인 자본, 원자재, 임금의 가격을 낮게 유지하는 것이다. 임금을 낮게 유지하기 위해서 정부는 농산물, 의류, 주택, 교통 등 관련 상품과 서비스의 가격도 모두 낮게 유지해야 한다. 중국정부도 계획경제하에서 인위적으로 이자율을 낮게 유지하고, 위안화의 가치를 고평가[2]하였으며, 원자재와 임금 그리고 일상 생필품의 가격을 낮게 유지하였다.

이와 같은 정부의 인위적인 개입은 사회주의 국가가 아닌 경우에서도 발생하였다. 非사회주의 국가에서도 자본집약적인 산업을 우선하기 위해서는 정부가 이자율을 낮게 유지하고 통화의 가치를 인위적으로 조정하였다. 원자재나 임금의 가격조정과 같은 정책을 사용하는 경우도 있었지만, 이 정책의 성공 여부는 각 국가들의 행정역량에 좌우되는 경우가 많았다. 예를 들면 라틴 아메리카 국가들은 대부분 원자재 가격을 낮게 유지하는 정책을 채택하였지만 그 정도는 국가마

---

1 3위1체 체제에 대한 자세한 내용은 Lin, Cai, and Li, 1996 and 2003, revised 참조.

2 위안화의 가치를 인위적으로 고평가하면 수입품의 국내 판매가격은 낮게 유지될 수 있지만, 수출에는 불리하게 작용한다(역자 주).

다 달랐다.

하지만 이처럼 가격체제를 인위적으로 왜곡하는 것은 거시정책(macro-policy) 환경 전체를 왜곡하는 것이기 때문에 기업들에게 잘못된 가격신호가 제시되고 시장균형은 왜곡된다. 자본가격이 낮게 유지되면서 중공업뿐만 아니라 경공업과 농업의 자본비용도 낮아진다. 결과적으로 자본에 대한 수요(demand)가 크게 늘어나게 된다. 반면 이자율이 낮기 때문에 저축을 할 유인이 줄어들면서 자본의 공급(supply)은 감소하게 한다. 결과적으로 단기적으로 자본에 대한 수요가 자본의 공급을 훨씬 상회하게 된다.

이는 환율의 경우도 마찬가지다. 자국 통화의 고평가와 외국 통화의 저평가는 설비 제품의 수입 비용을 줄인다. 결과적으로 수입이 더욱 늘어나고 외환은 더욱 부족해진다. 반면 수출은 더욱 줄어든다. 수출은 외환 획득의 주요 원천이다. 인위적으로 자국통화를 고평가하면 수출상품의 해외 판매가격은 상승한다. 가격상승으로 인해 수출량은 줄어들고 외환수입도 줄어든다. 결과적으로 외환에 대한 수요는 언제나 외환의 공급보다 많아지고 외환은 더욱 부족해진다.

일상 생필품에 대한 수요 공급도 마찬가지 문제가 생긴다. 일상 생필품에 대한 가격도 왜곡되어 있기 때문에 생필품은 항상 공급부족 상태에 직면한다. 사회주의 경제체제 전문가인 헝가리 경제학자 코르나이(Janos Kornai)는 이러한 상황의 체제를 "부족의 경제학"(Economics of Shortage)[3] 이라고 지칭하였다. 그는 이러한 공급부족이 사회주의 체제의 고유한 특성이라고 보았으며, 부족의 근본적인 원인은 왜곡된 가격이라 주장했다. 하지만 저자의 개인적인 견해는 이와 다르다. 정부가 어떤 생산요소의 가격을 인위적으로 억제한다면 사회주의가 아니라도 그 제품의 수요는 공급을 초과해서 공급부족을 야기하기 때문이다. 이와 관련해서 전형적인 사례가 있는데, 바로 제2차 세계대전 기간 대표적인 자본주의 국가인 영국과 미국에서 실시된 배급제이다. 전쟁으로 치솟는 소비자 물가를 잡기 위해 정부는 일상 생필품의 가격을 극도로 낮은 가격으로 유지하였는데, 이 결과는 수요가 공급을 크게 초과하게 된 것이다. 결과적으로 모든 시민들, 심지어 수상조차도 자신에게

---

3 Kornai, 1980.

할당된 일정량 이상의 생필품은 구입할 수가 없었다. 즉, 이러한 영국과 미국의 예를 볼 때 사회주의 그 자체가 이러한 부족의 근본적인 원인은 아니다. 자원이 시장의 힘이 아니라 행적적인 지시에 의해 배분될 때 시장경쟁은 사라지게 되기 때문이다.

인위적으로 시장가격을 낮게 책정하면 기본적인 생필품은 부족해진다. 또한 시장가격의 왜곡은 자본, 외환과 원자재의 공급 부족도 야기한다. 따라서 정부가 중요하다고 생각하는 산업에 우선적으로 생산요소들을 공급하기 위해서는 시장에서 자율적으로 거래되는 자원배분 방식으로는 불가능하게 된다. 따라서 정부는 불가피하게 각 산업과 프로젝트에 대한 국가적인 우선순위를 수립하고 시행해야 한다. 또한 이러한 계획을 지원하기 위해 정부가 행정수단을 동원하여 부족한 자본, 외환, 원자재를 할당(allocation)해야 한다. 이렇게 가격이 왜곡되고 이상한 자원배분 시스템이 도입되어야만 정부가 우선순위를 부과한 산업에서 기업들이 육성되고 이들 기업의 이윤이 확보된다.

예를 들어 지금은 낙후된 지역이지만 개혁개방 이전 중국 동북지역의 랴오닝성(遼寧省)은 매우 발달된 공업지역이었다. 이 지역의 주요 산업은 중공업이었는데, 그 제품가격은 높게 책정되어 팔렸고 투입요소의 가격은 낮게 억제되었다. 당시 상황에서 랴오닝성의 소득이 중국 전체에서 가장 높았다는 사실은 놀라운 일도 아니다.

(나) 국유화의 필요성

이런 조건에서 중공업 우선 발전전략을 실행하기 위해 중국정부는 시장 시스템과는 다른 미시조정(micro-management) 시스템을 새로 구축해야 했다. 특히 중공업에서 이윤이 창출되도록 하기 위해 정부는 엄격한 통제정책을 실시해야 했다. 만약 기업들이 사적(private)으로 소유되고 이윤이 자본주의적으로 창출된다면, 이윤이 높은 경공업이 유리할 것이기 때문이다.

자본이 사적으로 소유되고 있을 때 경공업에 투자하는 것을 선호하는 이유는 다음과 같다. 먼저, 경공업은 투자자금이 적게 들고 이를 빠른 시간에 회수할 수 있다. 둘째, 부족현상이 일상적인 계획경제 체제에서 경공업 제품을 찾는 사람이 매우 많다. 따라서 자본가들은 제품을 배급가격보다 더 높은 가격으로 시장에 팔 수 있기 때문에, 높은 이윤이 보장된다. 이런 이유로 정부는 모든 기업을 국유화 (nationalization)할 수밖에 없었고, 각 산업의 이윤에 대해 완벽한 통제권을 행사해야 했다.

중국은 혁명 이후 초창기(1949~1956년)에는 민족자본가들에게 우호적인 정책을 실시하였다. 이 기간 민족자본가들은 외국정부와 외국기업과의 경쟁에서 완벽하게 보호받을 수 있었다. 하지만 몇 년 지나지 않아서 민족자본가들의 공장은 모두 국유화되었다. 모든 기업은 국가에 의해 소유되었고, 모든 투자는 정부의 주관 하에 이루어졌다. 만약 민영기업이 몇 개라도 남아 있으면 그들은 국가의 발전전략과 상충되는 산업에 이윤을 투자했을 것이다. 따라서 중국정부는 모든 민영기업을 국유화하였다.

나아가 정부는 기업의 모든 경영활동에 대해 직접적으로 개입했다. 정부가 기업을 직접 소유하고 있고, 잉여의 분배에 대한 결정권, 공장 책임자와 경영진에 대한 임면권을 가지고 있었기 때문이다.

구소련의 예를 보자. 공산당은 도시 노동자들과 공장 관리자들의 지지를 바탕으로 혁명에 성공했다. 그러나 1929년 이후 공장 책임자와 경영진들은 그들 공장의 운영에 대한 결정권을 박탈당했다. 왜일까? 시장은 독점화되어 있고, 왜곡된 가격체계에서 생산요소의 가격이 인위적으로 낮게 책정되어 있기 때문에 중공업은 매우 높은 이윤을 누릴 수 있었다. 하지만 이렇게 경쟁이 없는 상황에서는 어느 정도의 이윤이 적절한 것인지 판단할 수가 없다. 만약 경영진에게 공장운영의 결정권을 부여한다면, 예를 들어 임금이나 직원 복지에 대한 결정권을 부여한다면 그들은 이런 결정권을 남용하여 국가의 이윤을 확대하기보다는 그들 자신이나 노동자들의 이익을 위한 결정을 선택할 것이기 때문이다.

또 다른 경우를 생각해 보자. 어떤 산업의 생산품이 중공업의 생산요소로 투입되는 경우, 그 산업의 생산품 가격은 언제나 낮게 책정되기 지속적인 적자를 본다. 하지만 경쟁이 전혀 없는 시장에서는 적정한 적자가 얼마인지 계산할 수가 없다. 만약 경영진이 많은 재량권을 가질 경우 숫자를 조작하고 손실을 과장할 수 있다. 정부는 정확한 손실을 확인할 수 없기 때문에 이 적자를 모두 보상해 주어야 한다. 또 경영진이 이윤을 횡령할 기회가 주어진다면 경영진들은 이를 남김없이 써버릴 것이고, 국가는 투자할 잉여자금이 줄어들게 된다.

잉여 이윤이 안전하게 국가에 귀속될 수 있도록 하기 위해 중국정부는 도시의 모든 기업들을 국유화시켰고, 경영자들을 국가의 충실한 부하가 되도록 만들어야만 했다. 계획경제 시기에 국유기업의 경영자들 사이에 자조적인 문구가 유행했는데 "인력, 돈, 자원 모두 당신 소관이 아니다. 생산, 분배, 판매는 모두 공산당의 권한이다(人財物, 产供销)." 이 문구는 당시 기업현황을 생생하게 보여준다. 기업들은 누구를 얼마나 고용할 것인지(人)에 대해 아무 발언권도 없었다. 독립적인 재정(財)을 꾸리지도 못했다. 모든 수익은 국가에 상납했으며 정부가 이 수익을 국가적 필요에 따라 어떻게 배분할 것인지 결정했다. 공장 책임자나 경영자 모두 자산과 투자에 대해 어떤 결정권한(物)도 없었다. 무엇을 생산할 것인지(产), 어디서 원자재를 조달할 것인지(供), 누구에게 판매할 것인지(销)에 대한 결정권도 없었다. 국유화된 기업의 경영자는 그저 바지사장(figureheads)에 불과했던 것이다

지금까지 설명된 내용이 (1) 왜곡된 생산요소 가격, (2) 고도로 중앙집중화되고 계획화된 자원배분, (3) 미시적인 수준에서의 경영자들의 권한 부재로 특징 지워지는 개혁개방 이전의 중국 3위1체(三位一體) 경제시스템이 성립하게 되었던 원인이다. 이 체제를 뒷받침하고 있는 내적논리에 대한 이해가 없다면 아마 이러한 체제가 매우 불합리하게 보일지도 모른다. 하지만 이 체제를 둘러싼 여러 배경들을 명확하게 이해한다면, 우리는 아마도 당시의 제약조건하에서 국가전체의 이익을 극대화하기 위해서는 가장 최적의 제도였다는 데 동의할 수 있을 것이다. 당시의 여러 제약조건하에서 잉여 자본이 가장 우선적으로 자본집약적인 중공업에 투입되기 위한 최적의 시스템이었던 것이다.

2) 농촌 경제 시스템의 변화

계획경제하에서 자본집약적인 중공업을 우선적으로 육성하는 목적을 달성하

기 위한 이 제도는 도시지역의 경제체제뿐만 아니라 농촌지역의 경제 시스템에도 많은 영향을 미쳤다. 1952년 이후 농촌지역의 경제 시스템에 미친 영향들 중에서는 심지어 오늘날에까지도 완전히 사라지지 않고 있는 것도 있는데, 정부의 독점적인 수매와 판매 제도(统购统销), 농업 집단화(合作化), 곡물의 지역별 자급자족 시스템(自給自足), 도시-농촌의 호구 이원화(城乡隔绝户口) 같은 것들이 그 시스템의 유산이다

(가) 농산물 수매와 판매의 독점

중국정부는 1953년부터 농산물에 대해 국가가 독점적으로 수매하고 판매하는 정책(统购统销)을 실시하였다. 이 정책을 실시한 이유를 이해하기 위해서는 천원(陳云)의 이야기를 살펴볼 필요가 있다. 당시 재정부 장관이었던 천원은 1953년 이전에는 공산당이 농민에게 어떤 농산품이던 팔라고 지시하면 적극적으로 팔았었지만, 1953년 이후부터는 이러한 상황이 완전히 달라졌다고 말한다. 농민들은 정부에 그들의 생산물을 팔기를 꺼려했고, 천원은 이러한 농민들의 갑작스러운 태도 변화를 못마땅하게 여겼다.

왜 농민들의 태도가 이렇게 완전히 반대가 되었을까? 이 원인 또한 중공업 우선 정책으로 거슬러 올라가야 한다. 1953년 이전에는 정부가 "지주를 타파하고 농지를 농민에게 분배한다(打土豪, 分田地)"라는 구호하에 농민우대 정책을 폈기 때문에 농민들의 지지를 받았다. 그 당시에는 계획경제가 아니었고, 정부는 모든 수매를 시장가격으로 했고 대금 지불을 늦추는 일도 없었다. 그러므로 농민들은 정부가 어떤 농산품을 수매하던 간에 기꺼이 팔았다.

그러다가 1953년 제1차 5개년 계획이 시작되었고 도시에서부터 중공업화가 추진되었다. 앞에서 언급하였듯이 도시의 기업들이 생산량을 늘리게 하기 위해 이들에게 높은 이윤을 보장해주었는데, 이를 위해 정부는 모든 생산요소 투입물 가격을 낮게 유지할 수밖에 없었다. 특히 이러한 투입물 중 많은 것들이 면화나 곡물처럼 농촌에서 생산되는 것이었고, 노동자들의 생활필수품들도 농촌으로부터 공급이 이루어지는 것이었다.

이런 상황에서 정부는 농산품을 시장가격에 사서 도시주민들에게는 낮은 가격에 파는 방법, 즉 고가매입, 저가판매의 방법을 선택할 수도 있었다. 하지만 정부는 이러한 방법을 사용하지는 않았다. 만약 그런 방식을 사용했다면 도시 기업에서 만들어진 잉여자금이 다시 농촌으로 이전되는 것이기 때문에 중공업 육성이라는 본래의 정책목표와 맞지 않기 때문이다. 농산물의 고가매입, 저가판매 방식을 사용한다면 비록 농민들을 만족시킬 수 있을지는 몰라도 중공업 우선정책에는 반하는 방법이었기 때문이다. 따라서 정부는 농촌의 잉여이윤을 도시로 이전시키기 위해서 농민들로부터 농산품을 낮은 가격에 수매해서 도시에 낮은 가격에 판매하는 방법을 취해야만 했다.

1949년 중화인민공화국이 세워지고 농촌에는 3가지 형태의 곡물과 면화 기업들이 존재했다. 그들은 정부운영 기업, 민영기업 그리고 정부와 민간이 합동으로 운영하는 기업들이었다. 민영기업들은 시장가격으로 곡물과 면화를 구매했지만, 나머지 두 형태의 기업들은 정부를 통해 시장가격보다 훨씬 낮은 가격으로 곡물과 면화를 구매해서 사용했다. 이러한 상황에서 모든 농민들이 농산물을 민영기업들에게 팔고 싶어 하는 것은 당연한 일이었다.

결국 저렴한 농산품을 안정적으로 확보하기 위해서 정부는 수매독점 정책을 실시할 수밖에 없었다. 이러한 독점 수매는 1953년부터 곡물과 면화에 대해 실시되기 시작했다.

이 제도가 도입되면서 농민들은 남은 잉여 생산물을 시장에 팔기 전에 먼저 정부가 정한 수매 할당량을 채워야만 했다. 결국 정부의 수매 할당량을 채우기 전까지는 일방적으로 가격을 결정하는 정부와만 거래해야 했다.

처음에는 오직 곡물과 면화만이 이러한 중앙집권적인 방식으로 수매되었다. 하지만 1954년부터는 깨, 땅콩, 계란 등 거의 모든 농산물이 이러한 방식으로 수매되었다. 왜 그렇게 되었을까? 만약 면화와 곡물만이 정부의 독점수매 방식으로 거래된다면 합리적인 농민들은 분명 면화와 곡물의 경작지를 줄이고 자유롭게 팔 수 있는 다른 종류의 곡물들의 경작을 늘릴 것이 자명하기 때문이었다.

동시에 정부는 도시에서 계획에 입각한 판매 정책을 실시하였다. 즉 어떤 기업이 어떤 재화를 구매해 가져가게 될 것인지 미리 정해놓았고 곡물 같은 생필품도 국가 계획에 정해진 바에 따라 개인에게 곡물권, 면화권, 의류권을 배급하는 방식으로 판매가 이루어졌다.

(나) 농촌 집단화 정책

정부가 독점적인 수매와 판매 정책으로 특혜를 제공하면서, 도시의 공업부문은 더 많은 생산요소 투입과 더 많은 노동자를 필요로 하였다. 하지만 농촌의 생산은 이러한 수요를 만족시킬 수 없었다. 정부가 수매와 판매 가격을 엄격하게 통제할 수 있었지만, 농민들이 얼마나 일하고 얼마나 쉴 것인지까지는 통제하지 못했기 때문이다. 농산물 가격이 낮아지자 농민들의 근로의욕은 급격히 저하되었고, 그들은 점점 더 쉴 시간을 많이 찾기 시작했다. 그들의 휴식시간에 대한 기회비용(opportunity cost)[4]은 그들이 생산하는 농산물의 보잘것없는 수입만큼밖에 안 되었기 때문이다.

도시지역에서 수요는 늘었지만 농민들의 근로의욕이 저하되면서 어쩔 수 없이 농산물의 공급부족 문제가 심각한 상황이 되었다. 이 문제를 해결하기 위한 방법은 두 가지가 있었다. 하나는 농산물의 수매가격을 높여서 농민들의 근로의욕을 북돋는 것이었다. 하지만 이 방법은 도시의 잉여이윤을 극대화하는 목표와는 완전히 상반되는 것이었다. 다른 하나의 방법은 농업에 대한 투자를 늘리는 것이었다. 인프라 건설을 촉진하고 농업생산성을 개선시키는 등의 방법이었다. 그러나 이러한 투자를 위한 기금 또한 정부로부터 나와야만 했다. 그래서 "어떻게 하면 정부가 투자를 늘리지 않고도 농업생산성을 높일 수 있을까?"를 고민하기 시작했고, 중국 정부가 생각해낸 답은 규모의 경제(economies of scale)[5]에 의존하는 것이었다.

1952년까지 과거 지주의 땅들이 개별농가에게 분배되었는데, 농촌 가구들은 모두 소규모였기 때문에 규모의 경제를 달성하기가 어려웠다. 따라서 당시 중국의

---

4 기회비용이란 여러 가능성 중 하나를 선택했을 때, 그 선택으로 포기해야 했던 다른 선택 가능성에서 얻을 수 있는 이익의 평가액을 의미한다. 위의 예에서 농부의 선택이 휴식과 일하는 것이라면 휴식의 기회비용은 일을 했을 때 얻어지는 생산물의 가치이다(역자 주).

5 규모의 경제란 대량생산의 경우처럼 생산규모가 증가함에 따라 생산비에 비해 생산량이 보다 많이 증가하면서 생기는 경제적인 이익을 의미한다(역자 주).

농촌에서는 규모의 경제가 실현될 여지가 존재했던 것이다. 예를 들면 경작을 위한 가축 같은 몇몇 생산요소들은 나누어지기가 힘들었다. 생산단위의 규모가 너무 작다면, 이러한 생산요소들은 충분히 이용될 수가 없고 일종의 낭비가 발생하게 된다. 하지만 경작 규모가 커진다면 이러한 생산요소들이 충분히 활용될 수가 있었다.

예를 들면 중국의 많은 지역에서는 농업 이모작을 한다. 여름작물을 수확한 후에 바로 다음 작물의 종자가 심어져야 한다. 이러한 이모작이 며칠만 늦어져도 초겨울에 아직 익지도 않은 작물이 서리에 노출되는 일이 벌어지게 되기 때문이다. 서리가 너무 심하면 한 톨의 작물도 수확할 수 없게 되는 경우도 있다. 하지만 경작지를 갈아엎는 과정은 인력만을 이용해서는 기간 내에 완료할 수 없기 때문에 가축의 이용은 필수적이다. 이런 상황에서 개별 가구가 소유한 경작지가 얼마 되지도 않는데, 각각의 가구가 모두 경작에 사용될 소를 가지고 있는 것은 일종의 낭비가 된다. 반면 몇몇 가구가 한 마리의 소를 공동으로 소유하게 된다면 각 가정의 경작 비용은 많이 낮아지게 된다. 즉 규모의 경제가 실현되는 것이다. 게다가 농업이 집단화되면 서로 다른 소유자의 밭들 간의 별도의 경계선이 필요하지 않게 되고, 규모의 경제로 인해 농경지가 더욱 늘어날 수 있다. 이러한 이유에서 1952년 개별 가구에 경작지가 분배된 바로 다음 해에 농업 집단화(合作化) 운동이 일어나게 되었다.

(다) 지역별 곡물 자급자족

세 번째는 지역별 곡물의 자급자족 시스템이다. 중국경제를 공부하는 많은 이들에게 이 제도는 매우 이해하기 힘들고 혼란스러운 제도이다. 왜냐하면 다른 작물과는 달리 곡물은 공급이 부족하다면 반드시 수입되어야만 하는 작물이기 때문이다. 물론 곡물을 전적으로 수입하게 되어 다른 나라에 의존하게 되면, 이는 한 국가에게 있어서는 치명적인 약점이 될 수도 있다. 역사적으로 몇몇 국가들은 식량을 무기로 사용해서 적대국가에게 수출금지령을 내리기도 했다. 그러므로 많은 나라들이 자급자족할 식량을 확보하는 것을 일반적인 목표로 추구한다.

하지만 중국의 경우는 다른 나라들과 좀 달랐다. 중국은 식량의 자급자족을 국가 단위에서가 아니라 각 성급 단위에서 실현하려고 하였다. 이러한 정책은 1990년대까지 갖가지 형태로 잔존해 있던 것으로 보인다. 당시 중국에는 "시장(市長)은 채소 바구니를, 성장(省長)은 쌀주머니를(市長抓菜袋子, 省長抓米袋子)"이란 문구가 유행했다. 각 성의 책임자는 그 성에서 소비되는 곡물을 책임져야 한다는 뜻이다. 하지만 중국은 매우 넓은 국가이기 때문에 생산조건이 성마다 천차만별이었다. 예를 들면 허난성(河南)과 허베이성(河北)은 건조한 기후이기 때문에 곡물 경작보다는 면화경작에 적합하다. 역사적으로 그곳 주민들은 면화를 길러 안휘성(安徽), 후베이성(湖北), 장시성(江西) 등 남쪽의 성들과 교역했다. 마찬가지로 남서부의 성들도 약초나 환금작물을 길러 내륙 지방에서 나온 곡물과 교역했다. 각자가 생산하는 작물들은 비교우위가 있었으며 서로가 필요로 하는 것들이었다.

1953년부터 국가독점 수매와 판매 정책이 실시될 때 그 기준은 1952년의 지역별 작황과 소비에 근거한 것이었다. 하지만 1953년 정책시행 이후 곡물 수매가격은 더욱 하락하였고, 곡물이 남는 성은 더 많은 곡물을 국가에 납부해야 했다. 이는 다시 말해 곡물생산이 늘어날수록 내야 할 세금이 더욱 늘어난다는 것을 의미했다. 반면 곡물이 부족한 성들은 반대로 정부에게 많은 곡물을 요구하면 할수록 더 많은 보조금을 받는 형국이었다. 이로 인해 곡물이 부족한 성과 곡물이 남는 성들이 극명하게 양분되었다. 곡물이 부족한 성들은 더 많은 곡물을 요청하는 데 열을 올렸고 곡물이 남는 성들은 더 많이 생산하기를 꺼려하게 되었다. 인구가 증가하고 공업화가 진행되면서 농산물에 대한 수요는 꾸준히 증가했지만, 곡물을 더 생산할 여력이 있는 성들이 그렇게 하지 않았던 것이다. 결국 원래 곡물 생산에 비교우위가 없는 성들도 그들 자신의 수요를 충족하기 위해서 스스로 곡물을 생산해야만 했다. 이것이 "지역별 곡물 자급자족(自給自足)" 정책의 핵심이다. 이 정책은 1990년대까지도 많은 지역에 영향을 미쳤다.

(라) 도-농 분리 호구제도

도시와 농촌을 엄격히 분리하는 호구제도(戶口制度)는 1953년부터 시작되었다.

1950년대 중반까지만 해도 노동력의 이동과 이주는 어렵지 않았지만, 그 이후부터는 어려워져서 1978년 개혁개방이 시작되기 전까지 계속 그 상태가 유지되었다. 그 이유는 무엇일까?

앞에서 언급한 바와 같이 중국은 1953년에 중공업 우선 발전정책을 시작했다. 이 발전전략을 시행한 초창기에는 농촌으로부터의 이주가 어느 정도는 허용되었다. 그러나 자본집약적인 특성 때문에 도시공업 부문이 충분한 일자리를 창출해 낼 수는 없었다. 당시 도시 노동자들은 정부기관이나 국유기업에서 근무하는 것이 일반적이었는데, 정부가 도시주민들 모두의 일자리를 관리하고 배치해 주어야만 했다. 하지만 도시주민들에게는 여러 보조금 혜택을 제공해야만 하는데, 이를 위한 자금은 한정되어 있었다. 따라서 정부는 농촌으로부터의 이주를 엄격히 통제할 수밖에 없었다. 결론적으로 도시 실업문제가 생기지 않도록 하기 위해서 엄격한 도-농 분리 호구제도를 도입하였고, 이는 중공업 우선 발전정책과 밀접한 관련이 있다.

이상에서 언급한 여러 제도들은 1953년 제1차 5개년 계획과 함께 시작되었는데, 그 목적은 156개의 중공업 프로젝트의 성공을 위한 것이었다. 당시 중국이 도입했던 여러 제도는 기본적으로 구소련의 것과 일맥상통하는 것이었다. 왜냐하면 당시 두 체제가 직면하고 있던 문제들도 유사하였고, 비슷한 국가 전략목표를 지향했기 때문이다. 결국 중국이 구소련과 비슷한 정책수단을 채택했던 것은 타당한 이유가 있었던 것이다.

② 농업집단화 운동의 결과

1953년에 시작된 농업집단화 운동(合作化運動)은 그 배경에 대한 이해가 없다면 그 전개과정을 이해하기가 매우 난해하다. 농업집단화 운동이 1953년부터 시작된 이유에 대해서는 많은 사람들이 지주계층의 부활과 농촌의 소득격차 확대를 방지하기 위해서라고 생각한다. 하지만 만약 그 이유라면 농업집단화 운동이 왜 지주로부터 땅을 몰수한 그 시점부터 시작되지 않았을까? 지주로부터 땅을 몰수했던 그 당시가 분명히 저항도 가장 적고, 농민들이 적극적으로 협동조합에 가입했을 것인 데 말이다.

1) 농업집단화 운동의 전개과정

농업집단화 운동(合作化運動)은 1952년 농민들에게 토지 분배가 모두 완료된 이후 1년 뒤에 시작되었다. 이는 중공업 우선 발전전략과 관련된 일련의 사건들이 1953년이 되면서 시작되었기 때문이다. 1953년은 중공업 우선 발전전략에 필요한 여러 조건들이 중요해지기 시작한 시점이다. 특히 앞에서 언급하였듯이 정부가 농산물을 매우 낮은 가격으로 수매하기 시작하면서 농민들은 농산물 생산에 대한 동기가 없어져 버렸다. 이에 따라 농업집단화 운동이 이 문제의 해결책으로 제시되었다.

농업집단화 운동은 몇 단계로 진행되었다. 1953년에서 1954년까지는 "공동작업조(互助組)"가 일반적인 형태였다. 이 제도에서는 토지, 경작 가축, 농산물들은 개별 가구에 귀속되었지만, 농번기에 몇 가구가 자발적으로 협동하면서 공동작업을 시행했다. 이러한 공동작업조는 매우 합리적이었다. 예를 들면 경작가축을 가지고 있는 가구에서 이것이 없는 가구에게 이를 빌려주었다. 또한 협동 작업을 통해 수확 시에 효율성을 높일 수가 있었고, 단기간 내에 많은 작업을 수행할 수가 있었다.

사실 공동작업조와 비슷한 경제활동은 이미 중국에서 오래 전부터 존재해왔다. 예를 들면 3~5개의 농가가 농번기에 서로 노동력을 교환하는 "품앗이(換工)"[6]는 공동작업조와 매우 닮아 있다. 이처럼 오랜 전통이 있었기 때문에 1953년에 도입된 공동작업조는 잘 받아들여졌고 널리 퍼져갔다. 공동작업조는 규모의 경제를 달성할 수 있었다. 짧은 시간 안에 수확하고, 경작지를 갈고, 씨를 뿌려야 하는 농민들에게는 매우 좋은 제도였기 때문이다. 따라서 생산량이 증대되었고 농민들은 이 제도를 환영하였다. 이로 인해 중국정부는 1954년부터는 공동작업조 제도를 "초급

---

6 노동력의 교환이라는 것은 공동으로 한 농가의 수확을 돕고, 그 다음 한 농가의 수확을 돕는 형태를 의미한다.

협동조합(初級合作社)"으로 발전시키기에 이른다.

공동작업조보다는 좀 더 확대된 형태인 초급협동조합은 20~30개의 가구로 구성되었다. 이는 중국 농촌, 특히 남부 양쯔강 지역의 자연촌락 크기와 비슷했다. 초급협동조합에서는 서로 다른 가구들의 토지가 같이 묶여서 별도의 경계선이 필요하지 않기 때문에 얼마간의 토지를 아낄 수가 있다. 이 제도하에서 산출물을 분배하는 방식은 두 가지 방법이 있었다. 첫 번째는 토지, 농기구, 경작 가축에 따라서 분배하는 방식이다. 다른 하나의 방법은 작업량에 따라 분배하는 방식이다. 연말에 종자와 비료 비용을 제하고, 산출물을 작업량에 따라 분배하는 것이다. 초기의 협동조합은 매우 잘 받아들여졌다. 많은 농민들이 정부의 "자유롭게 가입하고 자유롭게 탈퇴가 가능하다(入社自愿, 退社自由)"는 구호에 열렬한 지지를 보내며 협동조합에 가입했다.

이러한 좋은 결과에 고무된 중국정부는 1956년에서 1957년에 걸쳐 초급협동조합을 한 단계 더 확대한 "고급협동조합(高級合作社)"이라는 제도를 만들기 시작한다. 고급협동조합은 150~200개 가구를 한데 묶은 것이다. 이는 중국 북부의 자연촌락 규모와는 비슷한 것이었고, 남부에서는 몇 개의 자연촌락을 합쳐야만 가능한 가구 수였다. 초급협동조합에서는 토지와 농기구가 각각의 가구에 속해 있었지만, 고급협동조합에서는 이것들이 모두 공동으로 소유되었고, 산출물은 완전히 작업량에만 기초하여 분배되었다.

고급협동조합이 시작될 초기에는 농민들이 이 제도에 대해서 크게 동요하지는 않았다. 물론 몇몇 농민들이 몰래 소를 잡아서 먹어버리는 했지만 이러한 예는 매우 예외적이었다. 토지개혁 이후 농가들이 보유한 토지의 규모나 농기구의 수는 서로 큰 차이가 없었기 때문이었다.

또한 1956년까지도 국가인민회의의 합의문건에 의해서 "자유로운 가입과 탈퇴"가 보장되었고, 농민이 협동조합을 탈퇴할 경우 그동안의 작업량에 따라 산출물을 분배받을 권리가 있었다. 더구나 규모의 경제(economies of scale)효과 때문에 이 시기의 협동조합에서는 생산량이 계속 증가했다. 따라서 중국정부는 1958년에 고급협동조합의 규모를 더욱 늘리기로 결정하는데 이것이 "인민공사(人民公社)"의

탄생이다.

최초의 인민공사는 1958년 8월에 탄생하였다. 하지만 불과 3개월 만에 인민공사는 전국적으로 확산되어 전체농가의 99%가 인민공사로 편입되었다. 인민공사는 평균 5,000가구, 1억 명의 농민, 6만 묘(40제곱킬로미터, km²)의 경작지를 아우르는 큰 조직이었다. 이렇게 작업단위 규모를 확대한 중요한 이유는 관개사업 때문이었다. 관개사업은 산출물 증산을 위해 꼭 필요한 것이었다. 1~2가구로는 관개사업을 감당할 수가 없었고, 확대된 고급합작사 200가구로도 부족하였다. 최소한의 작은 댐이나 관개수로를 건설하기 위해서도, 전체 인민공사의 인원이 동원되어야 했다. 따라서 인민공사가 생산작업 단위가 되었다.

2) 1959년부터 1961년의 농업위기[7]

인민공사는 사회주의적인 특징이 매우 분명하게 나타나는 조직이었다. 물론 고급합작사 시기에도 노동 작업량에 따른 분배가 있었지만, 당시에는 토지나 생산수단의 기여에 따른 분배가 우선하였다. 반면 인민공사에서는 분배가 작업량 성과에 따른 분배(按照工分)에서 더 나아가 필요에 따른 분배(按需分配)라는 사회주의 이념을 시행하였다. 이에 따라 농민들은 스스로 요리할 필요가 없이, 공공식당에서 식사를 했다. 공공식당은 조리시간과 곡물의 소비를 줄이고, 규모의 경제를 실현할 수 있는 좋은 방법이다.

하지만 1959년의 곡물산출은 오히려 1958년보다 15%가 줄어들었다. 1960년에는 다시 또 15%가 더 줄어들었고, 1961년에는 겨우 1960년과 비슷한 생산량이 달성되었다. 이 세 해에 걸친 농업 산출물의 감소라는 농업위기는 심각한 재난이 되었는데, 이 기간에 3,000만 명에 달하는 인구가 식량부족으로 사망하였다.

1962년에는 인민공사 제도는 존속하였지만 생산작업의 단위는 줄어서, 20~30개 가구 정도로 축소되었다. 즉, 초급협동조합 수준의 규모로 축소된 것이다. 분배는 다시 작업량에 따른 분배로 회귀하였다. 요약하자면 조직의 규모는 초급협동조합 수준으로 회귀하였고, 분배방법은 고급협동조합의 작업량에 따른 분배방식으로

---

7 이 장의 내용은 Lin, 1990에서 인용.

회귀한 것이다. 이러한 제도는 1978년까지 계속 유지되었다.

중국정부는 농업위기 이후 규모의 경제에 대한 맹목적인 숭배를 그만두었다. 하지만 공업화를 지속적으로 추진하고 인구가 증가하면서 곡물과 기타 농산물에 대한 수요는 계속 증가하였다. 중국정부는 결국 농산물 생산을 확대하기 위해 농업에 대한 투자를 늘리는 방법을 선택하였다. 1962년부터 과학적인 연구에 기반하여 곡물 수확량을 늘리기 시작했고, 1964년에는 새로운 벼품종인 난쟁이벼(矮秆)가 중국농업과학원에서 개발되어 전국적으로 널리 경작되었다. 1976년에는 후난성의 위엔룽핑(袁隆平)에 의해 개발된 잡종벼가 대중화되었다. 난쟁이벼의 수확률은 일반 벼보다 30% 정도가 많았고, 위엔룽핑이 개발한 잡종벼는 난쟁이벼보다도 생산량이 30%가 더 많았다. 이러한 현대적인 품종을 기르기 위해서는 화학비료가 더 많이 필요했고, 더 많은 생산요소의 투입이 필요했다. 1970년대에는 또한 다음과 같은 구호가 있었는데 당시 농업 현대화의 노력을 잘 보여준다. "기계화는 농업발전의 답안이다."

3) 농업위기에 대한 전통적인 해석

1959년~1961년 기간의 농업위기는 국가적 재난을 초래하였고, 3,000만 명 이상의 목숨을 앗아갔다. 이 사건에 대해 중국 국내외에서 많은 연구가 이루어졌다. 똑같은 재해가 다시 발생하지 않게 하기 위해서라도 그 이유는 꼭 밝혀져야 하기 때문이다. 당시 농업위기의 원인에 대해서는 일반적으로 3가지 가설이 있다.[8]

첫 번째는 당시의 기후가 좋지 않았다는 가설이다. 사실 3년 연속으로 중국 전역에 걸쳐 좋지 않은 기후가 기승을 부릴 확률이 그다지 높지는 않지만, 이 가설은 기후 변화와 관련해서 많이 회자되었다. 하지만 실제로는 나쁜 기후가 중국 전역의 산출에 영향을 미쳤을 가능성은 만무하다. 홍수의 경우에는 수해를 입은 지역에서 산출이 줄었겠지만, 인접한 지역의 경우는 오히려 수자원을 이용할 여지가 늘어나서 산출이 증가하기도 한다. 홍수의 피해를 입은 지역도 많은 퇴적토가 쌓여 이듬해에는 산출이 더 늘어나기도 한다. 지역적인 홍수는 전국적인 산출에

---

8 이에 대한 자세한 내용은 *Journal of Political Economy* (Lin, 1990) 참조.

그다지 큰 영향을 미치지는 못했으며, 이는 가뭄도 마찬가지였다. 그러므로 순전히 기후 때문에 전년도보다 15%의 산출이 줄었다고 보기는 힘들다.

두 번째 가설은 "사람의 잘못(人災)"라는 것인데, 정책과 관리가 잘못되었다는 것이다. 1958년 말에 인민공사를 대중화시키면서 공공식당이 도입되었다. 이 공공식당에서는 모든 사람들에게 공짜로 음식을 나누어 주었는데 금방 식량이 동나버렸다. 더구나 대부분의 공산당 간부들은 농민들이 아니었고 당에서 배정된 간부들이었다. 이들은 농사일은 아무것도 모르면서 무조건 "깊이 갈고 빽빽하게 심자(深耕密植)" 같은 말도 안 되는 헛된 구호나 외쳐댔고 이는 생산성 향상에 오히려 해가 되었다.

세 번째 가설은 중국경제 전문가인 퍼킨스(Dwight Perkins)[9]에 의해 제시된 것인데, 인민공사의 규모가 잘못 설정되었기 때문에 근로의욕이 오히려 저하되었다는 주장이다. 평균적인 인민공사의 규모는 농민이 1만 명에 토지가 4,000헥타르(40제곱킬로미터, km)에 달할 정도로 컸다. 이 상황에서 만약 어떤 한 농민이 매우 열심히 일한다면 총 산출량은 늘어날 것은 분명하다. 하지만 이 농민은 자기 노동으로 인해 늘어난 산출량의 고작 1만분의 1밖에 가지지 못한다. 이와 반대로 만약 다른 한 농부가 게으름을 피운다면 그는 게으름으로 줄어든 산출의 1만분의 1만큼만 피해를 보면 될 것이었다. 이러한 인센티브 구조 때문에 근로의욕이 매우 저하되었고 이로 인해 산출량은 줄어들 수밖에 없었다.

세 가지 가설은 모두 논리적으로는 타당해 보인다. 하지만 저자는 개인적으로 나쁜 기후에 의한 영향이 중국 전역에 걸쳐 일어났으리라고는 생각하지 않는다. 물론 완전히 이를 배제할 수는 없기는 하다. 잘못된 관리는 논란의 여지가 없이 산출을 줄였을 것이라 생각한다. 필요에 의한 분배, 즉 공짜로 식사를 제공했던 정책은 분명 근로의욕과 산출을 떨어뜨렸을 것이다. 결론적으로 세 가설이 모두 논리적으로 보이지만 어떠한 가설이 유효한지는 보다 엄밀한 분석이 필요하다.

사실 위에서 제기된 세 가지 원인들은 1962년 이후에는 존재하지도 않았다.

---

9 드와이트 퍼킨스(Dwight Perkins)는 하버드대학 경제학과 교수이며, 동아시아센터 소장이다(역자 주).

만약 자연재해가 기근의 진정한 원인이었다면, 1962년 이후에는 1958년 수준의 생산수준으로 즉시 복귀가 되었어야 맞다. 잘못된 관리에 대한 가설도 마찬가지다. 공공식당은 1962년보다 이미 3년이나 앞선 1959년에 해산되었고, "깊이 갈고 빽빽하게 심자" 같은 구호도 바로 무시되었으므로 그 파급력은 사실 미미했다. 인민공사 조직의 문제도 마찬가지다. 인민공사는 1962년 이후 생산작업 단위가 20∼30가구로 줄어들었는데, 이는 과거 성공적이었던 초급협동조합이나 고급협동조합보다도 오히려 작은 단위였다. 그러므로 잘못된 관리 방침 또한 큰 문제는 아니었다. 마지막으로 인센티브의 문제는 고급협동조합 시기에도 150∼200가구가 한 생산단위였고 배급도 작업량에 따라 나누어졌었지만, 당시에는 생산성 저하현상이 발생하지 않았음을 주목해야 한다. 정리하자면 위의 3가지 요인의 영향은 1962년 이후에는 존재하지 않았다. 지력회복속도와 농민들의 건강을 고려한다고 해도 1962년이나 1963년 늦어도 1964년에는 1958∼59년의 생산수준을 회복했어야만 하는 것이 맞다.

일반적으로 생산성은 총요소 생산성(TFP; Total factor productivity)[10]으로 계산된다. 만약 앞의 3가지 가설이 유효하다면, 총요소 생산성은 1962년 이후에는 회복되었어야 마땅하다. 하지만 트랙터나 화학비료, 품종개량 같은 현대적인 농기계와 기술을 도입했는데도 농업생산성은 1982년이 되어서야 이전 수준으로 회복되었다(〈그림 4-1〉). 1982년은 농업생산 방식이 기존의 집단생산 체제에서 개별 농가생산 체제로 바뀌었다. 따라서 위의 3가지 가설은 일정부분 타당성이 있기는 하지만 농업위기의 가장 중요한 원인은 아니다.

---

10 총요소생산성(Total factor productivity)은 산출물의 성장률과 투입요소의 증가율 가중평균과의 차이를 통해 측정한다. 만약 투입요소 증가율이 10%인 상황에서 산출물의 증가율이 각각 12%, 10%, 8%인 경우를 가정하자. 이때 각각의 경우 총요소생산성은 2%, 0%, −2%가 된다.

그림 4-1 1952년~1988년 총요소 생산성의 변화(1952=100)

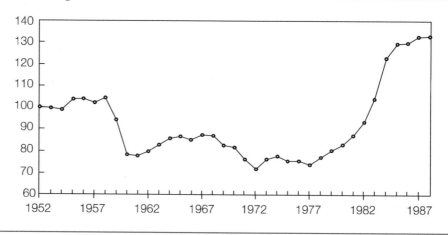

자료: Lin, 1990.

　　잘못된 과거가 반복되는 것을 방지하기 위해서라도 우리는 대재난 뒤에 숨겨진 진짜 원인을 제대로 찾아내야만 한다. 저자의 시카고 대학 박사학위 논문주제가 농가생산책임제(家庭联产承包责任制)였다. 1978년 이후 이 제도가 도입되면서 농산물의 산출량은 크게 증가했었고 생산성도 증가하였다. 재미있는 것은 개별생산제도가 협동생산체제로 전환되었을 때인 1953년에도 똑같은 일이 벌어졌었다는 것이다. 다시 말해서 1953년~1958년까지 농업집단화 제도가 발전해갈 무렵에도 생산성은 증가했다. 하지만 1978년에서 1984년까지 이러한 농업생산제도의 방향성이 역전될 때에도 생산성이 역시 증가했다. 이제부터 저자는 이 현상과 대기근의 관계를 규명하고 새로운 가설을 제시하고자 한다.

4) 농업위기에 대한 새로운 해설

(가) 탈퇴자유(right to exit) 가설

　　먼저 나의 가설을 전개하기 전에 기본적인 게임이론(game theory) 하나를 소개하고자 한다. 규모의 경제는 은행털이 게임에도 적용할 수가 있기 때문이다. 두 은행털이범은 서로 협력함으로써 혼자 은행을 털 때보다 훨씬 수고를 덜 수가 있다. 예를 들면 한 명이 터는 동안 한 명이 망을 보고 운전을 하는 식이다. 한 번도 잡힌 적이 없는 두 명의 천재적인 은행털이범을 가정해보자. 경찰은 그 두 명에게 심증은 가나 물증이 없어서 구속을 못하고 있다. 하지만 두 명은 종종 속도위반을 해서 잡혀 들어오곤 하는데 경찰은 이 기회를 이용해서 이들에게 자백을 받아내려 한다.

미국에서는 용의자라도 사건에 결정적인 자백을 하면 기소를 면할 수 있다. 그래서 경찰은 자백을 장려하는 동기유발 구조(incentive mechanism)를 구축했다. 두 은행강도가 모두 자백하면 각각 6개월의 구형을 선고 받는다. 모두 자백을 하지 않을 경우에는 각각 속도위반으로 2개월만 구형된다. 둘 중 한 명만 자백한다면 자백한 사람은 무혐의로 풀려나게 되고 나머지 한 명은 12개월을 선고받게 된다.

이것이 유명한 "용의자의 딜레마(Prisoner's Dilemma)"이다. 〈표 4-1〉에서 보듯이 개인의 관점에서 볼 때는 다른 쪽 죄수가 어떤 선택을 하던 간에 배신을 하는 것이 합리적인 선택이다. 하지만 두 죄수의 관점을 같이 볼 때는 협력(침묵)이 훨씬 좋은 선택이다. 두 은행털이범은 미래에도 계속 서로 협력을 해 나가야 한다. 그러다 보면 다음 번에도 분명히 잡혀 들어올 것이고 다시 이와 동일한 상황에 직면하게 될 것이다. 게임이 반복되면 각각의 은행털이범은 과거에 행한 상대의 선택에 보복을 할 수가 있게 된다. 이러한 징벌의 위협은 매우 실질적인 것이므로 두 은행털이범의 행동을 제약하게 되고, 서로 협력(침묵)해서 둘에게 있어서 최대

표 4-1 용의자의 딜레마

		용의자 B	
		침 묵	배 반
용의자 A	침 묵	(2,2)	(12,0)
	배 반	(0,12)	(6,6)

주: 괄호 안은 각각 A와 B가 감옥에 수감되는 개월 수를 의미함.

보수를 얻을 수 있도록 한다.

만약 이 게임이 한 번에 끝난다면 각자 자신만을 위한 선택(배반)이 두 명의 협력(침묵)보다 우위에 있는 선택이 된다. 즉, 두 은행털이범이 이후 두 번 다시 협력을 하지 않는다고 한다면 둘 다 배신을 선택할 것이다. 왜냐하면 상대의 위협이 실제로는 위협이 되지 않기 때문이다. 이러한 예는 일상생활에서도 많이 접할 수가 있다. 예를 들면 물건을 살 때는 가판보다는 상점이 더 믿을 만하다. 왜냐하면 상점은 고정된 장소에서 매일 장사를 하기 때문에 명성을 유지해야만 한다. 하지만 가판은 언제든 자리를 옮길 수 있기 때문에 명성과 신용을 소홀히 할 수도 있다. 이와 같은 논리가 1959~1961년의 농업위기에도 똑같이 적용될 수 있다.

농업생산에서 규모의 경제를 보여주는 현상들은 다음과 같다. 첫째로는 추수기나 경작기이다. 이때는 시일이 촉박하기 때문에 대규모 협업을 통해 효율적인 분업을 하는 것이 혼자 일을 하는 것보다 훨씬 생산성이 높다. 또한 경작 가축이 매우 비싸기 때문에 몇몇 가구가 이를 공동으로 소유할 수 있다면 중복 투자를 훨씬 줄일 수 있다. 이러한 예들은 생산에 있어서의 규모 경제다. 두 번째로 위험 분담의 관점에서 보면 모든 사람들은 어쩌다 한 번쯤은 병에 걸려 아플 때가 있다. 이렇게 만약 한 사람이 아프면 다른 사람들이 좀 더 노력을 해서 농사를 망치지 않게 하는 것도 규모의 경제의 일종이다.

하지만 농업생산의 특성상 작업의 관리감독은 비용이 많이 들고 힘들다. 공업생산의 관리감독보다 훨씬 어렵다. 예를 들면 제초작업을 할 때 벼와 잡초를 구분해내기가 힘들다. 또한 비가 오기 전과 후는 비료작업이 천지차이가 난다. 수확 후의 합리적인 분배는 정확한 작업의 질과 양에 따라 이루어지는 것이 원칙이지만, 누가 잡초를 잘 구분했는지를 판별하는 것은 쉽지 않다. 이렇게 되면 정확한 작업의 질을 산정하기가 어려운 것이다. 따라서 추상적인 작업의 질을 작업점수로 계산해내는 것이 불가능하다. 이러한 상황에서는 작업자가 며칠간 몇 시간을 일했는가로 작업량이 정해질 수밖에 없다. 따라서 불가피하게 평등한 분배가 이루어질 수밖에 없는 것이다. 20가구 50명 정도의 소규모 작업단위에 있어서도 열심히 일한다고 해도 그 보상이 1/50밖에 돌아오지 않는다면 근로의욕이 떨어질 수밖에 없다.

위험분담이나 생산에 있어서 협동은 분명히 규모의 경제를 누릴 수 있게 해준다. 하지만 규모의 경제 이익을 실현하기 위해서는 관리감독의 문제가 먼저 해결되어야 한다. 협동조합을 유지하기 위해서는 모든 구성원들의 자기규제가 확실해야 한다. 하지만 몇몇 사람들은 항상 다른 이들보다 게으르기 마련이고 이들에게 벌점이 주어지지 않는 시스템인 것을 사람들이 인지한다면 더 많은 이들이 그저 대세에 묻어가는 선택을 하게 된다. 그러므로 자발적인 의욕은 협동조합의 성공에 필수적인 요인이다.

중앙인민회의가 1956년에 통과시킨 문건에 의하면 농민들에게 공급된 토지와 농기구는 작업 집단에 속해 있어야 하지만 농민들은 언제든지 공동작업에서 이탈해서 협동조합을 나올 수 있다고 명시했다. 이러한 조건에서 하는 일 없이 기생하는 참여자들이 늘어날수록 생산성이 하락하고 오히려 개별 농가단위로 작업할 때보다 더 생산성이 안 좋아진다고 가정하자. 그렇게 되면 열심히 일하는 사람들은 비효율적인 협동조합에서 탈퇴하는 방법을 선택할 수 있다. 자유롭게 협동조합을 탈퇴할 수 있다는 조항은 열심히 일하는 참여자들을 보호하고 게으른 참여자들에게 실질적인 압박을 가하게 되는 것이다. 왜냐하면 만약 많은 사람들이 탈퇴를 선택하게 되면 협동조합은 와해될 것이다. 그렇게 되면 게으른 참여자들은 개인적으로 작업할 수밖에 없고 규모 경제의 이점을 포기해야만 한다. 만약 게으른 참여자들이 자신들의 게으름이 규모의 경제를 누릴 수 있는 권리와는 정면으로 배치됨을 이해한다면 이러한 협동조합의 해체는 없을 것이다.

하지만 불행하게도 협동조합이 초기에 성공했기 때문에 정부는 이 제도를 강제적인 것으로 만들어 버렸다. 1956년 중앙인민회의에서 통과되었던 "자유로운 참여와 탈퇴"에 관한 문건은 1978년 11차 중앙인민회의 3중 전회에서 부활되기 전까지 완전히 사라져 버렸다. 다시 말해 인민공사가 대중화된 1958년부터는 게임의 룰이 바뀐 것이다. 자유롭게 탈퇴할 수 있다는 조항이 사라졌고, 능력 있는 농민들이 작업단위를 탈퇴해서 이 작업단위가 무너질 수 있다는 위협이 효력을 상실하게 되었다. 결과적으로 게으른 참여자가 열심히 일하는 참여자들보다 우위를 점하게 되었고, 이전에 열심히 일했던 사람들도 그러기를 점차 포기하게 되었다. 원인은 간단했다. 게임의 룰이 단수게임(one-off game)으로 바뀜으로써 게으름 전략을 선택하는 것이 합리적인 선택이 되어 버렸다. 이로 인해 더 많은 농민들이 게으름을 선택하고 생산성이 급격히 떨어지기 시작했다.

이와 같은 문제는 중국뿐만 아니라 다른 나라에서도 발견된다. 아프리카와 중앙아메리카의 사례에서 보듯이 대부분의 농업집단화 운동은 처음에는 자유롭게 탈퇴할 수 있는 자발적인 것이었지만 결국에는 자유롭게 탈퇴할 수 있는 개인의 권한은 없어진다. 구소련의 경우도 마찬가지였다. 구소련의 집단화 운동은 1929년에 자유롭게 탈퇴할 개인의 권한을 없애버렸다. 참여자들은 기여도와는 상관없이 고정된 임금을 받았고, 체계적인 관리감독이 불가능한 상황에서 결국 아무도 열심히 일하지 않았다.

이상의 사례에서 보듯이 집단화 운동이 전개되는 일반적인 패턴은 다음과 같다. 초기에는 참여자들이 자유롭게 탈퇴할 수 있기 때문에 생산성이 증가하여 산출량도 개인적으로 작업하던 시기보다는 훨씬 많아진다. 그러다가 중국의 1958년이나 구소련의 1929년 같이 구성원이 자유롭게 탈퇴할 수 있는 권리가 갑자기 사라지게 된 이후에는 생산성이 급격하게 하락한다. 즉, 탈퇴의 자유가 박탈되면 노동투입의 감소로 귀결되는 것이다. 노동투입의 감소가 어느 수준 이상이 되면 규모경제의 이익은 모두 상쇄되어 버리고 생산성은 오히려 감소하게 된다. 생산성 감소는 급속도로 진행되는데, 구소련의 경우 기근이 500만 명의 생명을 앗아가 버렸다. 당시 구소련의 인구가 중국의 1/5이었던 것을 감안할 때 구소련 위기의 심각성은 중국에서 일어난 상황의 심각성과 비교해 전혀 뒤지지 않는 것이었다.

탈퇴의 자유가 사라지면 어떠한 인센티브 제도도 무의미하게 된다. 따라서 강제적인 협동조합에서의 생산성은 언제나 개인별 작업에 의한 생산성보다 낮아질 수밖에 없다. 하지만 이러한 가설을 실증적으로 검증하기는 매우 어렵다. 왜냐하면 1962년 이후에는 많은 현대적인 기술들이 농업에 도입되었고, 그 결과로 이루어진 생산성 향상은 인센티브 저하로 인한 생산성 하락을 상쇄할 수 있었기 때문이다. 그러나 1962년 이후 이러한 혁신이 늘어났다 해도 생산성은 여전히 1952년의 수준보다 20%나 더 낮았다. 즉, 신기술이 생산성을 증가시킨 바는 의심할 나위 없지만, 탈퇴 권한 박탈이 생산성을 저하시켰다는 가설 또한 여전히 유효한 것이다. 이에 비해 처음에 제시했던 3가지 가설은 1984년까지 왜 생산성이 회복되지 않았는가를 설명하기에는 부족한 것이 사실이었다.

(나) 비교우위 역행

다른 가설도 있다. 중앙정부의 독점적인 수매와 판매로 인해 각 성들이 비교우위(comparative advantages)를 가지는 생산을 할 수 없었고, 이로 인해 생산성이 저하되었다는 것이다. 개혁 프로그램으로 시장이 활성화되는 1978년이 되어서야 각 성들은 자신들이 비교우위를 작물을 자유롭게 경작할 수 있었고 이로 인해 상당한 생산성 개선효과가 나타났다. 중앙집권적인 수매와 판매제도는 이미 1953년에 도입되었다. 하지만 1953년에서 1958년 기간 동안에는 농업 생산성은 오히려 계속 상승하였다. 그러므로 이 가설은 왜 1959년 이후에 생산성이 급격하게 저하되었는지를 설명할 수가 없다.

뿐만 아니라 이 가설은 또 다른 문제점이 있다. 만약 지방정부들이 곡물의 자급자족이 매우 중요했기 때문에 이를 위해 농업분야에 대한 과학기술 및 인프라 투자를 늘린다면 각 성들의 비교우위 차이는 실제로 큰 의미가 없게 된다는 점이다. 자급자족이 필요했기 때문에 곡물이 부족한 성일수록 지방정부가 곡물 관련 과학기술에 더 많은 자원을 배분했을 것이고, 이에 따라 생산성의 상승이 오히려 곡물이 풍부한 성보다 더 많았을 것이다.

나아가 통계적으로 비교우위를 역행하는 형태인 자급자족적인 생산방식 때문에 산출량과 생산성이 감소하는 효과는 3% 정도에 불구하다. 하지만 중국에서의 당시 농업 생산성 감소는 20% 이상에 달했다. 즉, 감소했던 생산성의 일정부분만 비교우위의 역행 때문에 발생한 것이고, 나머지 다른 곳에서 원인을 찾아야만 한다는 것이다. 그렇다면 앞에서 언급한 농민들의 근로의욕 감소가 나머지의 생산성 감소를 설명해주는 요인일 것이다. 어떤 경제체제에서도 급격한 생산성 변화는 근

로의욕과 밀접하게 연관되어 있기 때문이다.[11]

③ 1978년 이전의 경제적 성과[12]

중국의 계획경제는 1953년 제1차 5개년 계획(一五)에서부터 시작되었다. 그렇다면 당시 계획경제의 성과는 어떻게 평가해야 하는가? 이를 평가하기 위해서는 다음과 같은 사항을 고려할 필요가 있다.

첫째, 잉여자금이 최대한 활용되었는가? 이 관점에서 볼 때 계획경제는 꽤 효율적이었다. 자본 축적률(capital accumulation rate)은 1차 5개년 계획기간(1953년~1957년) 동안 GDP의 24.2%에 달했으며, 2차 5개년 계획기간(1958년~1962년) 동안에는 30.8%에 달했다(〈표 4-2〉 참조).

경제발전론에서 도약(take off) 가설에 따르면, 어떤 경제가 도약을 하기 위해서는 저소득 균형의 함정(low-income equilibrium trap)[13]을 벗어나야 하는데, 이를 위해서는 GDP의 11% 이상이 투자에 투입되어야 한다.[14] 중국은 1978년 이전에도

| 표 4-2 | 자본 축적률 추이(1952~1978) |

	% of GDP
1차 5개년 기간 (1953~57)	24.2
2차 5개년 기간 (1958~62)	30.8
(1963~65)	22.7
3차 5개년 기간 (1966~70)	26.3
4차 5개년 기간 (1971~75)	33.3

자료: 중국국가통계국.

11 이에 대한 가설과 평가는 Lin and Wen, 1995 참조.
12 이 장의 내용은 Lin, Cai and Li, 1996 and 2003에서 인용.
13 저소득 균형 함정(low-income equilibrium trap)란 Nelson이 주장한 경제학 개념으로 저소득 국가에서는 1인당 소득이 너무 낮아서 저축이나 투자를 할 수 없다는 것이다. 이렇게 저축이나 투자율이 낮기 때문에 결국 경제성장률이 낮을 수밖에 없다. 이러한 악순환은 외부적인 요인 등으로 투자가 획기적으로 증가하기 전까지는 계속될 수밖에 없다(역자 주).
14 Rostow, 1960.

표 4-3 기본건설투자의 산업별 비중(1952~78)(%)

	농 업	경공업	중공업	기 타
1차 5개년 기간 (1953-57)	7.1	6.4	36.2	50.3
2차 5개년 기간 (1958-62)	11.3	6.4	54.0	28.3
(1963-65)	17.6	3.9	45.9	32.6
3차 5개년 기간 (1966-70)	10.7	4.4	51.1	33.8
4차 5개년 기간 (1971-75)	9.8	5.8	49.6	34.8

자료: 국가통계국.

표 4-4 국민소득의 산업별 구성 비율(1952~78)(%)

	1952	1957	1965	1970	1975	1978
농 업	57.7	46.8	46.2	40.4	37.8	32.8
공 업	19.5	28.3	36.4	41.0	46.0	49.4
기 타	22.8	24.5	17.4	18.6	16.2	17.8

자료: 국가통계국, 1992.

항상 그 이상의 투자율을 유지했었기 때문에 잉여자금을 상당히 효율적으로 활용해 왔음을 알 수 있다. 특히 중공업에 대한 투자비율이 매우 높았으며, 인프라 투자의 절반 이상도 중공업 발전을 위한 것이었다(〈표 4-3〉과 〈표 4-4〉 참조). 따라서 중공업의 생산량은 매우 빠른 속도로 증가해 왔고, 1978년에는 국가 수입의 절반에 육박하는 수준이었다. 중공업에 대해서는 이처럼 언제나 우선순위가 부과되어 왔지만, 경공업의 경우는 그렇지 못했다. 이로 인해 중국은 표면적인 산업구조 측면에서는 발달한 선진국과 매우 유사하였다. 제조업 평균 성장률도 연평균 6%로 개혁개방 정책이 시작되기 전까지 유지되었다. 또한 중국은 1960년대에 핵실험을 했고, 1970년대에 인공위성까지 쏘아 올렸다. 그러므로 만약 중국경제의 목표가 중공업, 군수산업, 항공우주산업이었다면 경제 자체는 매우 효율적이었다고 평가할 수 있다. 왜냐하면 오직 발달된 선진국만이 할 수 있는 일들을 농업국가가 불

표 4-5	산업별 노동력 비율(1952~78)(%)		
	농 업	공 업	기 타
1952	83.5	6.0	10.5
1965	81.6	6.4	12.0
1978	73.3	12.5	14.2

자료: 국가통계국, 1992.

과 20여 년 만에 달성해낸 셈이기 때문이다.

하지만 이러한 성과는 매우 비싼 대가를 지불해야 했다. 이로 인해 중국은 불균형적인 경제구조를 가지게 되었기 때문이다. 비록 중국이 중공업 분야에서만은 선진국들과 비슷한 수준에 오를 수 있었지만, 고용구조는 여전히 낙후된 농업국가의 수준에 머물러 있었다. 70%의 노동력이 여전히 농업에 종사하고 있었다. 따라서 당시의 자원배분은 매우 비합리적인 것이었다(〈표 4-5〉).

뿐만 아니라 중공업 우선 발전전략 때문에 도시화(urbanization)가 지연되었다. 농민들의 도시 이주가 금지되었을 뿐만 아니라 도시의 젊은이들은 오히려 강제로 농촌으로 이주(下放)해야만 했다. 이러한 비정상적인 공업화는 도시화 수준을 매우 낮게 만들었고, 불균형적인 산업구조를 유지시켰다. 노동자들의 근로의욕도 저하시켰음은 물론이다.

당시 자금의 운영이 비효율적이었다는 것은 다른 방법으로도 확인할 수 있다. 공업부문의 운영자본은 일반적으로 요소투입이나 재고(inventories)로 사용된다. 그러므로 기업이 효율적일수록 운영자본은 적게 필요하다. 세계은행의 자료에 의하면 중국, 인도, 러시아에서 운영자본은 30% 가까이 달하는 것으로 집계되고 있다. 이들 나라는 모두 중공업 우선 정책을 시행하고 있는 나라들이다(〈표 4-6〉).

중국은 중앙정부에 의해 자금의 투입이 결정된다. 하지만 자금의 문제와는 별개로 당초 국가계획과는 달리 원자재가 제때 도착하지 않는 경우가 다반사이다. 이런 경우를 대비해서 기업들은 할당량을 맞추기 위해 항상 일정수준 이상의 재고

표 4-6	운영자금 비율의 국제 비교(%)		
국 가	연 도	운영자금 비율
중 국	1981	32.7
인 도	1979	27.9
한 국	1963	7.0
일 본	1953	19.9
영 국	1970	16.6
구소련	1972	29.6

자료: World Bank, 1984.

를 유지하고 있어야 한다. 또한 제품이 잘 팔리지 않을 때도 있다. 예를 들면 저자는 1980년에 우시(無錫)의 한 기계 공장을 방문한 적이 있는데, 그곳에서 1978년산 제품이 아직 재고로 남아 있는 것을 본 적이 있다. 이러한 재고의 증가는 운영자본의 증가를 의미하기 때문에 중국의 운영자본 비율이 높은 것이다(〈표 4-6〉).

둘째, 중국은 앞에서 보았듯이 자본을 비효율적으로 운영하였을 뿐만 아니라 공업생산의 효율성도 그다지 좋지 못했다. 1달러의 GDP 생산을 위한 석탄/철강 소비와 운송거리는 3.1톤-킬로미터/달러이다. 이는 인도의 1.7이나 미국의 1.8과 비교할 때 매우 높은 것으로 생산이 비효율적이라는 것을 의미한다. 중국은 같은 가치의 산출을 위해 더 많은 자원을 소모하고 있는 것이다.

저자가 베이징 대학에서 박사후 과정을 밟으며 현장 연구를 수행하던 당시 나는 이러한 차이를 설명할 수 있는 이야기를 들은 적이 있다. 바오강(寶鋼)이 아직 건설되기 이전에는, 동북(東北) 지방의 안강(鞍鋼)과 우한(武漢)의 우강(武鋼)이 주요 철강생산 기지였다. 당시에는 중앙의 계획경제에 의해서 생산자원이 배분되던 시기였다. 상식적으로 동북지역의 중공업 기업들은 안강에서 모든 철강을 공급받고, 우한시는 우강에서 철강을 공급받는 것이 효율적이었다. 하지만 실제로는 동북 지역에서 필요한 철강이 우강에서 공급되고, 남쪽 지역에서 북쪽의 안강에서 철강을 공급받는 일이 허다했다. 이러한 일을 담당하는 책임자 수가 1~2명에 불과할 정도로 워낙 부족한데 기업도 많고 수요도 다양해 공급자가 제멋대로 물건을

| 표 4-7 | 도시와 농촌 주민의 생활수준의 변화 1952~78 | | | |

Year	국민소득지수 (1952=100)	소비지수 (1952=100)		
		전 체	도시 주민	농촌 주민
1952	100	100	100	100
1957	153	123	126	117
1978	453	177	212	158

주: 소득지수와 소비지수는 상대가격(comparable prices)으로 계산하였음.
자료: 국가통계국, 1993.

보내는 일도 많았기 때문이다.

1952년부터 1981년까지 중국 공업분야의 총요소 생산성(TFP)은 잘해야 연 0.5% 정도 증가했다. 어떤 연구에 따르면 총요소 생산성이 오히려 감소했다고 주장하기도 한다. 세계은행의 통계에 따르면 개발도상국들이 평균 2%의 총요소 생산성 증가율을 기록했던 것에 비하면 중국의 생산효율성은 다른 나라들보다 훨씬 낮다고 할 수 있는 것이다.[15] 이러한 이유로 아무리 중국 국민들이 허리띠를 졸라매고, 국가가 인공위성을 쏘아 올려도 평균적인 생활수준은 1952년에서 1978년 기간 동안 별로 나아지지 않았던 것이다〈표 4-7〉.

다른 나라와 비교하면 6%의 경제성장률은 물론 나쁘지 않은 수치이다. 하지만 국민소득이 400%가 증가했는데, 소비는 겨우 77%가 증가했을 뿐이다. 이는 중공업, 핵폭탄, 인공위성이 일반 국민들의 행복을 빼앗아가 버린 것이다.

뿐만 아니라 소비의 도농간 격차는 더욱 문제가 심각했다. 이 기간 도시 주민들의 소비가 100% 증가한 반면 농촌 주민들의 소비는 57%밖에 증가하지 못했다. 도시에서의 소비가 증가했던 이유는 고용이 늘어났기 때문이다. 1950년대에는 대부분의 여성들은 주부들이었다. 1960년대와 1970년대에 들어와서는 여성들이 직장을 가지기 시작했고, 마오쩌둥이 찬양했듯이 "하늘의 반을 떠받친다"고 해도 과언

---

15 World Bank, 1985.

이 아니었다. 생활수준의 개선은 임금의 인상에 의한 것이기보다는 경제활동 인구가 늘어나면서 이루어진 것이었다. 반면 농촌에서는 잉여노동인력이 너무 많았고, 이들의 도시로의 이주가 엄격히 금지되어 있었기 때문에 농촌의 생활수준 개선은 매우 느렸던 것이다.

이상에서 살펴보았듯이 만약 중국의 국가적인 목표가 인공위성을 띄우거나 중공업을 발전시키는 것이었다면 당시 중국의 경제체제는 매우 성공적인 것이었다. 하지만 그 목표가 국민들의 생활수준을 개선시키는 것이었다면, 중국의 당시 경제체제는 그다지 만족스럽지 못했다. 이는 중국의 이웃나라들과 비교해 보면 더욱 명확해진다. 1950년대 초기 중국의 1인당 국민소득은 한국, 싱가포르, 타이완, 홍콩과 비슷한 수준이었다. 하지만 1970년대에 들어서 아시아의 네 마리 호랑이가 부상하고 선진국에 근접하는 사이에 중국은 뒤처지고 있었다. 선진국을 따라잡는 것은 모든 개발도상국의 지상목표였는데, 이 목표를 계획경제 체제에서는 달성하지 못했다. 비단 사회주의 계획경제 체제뿐만 아니라 非사회주의에서의 계획경제 체제에서도 모두 실패했다.

1995년에는 싱가포르의 1인당 국민소득이 이미 영국을 앞질렀고 미국에 근접했다. 홍콩도 영국을 앞질렀다. 일본의 구매력은 미국보다 약간 모자라지만 절대적 기준으로 볼 때는 일본이 미국을 크게 앞선다.[16] 이러한 맥락에서 볼 때 이러한 나라들이야 말로 진짜로 "영국과 미국을 추월하자"라는 구호를 실현한 나라들이었다. 이러한 나라들이 모여서 동아시아의 기적을 창조해 내었던 것이다.

---

16 1991년 일본의 거품경제 붕괴 이후 일본의 1인당 소득은 2000년 이후 미국보다 다시 낮아졌다 (World Bank, 2011).

Kornai, János. *Economics of Shortage*. Amsterdam: North-Holland, 1980.

Lin, Justin Y. "Collectivization and China's Agricultural Crisis in 1959 - 1961." *Journal of Political Economy* 98, no. 6 (1990): 1228 - 52.

Lin, Justin Y. and James G. Wen. "China's Regional Grain Self-sufficiency Policy and Its Effect on Land Productivity." *Journal of Comparative Economics*, 21, No. 2(1995): 187-206.

Lin, Justin Y., Fang Cai, and Zhou Li. *The China Miracle: Development Strategy and Economic Reform*. Hong Kong: Chinese University Press, 1996.

Lin, Justin Y., Fang Cai, and Zhou Li. *The China Miracle: Development Strategy and Economic Reform*, revised ed. Hong Kong: Chinese University Press, 2003.

National Bureau of Statistics of China. *The Statistical Data of Fixed Asset Investment in China* (1950−1978). Beijing: China Statistics Press, 1987.

National Bureau of Statistics of China. *China Statistical Yearbook*. Beijing: China Statistics Press, various years.

National Bureau of Statistics of China, National Economic Accounting Division. *A Compilation of National Income Statistics Data* (1949−1985). Beijing: China Statistics Press, 1987.

Rostow, W. W. 1960. *The Stages of Economic Growth: A Non-Communist Manifesto*, 3rd ed. New York: Cambridge University Press.

World Bank. *The 1984 Economic Study Tour. China: Long-term Issues and Options*. Washington, DC: World Bank, 1985.

World Bank. *World Development Indicators 2011*. Washington, DC: World Bank, 2011.

제05장

기업의 자생능력과 요소부존

기업의
자생능력과
요소부존

제 5 장

중국은 건국 이후 비교우위를 고려하지 않고(CAD: comparative-advantage-defying), 중공업 육성에 우선순위를 두는 도약형 추월발전전략(catching-up strategy)을 실시했다. 이 발전전략의 목적은 가능한 빠른 시간 내에 자본집약적 산업과 기술집약적 산업을 발전시켜, 중국이 선진국들과 경쟁할 수 있도록 하는 것이었다. 중국은 1960년대에 핵 실험에 성공했고, 1970년대에는 인공위성을 쏘아 올렸다. 사실 초기에는 이 발전전략의 목적이 어느 정도 달성되기는 하였지만, 그 대가는 엄청났다. 오랫동안 국민들의 생활수준은 나아지지 않았고, 1970년대 후반까지 국민의 1/3이 여전히 빈곤선 이하에서 생활하고 있었다.

1940년대에서 1960년대 사이에, 중국뿐만 아니라 많은 나라들이 중국과 마찬가지로 추월발전전략을 추진했었다. 비단 사회주의 국가들뿐만 아니라 새로 독립한 非사회주의 국가들, 예를 들면 이집트, 인도, 인도네시아와 몇몇 라틴아메리카 국가들도 추월발전전략을 채택했었다. 하지만 결과적으로 이들도 중국과 마찬가지로 경제발전에 성공하지는 못했다. 추월발전전략의 추진 초기단계에서는 투자확대에 힘입은 성장률이 비교적 높았으나, 곧 성장은 둔화되고 각종 경제위기가 발생하였다. 개발도상국들이 선진국을 단기간에 따라잡겠다는 이러한 추월발전전략은 어쩌면 매우 당연한 목표일 것이다. 하지만 추월발전전략을 택한 거의 대부분의 나라들이 결과적으로 선진국들을 따라잡는 데 실패했다.

반면 아주 극소수의 국가들은 선진국을 따라잡겠다는 목표를 실현하기도 하였는데, 일본과 "아시아의 4마리 호랑이"[1] 가 그들이다. 그리고 이 국가들을 "동아시아의 기적(East Asian Miracle)"이라고 부른다. 일본은 1인당 소득이 1987년에 미국을 앞질렀으며, "아시아의 네 마리 호랑이" 중 하나인 싱가포르 역시 1996년에 미국을 앞질렀다. 홍콩의 1인당 소득은 1990년대 초에 미국의 80~90% 수준으로 상승하였다. 타이완과 한국은 1990년대 중반 각각 미국의 50%와 40% 수준에 근접했다. 이러한 동아시아 국가들의 성공사례는 개발도상국들에게 추월발전전략과는 다른 실행에 옮길 수 있는 또 하나의 발전전략을 제시해 줄 수 있을까? 이 질문에 답하기 위해서 우리는 먼저 "동아시아의 기적"이 성공할 수 있었던 원인에 대해 살펴보아야 한다.

1 동아시아의 기적에 대한 해석

1) 문화결정 가설(cultural determinism)

동아시아의 기적에 대한 초기 분석은 일본의 역사적, 문화적 특수성에 초점을 맞추고 있었다. 자본주의와 산업혁명 발생 이전, 유럽은 봉건사회였고 봉건 유럽은 크고 작은 다수의 도시국가로 이루어져 있었다. 그리고 각각의 도시국가는 하나의 작은 자급자족 경제체제를 구축하고 있었다. 하지만 시간이 지나고 중국에서 전래된 화약의 영향으로 도시국가의 경계는 무너지기 시작했으며, 통일된 민족국가가 형성되었다. 아담스미스의 〈국부론(Wealth of Nations)〉에 따르면 경제발전의 제1법칙은 바로 분업으로, 경제발전의 상당부분이 분업 덕분에 가능하다고 이야기

---

1 아시아의 네 마리 호랑이(또는 아시아의 네 마리 용)는 아시아 신흥공업국(NIE's: Newly Industrializing Countries)이라고도 불리며, 1970년대 이후 급속한 공업화를 이룩한 한국, 타이완, 싱가포르, 홍콩을 지칭한다(역자 주).

하고 있다. 분업이 세분화될수록 생산성은 올라간다. 하지만 분업의 세분화 정도는 시장규모에 좌우되며, 시장규모가 클수록 분업도 더욱 세분화된다. 유럽이 도시국가에서 통일된 민족국가로 확장됨에 따라 시장규모가 커지기 시작했고, 분업도 세분화되었으며 이에 따라 생산성도 향상되었다. 그리하여 투자를 가능케 하는 잉여자금도 생겨났다.

몇몇 학자들은 이러한 변화들이 자본주의와 산업혁명이 유럽에서 먼저 발생했던 결정적인 원인이라고 주장하고 있다. 그리고 그들은 일본이 비록 유럽과 멀리 떨어진 동양의 국가이지만 유럽과 매우 유사한 공통점이 하나 있다는 것을 발견하였다. 메이지 유신 이전 일본은 천황에 의해 통치되고 있었으나, 실제로는 쇼군이라 불리는 막부 대장군과 200여 개의 크고 작은 다이묘라 불리는 귀족들에 의해 통치되고 있었다. 유럽의 귀족제도와 마찬가지로 일본도 세습제가 유지되고 있었고, 각각의 다이묘들은 자신들의 영지를 가지고 있었다. 그리고 각각의 영지는 하나의 작은 자급자족 경제였으며 전국적으로 통일된 시장은 형성되지 못했다. 메이지 유신 이후 일본은 서구를 따라 입헌군주제를 채택하였고, 각지의 다이묘들은 실권을 잃었으며 마침내 통일된 국내시장이 형성되었다. 이것은 유럽이 봉건귀족 사회 붕괴 이후 시장규모가 확대되기 시작한 것과 그 과정이 정확히 일치하였다.

하지만 위의 가설은 동아시아 다른 국가들의 사례에는 적용되지 못한다. 중국을 예로 들어 보자. 중국의 서주(西周)시대(약 BC 1000년~BC 771년)는 전형적인 봉건사회였으며, 주(周) 천자 아래로 수백 명의 제후들에게 국토가 분봉된 상태였다. 하지만 기원전 221년 진시황이 전국을 통일한 이후부터 중국은 하나의 거대한 통일국가가 되었다. 군현제도가 귀족의 분봉제도를 대체하였으며, 이것이 근대까지 이어져오고 있었다. 다시 말하면 일본, 유럽과는 달리 중국은 오랫동안 하나의 통일된 경제로 이어져 오고 있었던 것이다. 그러므로 위의 가설이 옳다면, 중국이나 다른 동아시아 국가들이 현대화를 이루기 위해서는 먼저 봉건사회의 분산된 자급자족 경제체제로 되돌아가고, 그 이후 다시 통일된 시장을 구축하는 일본의 모델을 그대로 따라야 한다는 것을 의미한다. 하지만 이미 통일된 시장을 다시 분권화한다는 것은 현실적이지 못하다.

뿐만 아니라 동아시아의 신흥공업국(NIEs)의 사례도 이 가설과 맞지 않다. 1960년대와 1970년대에, 동아시아 지역에서는 일본의 발전과 발걸음을 나란히 하면서 4개의 신흥경제가 출현했는데, 이들은 아시아의 네 마리 호랑이로 불리는 한국, 싱가포르, 타이완 그리고 홍콩이었다. 일본과 다르게 이들은 역사적으로 줄곧 통일된 경제체제를 유지하고 있었다. 그럼에도 불구하고 1970년대에 이들 신흥공업국은 성공적인 공업화를 이룩하면서 전 세계의 주목을 받았다. 뿐만 아니라 신흥공업국들은 20년 이상 높은 경제성장 속도를 지속하면서, 선진국과의 소득격차를 큰 폭으로 줄였다. 아시아 네 마리 호랑이들의 성공사례는 문화결정 가설 자체가 가지는 허점을 잘 보여주고 있다.

한편 문화결정 가설의 다른 해석도 존재한다. 1980년대 초까지 전 세계에서 오직 일본과 아시아 네 마리 호랑이들만이 성공적인 경제발전을 통해 선진국과의 격차를 좁혔다. 이에 따라 이들의 성공 이유를 문화적 기반의 차이로 해석하는 시도가 등장하였다. 일부 학자들은 일본과 아시아의 네 마리 호랑이들은 모두 유교의 영향을 강하게 받아왔다는 공통점이 있다는 측면에 주목하면서 이들의 경제발전 성공이 유교의 영향이라고 주장하였다.

이러한 해석은 막스 베버(Max Weber)[2]의 학설에서 영향을 받은 것인데, 그는 근면, 절약, 저축, 투자를 특징으로 하는 기독교적 윤리가 서구 자본주의 발전의 원인이라고 해석했다. 유교문화도 이와 마찬가지로 근면, 절약, 교육, 투자를 강조하고, 사회의 서열과 권위를 중시한다. 근면과 절약은 자본축적과 투자에 유리하고 서열과 권위를 중시하는 것은 사회 안정에도 유리하다. 이것들은 모두 공업화를 위한 사회적, 경제적 기초를 제공한다.

그러나 만약 유교가 진정으로 일본과 아시아 네 마리 호랑이들의 경제발전을 일으킨 주요 원인이라면 유교의 발원지인 중국은 이들보다 훨씬 더 발전했어야 했다. 하지만 1919년 5·4운동 시기에 유교는 "사람 잡아먹는 예교"이며, 중국이 현

---

2 막스 베버(Max Weber: 1864~1920)는 독일의 저명한 사회과학자이자 사상가이다. 19세기 후반 서구 사회과학의 발전에 크게 공헌하였고, 오늘날의 철학과 사회학 등에도 큰 영향을 미치고 있다. 주요 저서로 "사회과학적 사회정책적 인식의 객관성", "프로테스탄티즘의 윤리와 자본주의 정신" 등이 있다(역자 주).

대화에 실패하게 된 주요 원인이고 극복해야만 하는 대상으로 취급되었다. 이것은 5·4운동 이후부터 한국과 타이완이 현대적 공업화에 성공하기 전까지 동아시아 국가의 사회 지식인들 사이에 널리 퍼져 있던 생각이었다.

유교는 과거에서 현대에 이르기까지 본질적인 내용에 큰 변화가 없으므로 두 개의 상반된 결과, 즉 경제발전의 성공과 실패를 동시에 설명할 수는 없다. 그러므로 유교는 분명히 일본과 아시아의 네 마리 호랑이들의 공통분모이긴 하지만, 그들의 경제발전을 설명하는 가장 주요한 원인이라고 하기는 어렵다.

2) 냉전 가설(Cold War)

일부 국제정치학 전문가들은 동아시아 국가들의 경제발전이 당시 냉전이라는 특수한 국제정치적 환경의 특혜를 받았기 때문이라고 주장한다. 2차 세계대전 이후 세계는 자본주의와 사회주의라는 두 진영으로 양분되었다. 일본과 아시아 네 마리 호랑이들은 철의 장막(Iron Curtain) 가장자리에 위치해 사회주의 진영과 인접해 있으면서 사회주의와 공산주의의 확장을 억제하는 제1선의 역할을 담당하였다. 따라서 미국은 이들 국가에게 많은 군사적, 경제적 원조를 할 수밖에 없었다. 1950년대와 1960년대에 한국과 타이완은 미국의 원조에 힘입어 평화와 안정유지를 위한 충분한 자본을 축적할 수 있었고, 이를 기반으로 경제성장을 시작할 수 있었다.

뿐만 아니라 빈곤은 사회주의 혁명으로 이어지기 쉽기 때문에 미국은 이들 국가의 경제가 부유해지길 원했다. 이들 국가가 부유해지기 위해서는 직접적인 경제 원조뿐만 아니라 기술적 지원도 필수였다. 따라서 미국은 많은 기술을 이들 국가에게 이전해 주었다. 타이완의 가장 성공한 기업인 왕용칭(王永庆)이 소유한 포모사(Formosa) 플라스틱 그룹은 1950년대에 미국의 재정지원과 기술이전의 도움으로 설립된 것이다. 또한 미국은 자국 국내시장을 이들 국가에게 개방하여, 동아시아 국가들이 생산한 제품을 대량으로 수입했다.

이 해석은 일본과 아시아의 네 마리 호랑이들이 어떻게 경제발전에 성공했는지를 설명할 수는 있지만, 동아시아 경제의 일원인 필리핀은 왜 이 대열에서 떨어져 나가 경제발전에 실패했는지를 설명해 주지는 못한다. 만약 미국의 지원이 경제도약의 중요한 원인이라면 필리핀은 이들보다 훨씬 더 발전했었어야만 했다. 당시 미국의 가장 큰 해군기지와 공군기지가 필리핀에 주둔하고 있었다. 필리핀은 1946년에 독립했지만 미국의 과거 식민지로서 가장 많은 재정적인 원조를 받고 있었으며, 기술이전이나 시장개방에 있어서도 아무런 제약이 없었다. 그러나 결과는 어떠한가? 1960년대만 하더라도 필리핀의 경제발전 상황은 나쁘지 않았으며 일본을 잇는 '아시아의 내일의 별'로 기대를 모았다. 하지만 1970년대에 이르자 필리핀은 아시아에서 가장 낙후되고, 경제성과가 가장 나쁜 국가 중 하나로 밀려났다. 심지어 지금까지도 필리핀은 여전히 낙후된 국가로 남아있다.

그러므로 비록 냉전이 동아시아의 경제성장에 도움이 되었던 것은 사실일지라도 그것이 결정적인 요인이 될 수는 없다. 같은 논리로 만일 냉전이 경제성장의 결정적인 요인이었다면 라틴아메리카 국가들은 동아시아 국가들보다 훨씬 더 발전했었어야 한다. 비록 라틴아메리카 국가들이 사회주의 국가의 세력 확장을 막는 최전선에 있었던 것은 아니었지만, 그들은 이웃에 사회주의 국가인 쿠바가 있었다. 카스트로(Fidel Castro)는 라틴아메리카에 커다란 영향력을 행사하고 있었으며, 라틴아메리카 국가들을 카스트로의 영향으로부터 보호하기 위해서 미국은 자본, 기술, 시장 개방과 원조 등에서 아시아에 제공했던 것보다 훨씬 더 많은 혜택을 라틴아메리카 국가들에게 제공했다. 그럼에도 불구하고 라틴아메리카 국가들은 1970년대와 1980년대에 차례로 경제위기에 직면했었다.

3) 시장경제 가설

시장경제 가설은 세계은행(World Bank)과 IMF(국제통화기금)의 경제학자들이 제시한 것이다. 이 가설은 동아시아 국가들의 경제발전은 이들 국가가 시장경제 시스템을 충실하게 따랐기 때문에 가능한 것이었다고 주장한다. 실제로 동아시아 국가들은 사회주의 국가들과는 달리 사유재산권에 기반을 둔 시장경제체제를 채택하였다. 시장경쟁(market competition)과 효율적인 자원배분(effective allocations of resources)을 특징으로 하는 시장경제 체제는 이를 통해 열정과 효율을 끌어올린다.

자원의 합리적인 배분, 더 높은 열정, 더 나은 관리, 더 많은 기술진보는 경제발전의 열쇠이다. 이들 경제학자들의 말을 빌리면, 동아시아 경제발전의 성공은 "가격을 정확하게 결정하는 것"으로 정의된다. 정확한 시장가격을 위해서는 충분한 시장경쟁이 보장되어야 한다.

물론 이들 동아시아 국가들이 사유재산권에 기반한 시장경제 체제를 채택하고는 있다. 하지만 동아시아 경제를 잘 이해하고 있는 사람들에게 시장경제 가설은 동아시아 경제발전의 성공을 모두 다 설명하기에는 불충분해 보인다. 주지하다시피 동아시아 국가들의 정부는 단순히 시장에 모든 것을 맡기기보다는 시장에 적극적으로 개입하려고 노력했었다. 일본 통산성은 특정 산업의 발전을 지원하기 위해 언제나 적극적인 산업정책을 실시하였다. 이러한 정부의 행동은 일정부분 계획경제와 유사하였다. 정부는 인위적으로 낮은 이자율 정책을 실시하여 저렴하게 자본을 이용할 수 있도록 함으로써 특정산업을 지원했다. 또한 무역장벽을 세워 외국 제품으로부터 국내시장을 보호했다. 홍콩을 제외한 나머지 아시아 네 마리 호랑이들도 정부가 시장에 깊숙이 관여했다. 심지어 홍콩조차도 완전한 시장경제체제라고 볼 수는 없었다. 왜냐하면 홍콩도 부동산과 금융시장에는 정부가 개입을 했기 때문이다. 이처럼 시장경제 가설 역시 동아시아 국가들의 경제발전을 완벽하게 설명하지는 못한다.

4) 정부개입 가설

어떤 학자들은 시장경제 가설과는 완전히 반대의 견해를 제시한다. 그들은 동아시아 국가의 경제발전은 정부가 의도적으로 가격을 왜곡시킨 뒤 일부 경쟁력 있는 산업을 적극적으로 지원하였기 때문이라고 주장한다. 대표적 인물로는 한국, 일본, 타이완 경제를 연구한 암스덴(Alice Amsden) MIT 교수와 타이완 경제를 연구한 영국의 웨이드(Robert Wade)가 있다. 그들은 한국, 일본, 대만 정부가 어떻게 가격을 왜곡했고, 또 어떻게 특정 산업을 지원하였는지를 자세히 분석한 뒤 이것이 동아시아 경제발전의 주요 원인이라고 결론지었다.

그러나 이들의 주장에도 결함이 있다. 사회주의 국가와 일부 非사회주의 국가

(중국, 인도, 일부 라틴아메리카나 아프리카 국가들) 또한 국가전략 산업을 육성하기 위해 의도적으로 가격을 왜곡시켰지만 이들은 경제발전에 성공하지 못했다. 정부개입 가설은 문제를 지나치게 단순화한 측면이 있다.

5) 수출주도 가설

일부 국제무역 분야의 전문가들은 동아시아 국가의 성공 원인 중 하나로 이들 국가의 수출주도형(export orientation) 경제정책을 지적한다. 이들은 수출주도가 경제성장에 필수적이라고 주장한다. 수출주도 정책을 도입함으로써, 경제는 끊임없이 기술과 경영기법을 개선하여 국제시장에서 경쟁력을 가진 상품을 생산하게 된다. 게다가 수출주도 정책으로 선진국들과 빈번하게 접하게 함에 따라 선진기술과 전문 경영지식을 습득할 수 있는 기회가 증가한다. 또한 수출은 새로운 기술과 기계를 수입하기 위해 필요한 외환을 벌어들인다.

표면적으로 동아시아 국가는 다른 국가들에 비해 수출주도적인 측면이 있다. 하지만 높은 수출주도적 경향이 경제발전의 원인으로 작용한 것인가, 아니면 결과로 나타난 것인가? 만약 원인이라면 어떤 국가의 수출주도적 성향이 더 높을수록, 즉 수출을 더 많이 할수록 경제발전에는 더 좋을 것이다. 정부가 수출 보조금을 지급한다면, 원하는 대로 수출을 많이 할 수 있을 것이다. 그러나 보조금을 받고 수출하는 것이 경제발전에 반드시 유리한 것은 아니다. 그러므로 수출주도적 경향은 경제발전의 원인이라기보다는 결과일 가능성이 더 높다.

이상의 3가지 해석들—시장경제 가설, 정부개입 가설, 수출주도 가설—은 동아시아 국가들이 가지고 있는 일정한 특징들을 잘 설명하고는 있다. 그러나 조금 더 자세히 관찰해보면 이 해석들은 모두 피상적이며 근본적인 원인이 아니다. 이것은 마치 "장님 코끼리 만지기"와 같은 이야기이다. 각각의 장님은 그가 만지는 부분을 바탕으로 코끼리가 어떻게 생겼는지 인식하는 자각의 기초로 삼는다. 누구도 완전히 맞거나 틀린 것은 아니지만, 어느 누구도 코끼리의 온전한 그림을 그리지는 못한다. 이와 마찬가지로 동아시아 국가의 진정한 성공 원인을 정확하게 제시하기 위해서는 하나의 측면만이 아니라 모든 측면들을 종합적으로 설명하기에 유효한 이론이 필요하다.

② 기업의 자생능력과 비교우위

1) 개념과 모형

(가) 자생능력의 정의

비교우위(comparative advantage) 이론을 설명하기에 앞서, 먼저 기업의 자생능력(Viability)이라는 중요한 개념에 대해 정의할 필요가 있다. 자생능력이란 정상적인 경영이 이루어지고 있는 기업이 개방적이고 자유로우며 경쟁적인 시장에서 외부의 보조나 보호 없이 사회적으로 수용 가능한 정상 이윤을 버는 능력을 말한다. 여기서 "정상적인 경영"은 기업의 운영이나 경영에 있어 큰 문제가 없는 것을 의미한다. "정상 이윤"은 시장에서 수용되는 평균 이윤을 일컫는다. "개방"은 국내시장이 국외시장과 연결되어 있는 것을 의미한다. "자유로움"은 시장으로의 자유로운 접근을 의미한다. "경쟁적"인 것은 시장에 독점이 없는 것을 의미한다.

자생능력을 정의하는 이유는 표준적인 상황을 설정함으로써 자생이 불가능한 기업을 더 잘 이해하기 위해서이다. "자생능력이 없는" 기업은 정상적으로 경영이 이루어진다고 할지라도 자유롭고 개방되어 있으며 경쟁적인 시장에서 사회적으로 수용되는 정상 이윤을 벌어들일 수 없다. 누구도 자생능력이 없는 기업에 투자하려고 하지 않을 것이고, 누군가 판단착오로 투자를 했다고 하더라도, 투자자는 결국 투자금액을 회수해 갈 것이다. 물론 외부의 보호나 보조는 정부의 보호와 보조를 의미한다. 정상적인 경영을 하는 기업이 자생능력이 없는 이유는 정부가 기업의 기술, 제품, 산업 선택에 개입함으로써 기업의 자생능력을 없어지게 만들었기 때문이며 따라서 정부는 이에 상응하는 보호와 보조를 제공할 필요가 있는 것이다.

(나) 단일 상품 경제에서의 기술 선택

단일 상품이 자본과 노동의 두 가지 요소로 생산되는 가장 단순한 경제 모형을 가정해보자. 〈그림 5-1〉의 등량곡선(isoquant curve) 상의 각 점은 같은 양의 상품을 생산하는데 필요한 자본과 노동의 조합, 즉 특정 기술을 나타낸다. 가령 A점은 자본을 많이 투입하는 자본집약적인 기술을 의미하고, B점은 노동을 많이 투입하는 노동집약적 기술을 의미한다. 두 점 모두 동일한 양의 제품을 생산한다.

개방경쟁 시장에서 등량곡선상의 여러 기술 중에서 기업이 선택해야 하는 기술은 자본과 노동의 상대 가격을 나타내는 등비용선(isocost line)에 의해 결정된다. 만약 C가 특정 경제의 등비용선이라면, 최저의 비용으로 같은 양을 생산할 수 있는 B에 해당하는 기술이 최적의 선택이다. 그 외의 다른 기술을 선택할 경우 개방경쟁시장에서 그 기업은 손실을 입게 된다. 예를 들어, 기업이 기술 A를 선택한다면 기업은 C에서 C_1거리에 해당하는 만큼 손실을 입을 것이다. 그러므로 주어진 양만큼 제품을 생산할 경우 최소비용의 기술이 최적의 선택이다. 마찬가지로, 만일 D가 이 경제의 등비용선이라면, 기술 A가 최적이 된다.

요컨대, 선택할 수 있는 최적의 기술은 등비용선의 기울기에 달려 있다고 할

 그림 5-1 생산요소의 상대가격과 기술 선택

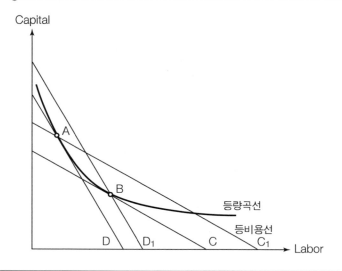

수 있는데 이 기울기는 경제 내의 자본과 노동의 상대적 보유량을 나타내는 요소부존(factor endowment) 구조에 의해 결정된다. 노동이 상대적으로 풍부하고 자본이 상대적으로 희소할 경우(개발도상국의 경우) 등비용선은 D보다는 C와 같을 것이다. 자본이 상대적으로 풍부하고 노동은 상대적으로 희소할 경우(선진국의 경우)에는 등비용선이 D처럼 변할 것이다.

사람들은 일반적으로 선진국에서 사용하는 기술은 항상 더 좋을 것이라고 생각한다. 예를 들어 미국 농부 1명의 생산량은 중국 농부 1명이 생산하는 양의 수십 배는 될 수 있다. 하지만 이것은 미국이 상대적으로 자본이 풍부하고 노동이 희소하므로, 그런 요소부존 구조하에서 자본집약적인 기술을 채택했기 때문이다. 미국과 같이 자본이 풍부하고 노동이 희소한 상황에서는 자본집약적 기술이 가장 비용을 절감할 수 있는 선택이지만 이것이 어느 상황에서나 반드시 최선의 선택이라는 것을 의미하지는 않는다. 그럼에도 불구하고 많은 사람들이 선진국들의 기술 선택이 어떠한 경우에서도 최선일 거라고 믿는다. 왜냐하면 그들은 선진국의 보다 발달된 기술이 단위노동당 더 많은 산출물을 만들어 내는 것만을 보기 때문이다.

그래서 사람들은 많은 경우 자본집약적 기술이 최선이라고 생각한다. 중국의 경우에도 1970년대 "기계화가 농업 발전의 답이다"라는 슬로건이 제시되었는데, 이는 기계화가 선진국들의 공통적인 특징이었기 때문이다. 그러나 개방경쟁 시장에서 중국의 등비용선은 D보다는 C에 가까울 것이다. 왜냐하면 중국은 다른 개발도상국과 마찬가지로 노동이 상대적으로 풍부하고 자본이 희소하기 때문이다. 이렇게 노동이 상대적으로 풍부한 상황에서는 최저비용기술인 B점을 선택한 기업만이 살아남게 되고, B점을 선택한 기업은 정상 이윤을 창출할 수 있게 된다.

경쟁시장에서 만일 정부가 개입하지 않는다면, 기업은 생존과 수익을 위하여 요소부존 구조에 부합하는 기술을 고를 것이다. 하지만 국가 지도자를 포함한 대부분의 사람들은 선진국의 기술 선택이 항상 더 좋을 것이라고 믿는다. 따라서 중국 농부들에게 그들의 교역상대 미국과 같이 기술 A를 선택할 것을 요구한다. 그러나 개방경쟁 시장에서 노동이 상대적으로 풍부한 상황에서 기업이 A기술을 선택한다는 것은 정상 이윤을 창출하지 못한다는 것을 의미한다. 왜냐하면 기업이 요소부존 구조에 의해 결정되는 비교우위에 반대되는 결정을 하였기 때문이다. 그래서 이와 같은 정부의 개입은 오히려 기업에게 자생력이 부족하게 만든다. 이러한 상황하에서 기업이 정상 이윤을 얻고자 한다면, 기업은 정부의 보호와 보조를 받아야만 한다.

(다) 단일 산업 경제에서의 상품과 기술 선택

앞에서 살펴본 논의를 하나의 상품이 아니라 여러 상품을 생산하는 산업의 경우로 확장할 수 있다. 국제무역에서는 하나의 상품이 하나의 산업으로 취급되기도 하지만, 실생활에서는 하나의 산업이라도 그 안에는 언제나 여러 상품들이 생산되고 있다. IT산업을 예로 들어보자. IT산업이라고 하지만 그 안에서는 많은 상품이 있고, 많은 생산부문이 있다. 즉, 어떤 생산부문은 IBM이나 Intel과 같은 새로운 상품과 새로운 기술을 창조하는 데 특화되어 있다. 반면 어떤 생산부문은 먼저 IBM이나 Intel과 같은 상품과 기술이 발명된 이후 그 디자인에 기반을 둔 반도체 칩을 OEM 방식으로 생산하는 데 특화되어 있는 경우도 있다. 물론 칩을 생산하는 생산라인도 많은 비용이 든다. 8인치 웨이퍼 칩 생산라인의 경우 대략 13억 달러(약 1,500억원) 정도의 비용이 소요되는데, 이를 보면 매우 자본집약적이라고 할 수 있다. 하지만 IBM의 새로운 기술개발에 투입되는 비용은 이보다 훨씬 더 많다. IBM의 연구개발 부문 연간 투입비용은 50억 달러 이상이며, Intel은 80억 달러 이상이다.

이제 어떤 하나의 산업으로 구성된 국가경제를 상정해 보자. 그 산업 내에서는 여러 상품들이 존재한다. 어떤 상품은 새로운 기술을 연구개발해야 하는 것과 같이 매우 자본집약적이라고 가정하자. 다른 상품은 부품 생산이나 제품 조립과 같이 노동집약적이라고 가정하자.

그 산업 I(가령 IT산업)에서는 상품 I_1, I_2, I_3을 생산한다고 가정하자. I_3은 IBM과 Intel이 생산하는 것과 같이 자본집약적인 새로운 상품과 기술을 대표한다. I_2는 칩과 같은 상품으로 자본집약적이기는 하지만 I_3보다는 덜 집약적인 상품을 대표한다. I_1은 부품조립과 같이 노동집약적이고 많은 자본을 필요로 하지 않는 상품을

그림 5-2 　요소의 상대가격과 상품 선택

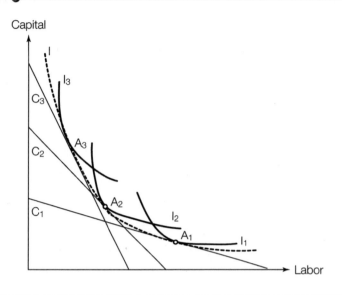

대표한다. 〈그림 5-2〉에서 선 I_1, I_2, I_3은 3가지 다른 상품 I_1, I_2, I_3의 등량곡선으로 산출물의 가치는 동일하다. 그러므로 점선으로 표시된 등가치곡선(Isovalue line) I는 산업 내 등량곡선 I_1, I_2, I_3의 포락선(envelope)[3]에 해당한다. 등가치곡선의 각 점은 특정한 기술에 의해 생산된 산업 내의 특정 상품을 의미하며 그 가치는 모두 동일하다.

　　이런 상황에서 어떤 국가가 그 산업에서 자본집약적 상품을 생산할 것인지, 아니면 노동집약적 상품을 생산할 것인지를 결정하는 것은 오로지 그 국가의 등비용선이다. 만일 등비용선이 C_3와 같이 자본비용이 상대적으로 저렴하다면 그 국가는 자본집약적인 상품 I_3를 생산해야 한다. 마찬가지로 등비용선이 C_1과 같이 노동비용이 상대적으로 저렴하다면 그 국가는 노동집약적인 상품 I_1를 생산하는 것이

---

3 포락선이란 어떤 단일 변수에 따라 정의된 무한개의 곡선이 있을 때 그 곡선군의 모든 곡선에 접하는 곡선을 의미한다(역자 주).

좋다. 이처럼 개방경쟁시장에서 기업이 자생능력을 가지려면 기업이 생산하는 상품과 생산기술은 반드시 그 국가의 요소부존 구조의 특성에 따라 결정되어야 한다.

하지만 저자가 중국 신문에서 접하게 되는 견해들은 위에서 도출된 결과와는 상반된 것이다. 중국 내에서는 많은 사람들이 중국의 IT산업이 주로 노동집약적인 부품생산과 제품조립 산업에 치중하고 있기 때문에 언급할 가치조차 없다고 문제를 제기하고 있다. 비록 중국의 IT산업이 미국과 일본에 이어 세계 3위에 위치하고 있음에도 불구하고, 원천기술 지적재산은 많지 않다. 지적재산은 연구개발의 결과물로 위에서 언급한 새로운 상품이나 새로운 기술의 형태로 나타난다. IBM, Intel, Nokia 같이 연구개발에 막대한 투자를 한 기업들만이 원천기술 지적재산을 개발하고 소유할 수 있다. 그렇지만 이런 기업들과 중국기업들은 직면하고 있는 등비용선에 큰 차이가 존재하고 있다. 이런 상황임에도 불구하고 개방경쟁 시장에서 중국기업들이 원천기술 지적재산을 창출하고 관련 제품을 생산한다면, 아무리 효율적으로 운영되는 기업이더라도 정부로부터의 보호나 보조 없이는 생존이 불가능할 것이다.

(라) 다수 산업 경제에서의 상품/기술/산업 선택

이제 지금까지 살펴본 모형을 보다 일반적인 경제로 더욱 확장해 보자. 어떤 나라에 I, J, K 3가지 산업이 존재한다고 가정하자. 이 3개 산업들 각각의 등가치곡선은 〈그림 5-3〉의 I, J, K로 나타낼 수 있다. 각 산업 내에서는 여러 상품들을 생산하고, 각 상품은 각기 다른 기술을 사용하여 생산된다고 가정하자.

상품 K_1과 J_2는 전형적인 선진국의 상품이다. 왜냐하면 산업 K는 자본 축에 근접하고 있어 K산업이 자본집약적임을 알 수 있고, 등비용선 D는 상대적으로 자본비용이 낮고 노동비용이 높은 요소부존구조를 나타내고 있기 때문이다. 따라서 상대적으로 자본이 풍부한 선진국은 K_1과 J_2상품을 생산하는 데 비교 우위를 가지고 있다.

그러나 등비용선이 전형적인 개발도상국에 해당하는 C선이라면, 이야기는 달라진다. 개발도상국은 노동집약적 산업 I, J의 I_1, J_1상품에 비교우위를 가진다. 이

그림 5-3   요소의 상대가격과 산업 선택

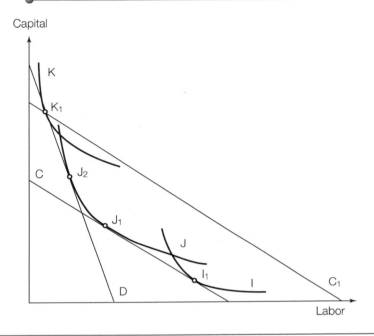

런 개발도상국에서 기업이 상품 I_1, J_1이 아닌 상품 K_1을 선택한다면 개방경쟁시장에서 그 기업은 생존하기 어려울 것이다. 경영이 아무리 잘 이루어진다고 해도 그 기업은 정상적인 기대이윤을 얻을 수 없다. 일반적으로 이러한 기업에는 투자가 이루어지지 않을 것이다. 누군가 그릇된 정보에 기초하여 투자를 한다고 해도 그 기업은 문을 닫게 될 것이다.

하지만 추월발전전략하에서, 일부 기업은 그 국가경제의 요소부존구조와 부합하지 않는 상품을 생산하고 산업과 기술을 선택하도록 강요받는다. 당연히 이런 기업들은 독자적으로 생존하기가 어렵다. 이런 기업의 파산을 막으려면 정부는 이들 기업을 보호하고 보조를 제공해야만 한다.

(마) 자생능력과 비교우위

자생능력과 비교우위는 개념상 서로 밀접하게 관련되어 있지만 관점은 서로 다르다. 첫째, 자생능력은 기업의 기대 수익률이라는 시각으로 문제를 바라보고, 비교우위는 개방경쟁 시장에서의 상품과 산업의 경쟁력이라는 관점에서 문제를 바라본다. 요약하자면, 자생능력은 기업의 각도로 보는 것이며 비교우위이론은 산업의 각도로 보는 것이다. 하지만 두 가지 모두 공통적으로 경제의 요소부존 구조에 의해서 결정된다.

둘째, 엄격히 말하자면 비교우위의 개념은 개방경제에만 적용되고 자생능력 개념은 개방경제와 폐쇄경제 모두에 적용된다. 미국과 중국이 세계의 유일한 국가이며 서로 무역을 하고 있지 않다고 가정해보자. 미국은 자본이 풍부하고 인구가 적으며, 중국은 자본이 희소하고 인구는 많다. 두 국가는 국민을 먹여 살리기 위해 식량을 생산해야 하지만 사용하는 기술은 다르다. 자본이 상대적으로 저렴하고 노동이 비싼 미국의 합리적인 농장은 경쟁시장에서의 비용을 절감하기 위해 자본집약적인 기술을 선택할 것이다. 이와 유사하게 중국의 합리적인 농장은 노동집약적인 기술을 채택할 것이다. 이와 같이 자생능력의 개념은 폐쇄경제에서도 작동한다.

2) 최적의 산업구조와 정책 부담

이상의 논의를 통해 자생능력 개념이 이해가 되었다면, "최적산업구조(optimal industrial structure)" 개념을 이해하는 것은 더 쉬울 것이다. 최적의 산업구조는 요소부존구조에 부합하는 산업구조이다. 그렇지 않으면 효율성이 저하되기 때문이다.

최적산업구조라는 개념은 경제학의 여러 분야로 확장할 수 있다. 예를 들면, 최적산업구조 개념은 산업조직이론(industrial organization theory)으로 확장될 수도 있다. 산업조직이론에는 자생능력이라는 개념이 없기 때문에 최적산업구조라는 개념이 정립되어 있지 못하다. 이 개념은 또한 개발경제학(development economics)으로도 확장할 수 있다. 개발경제에서는 일반적으로 경제발전의 목표를 산업구조와 기술구조의 개선으로 정의하고 있지만, 정작 개발도상국의 산업구조에서 요소부존구조가 차지하는 결정적인 역할에 대해서는 별다른 관심을 보이지 않고 있다.

자생능력의 개념에 따르면 산업구조, 기술구조, 상품구조의 최적수준은 그 국가의 요소부존구조에 의해 결정되는, 실제로는 내생적인 현상인 것이다. 여기서 우리가 강조하고자 하는 기본원칙은 만약 내생적인 현상인 산업구조나 기술구조 등을 변화시키고자 한다면, 먼저 그 내생적 현상을 발생시키는 외생적인 조건들을 먼저 변화시켜야 한다는 것이다.

한 경제의 산업구조, 기술구조, 상품구조는 그 경제의 요소부존구조에 의해 내생적으로 결정되므로, 만약 경제의 산업구조와 기술구조를 업그레이드하려고 한다면 반드시 그 국가의 요소부존구조, 즉 자본과 노동력의 상대적인 보유량부터 먼저 변화시켜야 한다. 다시 말해서 산업구조와 기술구조를 고도화하기 위해서는 자본이 노동에 비해 상대적으로 더 풍부해져서, 자본비용이 점점 더 저렴해지고 노동비용은 점점 더 비싸져야 한다.

이렇게 자본비용과 노동비용의 조건이 변화되면, 기업은 경쟁시장에서 경쟁력을 높이기 위해서 자본으로 노동을 대체하는 방식으로 투입요소의 조합을 바꾸어야만 한다. 그 결과 자본집약도와 기술집약도가 모두 높아질 것이고, 노동의 한계생산성도 점점 증가할 것이며, 이에 따라 임금소득도 상승할 것이다. 이 모든 과정은 기업이 시장가격에 자발적으로 반응한 결과로써, 동시다발적으로 발생하며 정부의 개입은 필요하지 않다. 그러나 만약 요소부존구조를 먼저 바꾸지 않은 채, 정부가 직접적으로 산업구조와 기술구조를 변화시키는 추월발전전략을 감행한다면, 이는 반드시 최적산업구조와 부합하지 않게 된다. 결과적으로 기업들은 자생능력을 잃고, 경제발전효율은 저하되고, 경제는 값비싼 대가를 치르게 된다.

전통적인 견해는 선진국과 개발도상국 간의 중요한 격차를 산업구조와 기술구조의 차이로 보고 있다. 하지만 이러한 견해는 산업구조와 기술구조가 요소부존구조에서 기인한다는 점을 간과하였다. 그러므로 경제발전의 목표는 요소부존구조를 업그레이드하는 데 두어야 하는 것이지, 경제발전의 목적을 산업구조와 기술구조의 업그레이드에 두어서는 안 된다.

불행히도 Harvard나 MIT 같은 유명 대학교에서 수십 년간 개발경제학을 연구하고 있는 많은 경제학자들은 여전히 산업구조와 기술구조를 개선하는 문제를 우선하고 있다. 물론 일정 기간 동안 추월발전전략을 추진하여 산업구조와 기술구조 개선에 주력할 경우 그 국가의 기술은 어느 정도 발전하고 상품들도 보다 자본집약적으로 바뀌기는 한다. 하지만 그렇게 우선적으로 발전시킨 기업들은 자생능력이 없어서 정부의 보호와 보조 없이는 개방경쟁시장에서 살아남을 수 없다. 이런 기업들이 시장에서 살아남기 위해서는 정부가 기업들의 "정책 부담"을 해결해 주어야 한다. 예를 들어 〈그림 5-3〉에서 보듯이 개발도상국의 기업들은 노동집약적 산업 I 혹은 J에 집중해야 하는데, 정부가 정책적으로 기업이 자본집약적 산업 K에 뛰어들도록 요구한다고 가정하자. 개방경쟁시장이라면 그러한 기업들은 반드시 손실을 입게 될 것이다. 이 손실은 정부 정책에 의해 발생한 것이기 때문에, 정부는 해당 기업에 대해 책임이 있고 정책 보조를 지원해야 한다.

정책 보조는 여러 형태로 지원된다. 첫째, 정부가 기업들에게 직접 보조금(subsidies)을 지급하거나 세금우대 정책을 펼 수 있다. 이러한 보조금이나 세금우대 정책은 정부의 보조를 받는 산업이나 기업이 소수일 경우에는 효과가 있다. 하지만 그 수가 많아지면 효과를 거둘 수 없다. 중국의 과거 계획경제 시대에는 기계산업에만 8개의 정부부서가 있었고, 각 부서는 산하의 많은 중공업 기업들을 감독했다. 이런 상황에서 정부의 보조가 그들 모두를 포함할 수는 없었다.

이러한 직접적인 재정보조는 오히려 선진국에서 효과가 있을 것이다. 예를 들어 일본이 쌀을 생산하는 것은 일본의 비교우위에 부합하는 것은 아니다. 하지만 쌀은 식량안보 문제와 직결되기 때문에 일본정부는 재정을 동원하여 쌀 생산에 막대한 직접보조금을 지급한다. 이러한 사례는 유럽과 미국도 별반 다를 바가 없다. 그러나 선진국 경제에서 농업이 차지하는 비중은 5% 미만이기 때문에 농업에 보조금을 지급하는 데 큰 문제는 없다. 하지만 개발도상국에서는 이야기가 완전히 달라진다. 개발도상국이 중공업에 보조금을 지급하기 위해서는 세금이 충분해야 하는데, 막대한 자본이 요구되는 중공업에 보조금을 지급하기에 충분한 세금을 다른 부문에서 확보하는 것은 실현 가능성이 매우 낮다.

이러한 직접적인 보조금의 대안으로는 해당기업이 국내시장에서 독점 지위를 가질 수 있도록 경쟁을 제거하는 방법도 있다. 이를 위해 선진국의 비슷한 상품이 국내시장에 들어오는 것을 막는 무역장벽 도입, 높은 관세부과 등의 방법을 사용할 수 있다.

둘째, 정부가 생산요소의 가격을 인위적으로 왜곡하는 방법을 통해 정책지원을 할 수도 있다. 요소가격을 왜곡하는 방법에는 이자율 인하, 환율 과대평가 등의 방법이 있고 나아가 원자재 가격, 임금, 생필품의 가격을 인위적으로 낮추는 방법까지도 사용된다. 정부는 제품 가격을 올리고 생산요소 비용을 인위적으로 낮춤로써, 정상적으로는 생존이 불가능한 기업이 오히려 높은 이익을 올릴 수 있도록 하기도 한다. 예를 들면, 1978년 이전 중국 랴오닝(遼寧) 지방의 경제규모는 베이징, 상하이, 광조우에 이어 4위를 차지하였다. 하지만 랴오닝 지방의 경제성장은 대부분 그 지역 중공업이 독점가격과 저렴한 요소비용이라는 이점을 누렸기 때문이다. 하지만 현재 중국의 생산요소 가격들은 자유화되었다. 이러한 새로운 환경에서 동북지역의 중공업은 더 이상 생존 자체가 불가능하게 되었다. 최근 중국정부가 동북지방의 노후된 공업지역 진흥계획(東北振興[4])을 발표하게 된 것도 바로 이런 이유에서이다.

나아가 이러한 요소가격 왜곡은 심각한 사회문제를 야기하기도 한다. 요소가격 왜곡은 정책 보조금의 또 다른 형태이다. 사회주의 국가에서는 이런 보조금의 혜택을 누리는 기업이 국가소유인 반면, 非사회주의 국가에서는 보조금이 심각한 사회적 형평성의 문제를 초래하기도 하는 것이다.

일반적으로 2가지 유형의 사람들만이 자본집약적 산업에 투자할 수 있는데, 하나는 부유한 사람이고 다른 하나는 정부와 밀접한 관계가 있는 사람이다. 이들이 정부가 우선순위를 두는 자본집약적 산업에 투자를 하고, 정부는 이들을 통해 국가 발전전략을 시행한다. 반면 이들 기업은 정부의 보호와 보조를 바탕으로 일

---

4 동북진흥 정책은 중국 정부가 동북3성(요녕, 흑룡강, 길림)의 낙후된 경제를 회복하기 위해 노후화된 중공업 기지를 혁신하여 새로운 경제성장의 견인차로 육성하고자 추진하고 있는 정책이다. 2000년대 중반 이후 동북지역의 노후화된 중공업 기반을 개조하고 국유기업을 구조조정하기 위해 많은 프로젝트를 실시하고 있다. 이를 위해 정부의 재정지원 이외에도 많은 민간자본과 외국인 자본 유치를 추진하고 있다(역자 주).

정한 이윤을 확보한다. 자본자들은 당연히 이윤을 많이 얻고자 한다.

더 높은 이윤을 얻는 방법에는 두 가지가 있다. 하나는 기업을 잘 경영하여, 경영효율을 개선하는 것이고, 다른 하나는 정부에게 더 많은 보호와 보조금을 요구하는 것이다. 기업가로서는 당연히 후자가 노력이 덜 들어가기 때문에 각종 지대추구(rent-seeking) 행위와 부패 문제가 생겨난다. 예를 들면 기업이 시장에서 손실이 생길 때마다, 더 많은 보조금을 얻어내기 위해 정부와 흥정을 벌인다. 정보의 非대칭성(information asymmetry)으로 인해 정부는 기업이 주장하는 내용을 확인할 방법이 없으며, 이 때문에 경제학에서 소위 말하는 연성예산제약(soft budget constraint) 문제가 발생한다.

결론적으로 정부가 막대한 자원을 지원하여 어떤 산업을 육성하더라도, 일정 기간 동안 그 기업이 유지된다 할지라도 결국에는 그 산업의 낮은 효율로 인해 경제적, 사회적, 정치적 문제점이 발생하게 된다. 이것이 바로 추월발전전략을 채택했던 동유럽, 아시아, 아프리카, 라틴 아메리카의 국가들에서 벌어졌던 일이다.

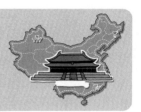

05 참고문헌
Bibliography

Amsden, Alice H. *Asia's Next Giant; South Korea and Late Industrialization.* New York: Oxford University Press, 1989.

Chang, Ha-joon. *Bad Samaritans: The Myth of Free Trade and the Secret History of Capitalism.* New York: Bloomsburry Press, 2008.

Kruger, Anne O. *Economic Policy Reform in Developing Countries.* Oxford, UK: Basil Blackwell, 1992.

Lin, Justin Y. "Development Strategy, Viability and Economic Convergence," *Economic Development and Cultural Change*, 53, No. 2, (2003): 278-309.

Lin, Justin Y. *Economic Development and Transition: Thought, Strategy and Viability.* Cambridge, UK: Cambridge University Press, 2009.

Lin, Justin Y. and Guofu Tan. "Policy Burdens, Accountability, and the Soft Budget Constraint". *American Economic Review: Papers and Proceedings*, Vol. 89, No. 2 (May 1999): 426-31.

Smith, Adam. *The Wealth of Nations.* Chicago: University of Chicago Press, 1776.

Wade, Robert. *Governing the Market.* Princeton, NJ: Princeton University Press, 1990.

Weber, Max. *The Protestant Ethic and the Spirit of Capitalism.* London: Allen and Unwin, 1930.

World Bank. *The East Asian Miracle: Economic Growth and Public Policy.* New York: Oxford University Press, 1993.

World Bank. World Development Indicators 2010. Washington, DC: World Bank, 2011.

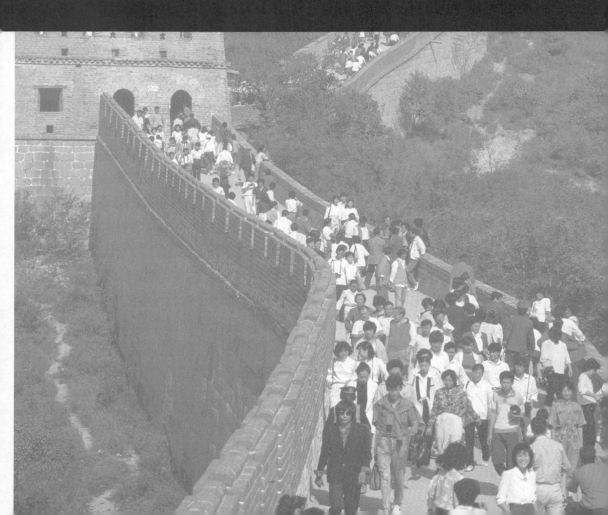

제06장

비교우위 발전전략

비교우위
발전전략[1]

우리는 여러 사례들을 통해 산업구조와 기술구조를 직접 고도화하려는 발전전략은 결코 성공하지 못했다는 것을 알 수 있었다. 인위적으로 산업구조와 기술구조를 업그레이드 하는 것은 요소부존에 의해 결정되는 비교우위를 따르지 않는 것이고, 이는 분배의 왜곡과 비효율을 발생시키기 때문이다. 그러므로 산업구조와 기술구조를 업그레이드하고 최대의 경제적 효율을 달성하기 위해서는 그것의 본질인 요소부존 구조를 먼저 바꾸어야 한다.[2]

요소부존(factor endowment)이란 한 경제 내의 자본, 노동, 토지, 자연자원 등의 상대적인 보유량을 의미한다. 18세기나 19세기와 같이 식민지 확보를 통해 국외로 영토를 확장할 수 있는 상황이 아니라면, 토지와 자연자원의 양은 고정되어 있다고 할 수 있다. 그리고 선진국과 개발도상국의 노동력 증가속도의 차이는 그렇게 크지 않다. 개발도상국의 노동력 증가속도는 일반적으로 2%~3% 수준이며, 선진국

---

1 이 장의 내용은 Lin, 2003; Lin, 2009에서 인용.

2 Lin, 2011.

역시 증가속도가 높지는 않지만 적어도 늘기는 한다. 따라서 선진국과 개발도상국 간의 핵심적인 차이는 자본축적에서 발생한다. 자본의 증가율이 30%~40%에 달하는 국가도 있는가 하면, 10% 미만인 국가도 있다.

따라서 요소부존구조를 업그레이드한다는 것은 결국 자본의 상대적인 보유량을 늘이는 것이라고 할 수 있다. 어느 특정한 시점에서는 요소부존구조가 이 경제가 사용할 수 있는 자원, 자본, 노동의 총량을 결정하는 것이기 때문에 결국 그 경제의 자본과 노동의 상대가격을 결정한다. 물론 장기적으로는 요소부존구조가 인구와 자본축적의 변동에 따라서 움직인다. 이때 자본축적의 증가속도가 요소부존 구조의 업그레이드에 가장 결정적인 역할을 한다.

자본축적을 결정하는 요인은 다음과 같다. 첫째, 매 생산 단계에서 발생하는 경제적 잉여이윤이 해당 시기에 소비되어 없어지지 않고 다음 기의 생산에 투입될 경우에 자본이 축적된다. 요소부존구조를 업그레이드하는 열쇠는 바로 매 생산 단계에서 발생하는 잉여를 늘리는 것과, 소비되지 않고 자본으로 축적되는 잉여의 비중을 높이는 것이다. 따라서 잉여를 더 많이 늘리고 자본의 축적을 더 많이 할수록 요소부존구조의 업그레이드 속도는 더욱 빨라진다.

이때 주목해야 할 것이 있다. 만약 한 개인의 생산활동이 자신의 소득뿐만 아니라 사회 전체의 재화와 서비스 생산을 동시에 늘리게 된다면, 이는 더 많은 잉여를 창출하게 된다는 것이다. 그렇다면 개인의 사적 생산활동과 사회적 생산활동이 일치하지 않다는 것은 무엇인가? 어떤 경우는 개인의 사적 생산활동이 자기 자신의 수입만 늘리고, 사회 전체의 재화와 서비스 산출에는 부정적인 영향을 미치는 경우도 있다. 바로 앞 장에서 언급되었던 지대추구(rent-seeking) 행위이다. 지대추구는 정부의 보호와 보조금에 의존한다는 특징을 가지고 있다. 나아가 이는 단지 다른 부문에서 얻어지는 소득을 자신이 가져가는 것이므로 사회 전체의 산출을 증가시키지 않는다. 이렇게 개인의 사적 생산활동과 사회적 생산활동이 상충하는 경제에서는 두 생산활동이 조화를 이루는 경제에 비해 잉여를 적게 창출한다.

둘째, 개방경쟁시장하에서, 경제적 잉여는 사회적 생산활동을 담당하는 기업들의 경쟁력에도 달려 있다. 기업의 경쟁력이 높을수록 시장점유율도 높을 것이다.

이렇게 경쟁력이 높은 기업이 생산한 재화와 서비스가 시장에서 판매된다면 더 많은 잉여가 발생한다.

요약하자면 경제적 잉여는 두 가지 요인에 의해 결정된다. 첫째는 개인의 사적 생산활동이 동시에 사회적 생산활동이 될 수 있는지 여부이다. 둘째는 이러한 사회적 생산활동이 개방경쟁시장하에서 경쟁력을 가지고 있는지 여부가 바로 그것이다.

나아가 이렇게 경제적 잉여가 이미 결정된 상황이라면, 자본축적 속도는 경제주체의 축적성향에 달려있다. 만약 대부분의 경제주체가 경제적 잉여를 소비하기보다는 축적하고자 한다면, 투자할 수 있는 잉여가 상대적으로 더 많아질 것이고 자본축적 속도와 요소부존구조 업그레이드 속도 또한 보다 빨라질 것이다.

이상의 논의를 통해 요소부존구조의 업그레이드란 결국 경제적 잉여와 자본축적을 늘리는 문제로 귀결된다는 것을 알 수 있을 것이다. 과거의 발전전략은 정부가 개입하여 산업구조를 조정하는 것이었지만, 비교우위 발전전략은 요소부존구조를 변화시키는 방법을 통해 산업구조를 업그레이드 하는 것에 초점을 맞추고 있다. 이 두 발전전략의 차이는 다음과 같다.

첫째, 만약 한 경제가 매 단계마다 그 경제의 요소부존구조에 부합하여 발전한다면 기업들은 정부의 직접적인 보호와 보조금 없이도 자생능력을 갖추게 될 것이다. 지대추구행위도 없을 것이며 따라서 사적 생산활동과 사회적 생산활동이 일치할 것이다. 둘째, 비교우위 발전전략은 개방경쟁시장에서 기업들의 경쟁력을 강화시킬 것이다. 셋째, 개발도상국은 자본이 상대적으로 부족하기 때문에 비교우위 발전전략을 통해 자본수익률은 극대화될 것이다. 또한 선진국으로부터 새로운 기술을 도입하는 비용도 낮을 것이기 때문에 기술발전 속도도 매우 빠를 것이다. 따라서 자본축적이 매우 빠른 속도로 진행된다고 하더라도 자본의 한계수익이 그렇게 빨리 감소되지는 않을 것이다. 자본수익률이 높을수록 저축하고 투자하려는 성향이 더 높아져서 자본축적은 더욱 빠른 속도로 진행될 것이고, 자연히 요소부존구조가 업그레이드 될 것이다.

요소부존구조가 업그레이드 된다는 의미는 노동 대비 자본의 상대적 보유량

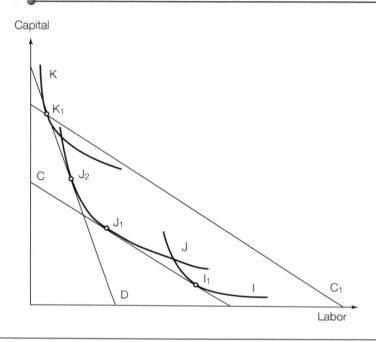

그림 6-1 　 요소의 상대가격 변화와 산업 선택

이 많아진다는 것을 의미한다. 이로 인해 자본의 가격은 상대적으로 저렴해지고, 이는 〈그림 6-1〉에서 등비용선이 C에서 D로 이동하게 된다는 것을 의미한다.

　　개방경쟁시장하에서 위와 같이 등비용선이 이동했음에도 불구하고 이전의 산업, 제품, 기술의 선택을 계속 유지한다면 다음 기에는 생산비용이 더 높아진다. 따라서 그것은 최적의 선택이 아니게 된다. 따라서 유능한 기업가들은 상대적으로 저렴해진 자본을 더 많이 투입하여 노동을 대체할 수 있도록 할 것이다. 새로운 제품을 개발하고, 새로운 산업에 진출하며, 비용 절감을 위해 더 자본집약적인 기술을 사용할 것이다. 이것이 바로 가격구조의 변화가 산업구조와 기술구조의 업그레이드로 연결되는 방식이다. 결국 다음 기에 적절하게 조정을 한 기업은 비용을 낮추고 이익을 늘릴 수 있게 되며, 이는 다른 기업들에게도 위기와 도전의 경쟁압력으로 작용한다.

이러한 경쟁압력은 빨라진 기술발전과 함께 산업구조를 업그레이드하는 원동력이 된다. 개방경쟁시장하에서 이러한 업그레이드는 완전히 자발적으로 진행된다. 모든 과정에서 산업구조와 기술구조가 경제의 요소부존구조와 비교우위에 부합하기 때문이다. 경제 전체의 비교우위에 부합하는 기업들은 자생능력이 있고, 정책부담을 질 필요도 없으며 지대추구 행위로부터도 떳떳하다. 정부 역시 이들을 보호하고 보조금을 지불할 필요가 없다. 사적 생산활동은 사회적 생산활동과 일치하고 경제발전은 높은 효율을 유지하며 경제적 잉여와 자본축적 역시 가장 빠른 속도로 증가한다. 그리고 새로운 요소부존구조는 또다시 새로운 산업구조의 업그레이드와 기술진보를 가져온다. 이것이 바로 비교우위 발전전략이 작동하는 방식이다.

지금부터 5장에서 동아시아의 기적을 해석하는 3가지 가설인 시장경제설, 정부개입설, 수출주도설을 다시 살펴보자. 이 3가지 해석들은 사실 비교우위 발전전략의 내생적인 조건이거나 그 결과를 묘사하고 있다는 것을 알 수 있을 것이다. 이후 비교우위 발전전략에서의 시장, 정부, 수출의 역할에 대해 살펴보자.

① 비교우위 발전전략과 시장경제

개방경쟁시장에서 기업들은 변화하는 요소부존구조에 부합하기 위해 가격신호에 따라 쉴 새 없이 생산방법을 조정한다. 이에 따라 경제 전체의 요소부존구조, 산업구조, 기술구조가 업그레이드된다. 기업들이 가장 중요하게 생각하는 것은 시장에서 오는 가격신호에 맞추어 어떻게 하면 비용을 절감하고 이윤을 증대시킬까 하는 것이다.

따라서 기업이 올바른 선택을 하기 위해서 선결되어야 하는 문제는 요소의 상대가격이 요소의 상대적인 부존량을 정확하게 반영해야 한다는 것이다. 요소의 상대가격이 정확하다면 기업은 경제의 비교우위에 부합하는 생산, 기술, 산업을 즉각적으로 결정하게 될 것이다. 이것을 가능하게 하는 단 하나의 방법은 바로 상품과 요소시장에서의 충분한 경쟁이다. 다시 말해 시장경쟁 메커니즘이 바로 비교우위 발전전략을 가능하게 하는 기본적인 제도조건이다.

2 비교우위 발전전략과 정부

경제발전을 추진하는 과정에서 개발도상국과 선진국의 정부역할은 크게 차이가 난다. 비록 이들이 모두 시장경제 체제를 채택하고 있더라도 정부의 역할은 다르다. 선진국의 경우 정부는 가장 기본적 역할인 치안유지, 공공재(public goods)[3] 공급, 외부경제(externalities)[4]에 대한 보상 등의 역할을 수행하고, 다른 부문에서는 개입을 적게 할수록 좋다. 그러나 개발도상국은 정부의 역할을 최소로 하는 것이 최선의 선택이 아니다. 그 이유는 다음과 같다.

선진국들은 전 세계 기술발전을 선도하고 있고, 최고 수준의 제품과 최고 수준의 산업구조를 보유하고 있다. 이러한 상황에서 선진국 정부나 선진국의 기업들이 제품/기술/산업의 미래 방향성을 예측하는 것은 대단히 어려운 일이다. 따라서 선진국의 기업들은 스스로의 판단에 의해서 발전 방향을 결정해야 한다. 대부분의 기업들이 이 과정에서 실패를 경험하고, 오직 몇몇 기업들만이 성공하고 이들에 의해서 경제발전이 이루어진다. 이런 과정에서 선진국 정부는 정보 측면에서 어떠한 이점도 많지 않기 때문에 역할도 그리 크지 못하다.

1990년대 말 이리듐 인공위성 프로젝트(Iridium satellite constellation)가 미국 모토롤라 그룹 산하의 이리듐 통신사에 의해 시작되었다. 이는 전 세계적인 관심을 받았고, 중국에서도 중국과학원(Chinese Academy of Sciences)이 그 해의 세계 10대

---

3 공공재(public goods)란 여러 사람이 공동으로 이용할 수 있는 재화나 서비스이지만 그 대가를 지불하지 않아도 소비를 금지할 수 없는 경우이다. 국방, 경찰, 소방, 공원, 도로 등과 같은 경우가 대표적이다(역자 주).

4 외부효과란 어떤 한 경제주체의 생산·소비 또는 분배행위가 시장교환과정에 참여하지 않고 있는 다른 소비자 또는 생산자에게 유리 또는 불리한 영향을 미치는 것을 말한다. 그 영향이 긍정적이면 외부경제 효과, 부정적이면 외부불경제 효과라고 한다. 기업활동으로 오염이나 소음이 나타나는 외부불경제의 경우처럼 완전히 시장에만 맡겨두면 바람직하지 못한 결과가 나타나기 때문에 일정 정도 정부의 개입이 필요하다(역자 주).

과학기술 중 하나로 선정했다. 프로젝트의 일환으로 당시 미국 모토롤라는 40개가 넘는 인공위성을 지구 전역에 쏘아 올렸고, 세계 어디서든지 쓸 수 있는 위성 전화를 개발했다. 이 통신기술은 실로 대단한 것이었다. 그러나 위성 전화의 비용 역시 만만치 않았다. 이용자는 초기비용으로 5만 달러(약 6,000만원)를 지불해야만 했다. 이 프로젝트는 결국 실패로 끝났는데 그 이유는 단지 이용자가 충분하지 않았기 때문이었다. 이 사례로부터 우리는 최첨단 기술에 대한 연구개발투자의 경우 참고할 만한 대상이 없으며 불확실성과 위험성이 매우 높다는 것을 알 수 있다.

하지만 개발도상국의 경우는 이와는 사정이 완전히 다르다. 개발도상국이 발전시키려고 하는 제품/기술/산업은 이미 선진국이 가지고 있는 것이다. 개발도상국들은 선진국의 경험을 참고할 수 있으며, 심지어 선진국의 기술을 구입할 수도 있다. 즉, 후발주자의 이점(advantage of latecomers)을 가지고 있는 것이다.

그러나 어느 정도의 발전속도가 적절한가? 어떤 산업부터 우선적으로 발전시킬 것인가? 예를 들면 과거 추월발전전략을 추진하면서 중공업 우선 발전전략과 빠른 발전속도를 내세웠지만 결과적으로 경제효율이 매우 낮았다. 이에 비하면 비교우위 발전전략은 더 나은 선택이 될 것이다. 개발도상국들의 발전 경로는 이처럼 대부분 예상이 가능하기 때문에 정부는 정보 제공, 경제 주체간의 협조, 외부효과에 대한 보상 등의 역할을 할 수 있고 또 해야만 한다.

1) 정보 수집

그렇다면 개발도상국 정부가 비교우위 발전전략을 추진하기 위해서 어떤 역할을 수행해야 하는가? 첫 번째 역할은 정보를 수집하는 것과 수집된 정보를 전파하는 것이다. 후발주자의 이점을 충분히 활용하기 위해서 정부는 다음의 질문에 해답을 제공해야 한다. 현재의 제품/기술/산업을 다음 단계로 업그레이드 하는 것이 용이한가? 새로운 제품의 시장규모는 어떠한가? 비슷한 수준의 개발도상국 가운데 몇 개의 국가가 같은 방향의 발전경로를 선택하고 있는가?

정보를 수집하고 가공하는 일에는 많은 비용이 필요하지만, 이미 수집되고 가공된 정보를 전파하는 데는 비용이 거의 발생하지 않는다. 이런 의미에서 정보는 공공재의 성격을 지닌다. 만약 개별 기업들이 스스로 정보를 수집하면서도 수집된 정보를 공유하지 않는다고 가정하자. 이는 정보수집 행위가 중복된다는 것을 의미하고 불필요한 비용이 발생한다는 것이다. 정보는 공공재의 성격을 지니고 있다. 따라서 개발도상국 정부는 그들의 요소부존구조와 비교우위에 부합하는 제품/기술/산업에 대한 의미 있는 정보를 수집할 수 있다. 만약 현 상황에서 그들의 비교우위에 부합하는 제품이 여러 개가 있다면 정부는 과잉투자로 인해 이윤이 줄어들지 않도록 해당제품들의 시장규모와 수급상황에 대해 알고 있어야 한다. 정부가 이렇게 수집한 정보는 산업정책의 형태로 기업들이 참고할 수 있도록 제공될 수 있다.

2) 조 정

개발도상국 정부의 두 번째 역할은 관련 기업들의 투자를 조정하는 것이다. 산업구조의 업그레이드와 기술혁신은 직접적인 생산을 위한 투자뿐만 아니라, 기업들 간의 상호보완적인 투자도 필요로 하기 때문에 정부가 이 문제에 대해서 기업들의 조정을 이끌어내어야 한다. 왜냐하면 개발도상국의 산업/제품/기술 구조의 업그레이드 과정에는 반드시 외부효과 문제가 발생하기 때문이다. 예를 들면 교육, 금융, 도로, 항만, 에너지 등과 같은 인프라에 대한 투자는 외부효과 때문에 개별 기업 차원에서 자체적으로 해결하는 것이 사실상 불가능하다. 따라서 정부가 공공투자에 대한 관련 기업들 간의 투자를 조정하거나 아니면 정부가 직접 투자에 나서야 한다.

3) 외부효과에 대한 보상

정부의 마지막 역할은 외부효과에 대해 기업들에게 보상하는 것이다. 하지만 이 보상은 일정한 전제조건을 제시하는 선별적인 것이어야 한다. 정부의 산업정책 예를 들어보자. 앞에서 언급하였듯이 개발도상국의 정부는 수집한 정보에 근거하여 산업정책을 추진한다. 하지만 이런 산업정책이 항상 옳을 수는 없다. 만약 정책이 잘못된 것이라면 그 정책을 믿고 투자를 한 기업들은 큰 손해를 보거나 심지어 파산할 수도 있다. 파산한 기업들을 지켜본 다른 기업들은 그 분야에 대한 투자를 꺼리게 되고, 관련 산업에 대한 투자는 크게 위축될 것이다. 반대로 만약 산업정책이 정확했고, 이를 믿고 먼저 투자한 기업들이 큰 성공을 거둔다면, 이를 지켜본 다른 기업들도 시장에 뛰어들 것이다. 이에 따라 그 산업의 경쟁이 격화되고 앞서 투자한 기업들이 누리는 이윤도 점차 줄어들 것이다.

성공이든 실패이든 정부의 산업정책에 따라 먼저 뛰어든 기업들은 시장 전체에 유용한 정보를 제공해 주는 것은 분명하다. 그러나 실패의 비용과 성공의 혜택이 서로 대칭적인 것은 아니다. 만약 실패의 비용은 개별 기업이 부담하고 성공의 열매는 사회 전체가 함께 나눈다면 어떤 기업도 먼저 투자에 나서지 않을 것이다. 이런 정보의 외부효과를 고려한다면 정부는 먼저 투자한 기업들에게 선별적으로 보조금을 제공함으로써, 그들이 먼저 시장에 뛰어들 수 있도록 유도해야 한다. 산업정책의 외부효과에 대한 보상을 해주어야 하는 것이다. 보상은 산업정책이 유도하는 분야의 세금 감면이나 저금리 대출 등의 형태가 될 수 있다.

물론 비교우위 발전전략하에서 진행되는 이러한 산업정책의 외부효과에 대한 보상이 일견 앞에서 언급된 중공업우선 발전전략을 추진할 때의 추월발전전략과 유사한 측면이 있다. 하지만 결정적인 차이는 비교우위 발전전략에서는 기업들이 자생능력을 갖출 수 있지만 후자에서는 그렇지 않다는 사실이다. 추월발전전략하에서 기업들은 자생능력이 부족하기 때문에 정부의 보호와 보조금에 전적으로 의존한다. 하지만 비교우위 발전전략하에서는 기업들이 자생능력이 충분하기 때문에 정부는 단지 외부효과를 보상하기 위한 약간의 보호와 보조금만 지급하면 된다. 다음 두 가지 사례가 이 차이점을 잘 설명해준다.

4) 중공업 우선 발전전략: 독일의 성공과 중국의 실패

2차 세계대전 이후 많은 개발도상국들이 추월발전전략을 선택했다. 특히 19세기 말 독일의 경제발전 경험은 추월발전전략을 지지하는 근거가 되었다. 1870년 "철혈재상" 비스마르크(Bismarck)는 짧은 시간 안에 독일을 농경국가에서 현대공업 국가로, 유럽의 변방국가에서 중심국가로 바꾸기 위한 "철혈정책(Blood and Iron Policy)"을 실시했다.

철혈정책은 중공업과 군수산업을 지원하는 내용이 중심이다. 이런 측면에서 철혈정책은 2차 세계대전 이후 개발도상국들이 채택한 추월발전전략과 상당히 유사해 보인다. 두 정책 모두 중공업 발전에 우선순위를 두고 있기 때문이다.

하지만 엄밀하게 분석해보면 두 정책은 매우 다른 요소부존구조하에서 실시되었다. 이에 따라 그 결과도 완전히 달라진 것이다. 메디슨(Madiison)의 '세계경제: 천년의 시각'(The World Economy: A Millennial Perspective)에 따르면 1820년 독일의 1인당 소득은 구매력 기준으로 당시 최강국이었던 영국의 약 62% 수준이었다. 비스마르크가 철혈정책을 실시했을 당시에는 영국의 약 57% 수준이었다. 1인당 소득은 요소부존구조를 나타내는 좋은 지표이다. 1인당 소득이 높을수록 자본은 상대적으로 더 풍부하다는 것을 의미한다.

또한 철강산업이 자본집약적이고 상당히 많은 자본을 필요로 하는 것은 사실이지만 비스마르크가 철혈정책을 실시할 당시에 철강산업은 이미 첨단산업은 아니었다. 철강산업이 첨단산업이었던 것은 산업혁명 당시로 거슬러 올라가야 하기 때문에 이미 100년이 넘는 시간이 흐른 상태였다. 뿐만 아니라 당시 독일은 자본이 정말로 부족한 것도 아니었다. 당시 가장 발전한 국가인 영국에 비해 1인당 소득이 57% 수준이라는 수치는 그렇게 나쁜 수준은 아니다. 다만 당시 독일의 경우 소득에 비해 금융기능이 분산되어 있어 자금동원 능력이 상대적으로 떨어진 상황이었다. 이에 따라 독일 정부는 국가적 차원에서 중공업 분야에 자본을 집중적으로 배분함으로서 금융분야의 낙후성을 극복하고자 했다. 철혈정책은 오히려 정부가 비교우위에 따라 산업구조 업그레이드를 진행하고, 산업정책을 통해 정부의 조정 역할을 훌륭히 제공한 하나의 사례라고 볼 수 있다.

반면 중국과 인도는 1950년대에 중공업 우선 발전전략을 추진하였다. 하지만 당시 이 나라들의 1인당 소득은 1990년 구매력을 기준으로 대략 500에서 600달러였으며 이것은 같은 해 미국의 5%, 독일의 1/3 수준에 지나지 않는다. 이 자료는 요소부존 측면에서 철혈정책 당시의 독일과 추월발전전략을 추진한 중국이 얼마나 큰 차이가 있었는지를 잘 설명해준다. 결론적으로 독일은 정부가 훌륭한 조정자의 역할을 수행하면서 비교우위 발전전략을 추진했던 반면, 중국과 인도는 비교우위를 무시한 추월발전전략을 실시하였던 것이다.

5) 자동차산업과 1인당 소득

일본은 1950년대 이후 철강산업과 조선업의 발전을 추진하였다. 1960년대에 이르러 자본과 기술이 축적되고, 산업구조를 업그레이드 할 준비가 되자, 일본의 산업정책을 책임지는 통산성에서 자동차산업을 우선 지원하는 산업정책을 실시하였다. 일본의 이런 산업정책은 1950년대 중국이 실시한 자동차산업 발전정책과 어떤 차이가 있는가?

일본이 자동차산업 발전정책을 추진할 당시 미국의 1965년 1인당 소득은 1990년 구매력 평가를 기준으로 1만 3,419달러였고, 일본은 5,934달러로 일본의 1인당 소득은 미국의 40% 수준이었다. 뿐만 아니라 1960년대 최첨단 산업은 미국에서 태동하기 시작한 우주산업과 컴퓨터산업이었으며, 자동차산업은 더 이상 최첨단 산업은 아니었다.

일본 통산성의 본래 의도는 토요타(Toyota)와 닛산(Nissan)을 보호하는 것이었는데, 오토바이의 혼다(Honda), 철강의 미쯔비시(Mitsubishi)를 비롯하여, 스즈키(Suzuki), 마즈다(Mazda), 히노(Hino) 등 12개 이상의 중공업 기업들이 자동차 시장에 뛰어들었다. 통산성은 처음에는 과잉투자를 우려해서 이들 기업의 시장 진출을 막으려고 했으며, 결국 모두에게 어떤 보호와 보조금도 지급하지 않는 정책을 채택하였다. 하지만 결국 그들 모두 정부의 도움 없이 세계시장에서 살아남았다.

앞 장에서 한 기업이 자생능력이 있다는 것을 그 기업이 개방경쟁시장에서 정부의 어떠한 도움 없이도 정상적인 경영을 통해 이윤을 남기고 시장에서 살아남는 것을 의미한다고 정의하였다. 이처럼 자생능력이 있는 산업은 경제의 비교우위에 부합하는 산업이다. 결론적으로 1960년대 일본의 자동차산업 정책은 당시 일본의 비교우위에 부합하는 정책이었던 것이다.

반면 1950년대 중국과 인도 역시 자동차산업 정책을 실시하였다. 하지만 당시 중국의 1인당 소득은 575달러, 인도는 676달러로 미국의 수준에 비해 크게 뒤처져 있었다. 중국은 당시 철강산업도 발전하지 못했기 때문에 자동차 부품산업은 말할 필요도 없었다. 중국 동북지방의 창춘이치(长春一汽) 자동차는 50만 명 이상의 직원을 고용했다. 공장 규모가 하나의 도시와 같았다. 왜냐하면 어떠한 산업적인 기반도 없는 상태에서 기업이 모든 관련 부품들을 스스로 생산해내야만 했기 때문이다. 인도의 경우도 마찬가지였다.

요약하자면 일본의 자동차산업은 당시 일본의 비교우위에 부합했기 때문에 살아남을 수 있었고, 중국과 인도의 자동차산업은 당시 중국과 인도의 비교우위에 부합하지 않았기 때문에 정부의 보호와 보조금에 의존할 수밖에 없었던 것이다.

1970년대 한국도 자동차산업 정책을 펼치기 시작했다. 당시 한국의 1인당 소득은 일본의 30%, 미국의 20% 수준이었다. 한국의 산업 기초는 일본만큼 좋지는 않았지만 중국과 인도보다는 괜찮았다. 당연히 한국 정부의 보호와 보조금 수준은 중국과 인도보다는 낮았다. 결과적으로 1970년대 한국의 자동차산업 정책은 부분적으로 성공했다. 3곳의 자동차 생산 기업 중 2개 회사는 현재 문을 닫고 현대자동차만이 살아남아 지금도 잘 발전해나가고 있다.

1991년 미국에서 열린 국제회의에서 나의 옆에 앉은 사람이 현대자동차의 미국 지사장이었다. 나는 그에게 한국의 자동차산업은 미국시장에 진출하는 데 성공하였으니, 분명히 다른 개발도상국들이 부러워하고 있을 것이라고 말했다. 하지만 놀랍게도 그는 내게 현대자동차가 미국 시장에서 몇 년째 계속 적자를 기록하고 있다고 말했다. 사실 어떤 기업이 해외시장에서 많은 손해를 보고 있는데도 철수하지 않고 있다는 것은 그 기업이 본국 정부로부터 무역장벽과 같은 보호조치와 각종 보조금을 받고 있다는 것을 의미한다. 달리 표현하자면 국내시장의 제품가격을 인위적으로 높게 유지하여, 국내에서 벌어들인 돈으로 자생능력이 없는 해외 부문을 보조해주는 셈이다. 이런 의미에서 한국 자동차산업의 성공은 상당한 대가를 지불한 성공이었던 것이다.[5]

위의 사례들로부터 우리는 같은 산업정책이지만 국가의 상황이 다를 경우 전혀 다른 결과가 생길 수 있다는 것을 알 수 있었다. 산업정책의 결과는 당시 국가

---

[5] 현대자동차는 현재는 세계시장에서 경쟁력이 높아졌고 더 이상 정부의 보조금과 보호에 의존하지 않는다. 왜냐하면 한국의 발전 수준과 요소부존 구조가 업그레이드되었기 때문이다.

의 요소부존에 기반한 비교우위에 부합하는 것인가에 달려 있다. 만약 비교우위에 부합한다면 그 정책은 1870년 독일의 철혈정책이나 1960년대 일본의 자동차산업 정책처럼 성공할 것이다.

하나의 산업정책이 비교우위에 부합하는지는 정부가 그 산업에 대해 보호나 보조를 지속하는지를 보고 알 수 있다. 한 산업이 어느 정도 형태를 갖추고 난 이후에도 지속적으로 정부의 보호와 보조를 필요로 한다면 그 산업은 비교우위에 부합하지 않는 것이다. 왜냐하면 정부의 보호와 보조를 필요로 한다는 것은 해당 산업이 자생능력이 없다는 것을 의미하기 때문이다. 사실 자생능력이 있는 경우 정부의 역할은 해당 산업이 발전을 시작하는 단계에서의 정보수집 및 전파, 협조 구하기 그리고 외부효과에 대한 보상만으로 충분하다. 왜냐하면 자생능력이란 기업이 경쟁시장에서 올바른 경영을 통해 정상이윤을 벌어들일 수 있다는 것을 의미하기 때문이다.

결론적으로 개발도상국과 선진국 사이에는 커다란 격차가 존재한다. 개발도상국들은 이러한 격차를 충분히 활용하여 비용을 줄이고 기술혁신의 속도를 높여 후발주자의 이익을 최대한 누려야 한다. 특히 개발도상국 정부는 기업들의 경쟁력을 높이고 자본축적과 산업 및 기술의 업그레이드를 가속화하기 위해 정보수집, 협조 조정, 외부효과에 대한 보상 등의 역할을 해야 한다. 그리고 정부의 모든 정책은 요소부존구조와 비교우위에 부합해야 한다. 발전 속도가 전부는 아니며, 다른 나라의 사례가 전부 옳은 것도 아니다. 가격신호가 수요와 공급을 잘 반영할 수 있도록 경쟁적 시장을 유지하는 것이 가장 핵심이다.

③ 비교우위 발전전략과 수출주도정책

경제발전전략을 성공적으로 추진했던 국가들을 보면 수출비중이 상당히 높은 편이다. 1978년 중국의 무역의존도(dependence on foreign trade)는 9.5%밖에 되지 않았지만, 2003년에는 70%까지 급증했다. 하지만 이런 국가의 무역의존도는 그 국가의 발전전략에 의해 결정된다. 추월발전전략을 선택한 국가의 경우 비교우위에 부합하지 않은 제품을 직접 생산하는 것이기 때문에 수입이 줄어든다. 하지만 동시에 비교우위가 있는 산업의 발전이 정체되고 수출도 제대로 될 수가 없다. 왜냐하면 자원과 생산요소들이 비교우위가 없는 산업에 투입되었기 때문이다. 중국의 경우 항상 노동집약적 산업에 비교우위가 있었다. 하지만 1978년 개혁개방 이전에는 자본이 부족하여 노동집약적 경공업의 성장은 부진하였기 때문에 수출품들은 고작 농산물이나 가공 농산물 정도였다.

즉, 추월발전전략은 수출과 수입을 모두 감소시킨다. 하지만 비교우위 발전전략을 채택한 국가는 비교우위가 없는 제품들은 수입하고, 비교우위가 있는 산업들이 발전하면서 수출이 증가한다.

1) 현실에의 투영

비교우위 발전전략에 따라서 발전한 산업은 경쟁력을 가진다. 그리고 이 산업에 속한 기업들은 정상적인 경영을 통해 정상이윤을 얻을 수 있다. 정부는 보조금의 규모를 줄일 수 있으며, 전 사회적으로 더 많은 부를 축적할 수 있다. 이와 반대로 추월발전전략을 따라 발전할 경우 경제의 효율성이 저하되고 각종 사회문제가 발생하게 된다. 이처럼 비교우위 발전전략이 보다 더 우월한 전략임에도 불구하고, 왜 2차 세계대전 이후 많은 정치가와 사회 엘리트들은 비교우위 발전전략 대신 추월발전전략을 택했던 것일까?

이 문제를 분석하기 위해서는 먼저 단기와 장기의 결과를 구분할 필요가 있다. 먼저 경제규모가 동일한 두 개발도상국이 있고, 이들이 지금 개발전략을 선택한다고 가정해보자. 한 국가는 추월발전전략을 선택하고, 다른 한 국가는 비교우위 발전전략을 채택한다고 하자.

단기적 관점에서 보면 추월발전전략을 선택한 국가는 중공업을 빠르게 발전시키며 부국강병을 꿈꾸는 많은 신생독립국가들의 꿈을 실현시킬 수 있는 것처럼 보일 것이다. 하지만 장기적 관점에서 보면 추월발전전략을 택한 국가는 경제적 잉여이윤을 거의 창출하지 못한다. 설령 우선적으로 지원한 산업에서 경제적 잉여가 발생한다고 하더라도, 어차피 그 잉여는 다른 산업에서 이전된 잉여이다. 반면 더 많은 잉여를 창출할 수 있었던 산업들은 추월발전정책으로 오히려 발전이 정체되고 자본부족에 시달린다. 결과적으로 자본축적이 둔화되면서 이 경제는 매우 느리게 성장하거나 심지어 경기침체와 경제위기에 봉착하게 될 것이다. 이것이 바로 추월발전전략을 통한 경제발전이 지속 가능하지 못한 이유이다.

반면, 비교우위 발전전략을 선택한 국가는 잉여이윤을 많이 창출할 수 있기 때문에 결국에는 매우 빠르게 성장하게 될 것이다. 따라서 장기적인 성과 면에서 평가하자면 비교우위 발전전략이 훨씬 매력적이다.

이처럼 단기 발전전략과 장기 발전전략 사이에는 눈에 띄게 상충되는 부분이 존재한다. 불행하게도 많은 지도자와 엘리트들은 이런 상충되는 점을 잘 알아보지 못한다. 그들은 선진국과 그들 사이에 벌어진 산업구조와 기술구조의 격차에만 관심을 가질 뿐이다. 그들은 산업구조와 기술구조라는 것이 직접적인 개입으로 바뀔 수 없는 내생 변수라는 것을 인지하지 못한 채 이러한 격차를 줄이기 위해 필사적으로 노력하고 있다.

발전전략과 관련된 현실에서의 의문이 또 하나 있다. 바로 동아시아의 국가들도 다른 개발도상국처럼 선진국을 빠르게 추격하겠다는 의지가 있었는데, 왜 그들은 추월발전전략 대신 비교우위 발전전략을 택했던 것일까? 결과적으로 동아시아 국가들은 비교우위 발전전략을 통해 30~40년에 걸친 노력 끝에 결국 선진국을 거의 따라잡거나 심지어 선진국들을 넘어서기까지 했다.

그 이유가 동아시아 국가의 정치 지도자들이나 사회 엘리트들이 특별한 선견지명이 있어서 그랬던 것으로 보이지는 않는다. 오히려 사실은 그들에게는 다른 대안이 없었기 때문이다. 1950년대 동아시아 국가들도 사실은 다른 개발도상국들과 마찬가지로 추월발전전략을 채택하기를 원했다. 중국이 중공업 발전에 우선순위를 두는 제1차 5개년 계획을 실시했을 때, 일본 통산성이 발표한 보고서가 있다. 그 보고서의 내용에는 일본도 중공업 우선 발전정책을 실시해야 하고, 그렇지 않으면 20~30년 뒤 중국은 공업 강대국이 되어있는 반면, 일본은 중국에 한참 뒤처질 것이라는 내용이었다. 뿐만 아니라 당시 타이완도 중국 본토를 되찾고자 하는 열망으로 중공업 발전을 기반으로 하여 강한 군대와 국방산업을 육성하기를 원했다. 하지만 결국 일본도 타이완도 중공업을 우선적으로 발전시키는 추월발전전략을 실시하지는 않았다. 왜냐하면 추월발전전략은 효율이 매우 떨어지는 전략이며, 많은 자원을 동원해야만 발전을 이어나갈 수 있는 전략이기 때문이었다.

자원동원 능력은 다음의 두 가지 요소에 달려 있다. 첫째가 1인당 자원량이고, 둘째가 인구규모이다. 계획경제였던 구소련은 1인당 자원 보유량이 전 세계에서 가장 많았고, 2억이 넘는 인구를 보유하고 있었다. 이러한 힘을 바탕으로 구소련은 1960년대까지 약 50년 이상 빠른 경제성장을 지속할 수 있었다. 중국은 광활한 농촌과 거대한 농업인구를 가지고 있었다. 이에 따라 농산품과 공산품의 협상가격차(price scissors)**6**를 통해 농촌의 잉여를 도시지역으로 이전하여 도시지역의 공업발전을 이룰 수 있었다.

하지만 이와 반대로 동아시아 국가들은 인구가 적고, 국토도 넓지 않고, 1인당 자원량도 부족하다. 이런 상황에서 중공업에 투자하기 위한 많은 자금은 오직 정부지출에 의존할 수밖에 없다. 하지만 정부지출의 확대하기 위해서는 재정적자의 확대와 통화발행량의 증가에 의존할 수밖에 없다. 이런 방식으로는 곧 심각한 인플레이션을 야기하게 되고, 정부에 대한 지지가 줄어든다. 결국 정치·사회적 안정을 원하는 동아시아 국가들은 중공업 우선 발전전략을 포기할 수밖에 없었던 것이다. 비록 일본과 아시아의 4마리 호랑이들이 스스로 원해서 비교우위 발전전략을 채택했던 것은 아니었지만, 어찌됐건 결과는 매우 좋았다.

학자로서 가장 중요한 것은 근원을 쫓고 궁극적인 원인을 찾는 데 힘쓰는 것이다. 우리가 "동아시아의 기적"을 연구할 때는 그 현상만을 연구해서는 곤란하다. 궁극적으로 다른 개발도상국들이 발전하는 데 있어 귀감이 될 수 있는 실마리를 제공하기 위해 현상을 넘어서 배후의 추진동력을 찾아내야 하는 것이다.

---

6 협상가격차(鋏狀價格差; price scissors)란 공산품과 농산품의 가격차이가 가위가 벌어진 모양으로 확대되어 간다는 데서 붙여진 말이다. 독점자본이 공산물의 가격은 인상하고 농산물의 가격은 낮은 수준에 묶어 두면서 농민들을 착취하는 방법으로 사용되었다(역자 주).

2) 비교우위 전략을 선택한 국가는 계속 낙후된 상태로 남게 되는가?

비교우위 전략과 관련되어 가장 많이 제기되는 의문은 '비교우위 발전전략을 택한 개발도상국들은 계속 선진국에 비해 낙후될 수밖에 없는가?'와, '개발도상국들이 해외에서 기술을 도입하고 노동집약적 산업 혹은 자본집약적 산업 내의 노동집약적 부문에만 집중한다면 자주적인 혁신능력을 잃어버리는 것은 아닌가?'이다. 이에 대한 대답을 구하는 것은 어렵지 않다. 선진국을 따라 잡을 수 있는지 여부는 현재의 경제발전 수준이 아니라 상대적인 경제성장속도에 좌우된다. 만약 개발도상국과 선진국 두 나라가 그들의 비교우위에 따라 산업과 기술 발전방향을 선택한다면, 개발도상국의 기술발전 속도는 틀림없이 선진국보다 빠를 것이다. 왜냐하면 앞장에서 언급하였듯이 개발도상국은 주로 기술도입에 의존하고 기술도입 비용은 선진국의 연구개발비용보다 훨씬 저렴하기 때문이다.

기술도입으로 기술혁신이 빠른 속도로 진행됨에 따라 자본수익률과 자본축적성향은 지속적으로 높은 수준을 유지할 수 있다. 경제발전에 성공한 개발도상국들의 저축률이 일반적으로 선진국의 저축률보다 높다는 사실은 이를 잘 설명해 준다. 자본축적이 높은 수준으로 지속되면 요소부존구조도 업그레이드되고, 이에 따라 자연스럽게 산업구조도 업그레이드된다. 즉, 개발도상국들도 비교우위 발전전략하에서 선진국들을 따라잡을 수 있다는 것이다.

동시에 요소부존구조가 선진국에 근접함에 따라 산업혁신과 기술혁신에 대한 수요도 점차적으로 증가한다. 비록 개발도상국들은 주로 기술 도입에 의존하지만, 자주혁신이 전혀 없는 것은 아니다. 개혁개방 정책 이후 중국에서도 자주혁신능력이 줄어들기보다는 점점 증가해왔다.

예를 들어 어떤 산업의 경우 중국은 비교우위가 있는 반면 다른 선진국들은 더 이상 생산을 하지 않는 산업을 가정해보자. 개발도상국의 산업구조는 대개 선진국에 비해 낙후되어 있다. 어떤 제품의 경우 선진국에서는 비교우위에 부합하지 않아 이미 도태되어 더 이상 생산을 하지 않는다. 선진국이 더 이상 혁신을 통해 이 산업을 지속할 의지는 없지만, 중국은 이 산업을 지속하고자 한다면, 중국은 스스로의 힘으로 연구하고 새로운 기술과 제품을 개발해야만 한다. 중국의 오토바이 산업이 바로 그 사례이다.

1980년대 이전 세계 오토바이 시장에서 가장 앞서 나갔던 국가는 일본과 독일이었다. 그래서 개혁개방 이후 중국의 오토바이 산업은 주로 이 두 나라에서 기술을 도입했다. 중국 최초의 오토바이 생산 기업인 지아링(嘉陵)은 일본 혼다와의 합작기업이었다. 이후 일본과 독일이 서서히 오토바이 시장에서 물러나면서, 중국이 매우 빠른 속도로 세계 최대의 오토바이 생산국 자리에 오르게 되었다. 중국의 현재 오토바이 연간 생산대수는 1,000만 대를 넘어섰고 그 중 400만 대 이상이 충칭(重庆)에서 생산된다. 내가 2006년 충칭을 방문했을 때, 그곳의 지방 관료는 충칭에서 발생하는 특허신청건수가 연간 1,800개 이상, 하루 평균 5개에 이른다고 언급했다. 이처럼 특허신청건수가 많다는 것은 중국이 그 산업에서 주도적인 위치를 차지하면서 그만큼 연구개발에 주력하고 있다는 것을 의미한다.

또한 컴퓨터와 같은 첨단산업은 해외에서 기술을 도입할 여지가 상대적으로 많지만, 언제나 현지화 과정을 통해 중국 상황에 맞추어 조정되어야 한다. 이러한 현지화 과정에서 기술혁신이 발생한다. 현지화 과정에서의 기술혁신은 주로 생산과정에서 이루어진다. 왜냐하면 선진국과 중국의 생산요소 비용이 차이가 있기 때문이다. 노동비용이 매우 높은 선진국에서는 자동화와 기계화가 일반적이다. 반면 개발도상국에서는 임금이 훨씬 저렴하기 때문에 노동집약적 산업에 비교우위가 있다. 따라서 만약 동일한 품질의 제품을 생산할 때, 개발도상국에서는 생산설비와 기계들을 노동으로 대체하면서 경쟁력이 더 높아질 수 있다.

다시 중국의 사례를 살펴보자. 장쑤(江苏)성 양쥐(扬州)시 한장(邗江)구에 속한 항지(杭集)마을은 청나라 시대 다오광(道光) 황제(1820년~1850년) 시대부터 칫솔의 생산지로 유명했다. 당시 칫솔은 돼지의 뼈와 털로 만들어졌다. 1980년대 개혁개방 이후, 이 지역 주민들은 다시 칫솔 산업에 뛰어들었다. 그 중에 한(韩)씨 다섯 형제들이 있었다. 하지만 1990년대 초반까지도 그들이 생산하는 칫솔은 이윤도 높지 않고, 시장점유율도 낮았다. 왜냐하면 너무 많은 경쟁기업들이 있었고, 제품도 크게 차이가 나지 않았기 때문이었다.

그래서 그들은 새로운 혁신을 시도했다. 1993년 다섯 형제 중 하나인 한궈핑(韓国平)은 베이징 농업전람관에서 전시되고 있던 독일산 칫솔 생산설비를 보게 되었다. 당시 수공업으로 만들어진 중국산 칫솔에는 2가지 큰 결함이 있었다. 하나는 칫솔모가 너무 쉽게 빠진다는 점이었고, 다른 하나는 이와 닿는 면이 너무 거칠다는 점이었다. 독일산 설비를 사용할 경우 이 두 가지 문제점이 해결되기는 하였으나, 문제는 이 설비가 너무 비싸다는 사실이었다. 자그마치 300만 위안(45만 달러)으로 1990년대 초반의 개인기업에게는 천문학적인 금액이었다. 독일산 설비를 주의 깊게 살펴보고 연구한 "한"은 자신들의 결함을 극복하는 데 직접적으로 필요한 작업은 칫솔모를 심고 다듬는 마지막 두 가지 작업이고 그 외의 작업들은 수작업으로 대체가 가능하다고 판단했다.

마지막 두 가지 설비만을 도입하는 데 드는 비용은 80만 위안(12만 달러)으로 전체 설비를 도입하는데 드는 300만 위안보다는 220만 위안이나 낮은 가격이었다. 이 설비의 감가상각(depreciation)[7] 기간을 10년이라고 한다면 매년 22만 위안을 절약한 셈이고, 대출이자까지 고려한다면 더 많은 자금을 절약한 것이다. 기계설비를 대신하는 수작업에는 4명의 인력이 투입되었는데, 한 사람의 월급은 500위안으로 매년 노동비용은 겨우 2만 4,000위안으로 기계도입 비용의 극히 일부분에 지나지 않았다. 그리하여 새로운 생산방법과 경쟁력 있는 제품으로 한궈핑은 빠르게 생산을 늘려갔고, 전국적인 칫솔 브랜드인 '산샤오(三笑)'를 만들어 국내시장의 70%를 차지하게 되었다.

뿐만 아니라 다른 분야에서도 중국과 선진국 사이의 기술 격차가 점차 좁혀지고 있다. 물론 일부 특수분야 특히, 선진국들이 기술공유를 꺼려하는 몇몇 핵심기술이 있기는 하지만 이를 제외하면 중국은 거의 대부분의 기술들을 익혀나가고 있다. 만약 이런 상황에서 핵심기술마저 익힐 수 있다면 엄청난 이익을 창출할 수 있을 것이다. 랑팡(廊坊)에는 신아오(新奥)라는 천연가스를 판매 공급하는 회사가

---

7 공장이나 기계설비와 같은 고정자산은 일정기간이 경과하면 사용이 불가능하게 된다. 그러나 그 설비의 가치는 사용불능이 되었을 때 없어지는 것이 아니라, 일정기간 동안 평균적으로 줄어든다. 이 줄어드는 고정자산의 가치는 생산물의 비용으로 이전된다고 가정하고 비용을 계산하는 것을 감가상각비라고 한다(역자 주).

있는데, 주로 수송관을 통하거나 가스용기의 형태로 공급한다. 용기 형태로 공급되는 가스는 안전을 위해 특수 철강제품을 필요로 하는데, 그동안 이 특수철강 용기는 수입에 의존해왔다. 중국에서도 이것을 직접 생산하려고 시도했지만, 안전봉인 기술에 관련된 문제를 해결할 수가 없었다. 신아오는 이 기술을 어떤 미국기업으로부터 도입하고, 그 대가로 회사 주식의 일부를 제공하려고 했다. 하지만 그 미국회사는 그럴 경우 지금 당장은 먹고 살기에 충분하겠지만, 후대에서는 먹고 살 것이 없다는 이유로 이 제안을 거절했다. 따라서 신아오는 어쩔 수 없이 자체적으로 연구개발할 수밖에 없었다. 그러나 1년 만에 신아오는 그 봉인기술을 개발하였고, 결과적으로 미국회사는 심지어 당장 먹을 것도 없어졌다고 후회했다.

이러한 영역이 개발도상국들이 기술혁신을 추진할 때 비교우위가 있는 분야들이다. 또한 일부 분야에서는 개발도상국들이 자체적으로 기술혁신을 추진해야만 한다. 예를 들면 개발도상국에는 수요가 많지만, 선진국에서는 수요가 없어서 관심이나 투자가 없는 분야이거나 국방이나 국가안전과 관련된 분야이다.

그런데 사실, 자주혁신이 기술도입보다 더 낫다거나 혹은 그 반대라고 단언할 수는 없다. 비교우위 발전전략의 목적은 바로 효율성, 자본축적 그리고 경제성장이다. 기술을 도입하는 것이 스스로 연구개발을 하는 것보다 비용이 덜 들고 수익이 더 난다면, 기술을 도입하는 것이 더 나은 선택이다. 하지만 기술도입이 여의치 않거나 비용이 너무 많이 발생한다면 스스로 연구개발을 하는 것이 더 나은 선택이 될 것이다. 선진국들은 첨단산업에 엄청난 연구개발투자를 한다. 이는 선진국이 자체적으로 연구개발하는 데 비교우위가 있어서가 아니라 해당 분야에서 그들이 가장 앞서 있기 때문에 다른 국가로부터 도입할 수 있는 더 나은 기술이 없기 때문이다. 연구개발투자 없이는 더 이상의 기술진보는 없고, 경제발전도 분명히 어느 단계에서는 정체현상이 발생할 것이다. 이것이 선진국의 기술발전과 경제성장 속도가 개발도상국에 비해 낮은 이유이다. 일본과 아시아 4마리 호랑이들의 성공사례를 통해 우리는 개발도상국들도 비교우위전략을 통한다면 선진국들을 충분히 따라잡을 수 있다는 것을 알 수 있다.

3) 해외자본 도입은 개발도상국들의 비교우위를 근본적으로 변화시키는가?

비교우위이론은 자본축적을 통해 요소부존구조를 업그레이드하는 것이고, 이를 통해 개발도상국의 상대적인 자본량은 선진국의 수준으로 풍부해지게 된다. 그렇다면 해외에서 자본을 도입해도 같은 결과를 낼 수 있을까? 답은 "그렇지 않다"이다. 물론 해외에서 자본을 도입하면 개발도상국들의 자본총량은 증가되기는 한다. 하지만 이 방법으로는 개발도상국들의 자본이 선진국 수준만큼 상대적으로 풍부해지지는 못한다.

해외자본이 개발도상국에 투자하는 목적은 이윤추구에 있을 뿐이지, 개발도상국과 선진국과의 소득격차를 줄이는 데 있지 않다. 해외자본의 첫 번째 목적은 개발도상국의 저렴한 노동력과 자원을 사용하고, 개발도상국에 수출 생산기지를 건설하는데 있다. 따라서 해외자본은 노동집약적 산업 혹은 자원집약적 산업에 투자된다. 해외자본의 두 번째 목적은 그들의 장점을 활용하여 개발도상국의 내수시장에 진입하는 것이다. 그래서 외국투자기업의 경우 일반적으로 국내 기업보다는 조금이라도 더 자본집약적인 산업에 진출한다. 하지만 그들은 개발도상국이 가지는 저렴한 노동력이라는 장점을 활용하여 비용을 줄이고자 한다. 따라서 해외자본이 개발도상국에 투자하는 산업은 본국의 같은 산업에 비해 자본집약도가 떨어진다.

우한(武漢) 동펑(東風) 푸조 시트로앵(Peugeot Citroen) 자동차회사는 프랑스 시트로앵으로부터 푸캉(富康) 자동차 생산라인을 들여왔고, 광저우는 일본 혼다로부터 어코드(Accord) 자동차 생산라인을 들여왔다. 어코드 가격이 푸캉보다 비싸다. 하지만 푸캉의 생산라인은 중국측의 요청으로 100% 프랑스의 생산라인이 도입되었다. 그래서 생산설비와 공정이 정확히 프랑스의 것과 일치하여 건설비용에 약 100억 위안이 들었다. 반면 어코드의 생산라인은 중국 현지환경에 맞게 도입되었다. 사람 손을 거치는 작업이 몇몇 기계를 대체했다. 그리하여 건설비용은 20억 위안에 불과하였다. 당연히 어코드의 이윤이 푸캉보다 훨씬 높았다. 이윤을 생각한다면 외국 기업들은 본국과 동일한 자본집약적 기술을 개발도상국에 도입하지 않고, 설령 도입한다 하더라도 지방정부의 보조를 받는다. 그들은 우리가 생각하는 것만큼 거액의 자본투입을 하지는 않는다.

뿐만 아니라 개발도상국의 법률, 신용, 시장환경 등의 조건이 선진국에 비해 떨어지기 때문에 투자위험이 높다. 이것은 해외자본이 개발도상국에 투자되는 데 또 다른 제약요소로 작용한다.

이러한 제약요소들을 고려할 때, 해외자본의 도입은 개발도상국들이 이용할 수 있는 자본을 근본적으로 바꿀 만큼 규모가 크지는 못한다. 그러므로 해외자본에 의존하여 개발도상국의 비교우위를 변화시키려는 생각은 실현 가능성이 높지 않다.

4) 폴 크루그만의 동아시아 경제성장에 대한 비판은?

동아시아 금융위기 이전에 동아시아 지역의 빠른 경제성장은 전 세계적으로 큰 관심을 불러일으켰다.[8] 노벨 경제학상 수상자 폴 크루그만은 1994년 그의 논문 "아시아 경제기적의 신화(The Myth of Asia's Miracle)[9]"에서 소위 '동아시아의 기적'이라는 것은 사실 전혀 기적이 아니라고 지적했다. 그는 동아시아 지역의 빠른 성장은 순전히 요소투입의 증가에 의해서 이루어졌다고 주장했다. 회귀분석 결과 솔로우 잔차(Solow residual)로 측정되는 총요소생산성(TFP) 증가나 기술진보가 전혀 없었다는 것이다. 그래서 그는 동아시아의 경제성장은 지속 가능하지 않다고 주장했다.

크루그만의 주장은 다음과 같은 논리에 기반을 두고 있다. 산출의 증가는 자본의 증가, 노동의 증가, 그리고 기술의 진보로 이루어진다. 단순하게 보면 만약 자본이 10만큼 증가하고 노동이 10만큼 증가했을 때 산출이 12만큼 증가했다면, 남은 부분이 2가 되는데 이 남은 부분을 보통 총요소생산성 증가 혹은 기술진보라고 많은 경제학자들이 이야기한다. 또 만약 자본이 10만큼 증가하고, 노동이 10만큼 증가했을 때 산출도 10만큼 증가했다면 나머지인 기술진보는 0이 된다. 이것이 그가 동아시아 지역의 경제성장을 통계자료로 이해하는 방식이다.

미국과 서유럽, 일본 그리고 다른 선진국들은 자본증가가 많지 않고, 인구와

---

[8] World Bank, 1993.

[9] Krugman, 1994.

노동력의 증가는 훨씬 낮다. 실제로 총요소생산성의 증가가 이들 경제 성장의 2/3 정도를 차지한다. 만약 경제성장이 주로 기술진보에 의해서 이루어진다면 경제성 장이 지속가능하다고 여겨진다. 그러나 자본의 한계생산은 체감하기 때문에 자본 투입 증가에만 의존하는 경제성장은 지속가능하지 않다고 여겨진다. 이 논리에 따라 크루그만은 1994년 논문에서 동아시아의 경제성장은 총요소생산성의 증가나 기술진보가 없고 자본과 노동 투입의 증가에만 의존하였기 때문에 이 지역의 경제성 장은 지속 가능하지 않다고 주장한 것이다.

1998년 동아시아 경제위기가 발생했을 때 많은 사람들이 크루그만의 주장이 옳았다고 생각했다. 하지만 싱가포르 前총리 리콴유는 크루그만의 주장에 반박했 다. 리콴유는 싱가포르의 자본축적률이 매년 40%으로 40년 동안 유지되고 있는 데 도, 자본수익률은 줄어들지 않고 유지되고 있는데, 이것은 기술진보 없이는 불가능 한 일이라고 주장했다. 리콴유는 비록 경제학자는 아니지만 놀라운 경제적 직관을 가졌고, 경제학자들보다 더 경제적 현상을 잘 이해했다.

많은 경제학자들이 총요소생산성을 맹신하는 경향이 있다. 중요한 것은 총요 소생산성은 일종의 잔차, 즉 남은 부분인데 그것은 하늘에서 그냥 뚝 떨어진 것이 아니라 비용을 지불하고 얻어낸 것이라는 사실이다. 선진국의 기술진보는 표준적 인 생산함수에서 투입요소, 즉 노동과 자본으로 포함되지 않는 자주적인 연구개발 에 의해 이루어진 것이다. 그러므로 선진국의 기술진보는 나머지 부분, 즉 잔차로 표현되는 것이다.

하지만 개발도상국들의 경제성장에서는 이러한 잔차를 찾아볼 수 없다. 왜냐 하면 개발도상국의 기술진보는 해외로부터의 기술도입으로 이루어지는데, 이는 대 부분 자본재 수입의 형태로 이루어지기 때문이다. 다시 말해 개발도상국의 기술진 보 비용은 생산함수의 자본투입에 포함되어 있는 것이다. 그러므로 통계자료에서 잔차로 나타나지 않는 것이다. 하지만 이것은 절대로 기술진보가 없었다는 것을 의미하지는 않는다. 왜냐하면 더 나은 설비의 수입 또한 기술면에서의 진보를 의 미하기 때문이다.

사실 선진국에서도 항상 총요소생산성의 증가가 있었던 것은 아니다. 예를 들어 미국도 1880년대에서 20세기 초반까지는 총요소생산성 증가가 거의 없었다.[10] 왜냐하면 대부분의 신기술들은 모두 유럽에서 수입한 것이었고, 기술진보 비용은 이미 기술수입 자본비용에 포함되었기 때문이다. 이 기간 동안 미국은 경제성장이 매우 빨랐음에도 불구하고, 총요소생산성 증가는 거의 없었다. 하지만 오늘날 미국은 모든 기술에서 선두에 있는 세계에서 가장 발달한 국가이다. 미국은 현재 총요소생산성 증가가 높지만, 이는 엄청난 연구개발 비용이 생산함수 요소투입에서 포함되지 않았기 때문에 생산함수에서 잔차로 잡히게 된 것이다.

동아시아 국가들은 짧은 기간 동안 매우 빠른 성장을 해왔지만, 이들의 전체적인 수준은 아직 선진국에 미치지 못하고 있다. 따라서 이들은 아직 자체적인 기술혁신에 장점을 가지고 있지 못하고, 이에 따라 이들의 총요소생산성 수치도 그리 높지 않다. 하지만 우리는 동아시아 국가들이 지금까지 혁신을 위해 지속적으로 노력해온 것과 그들이 거둔 성과들을 결코 부정할 수 없다.

5) 경쟁우위 이론

데이비드 리카도(David Ricardo)가 처음 비교우위 이론을 제시한 이래 지금까지 약 200여 년의 시간이 지났다. 우리는 최근 이론일수록 더 나을 것이라는 일반적인 믿음이 있다. 그리고 새로운 이론은 언제나 과거의 이론을 대체하려는 것처럼 보인다. 1990년대에 하버드대 경영학 교수 마이클 포터(Michael Porter)는 경쟁우위(competitive advantage) 이론을 발표했다.[11] 경쟁우위 이론은 학계에 커다란 반향을 불러일으켰고, 이것의 영향력은 매우 광범위했다. 마이클 포터는 한 산업의 경쟁력은 다음의 4가지 요소에 의해서 결정된다고 보았다. 생산요소의 가격, 국내시장의 규모, 산업 클러스터와 전문적인 분업, 시장경쟁이 바로 그것이다.

경쟁우위 이론이 특히 주목을 받은 이유는 이 이론이 상당히 포괄적이기 때문이다. 이 이론은 산업발전에 필요한 많은 조건을 펼쳐놓고, 이 조건들을 모두 만

---

10 Hayami and Goto, 2005.

11 포터는 국가의 경쟁우위에 대한 연구를 많이 했는데, 대표작이 1990년의 *The Competitive Advantage of Nations*이다.

족한다면 밝은 미래가 눈앞에 펼쳐질 것이라고 제시하는 것처럼 보인다. 하지만 우리가 연구할 때 가장 중요한 것은 복잡한 현상 가운데 가장 중요한 인과관계를 찾아내고, 이를 통해 현실을 해석하고 행동의 지침을 내리는 것이다. 그렇기 때문에 우리는 "완벽한" 이론을 경계해야만 한다. 왜냐하면 그 완벽한 이론은 원인과 결과를 뒤섞어 놓기 때문에 잘못된 해석을 할 수도 있기 때문이다.

마이클 포터의 경쟁우위이론으로 다시 돌아가자. 경쟁우위 이론이 주장하는 4가지 요소 중에 사실은 오직 2가지 요소만이 독립적이다. 나머지 2가지 요소는 실제로는 앞선 2가지 독립적인 요소들 각각의 결과들일 뿐이다. 첫 번째 독립적인 요소는 비교우위이다. 요소가격은 요소의 상대적인 부존량을 반영하는 것이고, 상대적인 부존량은 곧 비교우위와 연결된다. 두 번째 독립적인 요소는 국내시장 규모인데, 이 역시 외생적으로 주어지는 것이다.

세 번째 요소인 산업 클러스터(clusters)는 사실 독립적이지 않다. 예를 들어 섬유산업 클러스터는 미국에서는 형성되기 어려울 것이다. 왜냐하면 섬유산업은 노동집약적이기 때문이다. 마찬가지로 자본집약적인 산업의 클러스터는 개발도상국에서는 찾기 어려울 것이다. 하나의 산업과, 그 산업과 종과 횡으로 연결되어 있는 산업들이 산업 클러스터가 될 수 있을지 없을지는 그 산업이 그 지역의 비교우위에 부합하는지에 의해 결정된다. 비교우위를 무시하고 맹목적으로 형성된 클러스터는 클러스터의 효과를 볼 수 없다. 심지어 클러스터가 만들어졌다 하더라도 경쟁력이 없다. 반대로 비교우위에 부합하는 산업 내의 기업들은 효율성을 추구하는 과정 중에 자발적으로 클러스터를 형성할 수 있다.

네 번째 요소는 시장경쟁이다. 비교우위를 따르는 기업들은 자생적이므로 정부로부터 보호나 보조금을 필요로 하지 않는다. 그리고 이러한 기업들로 이루어진 시장은 필연적으로 경쟁조건을 만족한다. 반대로 비교우위를 따르지 않는 기업들은 자생적이지 못하고 정부의 보호나 보조금 없이는 살아남기가 어렵기 때문에 시장에서도 경쟁적이지 않다.

결론적으로 마이클 포터의 이론은 두 가지로 귀결된다. 하나는 비교우위이고 다른 하나는 국내시장 규모이다. 둘 중에 비교우위가 더 중요한데 왜냐하면 개방

시장에서 한 기업이 비교우위에 부합하여 발전하게 되면 그 기업은 전 세계를 자신의 시장으로 가질 수도 있기 때문이다. 핀란드를 기반으로 하는 노키아를 생각해보라. 핀란드의 인구는 500만 명을 조금 넘을 뿐이지만, 노키아는 세계에서 가장 경쟁력 있는 핸드폰 생산기업이다.

4 비교우위 발전전략과 경제발전론

비교우위이론을 통해서 우리는 경제발전론에서 오랫동안 연구의 대상이 되었던 많은 문제들을 요소부존구조, 비교우위, 기업의 자생력이라는 시각에서 보다 분명히 이해할 수 있을 것이다.

(가) 자본축적과 경제성장 속도

솔로우의 신고전학파 경제학은 자본축적의 속도가 경제성장의 속도를 결정한다는 관점을 견지하고 있다. 이제 우리는 비교우위 발전전략이 자본축적 속도를 높이고, 요소부존구조를 업그레이드하며 이를 통해 경제성장의 속도를 높인다는 것을 알게 되었다. 비록 추월발전전략은 짧은 기간 동안에는 놀라운 속도로 자본을 조성할 수는 있지만, 이렇게 조성된 자본은 항상 비교우위가 없는 산업으로 투입된다. 따라서 경제는 비효율적으로 변하고 장기적으로는 침체에 빠지기 쉽다.

(나) 기술혁신과 경제성장

추월발전전략은 최첨단의 자본집약 산업에만 집중한다. 하지만 이러한 기술을 도입하려면 많은 비용이 발생하고, 심지어 몇몇 핵심기술의 경우 구매하려고 해도 구매할 수도 없다. 자체 연구개발은 이보다 훨씬 더 많은 비용이 소요된다. 따라서 추월발전전략하에서는 기술진보가 매우 느리게 진행된다. 개발도상국들은 기술기반이 취약하고 낮은 수준의 기술도 축적되어지지 않은 상태이기 때문에, 자체적으로 높은 수준의 기술을 개발하는 것은 많은 시행착오를 경험하고 큰 비용을 지불하게 될 것이다. 반대로 비교우위 발전전략하에서는 기술이전에 드는 비용이 상대적으로 적고 기술진보가 훨씬 더 효율적으로 경제성장을 견인할 것이다.

(다) 개방 정도

비교우위의 정의 그 자체가 개방경제를 지칭한다. 비교우위 발전전략은 추월발전전략보다 훨씬 더 개방적이다.

(라) 금융자유도

스탠포드 대학의 금융경제학자 로널드 맥키논(Ronald McKinnon) 교수는 1970년대에 금융억압(financial repression)[12] 이론을 발표하였고 금융자유화를 역설했다.[13] 그의 이론에 따르면 많은 개발도상국들의 나쁜 경제성과는 금융억압으로부터 비롯되었다고 한다. 하지만 금융시스템을 자유화한 많은 나라에서 오히려 금융위기가 발생했다. 문제는 금융을 연구하는 사람들은 금융만 보고 다른 분야는 관심을 갖지 않는다는 데 있다. 그래서 그들은 내생변수인 금융시스템 구축을 외생변수처럼 생각하고 이를 간섭하려는 경향이 있다. 사실 추월발전전략은 인위적으로 만든 저금리의 자본으로 자생력이 없는 자본집약적인 기업을 지원해야 하기 때문에 필연적으로 금융억압을 하게 된다.

(마) 거시경제의 안정성

실증경험에 비추어 보았을 때, 거시적으로 안정적인 경제일수록 경제발전이 원활하다. 만약 경제가 비교우위에 부합해서 발전한다면 경쟁력 있는 산업이 우선적으로 발전하게 되므로, 자본이 빠르게 축적되고 경제가 안정적으로 성장하게 될 것이다. 하지만 경제가 추월발전전략을 따르거나 추월발전전략을 실행에 옮긴다면 정부는 다양한 방법으로 자본을 경쟁력이 없는 산업에 투입할 것이고, 경제는 비효율과 침체의 늪에 빠지게 될 것이다. 이전에 축적된 자본은 부채와 재정적자로 바뀔 것이다. 부채와 재정적자를 감당할 만큼 경제적 잉여를 만들어내지 못하므로 금융위기가 발생하고, 이로 인해 거시경제는 불안정해지게 된다. 요컨대 거시경제의 안정성과 지속적인 경제발전은 적절한 국가경제발전 전략의 원인이 아니라 결

---

12 완전히 자유로운 시장이었다면 다른 곳으로 향했을 자금을 정부가 이자율 조작 등의 정책적 수단을 활용하여 정부쪽으로 끌어오는 경우를 말한다(역자 주).

13 McKinnon, 1973.

과이다.

(바) 고용구조와 도시화

중국의 중공업 우선 발전전략의 결과 중 하나는 높은 공업화율과 낮은 도시화율이다. 표면적으로 이것은 모순되는 상황이지만, 이러한 모순은 쉽게 설명이 된다. 중공업 우선 발전전략은 직접적으로 공업화율을 높인다. 하지만 중공업이 도시에서 많은 고용을 창출하지 못하기도 했고, 중국정부가 도시의 높은 실업률과 도시 슬럼화를 피하기 위해서 농촌인구의 도시이동을 억제했기 때문에 도시화율은 낮을 수 밖에 없었다. 만약 비교우위 발전전략에 따라 노동집약적 산업이 발전했더라면 자연히 많은 일자리가 창출되고 농촌인구의 도시로의 이동도 가능하게 되어 도시화율이 높아졌을 것이다.

(사) 소득분배

동아시아의 기적이 기적이라고 불리는 이유는 그 과정에서 경제성장 속도가 빨랐을 뿐만 아니라 소득분배구조도 개선되었기 때문이다. 비교우위 발전전략은 요소부존구조를 업그레이드하고 자본과 노동의 상대가격도 변화시킨다. 자본은 주로 부자인 자본가들이 소유하고 있고, 노동은 상대적으로 가난한 노동자들이 가지고 있다. 따라서 자본의 가격하락과 노동의 가격상승은 상대적인 의미에서 부자들의 자산가치를 하락시키고 가난한 사람들의 가치를 상승시킨다. 따라서 소득분배구조가 개선된다. 반대로 추월발전전략의 경우 정부가 자본을 자본집약적 산업에 지원할 것이고, 이는 가난한 사람들에게 세금을 걷어 부자들을 보조금을 주는 형태가 된다. 따라서 시장경제에서 추월발전전략은 소득분배를 불평등하게 만든다.

06 참고문헌
Bibliography

Hayami, Yujiro and Y. Goto. *Development Economics: From Poverty to the Wealth of Nations* (3rd ed.). Oxford: Oxford University Press, 2005.

Krugman, Paul. "The Myth of Asia's Miracle." *Foreign Affairs* 73, no. 6 (1994): 62–78.

Lewis, Arthur. *Theory of Economic Growth*. London: Allen and Unwin, 1955.

Lin, Justin Y. "Development Strategy, Viability and Economic Convergence," *Economic Development and Cultural Change*, 53, No. 2, (2003): 278–309.

Lin, Justin Y. *Economic Development and Transition: Thought, Strategy and Viability*. Cambridge, UK: Cambridge University Press, 2009.

Lin, Justin Y. "New Structural Economics: A Framework for Rethinking Development." *World Bank Research Observer* (forthcoming, 2011).

Lin, Justin Y., Fang Cai, and Zhou Li. "Bijiao Youshi yu Fazhan Zhanlue: Dui Dongya Qiji de Zaijieshi" [Comparative Advantage and Development Strategy: An Reinterpretation of East Asian Miracle]. Peking University CCER Working Paper no. C1999006, Beijing, 1999.

Lin, Justin Y., and Peilin Liu. "Viability and State-owned Enterprise Reform." Jingji Yanjiu 9 (2001).

Lin, Justin Y., Fang Cai, and Zhou Li. *The China Miracle: Development Strategy and Economic Reform*, revised ed. Hong Kong: Chinese University Press, 2003.

Maddison, Angus. *Monitoring the World Economy*, 1820–1992. Paris: Organisation for Economic Co-operation and Development, 1995.

Maddison, Angus. The World Economy. Paris: Organisation for Economic Co-operation and Development, 2006.

McKinnon, Ronald I. *Money and Capital in Economic Development.*

Porter, Michael E. *The Competitive Advantage of Nations.* New York: Free Press, 1990.

World Bank. *The East Asian Miracle: Economic Growth and Public Policy.* New York: Oxford University Press, 1993.

제07장

농촌개혁과 삼농문제

농촌개혁과
삼농문제

계획경제 체제에서 중국 경제는 많은 어려움을 겪었다. 앞장에서 살펴보았듯이 중국 이외에도 동아시아 몇몇 나라를 제외한 전 세계의 많은 개도국들이 경제발전 과정에서 중국과 마찬가지로 많은 어려움을 겪고 있었다. 따라서 1970년대 말 중국이 개혁개방정책을 시작할 때 다른 사회주의 국가들이나 개도국들도 그들 나름의 경제개혁을 실시하였다. 하지만 개혁에 대한 접근방식과 생각의 차이로 그 결과는 완전히 달라졌다. 당시 주류 경제학의 이론을 추종하였던 나라들은 만족스러운 결과를 얻지 못했다. 반면 중국은 한때는 가장 나쁜 개혁모델이라고 비난받았던 점진주의적인 이원화된 쌍궤제(双軌制: dual-track)개혁을 통해 자신만의 길을 찾아 나가면서 의외로 커다란 성공을 거두었다.

이 장부터는 중국의 개혁을 각각의 분야별로 자세히 설명하고 동시에 여러 문제점들을 제기한다. 또한 앞의 5장과 6장의 내용을 바탕으로 각각의 문제들의 해결 방안을 제시하고자 한다.

1 개혁의 과정

개혁 이전 중국의 경제체제는 농업을 기반으로 하고 있었다. 중국 건국 초기인 1949년에서 1952년 토지 개혁이 실시되었다. 이후 1953년부터 농업집단화 운동인 협동조합(合作社)운동이 시작되었다. 1959년에서 1961년 3년간의 식량위기를 거친 이후 인민공사(人民公社) 제도는 존속하였지만, 생산작업의 단위는 줄어서 20~30개 가구 단위의 생산조(組)를 기본으로 하는 생산조직이 1978년까지 존속되었다.

중국정부는 1962년 이전까지는 생산요소의 투입을 증가시키지 않고도 생산성을 높이기를 원했다. 이를 위해 공동생산의 규모를 확대하여 규모의 경제 효과를 얻고자 하였다. 하지만 1962년 이후에는 규모의 경제보다는 비료나 종자의 개량과 같은 현대적인 농업기술을 더욱 강조하였다. 따라서 1970년대의 구호는 "기계화가 농업발전의 해답이다"라는 것이었다.

하지만 이러한 노력들에도 불구하고 1952년에서 1978년 사이 농작물 생산은 연평균 2.5%가 증가하였고, 그중 곡물 생산은 2.4%가 증가하였다. 같은 기간 인구 증가율이 2%였는데, 이는 곡물 생산증가율이 인구증가율보다 겨우 0.4%밖에 높지 않았다는 것을 의미한다. 1인당 식량 생산총량은 1952년에서 1978년 사이 겨우 10%밖에 늘지 않았다.

1) 개혁의 필요성

중국은 1978년 말 개혁 정책을 시작하였다. 이는 사회주의 국가들 중에서는 가장 먼저 개혁 정책을 시작한 것이고, 결과적으로 가장 큰 성공을 거둔 것이다. 사실 과거를 돌이켜 보면 중국의 개혁 정책은 상당히 우연하게 시작되었다. 1978년 중국 4인방(四人幇)[1]의 몰락 이후 덩샤오핑을 선두로 하는 2세대 지도자들이 새

---

[1] 4인방은 마오쩌둥의 아내 장칭(江靑), 왕홍원(王洪文), 장춘차오(張春橋), 야오원위안(姚文元) 등 문화대혁명(1966년~1976년)을 주도하고 권력을 장악했던 인물들을 지칭한다. 이들은 1976년 마오쩌둥이 사망한 이후 축출되었다.

표 7-1	중국과 신흥공업국들의 1인당소득(1990년 구매력평가기준)	
국 가	1950	1978
미 국	9,573	18,168
일 본	1,873	12,186
한 국	876	4,124
타이완	922	5,044
중 국	614	1,352

자료: Maddison, 1995.

롭게 등장하면서 경제정책을 추진하였다. 새로운 지도자들은 새로운 정책 방향을 제시해야 하였는데, 그 방향은 과거 4인방과 달라야 할 뿐만 아니라 많은 사람들에게 유익해서 지지를 얻어낼 수 있어야 했다. 4인방은 급진적인 좌익성향을 가졌는데, 이는 경제 발전에서 매우 불리하게 작용했었다.

1950년대 중국의 건국 당시 1인당 소득은 일본이나 한국, 타이완과 크게 차이가 나지 않았다. 하지만 1978년에는 일본은 미국을 따라잡았고, 한국과 타이완은 선진국들과의 격차를 크게 줄었다. 반면 중국은 그동안 중공업을 육성하고, 원자폭탄을 만들고, 위성을 쏘았지만, 생활수준은 선진국들과는 엄청난 격차를 보였다. 새로운 지도자들은 경제발전의 성과가 국민들에게 돌아가서 국민들이 주변국가들만큼 잘 살게 해야 하는 과제를 안고 있었다. 그렇지 못한다면 지지를 잃고 통치력을 상실할 수도 있었다.

중국은 1978년 말, 개혁정책을 시작하면서 점진주의(gradualism)와 이중 시스템적인(dual-track) 접근법을 강조하였다. 이는 구소련이나 동유럽이 당시 주류경제이론에 따라 급진적인 충격요법의(shock therapy) 개혁방식을 채택했던 것과는 상반되는 것이었다. 당시 많은 외국의 학자들은 시장경제가 가장 좋은 것이고, 계획경제는 나쁜 것이라고 생각했다.[2] 따라서 시장경제와 계획경제를 절충하는 이중 시스템은 매우 나쁜 방식이라고 생각했다. 주류 경제학자들은 사회주의 국가들이 계획

---

2 Murphy, Shleifer and Vishny, 1989; Sachs, 1992.

경제에서 시장경제로 한 번에 이행할 수 있을 것이라고 생각했다.[3]

하지만 중국 지도자들은 왜 주류 경제학의 이론을 따르지 않고, 점진주의적인 방식으로 개혁을 추진했을까? 이는 덩샤오핑으로 대표되는 중국 지도자들이 일하는 스타일과 관계가 있다. "사상을 해방하고, 실사구시를 추진하고, 때에 맞추어 전진한다(思想解放, 實事求是, 與時俱進)"가 바로 그것이다. 그들은 그들의 경험을 통해 맹목적으로 이전의 모델을 따르는 것이 바람직하지 않다는 것을 알고 있었다. 2세대 지도자들은 1세대 지도자들과 마찬가지로 혁명에 참여하였다. 그들은 중국의 사회주의 혁명에 일정부분 참여하였고, 이후 계획경제의 수립에도 일정부분 기여하였다. 이로 인해 자연스럽게 그들이 추진했던 과거정책의 성과를 일정부분 인정하는 속에서 합리적으로 부분적인 개혁을 추진하였던 것이다.

2) 개혁의 방법과 결과

중국정부는 농촌의 문제를 돌이켜보면서 다음의 4가지 결론에 도달하였다. 첫째, 정부의 농산물 수매가격이 인위적으로 낮게 책정되어 있었기 때문에 농민의 생산의욕이 저하되었다. 둘째, 농촌시장이 폐쇄된 이후 농촌지역은 폐쇄적인 자급자족 경제상태로 후퇴하였다. 셋째, 농업 생산단위가 너무 크기 때문에 농민들의 생산 인센티브가 저하되었다. 마지막으로 농업의 전문화가 되지 못해서 효율성이 매우 낮았다.

이러한 인식을 바탕으로 개혁개방 정책이 시작된 1978년 공산당 11차 3중전회(중앙위원회전체회의)에서 다음과 같은 구체적인 농촌개혁의 방향성이 결정되었다.

(가) 생산단위 규모의 축소

생산단위를 생산조(組) 단위로 유지하면서 생산조 단위의 생산량 쿼터계약 청부생산제(包産到組)과 생산조 단위의 청부경영제(包干到組)를 허용하였다. 하지만 농촌의 집단생산 시스템은 유지하기 위해 개별 농가단위의 쿼터계약 청부생산제(包

---

3 Sachs 1992; Sachs and Lipton, 1990.

産到戶)나 청부경영제(包干到戶)[4]는 금지하였다. 그러나 이때 예상하지 못했던 일이 발생했는데, 개별 농가단위의 청부경영제도(家庭联产承包责任制 혹은 包干到戶)[5]가 등장하였고 엄청난 성공을 거두었던 것이다.

(나) 가격개혁

생산 쿼터계약 부분에 대한 농산물 수매 가격을 17.1% 높였고, 쿼터를 초과한 생산물에 대한 수매 가격은 30%~50%까지 높였다. 이로 인해 평균적으로 농산물 수매가격 상승률이 22.1%에 달했다.

(다) 시장개혁

농촌 시장이 다시 등장하면서 원거리 운송과 판매, 거래가 이루어지게 되었다.

개별농가 단위의 생산청부제도가 전면적으로 확대되었던 것은 원래 중국 지도부의 의도는 아니었다. 이 제도는 안휘성 펑양(鳳陽)의 샤오강촌(小崗村)에서 자발적으로 생겨난 것이다. 1978년은 기후 조건도 좋지 않았고 생산량도 줄었다. 이에 따라 이 지역 농민들은 각자 자신들이 생산하는 농산물을 책임지기로 했다. 대신에 당시 이 제도가 불법이었기 때문에 이들 중 어느 누구라도 감옥에 가게 될 경우 남아있는 사람들이 자식들을 돌봐 주기로 약속을 하였다. 하지만 이 제도는 결과적으로 놀라운 성과를 거두었고, 1979년 말 중앙농촌 공작회의에서는 이 결과를 바탕으로 농촌 지역 중에서도 가장 가난한 지역에 대해서는 예외적으로 개별농가 단위의 생산청부제도를 인정해 주기로 결정하였다.

1980년 말에는 전체 생산단위의 14%에서 개별농가 단위의 생산청부제도를 실

---

4 청부경영제는 청부생산제보다 발전된 형태이다. 청부생산제(包産到戶)는 경지를 각 농가에 배분하고 생산을 청부하는 형태로, 쿼터의 초과분은 모두 자기 것이 된다. 청부경영제(包干到戶)는 각 농가가 경지를 분배받아 완정한 경영권을 갖는다. 토지 이외에 생산수단도 개인소유가 되며, 파종계획이나 생산요소에 대한 투자도 각 농가가 책임진다(역자 주).

5 가정연산승포책임제(家庭联产承包责任制)는 집단경작제도를 농가단위의 경작제도로 변환한 것으로, 包干到组, 包産到戶 등 다양한 형식을 거쳐 결국 包干到戶를 기본적 형식으로 하여 실시되었다. 나중에는 농가단위의 청부경영제도(包干到戶)를 가정연산승포책임제(家庭联产承包责任制)라고 지칭하였다(역자 주).

표 7-2	개혁 전후 농업 생산 증가율 비교(%)		
Item	1952~78	1978~84	1984~87
농 업	2.9	7.7	4.1
농작물	2.5	5.9	1.4
곡 물	2.4	4.8	-0.2
인 구	2.0	1.3	1.5

자료: 중국국가통계국, 1992.

시하였는데, 이 제도를 채택한 생산단위의 생산량은 놀라울 만큼 증가하였다. 따라서 1981년 중국정부는 이 제도를 전국적으로 장려하기 시작하였다. 1981년 말이 제도를 채택한 생산단위의 비율은 45%에서 1982년에는 80%, 1984년에는 99%가 개별농가 단위의 생산방식을 채택하였다.

이 제도의 확산은 놀라운 성과로 이어졌다. 1978년에서 1984년 사이에 농산물 생산 증가율은 그 이전에 비해 2배 이상으로 증가하여 2.9%에서 7.7%가 되었다. 곡물생산 증가율도 2배가 되었다. 반면 가족계획 정책이 도입되면서 인구증가율은 2%에서 1.3%로 감소하였기 때문에, 1인당 식량 생산은 더욱 빠르게 증가하였다. 이후 중국은 기본적으로 곡물의 자급자족이 가능하게 되었고, 어떤 해에는 잉여 농산물을 생산하기도 하였다. 확실히 농가 생산청부제의 보급 이후 농업생산의 증가는 놀라울 정도였다. 하지만 1980년대에는 이 제도가 농업생산의 증가에 기여하였는지를 두고 논쟁이 많았다.

3) 농가 생산청부제에 대한 논쟁

1980년대 당시 농가 생산청부제도에 대한 논쟁은 양 극단으로 나뉘었다. 첫 번째 부류는 이 제도가 매우 좋다고 지지하였다. 왜냐하면 그 결과가 농촌과 국가 전체 모두에게 긍정적이었기 때문이다. 반면 다른 쪽에서는 농가단위의 생산 모델은 사회주의와 맞지 않다고 믿고 이를 비판하였다. 그들은 "농업의 발전은 기계화에 있다"고 믿었고, 기계화를 위해서는 규모의 경제가 필요하다고 믿었다. 따라서 농가 단위의 생산방식은 올바른 방향이 아니었다. 두 번째 견해를 지지하는 사람들은 이 제도를 개혁이 아니라 퇴보라고 비판하였다. 그리고 그들은 1978년부터 1984년 사이의 농업 생산량 증가는 비료, 과학적 연구, 기계화 그리고 가격과 시장 개혁의 결과를 포함하고 있다고 믿었다. 그들은 오히려 이러한 효과가 너무 컸기 때문에 농가 생산청부제의 폐해를 만회할 수 있었다고 주장했다. 또한 1984년 이후의 농업생산 침체는 바로 농가 생산청부제의 문제점들 때문이라고 주장한다.

　농가 생산청부제도에 대한 해외 경제학자들의 견해도 다소 부정적이었다. 정통 경제학 이론에서는 집단적인 생산방식이 개별적인 생산방식보다 인센티브를 높일 수 있다고 주장한다. 이는 자원 배분의 효율성 문제에서도 마찬가지이다. 다시 말해 집단적인 생산 방식이 더 우월하고 개별농가 단위의 생산방식은 바람직하지 않다는 것이다. 이 이론은 수학적 모델로 지지되기도 했지만, 왜 샤오강촌 농민들이 그렇게 높은 위험을 감수하면서도 농가단위의 생산 방식을 추진하였는지 설명하지 못한다. 뿐만 아니라 왜 그렇게 많은 생산단위에서 개별 농가단위의 생산방식을 채택한 이후 중국정부가 지정하는 "가장 빈곤한" 지역에서 벗어날 수 있었는지 설명하지 못한다. 경제학의 전제 조건은 모든 사람들이 합리적이라는 것이다. 그렇다면 왜 그렇게 합리적인 농민들이 리스크가 큰 나쁜 제도를 선택했을까? 우리는 오히려 이론이 현실과 부합하지 못한다면 그 이론이 결함이 있다고 생각할 수밖에 없다.

　전통 경제이론에서는 집단적인 생산방식의 우월성을 증명하기 위해 2가지 모델을 사용한다.[6] 하나는 노동, 토지, 자본을 포함하는 생산함수를 바탕으로 하는 것이다. 이 모델에서는 어떤 제도이든지 노동자들은 한 단위의 노동만을 투입한다고 가정한다. 따라서 규모의 경제 효과를 고려할 때 집단적인 생산방식은 개별적인 생산방식보다 우월하다. 이론적으로 그 주장은 맞다. 하지만 실제 농업생산에서는 이 이론이 적용되지 못한다. 왜냐하면 모든 노동이 한 단위의 노동투입으로 계산된다는 것은 노동자들을 트랙터로 취급한다는 것이기 때문이다. 이 이론의 문제점은 노동자들이 독자적인 자율성을 가지고 있다는 사실을 간과하고 있다는 것

---

6 보다 자세한 내용은 Lin, 1988 참조.

이다. 한 명의 노동자에 한 명의 노동자를 추가한다고 해서 반드시 2단위의 노동 투입이 될 필요는 없다. 그럴 수 있는지의 여부는 개별 노동자들의 생산에 대한 노력에 달려 있다.

물론 전통 경제이론에서도 인센티브를 설명변수로 도입하고 있고, 그 이론에 따르면 중국의 과거 분배방식인 "노동생산 포인트"에 기초한 분배 방식은 매우 훌륭한 것이었다. 하지만 완전한 노동량에 따른 분배방식은 농민의 생산의욕을 과도하게 증대시켜서 결과적으로 농민의 복지가 감소할 수 있지만, 필요에 따른 분배와 연계하면서 적절하게 농민의 생산의욕과 복지의 향상을 유도할 수 있다.

다른 하나의 모델은 중국의 집단적인 생산방식의 분배 문제를 다루고 있다. 그 모델에 다르면 어떤 농민이 노동투입을 증가하면 노동생산 포인트가 증가하고 최종 분배몫이 증가한다. 이에 따라 이러한 집단적인 생산방식에서 농민들이 농가 단위의 생산방식보다 더 많은 인센티브를 가진다고 분석한다. 하지만 이 모델이 성립하기 위해서는 생산에 대한 감독(supervision)이 완벽해야 한다는 전제조건이 만족되어야 한다.

하지만 농업생산에서 생산 감독은 매우 비효율적이다. 일반적으로 감독에는 2가지 형태가 있는데, 과정에 대한 감독과 결과에 대한 감독이다. 공업생산의 과정은 일정한 공간 안에서 반복적인 작업을 통해 이루어지기 때문에 과정에 대한 감독이 용이하다. 반면 농업생산은 광범위한 지역에서 이루어지기 때문에 생산과정에 대한 감독이 현실적으로 매우 어렵다. 뿐만 아니라 농업생산에 일정한 정해진 기준이 있는 것도 아니다. 씨앗을 뿌리고, 기르고, 거름을 주고, 추수하는 대부분의 생산활동이 개인의 판단과 경험에 근거하여 이루어지기 때문이다.

결과를 감독하는 것도 어렵다. 농업생산은 수확하기까지 몇 달에서 몇 년이 소요되는 생물학적인 과정이기 때문이다. 이렇게 긴 기간 동안에 걸친 결과를 감독한다는 것은 사실상 불가능하다. 나아가 농업생산은 날씨와 같은 외부요인들에 영향을 많이 받는다. 날씨가 좋지 않은 해에는 농민이 아무리 노력해도 결과가 좋지 않을 수 있다. 하지만 날씨가 좋은 해에는 평균적인 노력을 해도 많은 작물을 수확할 수 있다. 따라서 노동생산 포인트는 얼마나 많은 시간을 투입했는지 하는 양적인 기준이 될 수밖에 없다. 이러한 양적인 노동생산 포인트를 가지고 분배를 결정할 수밖에 없다. 하루는 8시간의 노동생산 포인트로 계산되며, 노동의 질에 대한 것은 계산되지 못한다. 따라서 집단적인 농업생산 단위에서 인센티브가 약화되는 것은 전혀 놀라운 일이 아니다.

집단생산 시스템에서 규모의 경제를 실현하기 위해서는 완벽한 감독이 필수적이다. 하지만 농업생산에서 감독은 비용이 많이 들고 앞에서 언급하였듯이 매우 비현실적이다. 예를 들어보자. 봉양현은 한때 소강촌의 18가구를 감시하기 위해 17명의 간부를 파견하였다. 이들 간부는 이 지역 농가들에게 엄청난 부담을 지웠다. 하지만 그해의 산출물은 오히려 더 줄어들었다. 개별농가 단위의 생산청부제도가 도입되면서 이러한 감독 비용은 지불할 필요가 없었다. 결과적으로 농가 생산청부제도는 규모의 경제 효과를 누릴 수는 없었지만 집단적인 생산방식보다 훨씬 효율적이었는데, 이러한 높은 감독비용을 지불할 필요가 없었기 때문이다.

계량분석에서도 농가단위의 생산청부제도가 농업생산에 크게 기여했다는 것을 증명하고 있다. 1978년부터 1984년까지의 총생산 증가를 100으로 하였을 때 토지, 비료, 기계나 노동과 같은 생산요소 투입증가는 전체 산출량 증가에서 46만큼의 기여를 하였다. 반면 농가 생산청부제도는 47만큼 기여하였고, 나머지 잔차가 7이었다. 이 7년의 기간 동안 농산물이 42% 증가하였는데, 그 중 농가 생산청부제도로 증가한 부분이 20% 이상에 달한다는 것이다.

하지만 이러한 제도의 변화로 인해 생산이 증가하는 것은 일회성 증가(one-off boost)에 그친다. 예를 들면 생산방식이 농가 생산청부제도를 도입하여 농민들의 노동의욕이 상승한 것은 일회성 증가이다. 농민들이 하루에 생산적으로 일하는 시간이 과거 4시간에서 12시간으로 증가하였지만, 그렇다고 그들의 생산적인 노동시간이 16시간으로 계속 증가할 수는 없다. 왜냐하면 사람들은 먹고 자야 하기 때문이다. 제도 변화로 인한 생산성 증가가 일회성에 국한된다는 것은 1984년 이후 농업생산의 증가율이 왜 정체되었는지를 잘 설명한다. 농가단위의 생산청부제도가 전국적으로 확산되면서, 47% 포인트에 달했던 생산증가의 기여분이 더 이상 없어졌기 때문이다.

뿐만 아니라 〈표 7-2〉에서 보듯이 1984년 이후 곡물 생산의 증가율이 마이너스가 되었다는 것은 역설적이게도 농가 생산청부제도가 그만큼 긍정적인 결과를 가져왔다는 것을 보여준다. 1978년 중국정부는 농민들의 소득 향상을 위해서 곡물과 면화에 대한 수매가격을 대폭 높이는 정책을 실시하였다. 동시에 농민들이 생산한 생산량을 전부 수매할 것을 약속하였다. 하지만 그 후 몇 년 동안 생산량이 너무 많아서 정부의 비축량이 크게 증가하였고, 어떤 지역에서는 심지어 학교 교실에 곡물을 비축해야 하기도 했다. 이러한 수매방식은 많은 부담이 되었고 낭비도 심한 것이다.

이에 따라 중국정부는 1985년부터 곡물에 대한 전면 수매방식(統購)을 계약쿼터에 따라 수매(訂購)하는 방식으로 전환하였다. 정부와 개별농가는 30-70 원칙으로 수매계약을 체결하였다. 30%는 원래 계약했던 수매가격대로 수매를 하고, 70%는 시장가격에 따라서 수매가격을 결정한다는 것이다. 당연히 당시 곡물 생산량이 풍부하였기 때문에 시장가격은 수매가격보다 낮았다.

이런 제도 변화는 중국정부의 재정부담을 크게 완화시켜 주었다. 하지만 곡물 생산증가에 대한 기대수익이 감소하였기 때문에 농민들의 곡물생산에 대한 의욕은 감소하였다. 동시에 농촌에서 야채, 과일, 축산품 등의 시장이 형성되면서 이들 농산물 가격이 상승하였다. 이에 따라 많은 농민들이 곡물생산 대신에 이러한 농산물 생산으로 전환하였다. 이러한 변화가 1984년에서 1987년 곡물생산이 감소한 이유이다.

결론적으로, 농가 생산청부제는 중국 농촌개혁에서 가장 중요한 성과였다. 하지만 이 제도의 도입 이후에 농촌에서 여러 문제가 심화되었는데, 가장 중요한 문제가 농산물 안보와 삼농문제(三農問題)이다.

2 농업개혁 이후의 문제들

1) 농산물 안보와 정책 선택

농산물 안보(Food security)는 사람들의 생존과 관련된 문제이기 때문에 언제나 정치적인 이슈이다. 어떠한 나라도 그들의 밥그릇을 다른 나라에 완전히 맡기지는 않는다. 많은 나라들이 농산물 생산에서 자급자족을 할 수 있도록 관련 정책을 추진한다. 중국도 10억 명 이상의 인구가 먹어야 하기 때문에 농산물 안보가 매우 중요하다. 하지만 개혁 이후 경제성장이 빠르게 진행되면서 농산물 안보가 위협을 받게 되었다. 그 이유는 다음과 같다.

첫째, 공업화와 도시화로 많은 농토가 새로운 공장과 도로, 집들로 대체되었다.

둘째, 인구 증가율이 줄어들기는 했지만, 순증가율은 여전히 높기 때문에 농산물에 대한 수요가 꾸준히 증가하고 있다.

셋째, 생활수준의 향상에 따라 곡물 소비는 줄어들고, 고기나 계란과 같은 부식품들의 소비가 증가하고 있다. 이러한 농산물들은 곡물을 사료로 사용하기 때문에 곡물의 소비가 증가하고 있다.

경작 가능한 토지의 감소와 곡물에 대한 수요 증가는 중국의 농산물 안보에 대한 전망을 어둡게 하고 있다. 월드워치연구소의 창립자이자 전총재인 브라운(Lester Brown)은 1995년 보고서를 발간하였다. 이 책에서 2020년 중국의 곡물 수입은 2억~3억 톤에 달해 전 세계 거래되는 곡물 총량을 넘어설 것이라고 예측하였다. 다시 말해 2020년 다른 나라에서 수출하는 곡물을 모두 중국이 수입한다고 해도 일부 중국인들은 굶주려야 한다는 것이다. 대신 많은 다른 나라들은 굶주려야 한다.[7] 1990년대 중국 식량수요 문제는 당시 유행하던 중국 위협론의 가장 중요한 핵심이었다.

경작 가능한 토지가 감소하고 있는 상황에서 곡물에 대한 수요 증가를 충족시키기 위해서는 단위 생산량을 늘려야 한다. 토지단위 생산량을 증가하는 방법은 2가지 있다. 하나는 생산요소 투입을 증가시키는 것이고, 다른 하나는 생산기술을 발전시키는 것이다. 2가지 모두 정책적인 지원이 필요하다.

(가) 시장 자유화와 가격 메커니즘

농민들은 농업생산에서 가장 중요한 생산주체이다. 어떤 비료를 사고, 어떤

---

7 Brown, 1995.

도구에 투자하고 얼마나 노력하고, 새로운 기술을 도입할 것인지와 같은 생산과 관련된 결정들은 농민들이 자신의 판단으로 이루어진다. 합리적인 농민들이라면 그들이 생산요소의 투입을 증가하였을 때 더 많은 이윤이 생기기를 희망할 것이다. 따라서 생산요소 투입 증가로 인한 실질적인 이득이 농민들에게 돌아가야 한다. 그렇지 않으면 어떤 농민도 그들과 가족이 필요로 하는 농산물 이상을 더 생산하지 않을 것이다. 만약 농산물 가격이 수요의 증가에 따라 상승한다면, 농민들은 생산요소 투입을 늘리고 새로운 기술을 도입하여 더 많은 농산물을 팔아서 현금을 확보하는 과정을 통해 행복해질 것이다.

(나) 농업 연구개발

경작지는 한정되어 있고, 경작지를 추가적으로 개발하는 것은 환경문제를 야기한다. 따라서 과학과 기술의 발전으로 단위 면적당 생산량을 확대하는 것이 가장 좋은 방법이다. 왜냐하면 생산요소 투입만을 증가시키면 결국 한계생산 증가분은 감소하기 때문이다. 예를 들면 화학비료 사용량을 아무리 많이 증가시켜도 산출물은 어느 정도 이상 증가하지 못한다.

하지만 연구개발은 농민들 자발적으로 이루어지기는 어렵다. 시장경제 체제를 채택하고 있는 국가들조차 농업생산에 대한 연구는 정부가 적극적으로 지원하고 있다. 이는 2가지 이유가 있다. 첫째, 농업생산에 대한 연구는 일반적으로 비용이 많이 들고 결과를 얻기까지 많은 시간이 필요하다. 예를 들어 중국의 위엔룽핑 박사에 의해 개발된 잡종벼는 비교적 연구개발 기간이 짧았음에도 4년~5년의 시간이 걸렸다. 새로운 벼의 품종을 개발하는 데는 10년 이상이 걸리기도 하고, 새로운 품종의 돼지는 20년~30년 이상의 시간이 필요하기도 하다.

둘째, 연구개발의 결과물이 반드시 상업화에 성공하는 것은 아니다. 예를 들면, 잡종벼나 잡종옥수수는 농민들이 그 씨앗을 매년 구매할 필요가 없다. 왜냐하면 그들이 자체적으로 씨앗을 거두어 그 다음 해에 뿌리면 되기 때문이다.[8] 더욱 중요한 것은 농업연구의 최종 수혜자가 농민이 아니라 농산물의 소비자들이라는

---

8 반면 외국 글로벌 종묘회사들이 개발한 유전자 변형 곡물들은 이와는 달리 새로운 씨앗을 구매하지 않고 수확한 씨앗으로 그 다음해에 심으면 수확량이 급감하는 현상이 나타난다.

것이다. 농업기술의 향상과 보급으로 농산물의 가격은 하락한다. 경제학의 기본 원칙인 "혜택을 보는 사람이 대가를 지불한다"는 원칙에 따라야 하지만, 소비자들이 자발적으로 농업 연구개발에 지원을 하지는 않을 것이다. 따라서 정부는 농산물 소비자들에게 걷은 세금을 활용하여 농업 연구개발에 재정지원을 투입하는 것이다. 이로 인해 농업 연구개발의 문제인 시간이 오래 걸리고, 리스크가 크고, 상업적인 가치가 낮은 문제점을 극복할 수 있다.

(다) 적절한 양의 곡물 수입

농업생산은 토지집약적이거나 혹은 노동집약적이다. 곡물은 토지집약적인 상품이고, 반면 채소는 노동집약적인 상품이다. 예를 들어 중국에서 한 무(畝)[9]의 밀이나 옥수수를 경작하기 위해서는 7일~8일 정도의 노동력이 필요한 반면 채소를 기르기 위해서는 200일 정도의 노동력이 필요하다.

중국은 1인당 경작지가 너무나 작기 때문에 토지집약적인 농작물에는 비교우위가 없다. 반면 미국은 1인당 경작지가 넓기 때문에 토지집약적인 농작물에 비교우위가 있다. 따라서 곡물가격이 상대적으로 낮다. 2000년 이후 수년간 일본과 한국이 중국과 무역을 할 때, 무역마찰이 발생했던 분야는 중국의 버섯, 죽순, 마늘 등인데 이들은 모두 노동집약적인 농산물들이다.

중국은 분명히 이러한 노동집약적인 농산물에 비교우위가 있다. 만약 중국이 비교우위가 없는 곡물을 모두 수입에 의존한다면 중국의 경작지는 이러한 노동집약적인 농산물들을 재배하여 더 많은 비교우위를 확보할 수 있을 것이다. 그런 방식으로 농산물 수출도 증가할 것이고, 농민들의 수입도 증가할 것이다. 이로 인해 자원배분의 효율성도 증가할 것이다. 만약 곡물 수입이 점차적으로 증가한다면 해외의 곡물 수출업자들도 그들의 생산량을 더욱 확대할 것이다. 만약 곡물 수입만 잘 이루어진다면 식량 안보도 그렇게 문제가 없을 것이다.

---

9 묘(畝)는 농지 면적의 단위로, 무라고도 한다. 주공(周公)이 처음 도입했다고 하며, 일반적으로 백 평(330제곱미터)을 지칭한다(역자 주).

2) 삼농문제와 해결방안

(가) 농촌지역, 농민, 농업의 문제

농촌개혁의 성공을 바탕으로 중국정부는 1985년부터 도시지역에서도 시장경제를 원칙으로 하는 개혁정책을 도입하였다. 그 이후 중국은 전국적으로 급속한 경제성장을 이루었다. 하지만 1990년대 말부터 국내외 학자들이 농촌지역의 삼농문제(三農問題)에 대해 우려하기 시작하였다. 중국정부는 2000년대 초반부터 이 문제에 주목하였다. 농촌지역의 빈곤문제는 매우 심각하였고, 농민들은 정말 비참한 생활을 하였다. 또한 농업의 위기는 심각하였다. 사실 이 삼농문제는 하나의 원인으로 인해 생겨난 것인데, 농민들의 수입증가가 정체되었기 때문이다.

농촌문제에서 농업생산의 증가여부가 가장 중요한 문제는 아니었다. 1978년부터 2003년 사이 25년간 연평균 농업생산 증가율은 6.2%나 되었다. 이 수치는 같은 기간 전 세계 어느 나라에 비교해도 결코 낮은 수준은 아니다. 간단하게 설명해보자. 농업이 지속되기 위해서는 연평균 농업생산 증가율이 3% 이상이 되면 된다. 그 이유는 일반적으로 인구 증가율이 2%를 넘지 않기 때문이다. 농업생산이 인구증가율보다 1% 포인트 더 높다면 국내 수요는 기본적으로 충족시킬 수 있다. 농산물 수요의 소득탄력성은 매우 낮거나 심지어 0에 가깝기 때문에 경제가 성장해도 농산물 수요는 크게 증가하지 않는다. 중국에서 삼농문제가 가장 심각했던 1998년부터 2003년 사이에도 농업생산의 증가율은 4.3%를 기록하였다. 반면 이 시기 중국의 인구 증가율은 1%밖에 되지 않았다. 농업생산 증가율이 인구 증가율보다 3.3% 포인트나 높았던 것이다. 그렇다면 "농업이 정말로 위태롭다"라는 것을 농업생산의 문제로 파악해서는 곤란하다.

"농촌 지역이 가난하고", "농민들의 생활이 정말로 빈곤한" 이유는 농업생산의 문제가 아니라 농민들의 수입이 증가하지 않았기 때문에 발생한 일이다. 1978년부터 1984년 사이 농민 소득의 연평균 증가율은 13.9%였다. 이는 같은 시기 도시지역 소득 증가율의 2배에 달한 것이다. 하지만 1984년 이후에는 농민 소득의 증가율이 도시지역보다 훨씬 낮았다. 1985년부터 개혁의 중심이 농촌지역에서 도시지

| 표 7-3 | 중국 도시와 농촌의 소득 증가율(1978년~2004년, %) | | | | | | |

지 역	1978~84	1984~88	1988~95	1995~2000	2000~2004	2004~2009	1979~2009
농 촌	13.9	2.1	3.8	2.9	4	7.9	7.2
도 시	7.1	5.2	6.3	5.6	7.6	10.1	7.3
	1978	1985	1993	1995	2000	2004	2009
도시/농촌	2.4:1	1.7:1	2.5:1	2.5:1	2.8:1	3.2:1	3.3:1

자료: 중국 국가통계국.

역으로 변화되면서 농촌지역과 도시지역의 소득 격차는 크게 증가되기 시작하였다. 도시지역의 소득 증가율이 농촌지역을 크게 상회하였고, 이후 그 격차는 점차 확대되었다. 중국정부가 2000년대 이후 농촌지역의 소득을 증가시킬 수 있는 여러 방법을 도입하여 일정정도 성과를 거두었지만 도시와 농촌의 소득격차 확대추세는 〈표 7-3〉에서 보듯이 역전되지 않았다. 중국은 예로부터 "부족한 것을 걱정할 것이 아니라 불평등한 것을 걱정해라(不患寡而患不均)"라는 말이 있다. 어떤 집단의 소득이 비록 증가해도 다른 집단의 소득이 더 많이 증가하면, 상대적으로 가난해지는 것이다. 따라서 농촌의 현재 가난은 도시와 비교를 해야 하는 것이지, 농촌의 과거와 비교해서는 곤란한 것이다.

나아가 농촌지역이 "비참하다"라는 말은 농민들이 옛날처럼 노예노동을 하고 있다는 것은 아니다. 오히려 기계화와 화학비료의 사용으로 노동투입은 양이나 강도가 많이 감소하였던 것은 사실이다. 하지만 농촌의 공공의료, 교육, 사회보장 등은 매우 낙후되어 있다. 개혁 이전에 대학의 학비는 공짜였고, 농촌지역의 의료 시스템도 "맨발의 의사"라는 공공의료 시스템이 제공되었다. 비록 그 서비스의 수준은 매우 낙후되어 있었지만, 당시 농민들의 의료 수요를 어느 정도 충족시켜 주었다.

하지만 개혁개방 정책이 시작된 이후 교육과 공공 서비스가 상업화되었고, 가격이 자유화되었다. 이에 따라 많은 농민들은 너무 비싸서 교육이나 의료 서비스를 이용할 수 없게 되었다. 만약 가족 중 누군가가 아프기라도 하면 가족 전체가 빈곤의 나락으로 떨어지게 된다. 다시 말해 농민들이 비참한 것은 소득이 충분하지 않기 때문이다.

(나) 전통적인 해결 방법과 한계

2차 대전 이후 많은 개도국들이 농촌문제의 해결을 위해 노력했지만, 그 접근 방식의 차이에 따라서 농민들의 소득 증가도 차이가 발생하였다. 1950년대와 1960년대는 농업용수 관개시설과 농업 인프라 건설을 강조하였다. 농업생산에서 가장 중요한 요소는 토지와 물이었기 때문이다. 관개시설 등 인프라투자의 확대로 가뭄과 홍수에 대응하는 능력이 높아졌고, 농산물 산출량이 증가하였다. 하지만 실제로 인프라 증가로 농산물 생산량이 증가해도, 농민 소득의 증가는 한계가 있었다.

1970년대와 1980년대는 새로운 접근방법이 제시되었다. 인력자원(human capital)을 향상시키기 위한 과학, 기술, 교육이 강조되기 시작하였다. 하지만 10년이 지난 후 새로운 기술을 먼저 도입한 일부 농민들은 소득이 증가하였지만, 일단 기술이 전면적으로 확산된 이후에는 수확량은 증가해도 농민들의 소득은 증가하지 않는다는 것을 알 수 있었다.

1980년대와 1990년대는 농업분야의 산업구조조정이 전 세계적으로 강조되었다. 즉, 부가가치가 높은 농산물을 확대하자는 것이다. 하지만 역사는 다시 반복되었다. 선구적으로 이를 채택한 일부 농민들의 소득은 확대되었지만, 이를 따라했던 많은 농민들의 소득은 증가하지 않았다. 농산물 수확량은 증가하였지만, 소득은 늘어나지 않았던 것이다.

농산물의 생산량이 증가되었음에도 불구하고 농민들의 소득이 늘어나지 않은 것은 농산물의 2가지 특성에서 기인한다. 하나는 농산물 수요의 소득탄력성(income elasticity)[10]이 낮다는 것이고, 다른 하나는 농산물 수요의 가격탄력성(price elasticity)[11]이 낮다는 것이다. 다시 말해 사람들의 소득이 증가해도 농산물에 대한

---

10 소득탄력성은 소득이 1% 변화할 때 수요량이 얼마나 증가하는가를 나타내는 수치이다. 탄력성이 크다는 것은 소득이 증가하면서 수요가 크게 증가한다는 것을 의미하고, 탄력성이 낮다는 것은 소득이 증가해도 수요가 크게 증가하지 않는다는 것을 의미한다. 식량의 경우 소득이 증가한다고 해도 식량 소비량이 크게 증가하지 않기 때문에 소득탄력성이 낮은 것이다(역자 주).

11 가격탄력성은 가격이 1% 변화했을 때 수요량이 얼마나 변화했는가를 나타내는 수치이다. 가격탄력성이 크다는 것은 가격이 하락했을 때 수요가 큰 폭으로 증가한다는 것을 의미한다. 식량의 경우 가격이 하락해도 식량 소비량이 크게 증가하지 않기 때문에 가격탄력성이 낮은 것이

수요는 아주 조금만 늘어날 뿐이다. 반면 농업생산량이 증가하여 농산물 공급이 확대되면, 가격탄력성이 낮기 때문에 그 생산물의 가격은 큰 폭으로 감소하게 된다. 농업관련 인프라 투자가 증가하고, 기술이 진보하고, 농업의 구조조정이 이루어지면서 농산물의 생산량은 증가하였다. 하지만 생산량이 증가하면 농산물의 가격은 바로 큰 폭으로 떨어진다. 결국 낮은 농산물 가격이 농민들을 가난하게 하는 것이다.

(다) 농촌 노동력의 도시 이동

만약 농민들의 소득 증가가 정체되고 있었던 가장 중요한 이유가 농산물 수요의 소득탄력성이 낮고, 가격탄력성이 낮기 때문이라면, 장기적이고 효과적인 해결방법은 바로 농민들의 수를 줄이는 것이다. 다시 말해 농민들을 도시로 이동하게 하는 것이다. 이를 통해 다음과 같은 효과를 거둘 수 있다.

첫째, 농민들이 도시로 이동하면 결과적으로 그들이 농산물의 공급자에서 수요자로 변화된다. 이에 따라 농산물의 공급은 줄어들고 수요는 증가할 것이기 때문에 농산물의 가격은 상승할 것이다. 이에 따라 농촌에서 농산물을 생산하는 농민들은 가격상승에 따른 혜택을 누릴 수 있게 될 것이다.

둘째, 농민들이 도시로 이동하더라도 그들의 토지는 여전히 농촌에 남아 있다. 이에 따라 농촌에 남아있는 농민들은 생산규모를 확대할 수 있고, 이에 따라 1인당 생산량이 증가하는 혜택을 누릴 수 있게 될 것이다.

셋째, 인구의 증가와 소득수준의 향상으로 농산물에 대한 수요는 꾸준히 증가한다. 반면 경작지는 줄고 농촌 노동력의 도시이전은 지속된다. 이에 따라 농민들은 자연스럽게 농산물 생산을 증가시킬 수 있는 새로운 기술에 관심을 가지게 된다. 이러한 새로운 기술의 도입은 농업 생산성을 높이고 농민들의 소득 증대에 기여할 것이다.

넷째, 도시로 이동한 농민들은 도시에서 경험을 넓히고 새로운 지식과 기술을 접하게 된다. 이에 따라 그들의 고향을 발전시킬 수 있는 유용한 정보와 자원들을

다(역자 주).

가지고 다시 농촌으로 돌아올 수 있다.

예를 들어 보자. 딩시(定西)는 옛날부터 간수(甘肅)성의 가난한 농촌이었는데, 감자를 심기에는 좋은 기후를 가지고 있었다. 딩시의 농민들 중 일부가 도시에서 건설 노동자로 일하고 있을 때 도시사람들이 감자를 좋아한다는 것을 알았다. 그들은 고향으로 돌아온 이후 감자를 생산하여 팔기 시작하였다. 이후 딩시는 감자 생산의 주요한 생산기지로 성장하였다.

뿐만 아니라 란주(蘭州) 대학교 생물학과를 졸업한 이후 딩시의 농업분야 정부관료로 일하게 된 학생이 있었다. 그는 자신이 배운 생물학 분야의 지식을 활용하여 특정 비율의 단백질과 당도를 가진 감자를 생산하였다. 이러한 새로운 기술에 대해 맥도날드나 켄터키프라이드치킨과 같은 패스트푸드 회사들이 커다란 관심을 보였다. 이후 딩시는 감자 생산으로 유명한 도시가 되었다. 이것은 도시로 이동했던 농민들이 기업가 정신을 발휘하고 지방정부에서 중요한 역할을 수행하였기 때문이다.

농촌 노동력의 도시 이동이 가지는 긍정적인 측면은 다른 나라의 경험에서도 찾아볼 수 있다. 미국은 도시와 농촌의 소득격차가 매우 작은 나라이다. 가장 중요한 이유는 농민들의 수가 매우 적기 때문이다. 1870년에는 미국 노동자의 51%가 농촌에 있었지만, 지금은 그 비율이 2%밖에 되지 않는다.[12] 대부분의 농민들이 非농업 분야로 이전하였기 때문에 농촌에 머물고 있는 사람들은 소득을 증가시킬 수 있었다. 일본 역시 비슷하였는데, 1870년 농촌 노동력의 비율은 70%였는데, 1950년에는 48%, 1980년에는 10.5%, 2000년에는 3.9%밖에 되지 않는다. 농촌의 많은 잉여 노동력이 非농업 분야로 이전하였기 때문에, 일본 농민들의 수입은 도시 주민들과 비슷한 수준이 될 수 있었다.

그 비슷한 일이 개혁개방 이후의 중국에서도 발생하였다. 1978년과 1984년 농업분야의 "특별한 성장"은 농가 생산청부제도라는 제도개혁의 성과에 기인한 것이다. 하지만 1985년 이후에는 생산방식의 제도개혁에 의한 성장 원동력은 더 이상 작동하지 않았다. 새로운 성장 원동력은 농촌에 위치하고 있지만, 非농업 분야에

---

12 Kuznets and Thomas, 1964.

세계은행 부총재 린이푸 교수의 중국 경제 입문

196

종사하는 향진기업(鄕鎭企業)¹³에서 발생하였다. 향진기업이 발달하면서 농업생산에 종사하는 농민들의 수는 감소하였다.

1980년대 후반에서 1990년대 초반까지는 농촌지역의 성장원동력이 농민들의 도시 이동으로 전환하였다. 농촌지역에서 도시로 이동한 노동력(農民工)이 농촌 지역의 소득 증가에 기여한 부분은 매우 크다. 향진기업에서 일했던 사람들과는 달리 일단 도시 공업분야로 이동한 농민들은 농업생산에서 완전히 분리되었다. 이러한 변화는 농산물의 생산과 수요에 근본적인 변화를 가져왔고, 농촌경제에 새로운 활력을 불어넣었다.

한편 농촌 인력의 도시로의 이동을 통해 농촌지역의 소득 확대가 가능하기 위한 전제조건이 있다. 그것은 당시 도시에는 농촌에서 이동해온 농민들에게 충분한 일자리를 제공할 수 있어야 한다는 것이다. 이 문제는 중국 경제발전전략의 역사적 배경을 살펴볼 필요가 있다. 앞의 4장에서 중국이 개혁개방 이전 비교우위에 역행하는 추월발전전략을 채택하였다고 언급하였다. 당시 추월발전전략하에서 중국의 중공업과 같은 자본집약적 산업이 발전했음에도 불구하고, 도시화 수준은 매우 낮게 유지되었음을 설명하였다. 이는 중공업이 당시 중국의 비교우위와 맞지 않았기 때문에 도시 노동인력의 일부에게만 일자리를 제공할 수 있었을 뿐이었다. 중국정부는 도시지역의 노동자에게 일자리를 제공해야 했기 때문에, 도시 노동인력을 강제로 농촌으로 보내는 정책을 실시하였다. 이것이 바로 청년 하방(下放 또는 上山下鄕 운동¹⁴이었다. 하지만 개혁개방 이후 중국정부가 비교우위 발전전략을 채택하면서 노동집약적 산업이 발전하게 되었다. 이에 따라 농촌 노동인력이 도시로 이동하는 것이 경제전체로 전혀 부담이 되지 않았다.

---

13 농민들의 자본과 노동력을 기초로 향촌정부나 개인 혹은 다양한 합작형태 등에 의해 설립 운영되는 집체 혹은 개인 기업을 말한다. 국가 경제계획 밖에서 활동하며 시장 신호에 따라 경제활동을 하고 손익에 대해서 스스로 책임을 진다는 점에서 국유기업이나 큰 규모의 집체기업과 차이가 있다. 또한 지역적으로 농촌에 기반을 두고 있으며 농촌경제와 깊은 관련성을 맺고 있다(역자 주).

14 문화대혁명 시기 도시 지식청년들의 대량 농촌 이주 운동이다. 전국적으로 약 800여 만명의 도시 청년이 산악지역과 농촌으로 파견되어 일했으나, 문화대혁명이 끝난 이후 대부분 도시로 복귀하였다(역자 주).

(라) 전국적인 단일시장의 형성과 지역격차의 해소

앞에서 농산물 수요는 소득탄력성과 가격탄력성이 낮기 때문에 장기적으로 농민들의 소득을 증가시키는 유일한 방법이 농민들의 수를 줄이는 것이라고 설명하였다. 하지만 중국의 경우 다른 방법으로도 농민들의 소득을 향상시켜 도시와 농촌의 소득격차를 줄일 수 있는 방법이 있다. 그것은 바로 중국 국내시장을 전국적인 단일시장으로 바꾸는 것이다.

중국은 지역적으로 매우 넓기 때문에 지역마다 비교우위가 다르다. 동부지역은 화물운송에 유리하고 국내외 시장에 접근이 용이하다. 이에 따라 일반적으로 동부지역은 공업에 유리하다. 또한 물적·인적 자원이 풍부하기 때문에 역사적으로 경제발전 수준이 높았다. 중서부 지역은 자연조건이 동부지역보다 좋다. 중부지역은 강수량이 풍부하고 경지면적이 넓기 때문에 예로부터 농산물 생산에 유리하다. 서부지역은 풍부한 지하자원을 가지고 있다. 만약 각각의 지역이 그들의 비교우위에 입각하여 산업을 육성한다면 전국적인 단일시장을 형성할 수 있고, 생산물들의 교역은 더욱 활발해질 것이다.

사실 동부지역에서는 여전히 많은 농산물을 생산하고 있지만, 이것은 비교우위에는 맞지 않는 것이다. 비교우위에 맞지 않는 농업에 생산요소들을 투입하고 있지만, 이러한 생산요소들은 공업생산에 투입할 수도 있는 것이다. 만약 전국적인 단일시장이 형성된다면, 동부지역은 자연적으로 농산물 생산을 줄일 것이고, 대신 부족한 부분을 중부지역에서 구매하게 될 것이다. 이런 방식으로 동부지역이 그들의 비교우위인 공업에 특화하면 농업생산에 특화한 중부지역은 농산물 수요증가에 따른 가격상승의 혜택을 누릴 수 있다. 다시 말해 동부지역의 공업발전은 중부지역의 농업발전과 농민소득의 증가로 이어질 수 있다.

이와 같은 논리로 동부지역의 공업발전이 빨라지면 서부지역에서 더 많은 자원을 구매하게 될 것이다. 자원의 수요 증가로 가격이 상승하면 서부지역 사람들의 소득은 더욱 증가하게 될 것이다. 최근 내몽고 지역의 경제성장이 빨라지고 그들의 소득이 증가한 것은 이 지역에서 생산하는 지하자원의 가격이 상승했기 때문이다.

하지만 계획경제 시기에는 각 지역이 자신들의 비교우위를 추구하도록 유인할 수가 없었다. 당시 경제정책에서는 중공업 발전에 우선순위를 두었기 때문에 정부는 의도적으로 농산물과 광물의 가격을 낮게 책정하였다. 이에 따라 동부지역에서 공업이 발전하여 중부와 서부지역에서 농산물과 광물을 가지고 오게 되는 상황은 오히려 낙후된 중부와 서부에게 불리하게 작용하였다. 동부지역이 오히려 중부와 서부지역에서 보조금을 받는 특혜를 누리는 상황이었다. 역사적으로 동부지역은 항상 발달된 지역이었고, 1인당 소득은 항상 높았다. 따라서 동부지역이 중부와 서부지역에서 보조금을 받는 구조로 인해 지역간 소득격차는 더욱 확대될 수밖에 없었다.

개혁개방 정책을 실시한 이후 가격 자유화가 확대되었지만, 농산물과 광물에 대한 가격통제는 여전히 유지되고 있었다. 이런 상황에서 중부와 서부지역은 그들이 생산한 농산물과 광물을 동부지역에 팔지 않고 자신들이 가공하여 생산하는 데 사용하는 것이 더욱 유리하였다. 그래서 나타난 현상이 바로 "대이전, 소이전(大而全, 小而全)"15 현상이다. 이 현상은 중국의 어떤 지역에서도 생산과 공급, 마케팅에 이르기까지 완벽한 산업 시스템을 갖추고, 기업들도 완벽한 생산 시스템을 갖추려는 것을 의미하는데, 비교우위를 고려하지 않았기 때문에 매우 비효율적이었다.

가격왜곡 때문에 서부지역이 가지고 있던 자원의 이점이 경제적인 이윤으로 전환되지 못했다. 이런 일들은 시장경제에서는 발생할 수 없다. 예를 들면 오스트레일리아의 주요 수출품은 최근까지도 철광석과 울이었다. 철과 강철이나 울 스웨터가 아니었다. 왜냐하면 오스트레일리아는 이러한 자연자원이 매우 풍부하였기 때문이다. 철광석과 울을 강철이나 스웨터로 가공하여 생겨나는 추가적인 부가가치가 그 가공과정에 필요한 비용보다 낮기 때문이다.

---

15 큰 기업은 크니까 모든 과정을 갖추고, 작은 기업은 작지만 모든 과정을 갖춘다는 뜻이다. 기업이 생산활동과 관련되어 원자재구매에서 부품생산, 조립까지 모든 단계를 가지는 현상을 말한다. 또는 대기업과 소기업이 모든 업종에 진출하려는 지칭하기도 한다. 계획경제 시기 업종별, 기업별 협력체제가 무너지면서 나타난 현상으로 중복과잉 투자, 비효율의 상징이었다(역자 주).

국제경제학에서는 요소가격균등(Factor Price Equalization)모델이 있다.[16] 교역과 운송비용, 감가상각이 없는 이상적인 상황에서 무역장벽이 없다면 각기 다른 나라의 생산요소 가격은 같아지게 된다는 것이다. 이 이론에 따르면 만약 생산품들이 중국 국내시장에서 자유롭게 거래된다면 서로 다른 지역의 생산요소 가격, 예를 들면 임금은 결국 같아질 것이고, 소득격차는 점차 줄어들 것이다.

따라서 중국은 국내 시장을 하나로 통합해야 한다. 이를 통해 도시와 농촌의 소득격차를 줄이고, 지역격차를 줄일 수 있다. 하지만 이를 위해서는 각 지역이 각자의 비교우위를 이용할 수 있도록 가격 왜곡을 시정해야만 한다. 동시에 교통, 통신, 운송 등 사회간접시설도 확대해야 한다. 이를 통해 거래비용이 줄어들고 효율성이 증가하여 생산요소의 가격이 점차 균등해질 것이다.

---

[16] Samuelson, 1948. 무역이 자유롭게 이루어진다면 노동과 자본 등의 생산요소가격은 국제적으로 균등화하는 경향이 있다는 것이다.

Brown, Lester R. *Who Will Feed China?: Wake-Up Call for a Small Planet*, New York: Norton, 1995.

Kuznets, Simon, and Dorothy S. Thomas. *Population Redistribution and Economic Growth: United States, 1870 – 1950.* Philadelphia: American Philosophical Society, 1964.

Lin, Justin Y. "The Household Responsibility System in China's Agricultural Reform: A Theoretical and Empirical Study," *Economic Development and Cultural Change*, vol. 36 (April 1988): 199 – 224.

Lin, Justin Y. "Rural Reform and Agricultural Growth in China," *American Economic Review*, 82, no. 1 (March 1992): 34-51.

Lin, Justin Y. *Fa Zhan Zhan Lue Yu Jing Ji Fa Zhan* [Development Strategy and Economic Development]. Beijing: Peking University Press, 2004..

Maddison, Angus. *Monitoring the World Economy, 1820 – 1992.* Paris: Organisation for Economic Co-operation and Development, 1995.

Murphy, K. M., Shleifer, A. and Vishny, R. W. 'Industrialization and the Big Push'. *Journal of Political Economy*, 97, no. 5 (1989): 1003 – 26.

National Bureau of Statistics of China. *China Statistical Yearbook.* Beijing: China Statistics Press, 1992.

Sachs, J. D. (1992). 'Privatization in Russia: Some Lessons from Eastern Europe'. *American Economic Review*, 82, (2), 43 – 8.

Sachs, J. D. (1993). *Poland's Jump to the Market Economy.* Cambridge, Mass.: MIT Press.

Sachs, J. D. and Lipton, D. (1990). 'Poland's Economic Reform'. *Foreign Affairs,* 69, (3),

Samuelson, P. A. "International Trade and the Equalisation of Factor Prices," *Economic Journal,* 58 (June 1948): 163-184.

제08장

도시개혁과 남겨진 쟁점들

제 8 장

도시개혁과 남겨진 쟁점들

개혁개방 이전에 추진되었던 중공업 우선 발전전략은 4장에서 언급하였듯이 "3위1체"의 제도적인 장치를 통해서 추진되었다. 따라서 개혁개방 이후 시장화 개혁은 제도개혁이 중심이 되었다. 이 제도개혁의 중심내용은 기업의 미시적 인센티브 시스템 개혁, 자원분배 방식의 개혁, 거시 경제정책의 개혁이다. 이러한 개혁은 주로 도시의 공업 분야에서 추진되었다. 따라서 이 장에서는 도시개혁 문제를 분석하고자 한다. 1978년 개혁을 전후한 도시개혁의 접근 방식의 차이점을 설명하고, 도시개혁을 추진하는 어려움과 문제 해결책을 분석하고자 한다.

1 도시 공업 분야의 개혁

1) 개혁 이전의 문제점

중국의 도시 공업 분야는 개혁개방 정책을 시작할 당시 3가지 문제를 안고 있었는데, 그것은 구조적 불균형, 통합조정의 부재, 동기부여의 부족이었다. 구조적 불균형이라는 것은 분야별로 부족과 과잉이 공존하는 형태로 나타났다. 당시 공급이 부족한 제품은 계속 공급 부족이 지속되었던 반면, 공급이 과잉인 다른 제품은 계속 공급이 많았다. 당시 "공급과잉된 제품은 영원히 넘치며, 공급부족인 제품은 영원히 모자란다"라는 말이 있을 정도였다. 과잉 생산되는 제품은 중공업, 특히 완제품이 많았다. 반면에 중공업 중에서도 원자재와 에너지 같은 분야에서는 공급이 부족하였다. 특히 공급부족이 심각한 제품은 대부분 생필품과 경공업 제품이었다. 이처럼 공급과잉과 공급부족이 공존했다는 것은 자원배분이 구조적으로 불균형하게 이루어지고 있었다는 것이고, 이는 경제적 비효율성이 매우 심각했다는 것을 의미한다.

두 번째, 개혁개방 이전에는 통합조정 기능이 부실했다. 계획경제 체제에서는 모든 자원을 중앙계획기관이 통제하였다. 예를 들면 중국 북서부 지역에 안강(鞍鋼) 제철소가 있고, 중부지역에 우강(武鋼) 제철소가 있었다. 각 지역에는 중공업 생산기지가 있었다. 당연히 북서부 지역의 철강 수요는 안강 제철소가 충당하고, 중부지역의 철강 수요는 우강 제철소에서 충당하는 것이 합리적이다. 하지만 1978년 이전 계획경제 체제하에서는 반대로 우강 제철소가 북서부 지역에 철강을 공급하고, 안강 제철소가 중부지역에 철강을 공급하는 등 수요와 공급의 불일치가 빈번하였다. 이런 통합조정 기능의 부실로 운송비용이 크게 늘어나고 경제적 효율성도 떨어졌다.

세 번째 문제는 동기부여가 부족하다는 것이었다. 국유기업에서는 성실한 노동자와 불성실한 노동자가 동일한 대우를 받았다. 따라서 노동의욕은 감소하였고, 기업의 경영 효율성은 매우 낮았다.

2) 개혁 이전의 해결 방안

1978년 개혁개방정책을 시작하기 이전에도 중국정부는 도시 공업 분야의 문제들을 해결하기 위해 노력하였다. 당시의 해결 방안들은 다음과 같았다.

첫째, 중앙정부가 직접 구조적 불균형 문제를 해결하려 하였다. 하지만 중앙정부가 직접 여러 산업들을 조정하는 것은 매우 비효율적이었다. 농산물이 아주 부족해지는 것과 같은 특별한 상황이나 사회발전의 불균형이 매우 심각한 상황에서만 중앙정부가 긴급하게 많은 자금을 그 분야에 투입하였다. 하지만 상황이 조금 개선되면 다시 중공업우선 발전정책의 문제점들이 나타났고, 자금은 중공업 분야로 몰렸다.

둘째, 통합조정 능력의 부족 문제는 정책결정권을 분권화(decentralization)하는 방식으로 해결하였다. 개혁 이전의 계획경제 시스템에서는 기본적으로 수직적 관리가 기본이 되었다. 이는 중앙정부의 국무원 담당 부서에서 기업의 생산 활동에 대해 직접 지시한다는 것을 의미한다. 하지만 이러한 수직적 관리 시스템은 중간에서 부문 간의 협의를 통한 조정을 하기가 어렵다. 예를 들면 중앙정부의 철강관련 부서(鋼鐵部)가 국가계획에 의해 자원을 배분할 때 생산활동의 일관성에만 주의를 기울이고 종종 지리적 입지를 무시하기도 했던 것이다. 철강관련 중앙정부 부서가 철강 운송의 비용 효율성까지 고려하는 경우가 거의 없었던 것이다.

이 문제를 해결하기 위해 중앙정부는 수직적 관리 시스템을 성(省)단위에서 자체적인 관리하는 수평적 관리 시스템으로 전환하는 개혁을 실시하였다. 정책결정권이 각 성급 기관에 부여되면서 각 성은 지역 내 자원분배와 생산에 대한 관리 책임을 지게 되었다. 예를 들면 북서부의 랴오닝성 지방정부가 안강 제철소와 랴오닝 지역의 기업에 대한 정책결정권을 가지게 된 것이다. 이렇게 될 경우 북서부의 안강 제철소가 멀리 떨어진 중부지역에 철강을 공급해야 하는 비효율성이 줄어들게 되는 것이다.

하지만 계획경제 체제에서 중앙정부에서 지방정부로 생산요소 배분에 관한 정책결정권의 분권화가 이루어진 이후 반복적인 경기변동 사이클 문제가 생겨났다. 분권화와 경제와의 관계에서 "정책을 완화하면 경기가 살아나고(一放就活), 경기가 살아나면 경제가 혼란해지고(一活就亂), 경제가 혼란해지면 조정정책을 통해 정책을 강화하고(一亂就收), 정책을 강화하면 경제가 침체되는(一收就死)" 중국 특색의 경기변동 현상이 발생하였다.

이러한 현상은 다음과 같은 원리에서 발생하였다. 경제정책의 결정권이 각 성급기관에게 주어지면(放), 각 성들은 각 지역내 경제발전, 특히 중공업 분야의 발전을 위해 적극적으로 투자를 확대한다. 이러한 투자과열로 각 성의 경제성장률은 높아지고, 결과적으로 경제 전체의 성장속도로 빨라진다(活).

하지만 에너지, 철강, 광물, 운송 서비스 등의 공급측면에서는 단기간 내에 각 성에서 필요한 만큼 공급을 확대할 수 없다. 공급을 제한적이고 이를 확대하기 위해서는 오랜 시간이 필요하다. 그러나 전국적으로 지방정부가 일제히 투자를 급격하게 확대하면서 원료, 운송 서비스, 기타 생산요소의 공급부족 사태가 심각해진다. 이에 따라 각 지역이 이러한 생산요소의 확보를 위해 치열하게 경쟁하면서 경제는 극심한 혼란에 빠진다(亂). 결국 경제의 정책결정권이 다시 중앙정부로 집중되면서 통합조정 능력의 부족 문제가 나타나고, 각 지역의 경제발전에 대한 열기도 가라앉으면서 경제는 다시 침체기로 접어든다(死).

셋째, 동기부여의 부족 문제는 정치적인 동기를 부여하는 방식으로 해결하고자 하였다. 기본적으로 노동자들이 더 열심히 일해도 소득이 나아지지 않을 때 노동의욕은 자연적으로 감소한다. 계획경제에서 이 문제를 해결하기 위해서 중국정부는 모든 노동자들에게 레이펑(雷鋒)[1]을 본받으라고 가르치고, 개별 노동현장에서 모범 노동자를 선정하여 사회적, 정치적 명예를 부여하였다. 하지만 이러한 정치적인 동기부여는 매우 제한적이었다. 예를 들면 모범 노동자로 선정된 경우 중국 정치협상대표자 회의의 대표나 전국인민대표 위원이 되는 것과 같은 일정한 정치적인 특혜를 받을 수도 있었지만, 그러한 혜택을 받는 경우는 극히 소수였다. 뿐만 아니라 많은 사람들을 모범 노동자로 선정하게 될 경우 이로 인한 동기부여의 효과도 없어지게 된다. 사실 모든 사람들이 정신적인 목표를 추구하고는 있지만, 이러한 종류의 정신적인 포상 방식이 모든 노동자들에게 동일한 것은 아니다. 따라서 이러한 방식으로 동기를 부여하여 노동의욕을 높이는 것은 상당히 제한적이었다.

---

1 레이펑은 중국 인민해방군의 전설적인 모범병사이다. 마오쩌둥의 지시로 인민을 위해 봉사한 모범적이고 이상적인 군인으로 선전되기 시작하여 전국적으로 레이펑 동지에게 배우라는 운동이 벌어지기도 하였다(역자 주).

3) 개혁 이후의 해결 방안

1978년 11차 당 중앙위원회 3차 전체회의에서 중앙정부는 공업 분야의 문제들이 위에서 언급한 구조적 불균형, 통합조정 능력의 부족, 인센티브 부족에 있음을 지적하였다. 하지만 개혁개방 정책을 시작한 이후 이러한 문제들을 해결하기 위해 제시한 방안은 그 이전과 크게 달라지지 않았다.

먼저, 구조적 불균형 문제의 개혁을 위해서 중국은 여전히 중앙정부의 투자에 의존하였다. 중앙정부의 투자를 통해서 1차, 2차, 3차 산업의 비율을 조정하려고 하였다. 농업분야에 대한 투자는 1978년 전체 투자의 11%를 차지하였다. 중국정부는 이 비율을 18%로 상향조정하였다. 이러한 종류의 구조조정은 이전의 방식과 별로 다르지 않았고, 따라서 결과도 이전과 비슷하였다. 오히려 이 시기 농가단위의 청부생산제도가 도입되면서 농업생산은 큰 폭으로 상승하였다. 상황이 이렇게 되면서 농업분야에 대한 투자비율은 약속했던 18%를 넘은 적이 없었고, 오히려 전보다 더 하락하였다.

둘째, 통합조정 문제의 해결을 위해 다시 정책결정권을 성급 단위로 분권화하였고, 관리방식도 수직적 관리방식에서 수평적 관리방식으로 전환하였다. 이렇게 되면서 다시 전국적으로 투자가 급증하였다. 경기과열로 인한 물자부족 사태가 전 지역에서 발생하였고, 점진적인 가격 자유화 이후 인플레이션도 심각해졌다. 중국 공산당은 과거 국공내전 당시 국민당 정권에서의 초인플레이션(hyperinflation) 때문에 인플레이션 문제에 매우 민감했다.[2] 따라서 인플레이션이 발생하자 중앙정부가 투자를 줄임으로써 이 문제를 해결하고자 하였다. 하지만 인플레이션 문제가 완화되면 경제성장 역시 둔화되었다. 1978년부터 1996년까지 개혁개방 이전과 같은 "분권화-인플레이션-긴축경제-경기침체-분권화"의 경기순환이 반복되었다.

셋째, 동기부여의 부족 문제 해결을 위해 물리적 보상이 허용되었는데, 이는 이전과는 크게 변화된 정책이다. 덩샤오핑은 뛰어난 실적을 보이는 기업과 그렇지

---

2 초인플레이션이란 통제가 불가능할 정도의 극심한 인플레이션을 지칭한다. 초인플레이션 문제는 과거 국민당 정권이 국공내전 당시 대중의 지지를 잃고 패전하게 된 가장 결정적인 이유였다.

못한 기업을 구분해야 하며, 생산성이 높은 노동자는 낮은 노동자보다 더 높은 임금을 받아야 한다고 했다. 과거의 임금산정 기준은 학력, 나이, 성별, 직종 그리고 지역별 생활비 차이였다. 이러한 과거의 임금산정 방식은 격차가 거의 없었기 때문에 노동자들의 적극성을 이끌어내는 데 실패했었다. 따라서 이 핵심적인 문제를 개혁하였기 때문에 마침내 커다란 변화를 이끌어 낼 수 있었다.

4) 개혁의 진행과정

동기부여를 위한 물질적 보상을 허용하면서 노동자들의 근로의욕은 높아졌다. 노동자들의 임금이 그들의 노력에 연동되었기 때문이다. 과거 계획경제 체제에서는 기업의 관리자들이 노동자들의 임금을 노력에 따라 차등적으로 조정할 수 있는 결정권이 없었다. 따라서 동기부여를 위한 물질적 보상의 전제조건은 경영진에게 일정정도의 자율적인 결정권을 부여하는 것이었다. 기업의 이윤 중 일부를 경영진이 자율적인 판단에 따라서 임의로 배분하는 자율권(autonomy)은, 과거 계획경제 체제에서 탈피하는 획기적인 변화였던 것이다.

자율권이 개별 기업단위에게 허용되면서 가격결정과 자원배분은 자연스럽게 시장중심으로 변화되었다. 기업이 이윤의 일정부분을 유보할 수 있게 된다는 것은 기업이 이것을 자유롭게 사용할 수 있다는 것을 의미한다. 하지만 과거 계획경제 체제의 할당 쿼터만으로는 이렇게 새롭게 창출되는 수요를 충당하지 못하였다. 따라서 계획 외의 공급이 필요해졌다. 계획 외 부분의 증가는 자연스럽게 시장 중심적인 자원배분 시스템의 발전으로 연결되었다.

개혁 이전에는 오직 단일한 계획경제 부문만이 존재했다. 하지만 개혁 이후에는 시장과 계획이 공존하는 이원화된 제도(dual-track: 双軌制)가 탄생한 것이다. 계획경제는 기존처럼 국가에 의해서 통제되었고, 시장은 시장의 공급과 수요에 의해서 결정되었다. 처음에는 시장부문이 작았지만, 개혁이 가속화되면서 시장은 점차 더 중요해졌다. 그리고 시간이 지나면서 계획경제의 문제점과 폐단 때문에 중국정부는 결국 계획경제를 포기하게 되었다. 두 개의 트랙으로 움직이던 경제가 결국 시장이라는 하나의 트랙으로 움직이게 되었다.

요약하자면 중국의 도시개혁은 국유기업(SOE: state-owned enterprises)에게 경영관리의 자율권을 넘겨주면서 시작되었고, 점차 자원배분과 가격결정이라는 시장적인 부분으로 발전해갔다. 경제운용 체제는 원래 계획경제라는 하나의 원칙으로만 움직이다가 계획과 시장이라는 두 개의 원칙이 병존하는 단계를 거쳐, 최종적으로 시장이라는 하나의 원칙으로 움직이게 되었다.

2 미시적 경영관리 시스템의 개혁

1978년 이후 도시지역의 기업개혁은 위에서 언급한 것처럼 노동의욕을 높이는 방법으로 동기부여를 할 수 있도록 기업에게 경영 자율권을 허용하면서 시작되었다. 이후 개혁은 이윤과 경영자율권의 부여(放权让利) 단계를 거쳐 재산권의 명확화 과정으로 발전하였다.

1) 이윤유보 제도

이윤유보(profit retention) 제도라는 것은 이윤과 그 결정권의 일정부분을 국유기업에게 부여한다는 있다는 것이다. 이 제도는 1978년 쓰촨성(四川省)의 4,000개 국유기업에게 처음으로 시행되었다. 구체적인 방법은 그들 중 흑자를 낸 기업에게 증가된 이윤의 12%를 기업에게 주는 것이었다. 기업은 이렇게 유보된 이윤을 모범 노동자 포상, 기숙사, 병원, 유치원 등의 건립을 위한 복지기금 조성 그리고 사업의 확장 등에 사용할 수 있었다. 이 시도는 엄청난 성공을 거두었다. 국유기업이 이윤을 더 많이 낼수록 더 많은 자금을 확보할 수 있었기 때문이다. 이론상 이러한 인센티브 시스템하에서 국가는 증가된 이윤의 88%를 가져갈 수 있었기 때문에 최종적인 수혜자는 국가였다. 하지만 결과적으로 그렇게 되지는 못했다.

1979년 이윤유보 제도가 전국적으로 확대된 이후 그 결과는 예상과는 달랐다. 미시적으로 국유기업의 효율성과 적극성은 놀라울 정도로 개선되었다. 하지만 국가의 이윤과 세금은 오히려 감소하였다. 국가는 기업 이윤 증가의 88%를 가져가야 했지만, 실제로는 그렇게 많이 가져가지 못했고 심지어는 이전보다 국가의 몫이 더 줄어들기도 하였다. 이러한 문제들이 나타난 가장 중요한 이유는 관리감독의 문제 때문이었다.

　　개혁 이전 기업의 관리자들은 경영 의사결정권을 가지지 못했는데, 그 이유는 이들을 관리감독하는 것이 어려웠기 때문이다. 그런데 개혁 정책으로 국유기업에게 경영 자율권이 주어지자, 국유기업은 그들의 사업과 관련된 거짓 정보를 보고하기 시작하였다. 예를 들면, 기업의 이윤이 100% 증가하면 기업은 12%만큼의 이윤을 유보할 수 있다. 하지만 경영진이 이윤이 50%만 증가했다고 허위보고를 올리면 기업은 합법적인 6%의 이윤과 숨겨진 50%의 이윤 전부를 가질 수 있다. 정직하게 보고했을 때의 이윤 12%보다 훨씬 많은 이윤을 가질 수 있는 것이다.

　　다른 한편으로 국유기업은 회계장부를 조작하기도 하였다. 기숙사 건축을 위해 유보이윤을 사용하면서 이를 생산비용으로 처리해 버리기도 하였다. 국가가 모든 국유기업의 회계를 감사하는 것은 쉽지 않았다. 국가계획위원회가 기업에게 감독관을 파견하기는 하였지만, 감독관들이 기업에게 뇌물을 받고 매수되기도 하였기 때문에 별로 효과가 없었다. 결론적으로 국유기업과의 게임에서 국가는 개혁을 통해 창출된 이윤 증가분의 많은 몫을 가져가는 데 실패하였다.

2) 청부계약제

　　중국정부는 이윤유보 제도의 문제점을 해결하기 위한 방법을 농촌 부문에서 발견하였다. 당시 농촌에서는 7장에서 언급하였듯이 청부경영제도가 큰 성공을 거두었다. 이러한 성과에 고무되어 중국정부는 1985년부터 국유기업에 대해서 청부계약제를 시작하였다. 각 기업의 경영자는 국가와 다음과 같은 내용의 청부계약을 체결한다. 첫째, 각 기업은 매년 국가에게 일정 금액을 상납한다. 둘째, 만약 기업의 이윤이 상납금액보다 많으면 그 부분에 대해서 일정 비율로 국가와 기업이 나누어 갖는다. 기업의 상황에 따라 국가가 더 많은 비율을 가질 수도 있고, 기업이 더 많은 비율을 가질 수도 있다. 이론상 이러한 청부계약제도에서 국가는 매년 일정금액 이상을 안정적으로 확보할 수 있고, 추가적으로 증가된 이윤의 일정부분도 가져갈 수 있으므로 국가의 이익이 보장받을 수 있었다. 그러나 실제 결과는 이전의 이윤유보제와 크게 달라지지 않았다.

청부계약제를 시범적으로 적용했을 때는 결과가 매우 긍정적이었다. 하지만 청부계약제가 전국적으로 확대 적용되었을 때는 국가의 이윤이 오히려 급감하였다. 그 이유는 첫째, 청부계약제에는 인플레이션이 반영되지 않았다. 상납금액은 고정되어 있는데 인플레이션이 발생하면서 상납금액의 실질적인 구매력(purchasing power)[3]이 감소한 것이다. 1986년 이전까지는 인플레이션이 거의 없었다. 하지만 1988년에는 소매물가지수가 18.5%로 상승하였고, 1989년에는 17.9%에 달했다. 상납금액의 액면가는 유지되었지만 실질적인 구매력은 그만큼 감소한 것이다.

둘째, 청부계약제는 계약자의 권리와 의무가 균형을 이루지 못했다. 기업이 잘 경영되면 이윤의 일정부분을 계약에 의거하여 국가에 상납한다. 하지만 기업이 손실을 기록했을 때는 국가가 경영자를 처벌하지 못한다. 이러한 권리와 의무의 불균형 때문에 일부 경영 관리자는 사적인 이윤을 추구하게 된다. 예를 들면 국유기업의 경영자가 친척, 친구, 때로는 자신이 설립한 회사로부터 비싼 가격에 원자재를 구입하는 경우가 있었다. 이렇게 되면 국유기업 이윤의 일부 또는 전부가 경영 관리자와 밀접한 관계가 있는 회사로 이전된다. 국가가 이런 내부 상황을 찾아내고 조사하는 것은 쉽지 않았다.

3) 재산권의 명확화

1980년대 말 이윤유보제와 청부계약제로 인한 국가적 손실에 대한 논쟁이 벌어졌다. 그 논쟁에서 대체적인 의견은 이러한 손실이 발생한 가장 큰 원인은 국유기업의 소유자가 모호하고 재산권이 명확하게 정의되어 있지 않기 때문에, 아무도 국유자산의 유지와 증대에 관심을 가지지 않기 때문이라는 것이다. 이론상 국유기업은 전체 국민의 소유이면서 경영 관리자에게 경영권을 주었다. 이런 상황에서 전체 국민을 대표하는 국가가 기업 내에서 소유자(국민)의 이익을 대변할 방법이

---

3 구매력은 일정 단위의 화폐를 가지고 구매할 수 있는 재화와 용역의 수를 의미한다. 인플레이션이 생기면 화폐의 가치가 줄어들기 때문에 동일한 금액으로 구매할 수 있는 재화와 용역의 수가 감소하기 때문에 구매력이 감소하는 것이다(역자 주).

없게 된 것이다. 당시 학계에서 내놓은 해결방안은 국유기업의 재산권을 명확하게 하는 것이었다.

그 방법은 기업의 규모에 따라 2가지로 제시되었다. 하나는, 중소규모의 국유기업에 대한 것으로 중소 국유기업은 민영화를 추진하는 것이다. 반면, 대형기업의 경우는 현대적인 기업제도(公司化)를 도입하여 소유자의 이익을 대변할 수 있는 이사회를 설립하고, 이 이사회가 경영진의 기업 운영에 대한 감시와 감독 권한을 가지게 하는 것이다. 대형기업 중 일부는 주식회사로 전환하여 지분의 일부분을 주식시장에 상장(IPO)⁴하기도 하였다. 이렇게 일반인들을 대상으로 기업의 주식을 매각함으로써, 그들이 기업경영에 대한 감시와 감독의 역할을 수행하게 할 수 있을 것으로 기대되었다. 이러한 감독기능은 기업의 경영 개선에 기여할 것이고, 주식가치가 상승하면서 개인투자자뿐만 아니라 최대주주인 국가에게도 이익이 될 것으로 기대되었다.

하지만 이 제도의 결과도 그 이전과 크게 차이가 나지는 않았다. 기업의 생산성은 분명히 개선되었지만, 국가의 이익은 여전히 보호받지 못했다. 더 나쁜 것은 재산권을 명확하게 하고 중소 국유기업을 민영화하는 과정에서 상당한 국가의 자산이 유실되어 버린 것이다.

국유기업을 개혁하기 위한 여러 제도들은 시범적으로 실시할 때는 대부분 성공적이었다. 시범 사업의 경우 국가뿐만 아니라 언론 매체들도 주목을 하기 때문이다. 이렇게 주목을 받는 상황에서 공개적으로 국가의 이익을 침해하는 것은 사실상 불가능했다. 하지만 수백 개 이상의 국유기업에 대한 소유권 개혁이 동시에 이루어질 경우 대중적인 관심이 약해질 수밖에 없었고, 효과적인 감독은 불가능했다. 효과적인 감독이 불가능한 상황에서는 국유기업의 경영자가 국가의 이익을 침해할 위험이 더 크다. 결과적으로 국가가 국유기업에게 질 수밖에 없었다.

---

4 IPO는 Initial Public Offering의 약자로 주식시장에 기업의 주식과 경영내용을 공개하는 것을 의미한다. 기업이 최초로 외부 투자자에게 공개적으로 매도하는 것으로 주식시장에 처음 상장하는 것을 말한다. 기업은 이를 통해 자금을 조달할 수 있다(역자 주).

③ 자원배분과 가격 메커니즘의 개혁

1) 시장의 등장과 이중 시스템

국유기업에 경영 자율권이 주어지면서, 자연스럽게 자원배분과 가격결정 메커니즘의 개혁이 필요해지게 되었다. 개혁 이전에는 모든 자원이 국가의 계획에 의해서 배분되었다. 하지만 국유기업이 추가적인 이윤의 12%를 유보할 수 있게 되면서, 기업과 노동자들은 이 이윤으로 국가계획에 의해 조달되는 이외의 물건을 구매하고 싶어 했다. 동시에 그들은 쿼터를 초과하여 생산한 생산품을 국가계획 이외의 분야에 판매하고 싶어 했다. 이러한 방식이 허용되어야만 기업들은 더 많은 상품을 생산할 동기를 가질 수 있었다. 따라서 시장지향적인 자원배분과 가격결정이 수요와 공급 양 측면에서 등장하였다. 이에 따라 계획에 의한 자원배분과 시장에 의한 자원배분, 계획에 의한 가격결정과 시장에 의한 가격결정 메커니즘이 공존하는 이원화된 시스템(双軌制)이 형성되었다.

2) 계획경제에서 시장경제로의 전환

당시 국가계획의 바깥에서 생산된 제품의 가격은 일반적으로 국가계획 안에서 생산된 제품의 가격보다 높게 형성되었다. 이에 따라 기업은 시장가격에 근거하여 거래되는 제품을 더 많이 생산하고 이런 제품에 더 많은 투자를 하였다. 결과적으로 이런 제품의 생산량은 급격하게 증가한 반면, 국가가 통제하는 계획경제 부문은 급격하게 감소하였다. 국가계획의 안과 밖의 제품의 비율은 매우 급격하게 변화되었다.

동일한 제품임에도 시장에서 거래되는 가격이 계획경제하의 제품가격보다 높을 때, 경제학에서는 이러한 차이를 지대(rent)라고 하는데, 이런 경우 일반적으로 지대추구행위(rent-seeking behavior)[5] 가 발생한다.[6] 지대추구행위로 인해 부정부패가

---

5 지대추구행위란 자신의 이익을 위해 로비, 약탈, 방어 등 비생산적인 활동에 경쟁적으로 자원을 지나치게 소비하는 현상을 말한다. 여기서 지대란 한 사회 안에서 누구에게도 귀속되지 않

만연해지고, 사회불안이 심각해진다. 이러한 문제를 해소하는 가장 좋은 방법은 국가의 계획경제에 의한 자원배분을 없애고, 시장이 그 역할을 하도록 하는 것이다.

 ## 4 개혁의 진행과정

1) 상품시장의 개혁

1979년부터 1984년 사이 콘크리트와 철강을 포함한 많은 상품들이 국가계획 바깥에서 생산되고 판매되는 것이 허용되었다. 1984년 이후에는 국가의 지령성 계획(mandatory part)[7] 부문이 점차 감소하였고, 생산활동이 더욱 시장 지향적으로 전환되었다. 결국 계획경제 시스템은 완전히 사라지게 되었다.

한편 80년대 당시 시장과 계획이 병존하는 이원화된 시스템에서 다오예(倒爷)라는 지대추구자(profiteer)가 등장하여 부패와 범죄 행위가 만연하였다. 그들은 각종 불법적인 방법으로 계획경제하에서 배분되는 상품들을 싼 가격에 납품받아서, 이를 다시 시장에 비싼 가격에 되팔아 엄청난 이윤을 남겼다. 이러한 지대추구행위를 없애는 가장 좋은 방법은 계획경제 부문의 가격을 시장 가격으로 바꾸는 것이다. 1990년대 초 마침내 시장이 자유화되고, 모든 가격은 시장에서 결정되었다. 결과적으로 지대가 사라지면서 다오예도 없어졌다.

2) 외환 관리제도의 개혁

개혁 이전에는 특정 산업분야에서 독점적 지위를 가지고 있던 8개 기업만이

는 이권을 뜻한다. 중국에서는 과거 계획경제 부문의 제품가격이 낮기 때문에 로비 등으로 계획경제 분야에 제공하는 비율을 줄이고, 더 많은 부분을 시장에서 판매하여 이익을 추구하는 현상이 있었는데, 이것도 일종의 지대추구행위이다(역자 주).

6 Krueger, 1974.

7 지령성계획(指令性计划)이란 사회주의 계획경제에서 각 기관이 국유기업을 대상으로 직접 하달하는 구속력 있는 계획이다. 이에 대해서 정부가 경제활동에 직접 간섭할 수 있다. 지령성계획이 하달되면 각 집행단위는 이를 반드시 달성해야 한다. 이와 대조되는 개념은 지도성계획(指导性计划)인데 지도성계획에는 강제나 구속력이 없다(역자 주).

외환거래에 참여할 수 있었다. 당시 모든 수출은 이 기업들을 통해서 이루어졌다. 이들 기업은 국가에서 외환을 지원받아 다른 나라에서 상품을 수입하고, 수출을 통해 획득한 외환도 전부 국가에 납부하였다.

1978년 개혁정책을 실시하면서 지방정부도 자율적으로 외환거래를 할 수 있도록 허용되었다. 성(省)급, 시(市)급, 그리고 자치구에서 독자적인 무역회사를 설립할 수 있었다. 이후 종합무역상사가 이러한 무역회사들을 대체했다. 지령성 계획은 축소되고 지도성 계획으로 대체되었다.

한편 기업 이윤유보제와 비슷한 방식으로 무역회사의 외환 수입 중 12%를 무역회사가 자체적으로 유보하여 사용할 수 있도록 하는 개혁이 도입되었다. 초기에는 이렇게 외환을 유보할 수 있는 시간의 한계를 두었는데, 이로 인해 어떤 무역회사는 외환이 부족했고, 어떤 무역회사는 외환이 남았다. 이 때문에 1983년부터는 무역회사 간에 자신이 보유한 외환을 빌려주는 것이 허용되었고, 이를 위한 외환 교환(swap)[8] 시장이 도입되었다.

외환 교환시장에서 거래되는 조정외환 가격은 기본적으로 시장거래 가격이었으며, 이는 공식적인 외환가격보다 통상적으로 30%~60% 높았다.[9] 이에 따라 중국 정부는 공식적인 외환환율을 조정외환 환율에 근거하여 일정 정도 조정하기도 하였다. 이렇게 외환 관리 시스템이 개혁되면서 중국의 수출은 빠르게 증가하였다. 1978년 대외무역은 206억 달러였고, 그 중 수출은 100억 달러였다. 수출로 확보한 100억 달러는 국가가 모두 관리했었다. 외환 관리정책의 개혁 이후 1993년 수출은 1,000억 달러로 증가하였고, 그 중 20%만을 국가가 관리하였다. 국가가 관리하는 외환의 비중은 100%에서 20%로 감소하였지만, 절대 규모로 보면 두 배 이상이 증가한 것이다.

---

8 스왑(swap) 거래는 사전에 작성한 계약조건에 따라 일정 시점에 자금을 교환하는 금융거래 기법을 의미한다(역자 주).

9 계획경제 시스템에서는 자국 통화를 인위적으로 고평가하고 외국 통화를 저평가하였다. 이렇게 자국 통화를 인위적으로 고평가하면 수입은 늘고 수출은 줄어든다. 때문에 계획경제 시스템에서는 외환거래를 국가가 통제했던 것이다. 개혁 이후 조정외환 가격은 외국 통화의 가치가 공식환율보다 높게 평가되었다. 공식환율이 조정외환 환율에 맞추어 점차 위안화를 평가절하하면서 수출에 유리한 환경이 조성된 것이다(역자 주).

1978년 초 개혁을 시작할 당시 공식환율은 1달러당 1.5위안이었다. 1983년 외환 교환(swap)시장에서 거래되는 조정환율은 1달러당 3위안이었다. 그 후 공식환율이 조정환율에 맞추어 점차적으로 조정되었다. 1993년에는 교환시장의 조정환율은 1달러당 8.7위안이었고, 당시 공식환율은 1달러당 5.7위안이었다. 공식환율과 3위안이 차이가 있었다는 것은 1달러로 3위안의 지대를 추구할 수 있었다는 것을 의미했다. 당시 국가가 관리하는 외환이 200억 달러였는데, 이는 600억 위안의 지대가 존재했다는 것이다. 이러한 지대추구 행위를 없애기 위해서 중국정부는 외환거래의 이중 시스템(双軌制)을 없애고 1994년부터 단일한 관리변동 환율제도를 도입했다.

3) 금융 부문의 부분적인 개혁

개혁 이전 중국의 금융제도는 재정부문이 금융부문의 역할을 담당하였다. 모든 잉여 이윤은 국가재정으로 집중되었고, 재정부에서 직접 자금을 배분하였다(統收統支). 국가의 예산이 국유기업의 예산과 연계되었다. 또한 개혁 이전에는 중국인민은행(中國人民銀行)이라는 유일한 단일은행이 존재했는데, 인민은행은 실제로는 재정부의 산하 기관이었다. 인민은행은 본점 이외에 각 성·시·현에 지점을 두었다. 인민은행은 예금과 대출을 담당하는 일반은행의 역할뿐만 아니라 당시 국가계획위원회가 기업에게 제공하는 각종 프로젝트 자금을 재정부에서 받아서 각 지역의 지점에 보관하면서 회계, 출납의 업무를 담당하였다.

이러한 개혁 이전의 금융제도에서는 자금 사용의 효율성이 매우 떨어졌기 때문에 중국정부는 중국 은행이 외국 금융기관처럼 대출에 대한 심사나 자금사용에 대한 감시역할을 수행하여 효율성이 높아지기를 희망했다. 이에 따라 1979년부터 개혁을 시작하여 4개의 국유상업은행(공상은행, 건설은행, 농업은행, 중국은행)이 새롭게 문을 열었다. 그리고 보험회사, 신탁투자회사, 리스회사 등 각종 非은행금융기관들도 설립되었다. 동시에 은행의 적극성을 높이기 위해 관련 규제를 점차 완화하였다. 또한 1990년 상하이와 선전에 주식시장이 설립되면서 자본시장도 형성되었다. 이후 4개의 국유상업은행은 주식회사로 바뀌어 홍콩과 상하이에 상장되었다.

하지만 중국의 금융제도는 완전히 시장에 의해서 움직이지 못하고, 여전히 이중 시스템에 의해서 운영되고 있다. 정부는 여전히 은행부문의 진입, 저축과 대출 이자율, 주식시장의 기업 상장 등을 관리하고 있다. 시장의 역할은 여전히 제한적이다.

4) 향진기업과 非국유기업의 등장

제도 개혁이 진행되면서 자원배분의 효율성이 높아지고, 시장 기능이 강화되었다. 이에 따라 경제성장의 속도는 더욱 빨라졌다. 이러한 경제성장에서 가장 두드러진 역할을 담당했던 것은 향진기업, 민영기업 그리고 외자기업(外資企業: 외국인투자기업)이었다.

향진기업(乡镇企业: township and village enterprises)은 사실 1978년 이전 농촌지역의 기계화 추진 과정에서 농기계 수리를 위해 존재했던 정비소 등이 발전하면서 초기 형태가 형성되었다. 이후 점차 생필품 등으로 생산 범위가 확대되었다. 향진기업은 1978년 이전에는 국가의 자원분배 계획시스템에서 제외되어 있었기 때문에 단지 지역내 수요를 겨우 충당하는 정도였다.

하지만 1978년 이후 농촌지역에서 농가단위의 청부생산제도가 도입되고 농민들의 의욕이 향상되면서 산출량이 급증하였다. 이러한 생산 증가로 농민들은 투자자본을 축적하기 시작하였다. 자원배분 시스템에도 제도개혁이 진행되어 이중 시스템이 도입되었기 때문에, 농민들은 이러한 자본으로 기계설비와 원자재를 구입할 수 있었고, 생산물을 다른 지역에 판매하기 시작하였다.

향진기업은 이익 추구를 목표로 했기 때문에 비교우위가 없는 산업에는 투자하지 않았다. 이는 민영기업과 외자기업의 경우도 마찬가지였다. 결과적으로 이러한 非국유기업들은 매우 빠른 속도로 발전하였다. 전체 제조업에서 향진기업이 차지하는 비중은 1978년 9.3%에서 1994년 35%로 급격하게 증가하였다. 이처럼 향진기업이 빠르게 발전할 수 있었던 이유는 중국의 비교우위를 적극적으로 활용했기 때문이다. 시장의 발전은 이처럼 향진기업과 같은 非국유기업의 발전으로 이어졌고, 이로 인해 자원배분의 효율성은 더욱 개선되었다.

5 개혁의 성과와 문제점

중국의 개혁은 덩샤오핑이 표현한 것처럼 "돌다리를 두드리며 강을 건너는" 점진적인 방식으로 이루어졌다. 개혁정책을 시작할 초창기에는 아무런 청사진도 지향점도 없었다. 사실 최초의 정책 목표는 시장중심이라기보다는 계획경제의 강화에 맞추어졌다. 그러나 점진적인 개혁을 추진하는 과정에서 결과적으로 중국은 점점 시장경제에 근접하였고, 어떤 측면에서는 일부 시장경제 국가보다 더 시장경제에 가까운 모습을 보이고 있다.

어떻게 이런 일이 가능했는가? 개혁을 추진하는 과정에서 문제가 발생할 경우 중국정부는 사상해방, 실사구시라는 경제적 논리로 풀어나갔고, 개혁이 진행되면서 상황이 변화되면 상황에 맞는 새로운 해결방안을 찾아나갔다.

물론 이러한 개혁의 진행과정에서 하나의 일관된 논리는 있었다. 과거 계획경제 체제에서 자본이 부족한 상황임에도 자본집약적인 중공업을 육성하기 위해, 인위적으로 가격을 왜곡하고, 자원배분을 중앙집권적으로 통제하고, 미시 단위에서의 자율권을 없앴다. 개혁의 출발점은 기업 내에서 경영진과 노동자들에게 물질적인 보상을 허용하는 것이 필요하다는 것을 인정하는 것이었다. 기업과 개인들에게 물질적인 보상을 허용하기 위해서는 자원배분과 가격결정 시스템의 개혁은 필수적이었다. 기업과 개인이 일정 정도 자원을 확보한 상황에서 그들은 이윤이 높은 분야에 투자를 하게 될 것이고, 이로 인해 자원배분의 효율성은 높아졌다. 한편 이중 시스템의 존재로 인해 발생하는 지대추구행위와 부패 문제를 해결하기 위해 점차 시장 단일 시스템으로 변화되어 갔다. 원래의 계획과는 달리 중국은 점점 시장경제로 변화되었던 것이다.

중국의 점진적인 개혁은 엄청난 성과를 거두었다. 먼저, 국유기업의 생산성이 매우 개선되었다. 1978년 이전 국유기업의 생산성은 매우 낮았다. 개혁 이후에도 국유기업의 총요소생산성은 2.4%로 비국유기업의 총요소생산성 5.4%에 비해 많이 낮았지만, 이는 개혁 이전의 국유기업 총요소생산성(0.5%에서 −1.0%)에 비해서는 많이 개선된 것이다.[10]

둘째, 국유기업이 산업생산에서 차지하는 비중이 빠르게 감소하였다. 국유기업의 비중은 1978년 75%에서 2000년 25%로 급감하였다. 시장에서 거래되는 대부분의 상품은 민영기업이 생산한 것이다.[11]

셋째, 경제의 개방화가 촉진되었다. 중국의 무역이 GDP에서 차지하는 비중은 1978년 9.9%에 불과하였는데, 2009년 44.7%로 증가하였다. 인구 1억 명 이상의 국가 중에서 중국의 대외무역 의존도가 가장 높다. 1976년에서 2009년 사이 중국 무역의 연평균 증가율은 9.9%에 달했는데, 이는 전 세계에서 가장 높은 것이다.[12]

중국의 개혁정책은 이처럼 훌륭한 성과를 거두었지만 동시에 많은 문제점들도 야기하였다. 첫째, 은행 시스템이 불안해졌다. 중국 은행의 부실대출 비율은 매우 높다. 일부 학자들은 1990년대 말 은행의 부실대출 비율은 40% 이상에 달했다고 주장한다.[13] 주식시장의 거품도 심각한 문제였다. 1990년 초 주식시장이 성립된 이후 개인투자자들만 주식을 살 수 있었다. 당시 투자자들은 주식의 장기적인 가치보다는 단기적인 주가의 변화에 관심을 가지고 투기적인 단기매매에 치중했고 이로 인해 주식거래의 회전율이 매우 높았다. 1998년부터는 기금의 주식시장 참여도 허용되었으나 결과는 더 나빠졌다. 일부 자산운용사는 주가 조작을 하기도 하였다.

둘째, 부패가 만연하였다. 1980년대 계획경제하의 가격과 시장가격의 차이에서 지대가 존재했기 때문에 지대추구행위가 심각하였고, 이 과정에서 부패가 매우 심각했다. 점차로 계획경제가 축소되었지만, 정부는 여전히 시장에 계속 개입했고, 가격왜곡은 완전히 사라지지는 않았다. 예를 들면, 은행의 대출 이자율이 시장 이자율보다 낮기 때문에 그 차이에서 지대추구 행위가 발생한다. 또한 토지 가격도 정부가 통제하여 낮게 유지되고 있고, 광산 자원의 채굴 세금도 낮기 때문에 부동

---

10 Lin, 2004.
11 Lin, 2004.
12 국가통계국.
13 Lardy, 1998. 하지만 중국 은행에 대한 자금투입과 주식시장 상장을 통해 중국 4대 국유상업은행의 부실대출 비율은 급격하게 감소하여 5% 미만으로 감소하였다.

산업과 광산업에 폭리를 취할 수 있는 여지가 있다. 결국 정부가 시장에 개입하여 가격을 왜곡하는 한 부패 문제는 계속될 수밖에 없다.

셋째, 국유기업의 개혁이 여전히 진행 중이다. 국유기업의 개혁은 1978년 이래 항상 중요한 이슈였다. 현재 대부분의 중소 국유기업은 이미 민영화되었지만, 아직도 대부분의 대형 국유기업은 일부 독점산업의 국유기업을 제외하고는 여전히 국가의 보호와 보조금에 의존하고 있다.

왜 국유기업 개혁이 이처럼 어려운가? 중국의 개혁은 충격요법이 아니라 점진적인 방식으로 진행되었기 때문에 모든 왜곡을 한 번에 제거하지는 못했다. 시장과 계획이 공존하는 이원화된 시스템이 존재했었고, 점차 시장 중심의 시스템으로 변화되어 갔지만 여전히 국가의 개입이 존재하고 있다. 토지, 금융, 자연자원 등의 분야에서는 여전히 국가가 자원배분에 개입하였다.

그렇다면 왜 중국은 토지, 자연자원, 자본 등에 대한 통제를 일순간에 풀지 못하는 것인가? 바로 국유기업을 보호해야 하기 때문이다. 부실한 국유기업이 은행에서 빌린 자금을 갚지 못하면 은행이 부실해진다. 상장된 국유기업이 경영부실로 배당금을 지급하지 못하면 주주들은 주식을 투매하게 되고 주가가 급락하면서 자본시장은 마비된다. 따라서 중국정부는 이자율과 토지, 자원의 가격을 인위적으로 낮게 통제하면서 비효율적인 국유기업을 지원했던 것이다.

이처럼 중국정부가 국유기업을 보호하고 지원하는 이유는 국유기업이 중국에서는 매우 중요한 역할을 하고 있기 때문이다. 국유기업은 사람들에게 꼭 필요한 필수품이나 국가 안보와 관계된 영역에 종사하고 있다. 또한 대형 국유기업의 경우 만약 파산하게 된다면 많은 노동자들이 일자리를 잃고 이로 인해 사회불안이 야기될 수 있다. 따라서 중국정부가 국유기업이 파산하도록 방치할 수 없는 것이다.

결론적으로 만약 국유기업의 개혁방안을 찾아내지 못한다면, 중국의 제도적인 왜곡은 존속될 수밖에 없다. 중국정부가 독자적인 생존능력이 없는 국유기업의 파산을 막는 방법은 지속적으로 보호와 보조금을 제공하는 것이다. 이 보호는 계획경제 시스템의 행정수단의 형태를 취할 수밖에 없으며, 이는 시장의 기능과 계속 충돌하게 된다.

08 참고문헌
Bibliography

Krueger, A. O. (1974). 'The Political Economy of Rent-seeking Society'. *American Economic Review*, 64, (3), 291-303.

Lardy, N. *China's Unfinished Economic Revolution*. Washington, DC: Brookings, 1998.

Lin, Justin Y. *Fa Zhan Zhan Lue Yu Jing Ji Fa Zhan* [Development Strategy and Economic Development]. Beijing: Peking University Press, 2004.

Lin, Justin Y., Fang Cai, and Zhou Li. *The China Miracle: Development Strategy and Economic Reform*, revised ed. Hong Kong: Chinese University of Hong Kong Press, 2003.

National Statistical Bureau, *China Statistical Yearbook 2010*. Beijing: China Statistics Press, 2010.

제09장

국유기업 개혁

국유기업 개혁

　　중국의 개혁은 지난 30여 년간 놀랄 만한 성과를 이루어냈지만, 이 과정에서 많은 문제점도 생겼다. 이러한 문제들은 대부분 중국의 개혁이 점진적으로 이루어졌기 때문에 생겨난 것이다. 점진적인 개혁이라는 것은 새로운 시장 시스템이 도입되는 과정에서 기존 시스템의 일부가 여전히 병존하고 있다는 것을 의미한다. 새로운 시스템과 기존 시스템의 충돌이 이러한 문제점들이 발생한 원인이다.

　　사실 새로운 시스템이나 기존 시스템은 모두 나름의 논리적인 정합성을 갖추고 있었으며, 여러 제도들이 상호 연관되어 있었다. 점진적인 개혁이 진행되는 과정에서 기존 시스템의 일부가 폐기되고 일부는 존속하는 상황에서 새로운 시스템이 도입된다. 하지만 새롭게 도입된 시스템의 일부분이 존속하고 있는 기존 시스템과 조화를 이루지 못하는 경우가 있었다. 이러한 상황에서 두 시스템 간에 갈등과 충돌이 불가피하였다.

　　이론적으로 이중 시스템으로 야기된 문제들을 해결하는 방법은 시장 시스템으로 완전히 이행하거나 기존의 계획경제로 돌아가는 것이다. 그러나 현실적으로 그 어느 것도 쉽지 않았다. 만약 기존의 시스템으로 돌아간다면 국유기업의 부실문제나 부패문제, 금융 부실문제들은 확실히 해결될 것이다. 하지만 과거로 돌아가는 것은 불가능하다. 설사 가능하다고 해도 개혁의 달콤함을 경험한 사람들이 과거로 돌아가는 것을 용납하지 않을 것이다. 과거 시스템으로 돌아간다면 노동자들의 의욕은 더욱 약해질 것이다. 결국 중국은 개혁의 속도를 더욱 높일 수밖에 없다.

개혁을 시작한 이후 30년이 지났지만, 중국은 아직도 완전한 시장경제로 진입하지는 못했다. 가장 중요한 원인은 국유기업의 문제가 시장경제로의 이행에 걸림돌이 되기 때문이다. 국유기업의 개혁문제가 다른 분야의 개혁과 매우 밀접한 관련성을 가지고 있기 때문에 국유기업의 개혁이 마무리되어야 비로소 중국이 시장경제 시스템으로 온전하게 이행할 수 있는 것이다.

이 장에서 나는 중국 국유기업 개혁문제에 대한 논의를 살펴보고, 최선의 개혁방법에 대한 분석을 진행하고자 한다. 그 다음으로는 구소련과 동유럽의 충격요법과 중국의 점진적인 개혁 방식의 장단점을 비교분석하고자 한다.

1 국유기업으로 파생된 문제점

1) 국유기업과 은행 시스템의 문제

8장에서 언급한 것처럼 중국경제는 독특한 경기순환 사이클이 존재했다. 분권화로 경제가 살아나면, 경제가 혼란해진다. 경제 혼란을 진정시키기 위한 조정정책은 경기위축으로 이어진다. 이러한 경기순환은 은행의 이자율 조정과 밀접한 연관이 존재했다.

당시 은행의 이자율은 정부 정책 때문에 인위적으로 낮게 책정되어 있었기 때문에 기업이 투자자금을 빌리고자 하는 수요가 많아서 항상 자금부족 현상이 발생하였다. 따라서 정부는 은행과 대출을 엄격하게 통제했다. 하지만 정부의 은행 대출에 대한 규제가 완화되면, 투자가 급격하게 증가하고 이러한 투자의 확대로 경제는 빠르게 성장한다. 이자율은 고정되어 있기 때문에 예금은 늘어나지 않았는

데, 대출이 급격하게 증가하게 되면 은행의 대출과 예금의 차이는 커지게 된다. 결국 이 차이는 정부의 통화공급 확대로 충당할 수밖에 없으며, 이는 인플레이션으로 이어진다.

또한 투자가 갑자기 늘어나면서 건설자재, 철강, 원자재 등의 수요가 급격히 증가한다. 그러나 철강공장을 새로 건설하기 위해서는 많은 시간이 필요하기 때문에 단기적으로는 공급이 매우 비탄력적이다. 마찬가지로 유통, 운송업에 대한 수요도 크게 증가하지만 이 분야의 공급탄력성도 매우 낮기 때문에 병목현상(bottle-neck)이 발생한다.

인플레이션과 공급부족으로 경제는 혼란한 국면에 진입한다. 이러한 혼란을 해결하는 방법은 2가지가 있다. 하나는 이자율을 자유화하는 것이다. 하지만 국유기업들이 생존하기 위해서는 이자율이 낮게 유지되어야만 하기 때문에 중국정부는 이 정책을 채택할 수는 없었다. 다른 하나의 방법은 투자 프로젝트를 인위적으로 축소함으로써 대출과 투자를 줄이나가는 것이다. 하지만 이렇게 투자를 줄이게 되면 경제는 다시 위축되고 고용증가 속도는 둔화된다. 결국 경기 침체문제를 해결하기 위해서는 다시 투자에 대한 규제를 완화해야 한다. 결국 경기순환 사이클이 반복되는 것이다.

이러한 경기순환 사이클 문제를 해결하는 가장 쉬운 방법은 은행에게 대출에 대한 최종적인 투자결정권을 부여하는 것이다. 1994년 국유은행을 상업화하고 이자율을 자유화하는 개혁을 도입한 이유가 바로 이것이다.

당시 이러한 개혁정책을 추진했던 이유는 투자수요가 증가하면 이자율이 상승하면서 자연스럽게 자본에 대한 공급이 증가하고 수요가 감소하면서 균형을 이루게 하는 것이다. 이자율이 상승하면 투자와 소비가 감소하고 예금이 증가할 것이기 때문에 경제는 혼란한 과열국면으로 빠지지 않을 것이라고 기대했다. 하지만 당시 실제 상황은 이러한 형태의 조정이 전혀 효과를 발휘할 수 없었기 때문에 결과는 예상과는 전혀 달랐다.

이 개혁이 효과를 거둘 수 없었던 가장 중요한 이유는 당시 국유기업이 이자율에 상관없이 전적으로 은행대출에 의존하고 있었기 때문이었다. 1983년부터 중국정부는 국유기업에 대한 직접적인 재정지원을 중단하고, 이를 은행대출로 전환하는 정책(撥改貸)을 실시하였다. 이 때문에 은행대출의 70% 이상이 국유기업에게 대출되었다. 이 대출이 없었다면 국유기업은 파산했을 것이기 때문에 사실상 은행이 국유기업에게 정책대출(policy loans)을 해준 것이다. 국유기업이 경영실적이 나빠서 은행의 대출을 갚지 못하면서 은행의 부실대출 비율은 점차 높아졌다.

이런 상황에서 만약 은행이 자신들의 자율적인 판단에 따라 대출해 줄 기업을 선정하게 된다면 은행의 부실대출 비율은 빠르게 감소하겠지만, 대신 많은 국유기업이 파산하게 될 것이다. 따라서 은행이 진정으로 이자율을 자유화하는 개혁이 실시되기 위해서는 국유기업의 경영 효율성이 먼저 개선되어야 한다.

2) 주식시장의 문제점

당초 주식시장은 국유기업의 문제를 해결하기 위해 설립되었다. 당시 지배적인 의견은 주식시장이 국유기업의 지배구조(corporate governance)와 소유권구조(ownership structure) 문제를 해결할 수 있을 것이라는 생각이었다. 하지만 실제로 주식시장에 상장된 대부분의 국유기업은 시장에서 그렇게 경쟁력 있는 기업이 아니었다. 그들이 주식시장에 상장한 목적은 단지 필요한 자금을 주식시장에서 조달하기 위한 것이었다. 이에 따라 상장된 국유기업은 주주들에게 배당금을 지급하지도 못했다. 배당금을 지급하지 못하는 주식은 사실상 카지노의 칩과 같은 것이다. 이 칩을 가지고 돈을 버는 유일한 방법은 투기적인 거래뿐이었다. 따라서 주식시장의 설립 초기 많은 사람들이 주식시장을 도박장으로 인식했고 투기적인 거래를 하였다. 당시 주가의 변동성과 주식거래의 회전율이 매우 높았다.

중국 주식시장에 상장된 기업의 수익성이 개선되어 주주들에게 합리적인 배당금을 지불하기 전까지는, 주식시장의 투기적인 거래 문제는 해결되기 어렵다.

3) 부패 문제

부패 역시 국유기업과 밀접하게 연관되어 있다. 부패라는 것은 뇌물을 받는 국가공무원을 의미한다. 중국정부가 지나치게 많은 권력을 가지고 있는 이상, 온

갖 종류의 부패는 계속될 것이다. 특히 부패는 경제의 이행기에 정부의 권한이 많을 때 만연한다. 왜냐하면 정부가 규제를 통해 시장진입을 인위적으로 통제하면서 독점이윤을 발생하였는데 이로 인해 지대추구행위와 부패가 많아지게 되는 것이다. 뿐만 아니라 정부가 인위적으로 일부 상품의 가격을 시장가격보다 낮게 통제하여 지대가 발생하기 때문에 이로 인한 지대추구행위와 부패도 많아진다.

금융시장을 예로 들어보자. 1993년 총 대출규모는 26억 위안이었다. 당시 공식 이자율은 11%였지만 실제 시장이자율은 25%가 넘어서 그 차이는 10% 포인트 이상이었다. 4대 국유은행의 본점과 성급, 시급 관리자, 대출부서의 책임자와 실무자까지 정말 많은 사람들이 이 26억 위안의 배분에 관여하고 있었다. 당시의 공식 이자율로 대출을 받을 수만 있다면 즉시 이를 시장에 높은 이자율로 재대출하는 것만으로도 10% 이상의 수익을 낼 수 있었다. 은행 내에 꽌시(关系)만 가지고 있다면 상당한 지대 차익을 얻을 수 있었기 때문에, 이것이 부패의 중요한 원인이 되었다.

결론적으로 중국의 은행 시스템이 왜곡되고 시장진입을 인위적으로 제한한 것은 결국 국유기업의 효율성이 낮기 때문에 발생한 문제였다. 중국정부는 직간접적인 수단으로 국유기업을 보호해야 했고, 결국 같은 문제가 해결되지 못하고 남게 된 것이다. 중국 경제가 안고 있는 여러 왜곡된 문제들을 해결하기 위해서는 국유기업의 문제가 먼저 해결되어야 한다. 그렇지 않다면 결국 많은 국유기업이 파산하게 되고 심각한 사회불안을 야기하게 될 것이다.

② 국유기업 문제의 해법

1) 국유기업의 문제점

국유기업은 대형 국유기업과 중소형 국유기업으로 분류할 수 있다. 비교우위를 활용할 수 있는 중소형 국유기업의 경우 민영화가 국유기업의 문제를 해결할 수 있는 방법이다. 중국의 국유기업은 과거의 유산으로 과잉고용, 부실자산, 사회적 책임 등의 부담을 담당해왔지만, 민영화를 통해 제대로 주인을 찾게 되면 이러한 문제들이 해결될 수 있다. 예를 들어보자. 중국의 중소형 국유기업은 대부분 시내 중심부에 위치해 있다. 경제가 성장하는 과정에서 토지의 공급은 비탄력적이기 때문에 토지의 가격은 상승해왔다. 개혁 정책이 도입된 이후 경제성장률은 9.9%를 기록하였지만, 토지가격의 상승률은 그보다 훨씬 높았다. 중소형 국유기업이 소유하고 있는 토지를 적절히 활용할 수 있다면, 국유기업이 부담하고 있던 각종 문제들이 해소될 여지가 있다.

오히려 진짜 문제가 되는 것은 대형 국유기업이다. 중국에는 현재 4,000~5,000개의 대형 국유기업이 존재한다. 일반적으로 대형 기업은 주인-대리인(principal-agent) 문제를 안고 있다. 중소기업은 소유자와 경영자가 같을 수 있다. 하지만 대기업은 대부분 소유자와 경영자가 다르다. 이렇게 소유자와 경영자가 다른 경우 2가지 문제가 발생한다. 첫째는 소유자와 경영자의 동기가 차이가 있고, 둘째는 소유자와 경영자의 정보가 비대칭적이다. 대기업의 소유자는 기업 경영활동에 직접적으로 관여하지는 않기 때문에 기업의 비용과 수익 현황을 정확하게 파악하기가 어렵다. 더구나 지출이 적절한 것인지를 파악하기는 매우 어렵다. 따라서 경영자는 정보를 독점하는 이점을 이용하여 소유자의 이익을 침해할 수 있는데, 이로 인해 도덕적 해이(moral hazard)[1] 문제가 발생한다.

중국 대형 국유기업의 경우도 적절하게 경영관리를 통제하여 투자자인 정부의 이익을 보호해 주어야만, 향후에도 국유기업에 대한 추가적인 투자가 가능하다. 이를 위해서는 대형 국유기업의 소유자와 경영자 사이의 정보의 비대칭과 동기(incentive)의 차이 문제를 해결해야 한다.

어떤 이론에서는 대형 국유기업의 문제해결을 위한 유일한 방안으로 민영화를 제시하고 있다. 하지만 민영화 해결책의 전제조건은 소유자가 기업의 경영자가 되어야 한다는 것이다. 하지만 어떤 대형 국유기업에서도 회장이나 사장이 혼자서 주인이 되는 경우는 없다. 따라서 경영 관리를 개선하여 얻어지는 이익의 일부분

---

[1] 도덕적 해이(moral hazard)는 정보가 비대칭적일 때 자신이 최선을 다해도 자신에게 돌아오는 혜택이 별로 없을 때 노력을 소홀히 하고 사적인 이익을 추구하는 것을 의미한다. 예를 들면 완벽한 화재보험을 든 사람이라면 화재예방에 신경을 쓰지 않게 되고, 이로 인해 보험사가 처음에 예상했던 것보다 화재발생 가능성이 커져 보험사가 손해를 보는 경우가 발생한다(역자 주).

의 지분만을 가진 상황에서 어떤 주주도 기업의 경영을 혼자서 책임지고 싶어 하지는 않을 것이다.

또한 대형 국유기업은 많은 주주가 있지만 경영진의 수는 소수이다. 만약 기업이 대주주에 의해서만 경영된다면 소액주주들의 이익은 침해받을 수밖에 없다. 예를 들면 대주주가 기업을 경영하면서 비싼 값에 원자재를 구매하고 싼 값에 제품을 판매하는 등의 방식으로 대주주 본인이 소유하고 있는 기업으로 기업의 이윤을 이전시킬 수도 있다. 이런 경영방식으로 대주주 자신의 이익은 증가하겠지만, 기업의 경영에 참여하지 못한 소액주주의 권익은 침해당한다.

다른 해결 방안은 내부 혹은 외부감사를 통해 국유기업의 경영을 감독하는 것이지만 이 또한 완벽한 해결방법은 아니다. 내부감사나 외부감사 모두 회사의 경영진이 고용하는 것이다. 만약 감사기관에서 거짓 정보를 제출하게 된다면 소액주주는 실제 상황을 완전히 잘못 판단하게 된다. 미국의 엔론 스캔들(Enron scandal)[2]이 전형적인 사례이다. 혹은 감사하는 사람이 정직하고자 하여도 기업의 모든 비용이 적절한지를 파악하는 것은 매우 어려운 일이다.

아담 스미스는 국부론(*The Wealth of Nations*)[3]에서 다음과 같은 문제를 언급했었다. 당시 국제무역은 상당히 발전해 있었지만 위험도 많았다. 위험을 줄이기 위해 무역회사는 많은 투자자를 유치하고, 선박도 여러 척을 준비하고, 많은 선장을 고용했다. 하지만 정보의 비대칭성 때문에 무역회사의 주인은 선장의 행동을 효율적으로 감독하기가 어려웠다. 이는 현재의 기업 시스템과 매우 유사하다. 1930년대 아돌프 버얼(Adolf Berle)과 가디너 민즈(Gardiner Means)는 미국의 상장회사를 연구한 변호사였다. 이들은 당시 많은 회사들이 전문 경영인에 의해 운영되고 있었지만, 정보의 비대칭성 때문에 전문 경영인에 의해 운영되는 회사가 소유자에 의해 운영되는 회사보다 효율성이 낮다고 주장했다.[4]

---

2 엔론은 미국의 7대 기업에 속했던 에너지 회사였는데, 2001년 파산했다. 경영진은 회사가 파산 직전인 것을 알고 있으면서도 회계조작으로 실적을 부풀려 주가를 띄우고 자신들의 사적인 이익을 취해 큰 문제가 되었다(역자 주).

3 Smith, 1776.

4 Berle and Means, 1932.

그럼에도 불구하고 현실적으로 전문 경영인에 의해 운영되는 회사가 그 이후 급증했다는 것을 감안할 때 현대적인 기업제도가 상당히 합리적인 측면이 있음은 분명하다. 이론적으로 소유자와 경영자의 동기의 차이를 해결하기 위해서도 먼저 정보의 비대칭성 문제가 해결되어야 한다.

정보의 비대칭성 문제를 해결하는 가장 효과적인 방법은 시장이 충분히 경쟁적이게 하는 것이다. 시장이 충분히 경쟁적이라면 각각의 산업에 따라 평균적인 시장 수익성이 존재할 것이다. 이때 어떤 기업의 이윤율이 산업의 평균 수익률과 같다면 그 기업의 경영 성과는 평균적인 수준이라고 판단할 수 있다. 만약 기업의 성과가 산업 평균 수익률보다 낮다면 경영자의 능력과 성실성은 의심받게 된다. 반대로 평균보다 높다면 경영자의 능력과 성실성은 높게 평가받는다. 따라서 경영자에 대한 평가를 기업과 산업의 평균 수익률의 차이로 판단할 수 있다면, 소유자와 경영자 사이의 정보 비대칭성 문제나 동기의 차이문제는 해결될 수 있다.

동기의 차이문제를 해결하는 방법은 다음과 같다. 평균보다 높은 수익률을 올리는 능력 있는 경영자에게는 높은 급여와 많은 보상을 제공해야 한다. 반대로 회사에 손실을 끼친 경영자는 임금을 낮추고 혜택을 줄이는 방법으로 처벌을 하거나 혹은 해고를 해야 한다. 이렇게 인센티브 시스템을 기업의 실적과 연동하여 경영자와 소유자의 동기가 일치할 수 있다.

중요한 것은 이러한 형태의 해결 방법의 전제조건은 시장이 충분히 경쟁적이어야 한다는 것이다. 그렇지 않다면 정보의 비대칭성 문제가 절대로 해결되지 못하기 때문이다. 자본주의 국가이든 사회주의 국가이든 독점(monopoly)은 일반적으로 매우 비효율적이다. 현재 많은 사람들이 정보의 비대칭성이 문제라는 것은 의견이 일치하고 있지만, 이를 해결하기 위해 시장이 충분히 경쟁적이어야 한다는 전제에 대해서는 여전히 논란이 벌어지고 있다. 시장이 충분히 경쟁적이어야 한다는 조건이 정보 비대칭성 문제의 필요조건일 뿐이지 충분조건이 아니라는 것이다. 왜냐하면 충분히 경쟁적인 시장에서도 완벽한 기업지배구조의 조건을 충족시키는 제도는 없기 때문이다.[5]

---

5 Hart, 1983.

중국의 경우 과거 계획경제 체제에서는 경쟁이 없었기 때문에 경영자의 정보 비대칭성 문제를 해결할 방법이 없었다. 따라서 경영자의 권한남용으로 국가의 이익이 침해되는 것을 막는 유일한 방법은 경영자에게 어떠한 결정권도 주지 않는 것이었다. 개혁 정책으로 경영자에게 결정권을 부여하는 분권화 제도(放权让利)가 도입된 상황에서도 초기에 시범적으로 몇 개 기업에 대해서 이 제도를 실시할 때는 매우 성공적이었다. 하지만 이 제도를 전국적으로 확대하자 효과가 없게 되었다. 그 이유는 개혁정책이 도입된 초기에 시범적인 개혁이 추진될 때에는 국가나 언론매체가 해당 기업에 많은 관심을 가지고 감시하였기 때문이다. 이런 상황에서 기업의 경영자가 국가의 이익을 침해하기는 사실상 불가능했고, 따라서 기업의 효율성과 수익성은 개선되었다. 그러나 이 제도가 전국적으로 확산되면서 개별 기업에 대한 관심이 줄어들었기 때문에, 경영자는 정보의 비대칭성을 이용하여 권한을 남용하고 국가의 이익을 침해하였던 것이다.

2) 정책부담의 해소

개혁개방이 시작되기 이전, 중국에는 국내기업 간의 경쟁이 거의 없었고 정부가 수입상품에 대해서도 엄격하게 통제를 했다. 하지만 개혁개방이 시작된 이후에는 많은 비국유기업과 외국인투자기업이 중국시장에 진입하였고, 시장경쟁은 치열해졌다. 이에 따라 통신, 석유화학 등의 일부 독점산업을 제외하고는 다른 산업들은 사실상 자유화가 이루어졌다.

하지만 중국의 국내시장이 경쟁적으로 변화되었다고 앞에서 제기한 것과 같이 국유기업 경영자의 정보 비대칭 문제와 동기불일치 문제를 해결할 수 있는 충분한 정보가 제공된 것인가? 안타깝게도 중국 국유기업의 비효율성 문제는 단지 경영자의 경영관리 문제에만 국한된 것이 아니다. 중국 국유기업 문제의 보다 근본적인 원인은 그들의 생존능력이 취약하다는 것이다. 중국 국유기업은 계획경제 시기에 비교우위를 무시한 추월발전전략에 맞추어졌었기 때문에 과도하게 자본집약적이고 중국의 비교우위와는 맞지 않다. 이 문제를 중국 국유기업이 안고 있는 "전략적 부담(strategic burden)"이라고 한다.

중국 국유기업이 안고 있는 또 하나의 부담은 국가의 발전전략에서 기인하였다. 개혁 이전 자본집약적인 중공업을 발전시키기 위해 투자가 집중되었지만, 중공업은 많은 일자리를 창출하지는 못하는 산업이다. 하지만 중국정부는 도시지역의 완전고용을 실현하기 위해 국유기업이 적정수준 이상의 과잉인력을 고용하도록 강요했다. 당시에는 기업의 투자와 지출이 정부 재정에서 지원되었기 때문에 과잉노동력 문제가 국유기업에게 부담이 되지는 않았다. 하지만 개혁 이후 노동자에 대한 임금과 복지에 대한 책임이 점차 기업에게로 전가되면서, 국유기업의 과잉노동력 문제가 심각한 상황이 되었다. 이러한 국유기업의 부담을 "사회적 부담(social burden)"이라고 한다.

중국 국유기업이 안고 있는 전략적 부담과 사회적 부담은 경쟁적인 시장에서 국유기업이 평균적인 산업 수익률보다 낮은 성과를 낼 수밖에 없게 하였다. 결과적으로 정부가 이러한 손실에 대해서 책임이 있기 때문에 시장진입의 제한, 세금특혜, 은행의 대출 등의 방법으로 정책적인 보조금을 지불해야 했다. 하지만 정보의 비대칭성 때문에 국가는 실제로 국유기업이 부담하고 있는 정책 부담으로 인한 손실이 정확히 얼마인지를 파악할 수 없다. 결국 국유기업의 경영자는 이를 악용하여 경영 손실로 인한 부분을 정책 손실로 인한 부분으로 보고한다. 국가는 이를 구분할 수 없기 때문에 기업의 모든 손실을 책임지게 되는 것이다. 이로 인해 소위 연성예산제약(soft budget constraint)[6] 문제가 발생한다.[7]

기업의 경영자가 임금과 복지혜택을 확대할 수 있는 방법은 2가지가 있다. 하나는 정직하게 기업의 생산성을 높이는 것이고, 다른 하나는 정부로부터 더 많은 보조금을 얻어내는 방법이다. 당연하게도 국유기업이 안고 있는 정책적 부담 문제를 해결하지 않는 상황에서는 어떠한 기업 지배구조 개혁도 효과가 없을 것이다.

만약 정책적 부담 문제를 해결하지 않고 국유기업의 민영화를 추진한다면 더

---

6 연성예산제약이란 Kornai가 제기한 개념으로 사회주의 국가의 국유기업은 국가에서 쉽게 보조금이나 세금혜택을 받을 수 있기 때문에 기업의 수익성이나 효율성에 신경을 쓰지 않는 현상을 말한다. 기업이 예산의 수지균형을 중요한 제약조건으로 생각하지 않는 상황을 지칭한다(역자 주).

7 Lin and Tan, 1999.

나쁜 결과를 야기하게 될 것이다. 왜냐하면 민영화 이후 기업의 소유자는 정책적 부담 문제의 해결을 위해 정부에게 보조금을 요구해서는 이를 합법적으로 자기 호주머니에 넣어 버릴 것이기 때문이다. 나아가 기업이 보조금을 더 받아내기 위해 부패한 정부관료와 연계하면 문제는 더욱 심각해진다. 따라서 중국의 국유기업 개혁을 추진하기 위해서는 가장 핵심적인 것은 전략적 부담과 사회적 부담이라는 중국 국유기업이 안고 있는 정책적 부담을 먼저 해결해야 한다.

(가) 사회적 부담의 해소

국유기업이 안고 있고 사회적 부담을 해소하기 위해서는 국가가 과잉고용과 양로보험 문제에 관심을 가져야 한다. 국가가 국유기업을 대신하여 실업보험, 사회보장제도 등의 책임을 지고 이 분야에 대한 지출을 확대하면 자연스럽게 국유기업의 사회적 부담은 해소될 수 있다. 그렇지 않다면 국유기업은 계속 경영손실로 인한 부분을 사회적 부담으로 인한 손실로 보고를 하면서 정부에게 더 많은 보조금을 요구하고, 정부는 국유기업의 손실을 부담할 수밖에 없다. 결과적 국유기업에게서 사회적 부담을 가지고 오는 것은 정부로서는 지출을 늘리는 것이 아니다. 뿐만 아니라 이런 방식은 기업의 효율성을 개선하게 될 것이다.

(나) 전략적 부담의 해소

다음으로는 국유기업의 전략적 부담을 해소하는 문제를 살펴보자. 국유기업은 그들이 생산하는 제품을 기준으로 4가지 유형으로 구분할 수 있다. 첫째 유형은 국가안보에 매우 중요하여 반드시 국유기업이 생산해야 하는 제품을 생산하는 경우이다. 하지만 이러한 제품의 수는 매우 적다.

둘째 유형은 매우 자본집약적인 제품을 생산하는 국유기업이다. 이러한 제품의 국내 수요는 있지만 국내 금융시장에서는 이 정도 규모의 자본을 충족시키지 못하기 때문에 대부분의 경우 해외 주식시장에 상장하거나 외국기업과 협력하여 자본과 기술 문제를 해결하고 있다. 석유, 통신 산업 등에 속한 국유기업이 이런 유형이다.

셋째 유형은 국내시장 규모는 크지 않지만, 중국의 풍부한 인적자원을 활용한 제품을 생산하는 국유기업이다. 이러한 기업들은 비교우위에 적합한 제품을 생산해야 한다. 예를 들면 가전업체인 쓰촨 창홍(長虹), 오토바이 생산업체인 충칭 지아링(嘉陵) 등이 이에 해당한다. 이러한 회사들이 생산라인을 비교우위에 적합한 제품으로 변경할 수 있었던 이유는 기술이나 경영관리 측면에서 경쟁력을 확보하였기 때문이다.

넷째 유형은 인적자원이나 기술 측면에서 경쟁력을 확보하지 못했거나, 국내시장이 없어진 제품을 생산하는 국유기업이다. 사실 이러한 유형의 국유기업의 수는 극히 소수이다.

첫 번째와 네 번째 유형의 국유기업은 소수이기 때문에, 결국 대다수 국유기업은 두 번째와 세 번째 유형이다. 결국 발전전략의 전환 이후 비교우위에 적합한 경쟁력을 확보하는 것이 국유기업에게는 가장 중요한 문제이다.

국유기업이 이상에서 언급한 사회적 부담, 전략적 부담의 문제를 해소한 이후에도 시장경쟁에서 살아남지 못한다면 이는 전적으로 기업 경영자의 책임이다. 결론적으로 중국에서는 국유기업의 정책부담 문제가 해소되어야만, 소유자와 경영자의 인센티브 차이 문제를 해결할 수 있다.

3) 국유기업 개혁과 민영화

중국의 국유기업이 지금까지 언급한 정책부담에서 벗어난 이후에야 국유기업 개혁의 성공열쇠가 미시적 차원의 기업 지배구조 문제로 귀결된다. 중국의 일부 경제학자는 중국 국유기업의 성과가 나쁜 이유는 중국에 전문경영인이 부족하기 때문이라고 주장한다. 나는 현재 중국의 국유기업에게 정책부담이 남아있기 때문에 아무리 뛰어난 전문경영인이 경영을 하더라도 큰 차이가 없을 것이라고 생각한다.

정책부담이 완전히 해소되지 않는 상황에서 국유기업의 민영화가 추진되면 결과적으로 국가의 자산이 대량으로 유실(loss)되는 문제가 발생한다. 왜냐하면 해당 기업의 사유화를 추진하는 주체가 결국 해당 기업의 경영자가 될 것이기 때문이다. 경영자매수(MBO: management buyout)[8] 형태를 통해 국유기업의 민영화를 추

---

8 경영자매수(MBO: management buyout)는 적자기업을 매각할 때 그 기업의 경영진이 기업을 인

진할 경우 기존 국유기업의 경영진이 의도적으로 국유기업의 자산을 축소함으로써 결과적으로 국가의 자산이 유실되는 문제가 발생한다. 이런 문제는 실제로 과거 구소련이나 동유럽 사회주의 국가에서 빈번하게 발생했었다.[9]

이러한 국유자산의 유실 문제를 피하기 위해서는 국유기업의 정책부담이 먼저 해결되어야 한다. 정책부담이 완전히 없어진 상태에서 국유기업의 이윤구조를 계산해야 한다. 통상적으로 전 세계 대부분의 국유기업의 수익률이 민영기업보다 낮기 때문에 민영화 매각을 할 때 국유기업의 판매가격이 낮게 책정된다. 하지만 국유기업의 이윤율이 낮은 것은 국유기업이 정책부담을 안고 있기 때문이다. 혹은 일부 선진국에서 공익사업에 국유기업이 참여하고 있어서 이윤율이 낮은데, 이는 민영기업이 이 분야에 투자를 하지 않기 때문이다. 국유기업의 경영성과가 나쁜 것이 소유권의 문제에서만 기인하는 것은 아니다.

일부 대형 국유기업의 경우 정책부담이 해소된 이후 경영실적이 개선된 경우도 있다. 예를 들면 뉴질랜드는 1980년대 국유기업들의 역할을 재정립했다. 원래 국유기업은 낙후된 농촌지역에 저렴한 가격으로 공공서비스를 제공하는 역할을 담당하였고, 결과적으로 적자 운영을 했었다. 하지만 국유기업을 재편하면서 그들이 이윤을 중시하게 만들었고, 독점적인 지위도 없앴다. 시장지향적인 원리에 따라 가격은 자유화되었고, 이사진과 감사 제도가 도입되었다. 이러한 일련의 개혁을 통해 국유기업은 적자에서 흑자로 전환되었다.[10]

스웨덴에서도 뉴질랜드와 유사한 사례가 있었다. 다만 차이점은 스웨덴에서는 원래 이익을 내는 부서에서 같은 기업의 손실을 기록하는 부서를 지원하였다는 것이다. 손실을 내는 부서를 정리한 이후 국유기업의 나머지 부분들이 시장지향적으로 바뀌면서 정보의 비대칭성 문제도 약화되었다. 스웨덴에서 국유기업이 국가 GDP에서 차지하는 비율은 25% 정도인데, 이는 중국과 비슷한 수준이다.[11]

국유기업의 개혁은 다른 모든 개혁의 핵심이기 때문에 국유기업 개혁 문제가

수하도록 하는 기업 구조조정 방법을 의미한다(역자 주).

9 Freeland, 2005.

10 State Seervice Commission, 1998.

11 Detter, 2006; Premfors, 1998.

해결된다면 이와 관련된 다른 문제들도 쉽게 해결될 수 있다. 하지만 여전히 일부 정부관료와 사회지도층은 비교우위를 무시한 추월발전전략을 선호하고 있다. 과거의 추월발전전략이 여전히 존재하는 상황에서는 비교우위 발전전략은 한계를 가질 수밖에 없다. 따라서 중공업 우선 등 전략적 부담을 가지고 있기 때문에 독자적인 생존능력이 부족한 국유기업이 많이 생겨나게 된다. 이들을 보호하기 위해서 정부는 가격신호를 왜곡하고 은행제도에 개입하고 시장진입을 제한해야 한다.

결국 중국이 계획경제에서 시장경제로 완전하게 이행하기 위해서는 전략적 사고의 전환이 선행되어야 한다. 과거의 제도는 비교우위를 무시한 추월발전전략에서 탄생한 것이다. 따라서 시장경제로 성공적으로 이행하기 위해서는 과거의 제도가 폐기되어야 하는데, 이를 위해서는 추월발전전략이 비교우위 발전전략으로 대체되어야 한다. 전략적 사고의 전환이 중국경제의 성공을 위한 전제조건이며, 이를 통해 국유기업 개혁은 원활하게 진행될 수 있을 것이다.

③ 국유기업 개혁의 국제비교: 충격요법과 점진적 개혁

구소련과 동유럽의 개혁과 중국의 개혁은 동일한 문제를 안고 시작했지만, 그 해결 방식은 완전히 달랐다. 구소련과 동유럽은 개혁 방식으로 급진적인 충격요법(shock therapy)을 채택하였고, 중국은 점진적인 개혁 방식을 채택하였다.[12]

충격요법의 암묵적인 가정은 기업은 원래 생존능력이 있기 때문에, 개혁의 핵심은 단기간에 건전한 시장 시스템을 정착하는 것이다. 이를 위해 시장 시스템을 확립하기 위한 관련 제도의 묶음(package)들을 한 번에 도입하는 것이 필요했다. 충격요법에는 3가지 정책이 포함되어 있다. 첫째는 자유화, 둘째는 민영화, 셋째는 균형재정과 거시경제의 안정성이다.

하지만 이들 국가에서 충격요법을 도입한 이후 기대했던 J자 형태의 경제회복을 이루어 내지 못했고, 오히려 L자 형태의 장기 경기침체에 빠졌다. 충격요법이 실패했던 이유는 다음과 같다.

---

12 Barro, 1998; Brada, 1996; Easterly, 2001.

첫째, 중공업 분야의 고정자산을 다른 산업이 활용하기가 힘들었기 때문에 GDP의 감소가 불가피했다. 예를 들면 중공업 기계설비를 경공업에서 바로 사용하기는 힘들었다. 극단적인 예로 핵무기 설비로 냉장고를 만들 수는 없었다.

둘째, 가격자유화가 시장경쟁을 보장하는 것은 아니었다. 개방경제에서조차 대형산업의 초기 투자비용은 매우 크기 때문에 시장의 진입장벽이 높았다. 이로 인해 경쟁이 제한되고 독점이 발생하기도 한다. 이러한 상황에서 일부 기업이 가격자유화 이후 독점적인 지위를 활용하여 제품가격을 올리게 되면 이 기업과 관련된 기업의 생산비용도 상승하게 된다. 결국 상류(upstream)기업[13]과 하류(downstream)기업의 경제적 연관관계에 문제가 생기는 문제, 즉 상류기업의 비용이 지나치게 상승하여 이를 원자재로 사용하는 하류기업의 생산이 감소하게 된다.

셋째, 개혁을 추진하여도 여전히 정책부담과 연성예산제약이 불가피하기 때문에 필연적으로 통화량 증가와 인플레이션과 같은 거시경제 불안정성 문제가 발생한다.

이상이 기업이 생존능력이 없는 상황에서 충격요법에서 주장하는 3가지 개혁 정책이 논리적으로 타당하지 못한 이유이다. 충격요법에서 암묵적으로 가정하는 것은 기업이 개방, 경쟁시장에서 살아남을 수 있어야 한다는 것이다. 하지만 동유럽 사회주의 국가와 구소련의 국유기업들은 독자적인 생존능력이 없었다. 가장 중요한 이유는 정책적 부담을 지고 있었다는 것이다.

그런 상황에서 민영화를 추진하였지만, 새롭게 민영기업이 된 과거의 국유기업은 정책부담을 여전히 안고 있었다. 결국 국가에게 이 정책부담에 대한 보호와 보조금을 요구하였는데, 심지어 이전보다 더 많은 보조금을 요구하기도 하였다. 사회적으로 안정을 유지하고, 국가안보를 확보하기 위해 이들 국가의 정부는 이러한 보조금 요구를 수용할 수밖에 없었다. 왜냐하면 민영화된 과거의 국유기업이 가장 선진적이고 자본집약적인 대기업이었기 때문에 이들이 파산할 경우 국가경제

---

[13] 상류(upstream)기업이라는 것은 기업의 활동에서 제품생산의 처음 단계에서의 활동을 지칭한다. 철강회사의 상류활동은 철광석을 채굴하는 것이다. 반면 하류(downstream)기업은 기업 활동의 아랫단계의 활동이다. 철강회사의 하류기업은 자동차 회사가 될 수 있다. 기업의 다운스트림 활동은 제품의 판매나 마케팅 활동 등을 지칭하기도 한다(역자 주).

에 상당한 타격이 되기 때문이다.

결국 국가가 이미 민영화된 기업을 보호하고 보조금을 계속 지원해야 했다. 그리고 그 보조금은 점점 늘어났다. 민영화 이후 국가의 세금 수입은 감소하였고, 이는 재정적자로 이어졌다. 정부는 재정적자를 보충하기 위해 통화 발행량을 확대하였고, 결국 인플레이션이 심각한 상황이 되었다.

충격요법을 주장했던 사람들은 "균열이 생긴 곳을 두 번에 나누어 뛰어넘어서는 안된다"고 주장했다. 하지만 그 균열의 틈이 너무 깊고도 넓다면, 그곳을 한 번에 뛰어넘으려는 것은 자살을 하려는 것과 다름이 없었다.

반대로 중국의 점진적 개혁은 지속적인 경제성장을 이루어냈고, 그 균열의 틈을 점점 좁고 얕게 채워갔다. 이중적 경제시스템하에서 시장가격은 계획가격보다 높았지만, 점차적으로 계획가격이 시장가격에 근접하여 조정되었다. 따라서 두 가격의 차이가 줄어들었고, 시장에 기초한 자원배분의 비중도 증가하였던 것이다. 다시 말해 틈이 점점 좁아지고 얕아져서 한 번에 뛰어넘는 방식보다 훨씬 안전하게 균열을 건널 수 있었다.[14]

---

14 Lin, 2009; Lin, Cai and Li, 2003.

09 참고문헌
Bibliography

Barro, R. J. *Determinants of Economic Growth: A Cross Country Empirical Study.* Cambridge, Mass.: MIT Press, 1998.

Berle, Adolf A., and Gardiner C. Means. *The Modern Corporation and Private Property.* New York: Harcourt, Brace & World, 1932.

Blanchard, O., Dornbusch, R., Krugaman, P., Layard, R. and Summers, L. (1991). *Reform in Eastern Europe.* Cambridge, Mass.: MIT Press.

Brada, J. C. 'Privatization Is Transition, Or Is It?'. *Journal of Economic Perspectives*, 10, no. 2 (1996): 67-86.

Detter, Dag. "Valuable Companies Create Valuable Jobs: The Swedish Reforms of State-Owned Enterprises-A Case Study in Corporate Governance" Working Paper, June 2006 (http://www.detterco.com/docs/77_en.pdf).

Easterly, W. R. 'The Lost Decades: Explaining Developing Countries' Stagnation in Spite of Policy Reform 1980 - 1998'. *Journal of Economic Growth*, 6, no. 2 (June 2001): 135-57.

Freeland, Chrystia. *Sale of the Century: The Inside Story of the Second Russian Revolution.* New York: Little, Brown, 2005.

Hart, Oliver D. "The Market Mechanism as an Incentive Scheme." *Bell Journal of Economics,* 14 no. 2 (1983): 366-82.

Lin, Justin Y. *Fa Zhan Zhan Lue Yu Jing Ji Fa Zhan* [Development Strategy and Economic Development]. Beijing: Peking University Press, 2004.

Lin, Justin Y. *Economic Development and Transition: Thought, Strategy, and Viability.*

Cambridge: Cambridge University Press, 2009.

Lin, Justin Y. And Guofu Tan. "Policy Burdens, Accountability, and the Soft Budget Constraint". *American Economic Review: Papers and Proceedings*, 89, No. 2 (May 1999): 426-31.

Lin, Justin Y. Fang Cai, and Zhou Li. "Competition, Policy Burdens, and State-owned Enterprise Reform". *American Economic Review: Papers and Proceedings*, 88, No. 2 (May 1998): 422-27.

Lin, Justin Y., Fang Cai, and Zhou Li. *State-owned Enterprise Reform in China*. Hong Kong: Chinese University Press, 2001.

Lin, Justin Y., Fang Cai, and Zhou Li. *The China Miracle: Development Strategy and Economic Reform*, revised ed. Hong Kong: Chinese University of Hong Kong Press, 2003.

Premfors, Rune. "Reshaping the Democratic State: Swedish Experiences in a Comparative Perspective," *Public Administration*, 76, no. 1 (Spring 1998): 141-159.

Sachs, J. D. (1992). 'Privatization in Russia: Some Lessons from Eastern Europe'. *American Economic Review*, 82, (2), 43-8.

Sachs, J. D. (1993). *Poland's Jump to the Market Economy*. Cambridge, Mass.: MIT Press.

Sachs, J. D. and Lipton, D. (1990). 'Poland's Economic Reform'. *Foreign Affairs*, 69 (3).

Smith, Adam. *The Wealth of Nations*. Chicago: University of Chicago Press, 1776.

State Service Commission. *Zew Zealand's State Sector Reform: A Decade of Change*, 1998 (http://www.ssc.govt.nz/publications-and-resources/964/all-pages).

제10장

금융개혁

금융개혁

　한 나라의 경제발전이 계속될 수 있는지는 그 나라가 지속적인 기술혁신을 위한 잠재력과 생산능력을 보유하고 있는지에 달려 있다. 하지만 기술혁신이라는 것은 공짜로 이루어지는 것은 아니고 자본이 투입되어야 한다.

　개발도상국에는 2가지의 혁신 방식이 존재한다. 하나는 연구개발(R&D)인데, 성공 가능성이 낮기 때문에 비용이 많이 들고 리스크가 크다. 다른 하나는 기술이전인데, 이렇게 이전되는 새로운 기술은 대부분 새로운 기계나 장비와 함께 구입해야만 한다. 따라서 추가적인 자본이 역시 필요하다. 결론적으로 어떠한 형태의 혁신이든 많은 자본이 필요하다.

　현대 경제에서 금융부문은 자금을 마련하거나 위험을 분산시키기 위해서 매우 중요한 역할을 담당한다. 금융부문이 효율적이지 못하면, 기술혁신은 어려움을 겪을 수밖에 없다. 또한 이로 인해 경제성장은 지체되거나 위기를 겪게 된다. 이것이 현대적인 금융부문이 없이는 현대적인 경제시스템이 존재할 수 없는 이유이다.

9장에서 나는 중국의 금융부문이 많은 문제를 가지고 있는데, 특히 은행의 높은 부실대출 비율과 주식시장의 투기와 거품 문제들을 설명했다. 이러한 문제들은 국유기업의 본질적인 문제점들이 해결되면서 자연스럽게 완화될 수 있을 것이다.

하지만 현재의 중국 금융부문은 이 외에도 여전히 구조적으로 불합리한 측면이 존재하고 있다. 무엇보다도 직접금융의 비율이 간접금융의 비율에 비해 너무 낮다. 직접금융(direct financing)이란 주식시장을 통한 자금의 조달을 의미하고, 간접금융(indirect financing)은 은행이나 다른 금융중개기관을 통한 자금의 조달을 의미한다. 또 다른 문제점은 간접금융 내에서도 대형 은행의 비중이 중소형 은행의 비율에 비해 너무 높다는 것이다.

1 금융부문의 현황

1) 중국 금융시스템의 주요 문제

현재 중국의 금융 시스템은 4대 국유은행(state-owned banks) 위주이다. 이들은 과거 계획경제 시스템의 산물이지만 여전히 금융 시스템의 핵심을 차지하고 있다. 1978년 개혁개방 이후 중국은 인센티브를 도입하고 정부의 경제에 대한 규제를 점차적으로 줄어나가는 분권화 개혁(放权让利)을 추진하고 있다. 정부가 자원 배분에 대한 통제를 줄여나가면서 향진기업과 민영기업은 빠르게 성장하기 시작했다. 정부의 통제가 적은 분야일수록 이윤이 더욱 많았기 때문이다. 또한 국유기업의 개혁도 확대되면서 국유기업의 자율성이 확대되었다. 이런 과정에서 금융 서비스에 대한 수요는 더욱 증가하였다.

정부는 문화대혁명 기간 본래의 자금 배분 기능을 하지 못했던 금융시스템을 복원하여 개혁 이후 4대 전업은행(专业银行)을 설립하였다. 이로 인해 기업들의 자금조달은 과거 정부의 재정에 의존하던 방식에서 은행의 대출에 의존하는 방식(拨改贷)으로 변화되었다.

1990년대 초 주식시장이 도입되었고, 외환 거래에 대한 규제가 점차 완화되면서 위안화는 평가절하되었다. 하지만 국유기업이 여전히 완전한 시장경제를 기반으로 운영되지 않는 상황에서 금융시장이 자유화되면 자본조달 비용이 증가할 수밖에 없었다. 더구나 국유기업에 대한 정책성 부담은 여전히 존재하고 있었다. 중국정부는 국유기업을 보호하기 위해서 어쩔 수 없이 금융 시스템의 완전히 시장화를 허용하지 못하고 일정 정도의 정책적인 기능을 여전히 부여하였다. 이로 인해 은행 대출의 80%는 국유기업에게 돌아가게 되었으며, 민영기업들은 자금을 조달하기가 매우 어려웠다. 주식시장과 같은 다른 자금조달 방법도 여전히 민영기업의 접근이 매우 어려웠다. 사실 非국유기업은 개혁개방 이래 중국경제의 급성장에서 매우 중요한 역할을 담당하였지만, 지속적인 성장에 필요한 자금조달에 많은 어려움을 겪고 있었다. 정상적인 금융 시스템에서 자금을 조달하기에는 비용이 높거나 심지어 접근이 불가능하였기 때문이다.

중국정부는 은행 이외에도 보험이나, 신탁, 증권 등의 非은행금융기관을 재건하거나 새로 설립하였다. 하지만 이들 비은행금융기관의 자본 규모는 4대 국유은행에 비해 매우 작았다. 또한 증권사나 신탁투자회사들은 많은 내부적인 문제점들을 가지고 있었다. 국유기업의 개혁이 끝나지 않았기 때문에 국유기업은 여전히 정책적인 부담을 떠안아야 했고, 정부는 국유기업을 돌봐 주어야 했다. 1983년 이후 정부는 국유기업에 대한 직접적인 재정 지원을 중단하였기 때문에 국유기업은 금융시장에서 자금을 조달해야 했다. 이로 인해 금융시장에서는 여러 혼란이 발생했다. 그 이유는 금융시장이 근본적으로 국유기업에게 정책적으로 보조해야 한다는 부담이 있다는 것이 직접적인 원인이다. 뿐만 아니라 금융시장에 공정 경쟁이나 건전한 법률 시스템이 존재하지 못한 것도 간접적인 원인이었다.[1]

2) 직접금융과 간접금융의 특징

주식시장과 같은 직접금융과 은행과 같은 간접금융 중에서 어느 것이 좋은지를 말하는 것은 어려운 일이다. 자금을 가진 사람들은 주식시장에 투자하거나 은행에 예금하는 2가지 선택이 있다. 주식시장에서는 자금의 공급자와 이를 필요로 하는 기업 간에 심각한 정보의 비대칭성(information asymmetries)이 존재한다. 왜냐

---

[1] Lin, 2003.

하면 투자자들, 특히 소액 투자자들은 자신의 자금이 어떻게 사용되는지 감시하는데 어려움이 있고 이를 통제할 수가 없기 때문이다. 따라서 투자 리스크가 매우 높다.

이와 반대로 은행예금과 같은 간접금융은 예금자들인 투자자가 직면하는 리스크가 거의 없다. 왜냐하면 상업은행은 중앙은행에 의해서 감시를 받고, 투자자들은 재보험 제도에 의해서 보호를 받기 때문이다. 나아가 기업들은 대출받은 자금을 사용하는데 은행의 엄격한 감독을 받는다. 대출 신청부터 사용, 상환 등과 같은 일련의 자금 흐름에 대해서 은행의 엄격한 감독이 이루어진다. 반면 간접금융에서 예금자들은 자신들의 예금에 대한 안정적인 수익을 얻을 수 있지만, 그 수익률은 일반적으로 직접금융에 비해 낮다. 왜냐하면 은행이 자금 운용에 대한 리스크와 책임을 전담하기 때문에 은행이 대출 수익의 일정 부분을 가지기 때문이다. 오랜 경험에 따르면 장기적인 주식시장의 평균적인 수익률은 은행예금보다 7% 정도 높은 것으로 나타난다.[2]

직접투자자들은 투자 리스크를 감내한다. 투자 실패는 이자뿐만 아니라 원금의 손실까지를 의미한다. 주식시장에서는 높은 수익을 얻을 수도 있지만, 리스크도 매우 크다. 반면 은행은 수익률은 낮지만 리스크도 적다. 따라서 투자자들의 투자방식은 그들의 리스크에 대한 태도와 투자의 목적을 기반으로 결정된다. 투자자들에게 주식이나 채권을 사도록 설득하기 위해서 그 투자대상 기업은 투자은행을 고용하여 주식시장에 상장(IPO)할 수 있도록 준비하고 믿을 수 있는 회계법인에게 그 회사의 재무정보를 정기적으로 감사하도록 해야 한다. 이러한 여러 일들을 해야 하기 때문에 직접금융의 비용은 높다. 반면 간접금융은 자금 공급자가 은행과 은행의 예금자이기 때문에 거래 비용이 비교적 낮다.

자금을 직접금융을 통해 조달하면 기업은 자금의 배분을 자유롭게 할 수 있다. 자금 공급자들은 이에 대해서는 감시 감독을 거의 할 수 없다. 기업은 투자자들에게 기업의 이윤을 배당할 것인지 여부도 자유롭게 선택할 수 있다. 심지어 기업이 파산하게 되어도 투자자들에게 어떠한 책임을 지지 않아도 되기 때문에 리스

---

2 Lin, Sun, and Jiang, 2009.

	주식시장		은 행	
투자자의 입장	高수익	高리스크	低수익	低리스크
기업의 입장	高비용	低리스크	低비용	高리스크

표 10-1 직접금융과 간접금융의 리스크, 비용, 수익

크가 매우 적다. 하지만 은행에서 대출을 받은 기업은 이러한 자유가 없다. 은행 대출이 만기되었을 때 만약 기업이 원금과 이자를 지불하지 못한다면 은행은 기업에게 파산청산을 강제할 수도 있다.

결론적으로 자금의 수요자에게 주식시장과 같은 직접금융은 리스크는 낮지만 비용은 높은 반면 은행과 같은 간접금융은 비용은 낮지만 리스크가 높다(〈표 10-1〉). 따라서 어느 것이 좋다고 말하기는 어렵다. 두 방식 모두 장단점이 있기 때문에 가장 좋은 금융 시스템이 어느 것인지를 말하기는 어려운 것이다.[3]

2 경제발전 단계와 최적 금융구조

1) 금융시스템의 기본적인 역할

경제발전의 단계에 따른 최적의 금융구조를 이해하기 위해서는 먼저 금융 시스템의 3가지 기본적인 역할에 대해서 이해해야 한다. 금융의 역할은 첫째, 자금의 조달이다. 흑자 경제주체들은 대체로 개인들로 분산되어 있기 때문에, 좋은 경제 시스템은 이러한 여유자금들을 잘 모집해야 한다. 둘째는 자금을 경제에서 필요한 부문에 효율적으로 배분하여 생산 효율성을 극대화해야 한다. 셋째는 리스크를 최소화해야 한다. 경제와 금융활동 과정에서 자금 수요자와 공급자들은 모두 다양한 리스크에 직면한다. 좋은 금융 시스템이란 개인이 직면하는 리스크를 줄이고 금융 리스크를 피하게 하는 것이다.

이상의 3가지 기능 중에서 가장 중요한 것은 무엇인가? 금융시스템의 효율성

---

3 Levin, 2003.

을 측정할 때 가장 중요한 항목은 아마도 두 번째 역할인 자금의 배분과 관련된 항목일 것이다. 자금 배분의 효율성이 높은 금융시스템일수록 이러한 자금을 배분하여 생산하는 생산의 효율성이 높다. 뿐만 아니라 이를 통해 이윤이 많이 발생하면 다음 기에는 더 많은 자금이 모집될 수 있다. 뿐만 아니라 자본수익률이 높기 때문에 투자자들은 더 많은 자금을 자발적으로 저축하고자 한다. 따라서 금융시스템의 자본모집 역량은 자금 배분의 효율성에 달려 있는 것이다.

나아가 금융부문이 조달한 자금을 수익성이 높은 산업이나 유망한 기업에게 배분한다면 금융시스템이 직면할 수 있는 리스크는 크게 줄어들 수 있다. 물론 이때 금융시스템은 효과적으로 도덕적 해이(moral hazard) 문제를 해결할 수 있어야 한다. 경제발전 단계가 다른 상황에서 가장 경쟁력 있는 산업 부문과 기업이 필요로 하는 자금의 규모와 리스크는 점차로 달라질 수밖에 없기 때문이다.

금융시스템에는 다양한 금융기관들이 존재한다. 큰 은행도 있고, 작은 은행도 있으며 주식시장도 있고, 다른 금융기관들도 있다. 금융시스템은 기업이 감당할 수 없을 만큼의 과도한 리스크에 직면하는 것을 피해야 하고, 동시에 기업이 도덕적 해이에 빠지는 것도 막아야 한다. 금융시스템은 두 가지 예측하기 어려운 리스크에 직면한다. 하나는 기술혁신 과정에서의 기술개발 리스크이고, 다른 하나는 시장판매 리스크이다. 왜냐하면 새로운 기술 개발이나 기술도입을 위한 자금 투입의 성공여부나 상품의 생산에 투입된 자금이 시장에서 반드시 성공한다는 보장이 없기 때문이다.

서로 다른 금융기관들이 이러한 리스크를 피할 수 있는 능력은 다양하다. 왜냐하면 서로 다른 금융기관들은 자금을 모집하거나 배분하는 비용이 다르기 때문이다. 어떤 경제발전 단계에서 최적 금융구조라는 것은 그 단계에서 가장 생산적인 분야의 기업에게 자금에 대한 수요와 리스크를 부합하게 하는 상황을 의미한다.

2) 요소부존, 최적 산업구조, 최적 금융구조

효율적인 금융시스템은 제한된 금융자원을 경제 내에서 가장 효율성이 높은 산업부문의 가장 장래성 있는 기업에게 배분할 수 있어야 한다. 경제 내 가장 효율성이 높은 산업은 무엇인가? 누가 그 중에서 가장 장래성이 있는 기업인가? 그러한 산업과 기업의 특징은 무엇인가? 경제 발전의 여러 단계에서 그 가장 효율성이 높은 산업과 성과가 좋은 기업은 달라질 수 있다.[4] 따라서 금융은 이러한 최적 산업과 기업의 특징 변화에 잘 부합되어, 자금 배분의 효율성을 극대화해야 한다.

중국의 현재 발전 단계에서 요소부존 구조의 특징은 노동력이 풍부한 반면 자본은 상대적으로 희소하고 비싸다. 따라서 지금 상황에서 경제 내 가장 효율성이 높은 산업은 비교우위를 누릴 수 있는 노동집약적 산업 또는 자본집약적 산업 내의 노동이 많이 필요한 분야이다. 선진국과 비교해서 중국 기업이 노동집약적 산업에서 사용하는 기술이나 생산품은 성숙(mature)[5] 되어 있다.

선진국에서 자본집약적 산업에 사용되는 기술은 세계 최고 수준이다. 따라서 선진국에서 기술 수준을 향상시키기 위해서는 자체적인 연구개발에 의존할 수밖에 없다. 결과적으로 기업들은 상당한 기술개발 리스크에 직면하게 된다. 연구개발에서 성공하더라도 생산품이 시장에서 반드시 성공하는 것도 아니다.

반면 앞의 5장에서 언급했듯이 개도국의 기업들은 이러한 기술개발과 시장판매 리스크를 피하기 위해서 선진국에서 기술을 수입하여 생산하고자 한다. 왜냐하면 그런 기술과 제품들은 선진국에서 이미 성공이 입증되었기 때문이다. 또한 노동집약적 분야의 기업들은 투입되는 자본의 양이 적다. 따라서 이런 분야의 기업들은 대부분 중소기업이다. 이처럼 자본에 대한 수요가 적기 때문에 이런 경제에서 기술개발이나 시장판매의 리스크도 작다. 개도국의 노동집약적 산업의 기업들이 직면하는 리스크는 대부분 경영자의 역량이나 정직성이나 기업 경영활동과 관련된 리스크이다.

따라서 현재 중국 경제발전 단계에서 금융시스템의 효율성을 높이기 위해서는 자본이 노동집약적 산업에 배분될 수 있어야 한다. 노동집약적 산업은 중국이

---

[4] Ju, Lin, and Wang, 2009.

[5] 성숙(mature)이라는 것은 기술의 경우 표준화되어 있고 많이 사용하는 기술이고, 제품의 경우 오래 전부터 생산된 것을 의미한다(역자 주).

비교우위를 가지고 있고, 산업내 기업들은 대부분이 중소기업이기 때문에 자본에 대한 수요도 적다. 이러한 기업 중에서 능력 있고, 도덕적 해이가 없는 경영자에게 자금이 배분되어야 한다. 하지만 현재 중국의 금융시스템은 대형 은행과 주식시장 위주로 만들어져 있으니 문제가 많을 수밖에 없다.

첫째, 중소기업이 주식시장에 상장되는 것은 매우 어렵다. 현재 기업이 주식시장에 상장되기 위해서는 2,000만 위안(약 36억원)이 필요한데, 여기에는 회계와 감사, 상장신청, 주식가격 책정, 허가 취득, 주식발행을 위한 투자은행의 고용과 같은 비용이 포함되어 있다. 이러한 높은 비용을 감당할 수 있는 중소기업은 거의 없다. 뿐만 아니라 주식시장에 상장된 이후에도 정기적인 재무보고를 하기 위해서 지속적으로 믿을 수 있는 회계법인을 고용해야 하는데, 이를 감당할 수 있는 중소기업은 거의 없다.

둘째, 중소기업이 대형 국유은행으로부터 대출을 받는 것도 매우 어렵다. 대형은행은 원래 대기업에게 대출하는 것을 선호하는데, 왜냐하면 대출자금 규모와 상관없이 정보비용과 다른 거래비용은 거의 비슷하기 때문이다. 따라서 대형은행은 대출에 따른 평균비용을 줄이기 위해서 소규모 대출보다는 대규모 대출을 선호한다. 더구나 노동집약적 중소기업은 일반적으로 전국에 산재되어 분포되어 있다. 대형은행이나 다른 대형 금융기관들은 중소기업의 경영정보나 신용정보를 얻는 비용이 상당히 높기 때문에 대출을 꺼리게 된다. 또한 대기업은 은행이 담보로 책정할 수 있는 고정자산이 많이 있지만 중소기업은 많지 않다. 이런 이유로 중국정부가 아무리 반복적으로 중소기업에게 대출할 것을 요구하여도 대형은행은 중소기업에게 대출하기를 여전히 꺼린다.

셋째, 심지어 최근 설립된 2부 주식시장(二板)[6] 조차도 노동집약적 중소기업으로서는 필요한 자본금을 충족시킬 수 없다. 2부 주식시장은 원래 중소기업의 자금조달을 돕기 위해서 설립되었다. 왜냐하면 중소기업은 4대 대형국유은행으로부터

---

6 1990년대 초 상하이와 선전에 설립된 주식시장을 주판(主板)이라고 하고, 2004년 선전 주식시장에 설립된 중소기업 거래소 시장을 2부 주식시장(二板)이라고 한다. 주판이 대형 국유기업 위주로 상장되는 것과 달리, 2부 주식시장은 주로 중소기업을 위주로 상장시켜 이들의 자금조달을 돕기 위한 목적으로 설립되었다(역자 주).

대출을 받기 어렵기 때문이다. 하지만 선전 2부 주식시장에 상장하기 위해 필요한 비용도 매우 높다. 또한 기존 주식시장(상하이와 선전의 主板)에 비해 투자 리스크가 크기 때문에 자금조달 비용도 높다.

2부 주식시장은 미국의 나스닥(Nasdaq)처럼 일반적으로 선진국에서 최첨단 기술의 기업에게 자금을 조달하기 위해서 설립된다. 이런 기업들은 기술개발과 상품 판매를 위한 혁신과정에서 리스크가 크고 성공 확률이 낮다. 하지만 일단 성공하게 되면 전 세계적인 지적재산권 보호를 통해 시장에서 수십 배 또는 수백 배의 투자 수익을 얻을 수 있다. 하지만 중국 중소기업들은 사용하는 기술과 생산하는 제품이 성숙기술과 성숙제품이고, 대부분의 기술은 수입된다. 만약 한 기업이 성공을 하면 다른 기업이 곧 이 분야에 진입하게 되고 경쟁은 치열해진다. 따라서 개척자가 높은 독점이윤을 얻을 수 없다. 이것이 중국에서 2부시장이 중소기업에게 필요한 자금 공급원이 될 수 없는 이유이다.[7]

일반적으로 중소기업에게 자금을 공급할 수 있는 가장 바람직한 형태는 그 지역의 중소은행이다. 중소은행은 대규모 프로젝트에 자금을 투입하기 어렵기 때문에 자연적으로 중소기업이 주요 고객이 된다. 중소은행 역시 전국적으로 분산되어 있기 때문에 그들은 지역 내 중소기업의 경영환경과 신용상태에 대해서 잘 알고 있다. 따라서 정보비용이 높지 않고 중소기업의 경영과 경영자를 감시하는 데 유리하다.

물론 대형은행 역시 각 지역에 지점이 있다. 하지만 대출 결정은 대부분 상부에게 결제를 받아야 하기 때문에 대출심사와 승인 과정이 매우 번거롭다. 또한 지방 중소기업의 정보가 정확하게 상부로 보고되기도 힘들다. 나아가 지점의 경영진은 본사에서 임명된다. 지점의 책임자가 매우 능력이 있다면, 지역 상황을 잘 이해하고 지역 내 좋은 중소기업에게 적절하게 자금을 배분할 것이다. 하지만 이처럼

---

7 물론 중국도 첨단 기술산업의 기업들이 2부 주식시장에서 자금을 조달받을 필요가 있다. 하지만 이들의 숫자는 경쟁적인 시장을 형성할 만큼 많지 않다. 선진국에서조차 미국의 나스닥 정도만이 이 모델의 성공적인 사례이다. 일본과 유럽의 2부 주식시장은 관련 기업들의 수가 많지 않고 영역이 다양하지 못해서 그렇게 좋은 상황이 아니다. 중국에서도 기술력이 상대적으로 좋고 지적재산권이 몇몇 중국 기업들은 나스닥 시장에 상장되었다. 예를 들면 인터넷 업체인 시나(Sina)나 온라인 게임업체 션다(Shanda: 盛大游戏) 등이 있다.

능력 있는 경영자는 곧 본사의 높은 자리로 옮기거나 더 규모가 큰 지점으로 옮기게 된다. 이렇게 되면 그가 이해했던 지역의 사정이나 중소기업의 정보 역시 사라져 버린다. 만약 지점의 경영자가 능력이 별로 없거나 중소기업의 정보를 얻기 위해 노력하지 않는다면, 중소기업의 정확한 상황은 절대로 알 수 없다. 따라서 중소은행이 대형은행보다 경영자 관련 리스크를 피하는 데 유리하게 되는 것이다.

물론 중국은 대형은행의 자금이 필요한 대규모 프로젝트도 많고, 어떤 기업들은 주식시장에 상장되기에 충분한 규모이기 때문에 대형은행과 주식시장은 현재 금융시스템에서 필요한 것은 사실이다. 하지만 현재 중국 경제에서 중소기업들의 비중은 매우 높다. 따라서 현 발전단계에서 중국에게 필요한 최적 금융구조는 중소은행이 중심이 되고 대형은행과 주식시장이 보조하는 형태가 되어야 한다.

3) 정부의 중소은행 정책

1979년 이래 정부는 국유기업에 대한 재정보조를 줄이고, 점차적으로 금융시장에서 필요한 자금을 조달하게 하였다. 이에 따라 대형 국유기업은 서서히 대형은행과 주식시장에서 자금을 충당하였다. 정책결정권자나 일반대중들은 모두 선진국의 금융기관들이 더욱 선진화되어 있다고 믿고 있다. 선진국의 금융구조는 대부분 대형은행과 주식시장이 중심이 되기 때문에, 중국 역시 선진국의 모델을 따라야 한다고 생각했다. 하지만 그들이 보지 못한 것은 선진국의 비교우위는 자본집약적 산업과 최첨단 기술산업인데, 이는 선진국의 요소부존 구조에서 기인한다는 사실이다. 선진국의 이러한 산업들은 막대한 투자와 운영자본이 필요하고, 산업과 기술혁신에 따른 리스크도 매우 높다. 하지만 일단 혁신이 성공하면 특허보호 기간 동안 전 세계 시장에서 독점적인 지위를 활용하여 막대한 이윤을 얻을 수 있다.

중국정부는 오랫동안 중소형 은행과 같은 중소규모의 금융기관에 대한 지원을 소홀히 하였다. 하지만 노동집약적 중소기업이 전국적으로 성장하고 있는 상황에서 중소기업이 필요로 하는 자본 규모도 점차 증가하고 있다.

지역의 경제발전을 추진하기 위해서 지방정부는 신용조합(信用合作社)[8] 나 농촌

---

8 신용조합(信用合作社)은 노동자나 농민이 자체적으로 금융을 조달하기 위해 설립한 금융기관으

신용펀드(農村合作基金: rural cooperative funds) 같은 중소규모의 금융기관과 지방은행(regional banks)의 발전을 지원하고자 하였다. 개혁 정책 이후 이러한 지방 중소형 금융기관에 대한 중앙정부의 통제는 어떤 시기에는 강력하였지만, 어떤 시기에는 느슨하게 풀어지곤 했다. 통제가 약화되었을 때 지방정부의 강력한 지원으로 이러한 지방 중소형 금융기관들은 빠르게 팽창하였다.

1993년 5,000개 이상의 농촌신용조합이 설립되었고, 다양한 신용펀드들이 농촌지역에서 성행하였다. 이러한 펀드들은 은행처럼 운영되었다. 농민들은 그들의 돈을 펀드에 예치하였고, 이 자금은 중소기업에게 대출되었다. 일반적으로 은행산업은 도덕적 해이나 부실채권 등의 리스크가 존재하기 때문에 방지하기 위해 정부가 건전성 감독을 해야 한다. 이해상충(incentive incompatibility)이나 정보의 비대칭성으로 인해 금융사들은 책임의 비대칭성(asymmetric accountability) 문제가 존재하기 때문이다. 책임의 비대칭성은 금융거래의 한쪽은 현금으로 예금을 하지만, 예금을 받는 쪽에서는 그 대가로 단지 이자 지급에 대한 약속이나 장래의 배당과 같은 문서를 제공하기 때문에 발생한다. 이러한 상황에서 은행 경영진은 예금을 횡령하거나 돈을 들고 도망갈 수 있다.

뿐만 아니라 은행 예금자들은 은행이 어떻게 자금을 운영하고 있는지 알지 못하는 정보의 비대칭성이 존재한다. 주식시장의 리스크가 높은 이유는 정보의 비대칭성과 책임의 비대칭성 때문이다. 개별 주주들이 기업의 운영을 감시하거나 경영진의 자금 착복을 알아내는 것은 매우 어렵다. 나아가 주주들은 기업이 수익을 내지 못하면 아무것도 가질 수 없다. 심지어 기업이 파산을 하게 되면 투자한 모든 것을 잃어버린다. 왜냐하면 빚을 먼저 갚아야 하기 때문이다. 따라서 정부로부터의 건전한 규제와 감독이 없이는 금융 시스템은 금융사기와 같은 심각한 문제가 종종 발생한다.

중국정부는 중소형 금융기관의 발전을 적극적으로 추진하지 않았기 때문에 중소형 금융기관에 대한 감독이나 관련 정책과 규제의 마련에 대한 노력도 하지

로 농촌신용합작사와 도시신용합작사가 있다. 농촌신용합작사는 농민들이 조합원이 되어서 자금을 출자하고 관리한다. 도시신용합작사는 나중에 도시상업은행으로 발전하였다(역자 주).

않는다. 따라서 정부가 개혁개방정책을 추진하는 과정에서 중소형 금융기관에 대한 통제를 완화하면 많은 중소형 금융기관이 전국적으로 생겨났고 금융사기와 같은 많은 문제를 일으켰다. 1993년 전국적으로 5,000개 이상의 신용조합들이 존재하였는데, 이들의 부실채권 비율은 50%가 넘었다. 이러한 부실채권 비율은 대형은행의 부실채권 비율보다 훨씬 높은 것이었다. 이런 일이 벌어지고 나서 정부는 다시 통제를 강화하였다. 5,000개 이상의 신용조합들을 강력하게 구조조정한 결과 이들의 숫자는 100개 정도로 축소되었다. 농촌신용펀드 역시 부실 대출과 사기 문제가 빈번하게 발생하였다. 정부는 이들을 모두 정리해 버렸다.[9]

4) 중소형 은행 육성 원칙

중소형 은행은 중국 경제발전에서 가장 중요한 역할을 담당해야 한다.[10] 하지만 정부는 반드시 금융기관에 대한 감시를 해야만 한다. 왜냐하면 금융기관의 3가지 속성인 이해상충, 정보의 비대칭성, 책임의 비대칭성 때문에 감시가 없을 경우 금융자원이 낭비되는 경향이 있기 때문이다.

만약 중국이 대형은행 대신에 중소형 은행이 금융시스템에서 가장 중요한 역할을 담당하고자 한다면 정부는 중소형 은행에 대한 태도를 근본적으로 바꾸어야 한다. 무엇보다도 중소형 은행과 중소형 금융기관에 대한 건전성 규제(appropriate regulatory) 시스템을 마련하는 것이 중소형 은행을 육성하는 데 가장 중요한 출발점이 되기 때문이다. 수년간의 논의와 검토를 거친 이후 중국정부는 마침내 2007년의 3차 국가 금융회의(金融工作会议)에서 중소형 금융기관에 대한 기본 원칙을 다음과 같이 결정하였다.

그 중요한 원칙들은 다음과 같다.[11]

첫째, 중소형 은행들에게 "지난 시간에 대한 보상을 해주어야 한다." 선진국에서조차도 경제발전 초기 단계에서는 중소형 은행이 금융시스템에서 중요한 역할을

---

9 Lin, Sun, and Jian, 2009.
10 Lin, 1999.
11 Lin, 2001 · 2002.

담당하였다. 이후 경제가 발전하면서 기업의 규모가 커지고 필요로 하는 자본의 규모도 점차로 증가했다. 그리고 끊임없는 기술의 발전으로 자체적인 연구개발 프로젝트가 증가하면서, 각 프로젝트당 필요로 하는 자금이나 리스크가 증가하였다. 때문에 대규모 대출과 이에 따른 리스크를 줄이기 위해 대형은행과 주식시장이 탄생하였다.

이를 통해 우리들은 금융시스템의 변화는 경제발전의 원인이 아니라 결과라는 것을 알 수 있다. 금융기관의 규모가 거대해진 것은 기업이 커지면서 그들이 필요로 하는 자본이 증가하였기 때문이다. 1979년 이전 중국에는 어떠한 공식적인 금융기관도 없었다. 나중에 금융기관이 복원되었을 때, 금융기관의 1차적인 목적은 대형 국유기업에게 자금을 지원하는 것이었다. 따라서 대형은행과 주식시장은 정부가 지원을 하였지만, 중소형 은행들은 금지되었다.

현재는 가장 활발한 경제 주체가 노동집약적 중소기업이고, 그들은 너무나 시급하게 중소형 지역은행과 같은 금융기관을 필요로 한다. 하지만 과거 정부의 간섭 때문에 중소형 금융기관들은 개혁개방 초기 단계에서 발전할 수 있는 기회를 놓쳐 버렸다. 따라서 정부는 중소형 금융기관에게 과거를 "보상"해 주어야 한다.

둘째, 중소형 지방은행들은 매우 중요하지만 이해상충, 정보의 비대칭성, 책임의 비대칭성과 같은 약점 때문에 어려움을 겪고 있다. 몇몇 은행 경영자들은 정보 비대칭성을 악용하고 있고, 몇몇 은행들은 오로지 예금자들의 돈을 들고 도망가기 위한 목적으로 설립되기도 한다. 몇몇 은행들은 정상적인 대출활동을 하는 것이 아니라 은행 경영자가 필요로 하는 특정 사업에만 자금을 지원하는 "특혜 대출"이 이루어지고 있다. 만약 어떤 은행이 특정 사업 발전만을 위해 독점적으로 자금을 지원한다면 그 리스크는 매우 커진다. 그런 경우에는 고의적이 아니더라도 예금자들에게 큰 피해를 입힐 수 있다.

은행 경영진은 또한 도박하는 사람처럼 행동할 수도 있다. 능력 있는 은행 경영자는 가능한 많은 예금을 모으고, 이렇게 조성된 자금을 가장 효율적인 산업과 유망한 기업에게 배분한다. 하지만 은행 경영자가 좋은 의도를 가지고 있음에도 불구하고 항상 성공하는 것은 아니다. 몇몇 대출 실패가 은행을 지급불능(insolvent)

상황으로 몰고 갈 수 있다. 이때 지급불능 은행은 문을 닫거나 청산되어야 하고, 예금자들은 얼마나 남아 있던지 예금을 다시 돌려받아야 한다. 하지만 파산을 피하고자 하는 욕심 때문에 은행이 더 높은 이자를 제시하여 더 많은 예금을 모으는 방법을 선택할 수도 있다. 하지만 이 경우에는 자금조달 비용이 높기 때문에 은행은 리스크는 높지만 더 높은 수익을 창출할 수 있는 분야로 대출을 하게 된다. 하지만 이렇게 높은 이자를 지불하고 대출해간 기업이 자금을 상환하지 못한다면 은행은 더 높은 이자를 약속하고 예치한 더 많은 예금자들을 더 많은 리스크에 노출시키게 된다.

이 악순환은 마치 도박게임과 같다. 이런 사실이 일단 알려지면, 뱅크런(bank run)[12]으로 이어지고 심지어 금융위기로도 이어지게 된다. 따라서 중소형 은행을 발전시키는 것이 중요하더라도 도박과 같은 행동이나 남의 돈을 사취하는 행위를 막기 위한 정부의 감시감독 기능이 매우 중요하다.

정책 결정권자들은 이해상충, 정보 비대칭성, 책임의 비대칭성과 같은 특성을 충분히 고려하여 제도를 마련해야 한다. 때문에 정책을 만들 때, 정부는 은행업에 진출하기 위한 일정한 제약을 부과하는 것도 필요하다. 진입장벽이 존재하는 한 기존의 은행들은 독점적인 이윤을 얻을 수 있다. 이는 은행 경영자로 하여금 그들의 독점적인 이윤을 지키기 위해 은행을 더욱 조심스럽게 경영하도록 만든다.[13] 동시에 적절한 제도적 장치를 마련하여 적당한 독점적 이윤을 보장하면 은행에게 자율적인 규율을 하게 만든다. 다른 제도적 장치로는 진입에 필요한 자본 규모를 높게 설정하여야 한다. 각각의 대출 중에서 일정부분이 은행 경영자 자신의 자본이라면 그들은 은행의 운영과 평판에 대해서 신중하게 될 것이기 때문이다.

현재 중국에서는 중소형 은행의 발전이 중요하기 때문에 중소형 은행의 발전을 서둘러 성급하게 추진해서는 안 된다. 오로지 자격을 갖춘 은행 경영자만이 예

---

12 뱅크런(bank run)은 은행의 대규모 예금인출 사태를 지칭한다. 은행에 돈을 맡긴 사람들이 은행에 문제가 있다고 비관적으로 인식하면 한꺼번에 많은 사람들이 예금을 인출하려고 할 것이다. 하지만 너무 많은 사람들이 일시에 예금을 인출하면 은행의 자금이 부족해져서 혼란 상황에 빠질 수 있다(역자 주).

13 Stigliz, 1985.

금 투자자들의 신뢰를 얻어서 이렇게 조성된 자금으로 가장 역동적인 기업들에게 대출을 해줄 수 있다. 따라서 맹목적으로 중소형 은행의 숫자만을 확대하려고만 하는 것이 아니라 은행의 진입 규제를 통해 적절하고 자격을 갖춘 사람들이 참여할 수 있도록 해야 한다.

　　마지막으로 예대비율(deposit-loan ratios),[14] 자산부채비율 등에 대한 엄격한 규제를 도입해야 한다. 엄격한 규제와 감독만이 은행 경영자의 부정직한 행위를 막고, 은행경영이 도박처럼 운영되는 것을 막을 수 있다.

---

14 예대비율(deposit-loan ratios)은 은행의 예금금액에 대한 대출금액의 비율을 지칭한다. 은행의 건전성을 위해 도입된 제도로 너무 많은 대출을 하게 되면 예금자들의 인출요구에 응할 수 없는 경우가 발생하기 때문이다(역자 주).

10 참고문헌
Bibliography

Ju, Jiandong, Justin Y. Lin, and Yong Wang. "Endowment Structures, Industrial Dynamics, and Economic Growth," Policy Research Working Paper no. 5055, Washington, DC: World Bank, September 200.

Levine, R., "Bank-Based or Market-Based Financial Systems: Which Is Better?" *Journal of Financial Intermediation*, 11 (2003): 398−428

Lin, Justin Y. "Four Issues on China's Stock Market." Jin Rong Xin Xi Can Kao [Financial Information Reference] 4 (2001).

Lin, Justin Y. "How to Develop Small and Medium-sized Banks." Peking University CCER Newsletter 48 (2002).

Lin, Justin Y. "What is the Direction of China's Financial Reform?" Peking University CCER Working Papers 20 (1999).

Lin, Justin Y., and Zhou Li. "China's SOE and Financial Reforms." Peking University CCER Working Paper, October 2003.

Lin, Justin Y., Xifang Sun, and Ye Jiang. "Toward a Theory of Optimal Financial Structure." Policy Research Working Paper 5038. World Bank, Washington, DC, 2009.

Stiglitz, J. E., "Credit Markets and the Control of Capital", *Journal of Money, Credit and Banking*, 17(1985): 133−152.

제11장

디플레이션 성장과 사회주의 新농촌

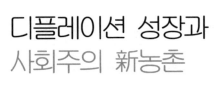

디플레이션 성장과
사회주의 新농촌

제11장

중국은 1998년부터 2002년 사이 초과 공급으로 인해 가격이 지속적으로 하락하는 디플레이션(deflation)을 계속되었다(〈그림 11-1〉). 디플레이션은 보통 경제성장이 정체되거나 또는 마이너스 성장을 할 때 나타나는데, 중국에서는 특이하게도

그림 11-1 1998년부터 2002년까지의 디플레이션

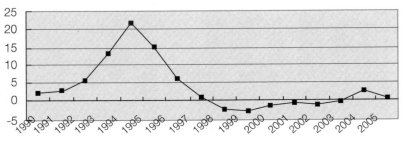

소비자 물가지수의 변화 1990~2002

자료: 중국 국가통계국.

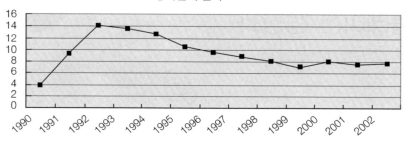

그림 11-2　평균 7.8%의 경제성장 지속

GDP 증가율의 변화 1990-2002

자료: 중국 국가통계국.

당시 세계에서 가장 높은 연평균 8.7%의 성장을 하면서 디플레이션이 나타났다
(〈그림 11-2〉).

　당시 중국 경제성장에서 나타났던 또 하나의 특이한 현상은 에너지 소비와
경제성장과의 관계이다. 경제성장 과정에서는 공업생산, 운송, 그리고 다른 경제활

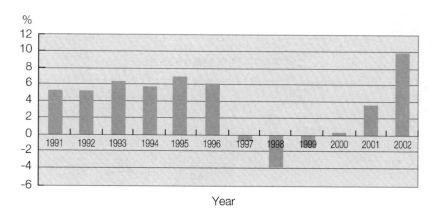

그림 11-3　1997년에서 1999년까지 에너지 소비 감소(증가율, %)

Year

자료: 중국 국가통계국.

동에서 에너지가 많이 소비된다. 하지만 1997년부터 1999년 사이에 중국의 에너지 소비는 오히려 감소하였다(〈그림 11-3〉). 다른 나라들의 경우 일반적으로 에너지 소비와 경제성장이 양의 상관관계(correlation)가 나타나는 것과는 반대 현상이 나타났던 것이다.

① 중국 경제성장은 진짜인가?

중국 경제성장 과정에서 나타났던 이와 같은 독특한 현상들은 외국 학자들에게는 이해할 수 없는 것이었다. 심지어 2,000명 정도의 외국 학자들이 중국 경제성장이 진짜인가에 대해 의혹을 제기하기도 하였다.[1] 그들의 연구에 따르면 중국의 경제성장은 실제로는 2%~3%도 되지 않으며, 중국정부의 공식적인 통계는 너무 과장되었다는 것이다.

중국의 통계에 대한 이들 학자들의 견해가 맞는 것일까? 이에 대한 해답을 얻기 위해서는 먼저 디플레이션의 원인에 대해서 이해할 필요가 있다. 많은 외국 학자들이 믿는 것처럼 디플레이션은 반드시 경기침체와 함께 나타나야 하는 것인가? 사실은 그렇지 않다.

1) 디플레이션의 원인과 메커니즘

디플레이션이 발생하는 원인은 2가지가 있다. 하나는 수요가 갑자기 줄어드는 것이고, 다른 하나는 공급이 갑자기 늘어나는 것이다. 외국에서는 디플레이션이 주로 수요가 급격하게 줄어들기 때문에 발생하는데, 이는 경제의 버블(bubbles)과 밀접한 관련이 있다.

경제가 발달한 국가의 국민들은 은행에 예금을 조금만 하고 대신 주식을 사거나 부동산에 투자한다. 2008년 금융위기 이전의 상황에서 볼 수 있듯이, 주식시

---

[1] 이러한 의견의 대표적인 학자인 라스키(Rawski)는 중국 경제성장의 진실성에 대해 의문을 제시하는 논문을 발표하였다. 뿐만 아니라 2002년 외국 저널(*Quarterly Journal of Economics* 2, no. 1 (October, 2002))에는 중국 GDP 통계에 대한 문제로 5편의 논문이 발표되었다.

장이나 부동산 시장에서 버블이 발생할 때, 사람들은 자신이 부유하다고 느끼기 때문에 부의 효과(wealth effect)[2]가 나타나고 소비가 증가한다.[3]

대부분의 국가에서는 국내생산이 내수수요를 충족시키는 데 사용된다. 예를 들면 미국은 수출이 GDP의 10%~12%를 차지하고, 일본의 무역의존도는 16%~17% 인데 그 중 수출의존도는 9% 정도이다.[4] 따라서 이들 두 나라는 국내생산에서 내수가 80% 이상을 차지한다. 이런 상황에서 부의 효과 등으로 내수 수요가 갑자기 증가하면, 투자도 따라서 증가하고, 생산능력(production capacity)도 확대된다. 하지만 버블이 갑자기 붕괴되어 버린다면, 부동산과 주식시장이 폭락하면서 많은 사람들의 자산이 갑자기 사라져 버린다. 이러한 마이너스 부의 효과는 소비의 침체로 이어진다. 결과적으로 경제가 호황일 때 늘어났던 생산능력이 과잉생산능력(excess capacity)이 되고 투자는 급감한다. 이와 같은 동시다발적인 소비와 투자의 감소는 수요 위축, 물가 하락, 경제 위축으로 이어져서 경제성장률이 정체되거나 마이너스 성장으로 이어지는 것이다.[5]

반대로 중국에서는 1998년 디플레이션이 시작될 때 부동산 시장이나 주식시장에서 버블이 붕괴되지 않았다. 따라서 당시에 디플레이션이 발생했던 유일한 원인은 급격한 공급량의 증가였다. 개혁개방 정책을 시작한 이후 1991년에서 1995년의 고정자산 투자증가율은 그 이전 5년 동안의 평균 투자증가율 16.5%보다 두 배이상 높은 36.9%로 급증하였다. 계속된 투자과열로 생산능력의 증가가 소비의 증가보다 훨씬 빨라졌다. 그 이유로 1990년대 중반부터 중국 경제가 이전의 물자부족 문제를 해결하자마자 과도한 생산능력과 디플레이션의 문제에 붙잡히게 된 이유였다.

---

2 부의 효과(Wealth Effect)는 자산효과라고도 한다. 부동산이나 주식 등 자신이 보유한 자산의 가격이 상승하면서 소비도 함께 증가하는 현상을 지칭한다. 사람들은 현재의 소득뿐만 아니라 미래의 소득에도 영향을 받기 때문이다. 실제로 부동산을 매각하여 돈을 번 것도 아님에도 불구하고 단지 부동산 가격이 상승한 것만으로도 부자가 되었다고 생각하고 소비를 늘이는 것이다 (역자 주).

3 Lin, 2010.

4 World Bank Data.

5 이 현상은 정확하게 2008년 글로벌 금융위기 때 발생하였다.

표 11-1	고정자산투자의 연평균 성장률(%)	
1981~85	19.5
1986~90	16.5
1991~95	36.9
1996~2000	11.2
2001~2005	20.2

자료: 중국 국가통계국.

2) 중국의 디플레이션과 급성장

중국에서 디플레이션이 일어나기 5년 전부터 투자가 급격하게 증가한 것은 1992년 덩샤오핑의 남순강화(南巡讲话)와 밀접한 관련이 있다. 남순강화 당시 덩샤오핑은 "가난은 사회주의가 아니고, 발전만이 확실한 방법이다"라고 말했으며, 발전은 반드시 투자에 의해 견인되어야 한다고 했다. 이후 5년 동안 국내 기업도 투자를 증대했을 뿐만 아니라, 외국기업들도 중국에 대한 투자를 크게 확대하였다. 1992년 이전에는 중국의 고정자산 투자에서 외국인투자의 비율이 5%를 넘지 않았으나, 1992년 이후에는 그 비율이 12.1%까지 상승하였고, 가장 높았던 해에는 20% 이상이 되기도 했다. 불과 몇 년 사이에 중국경제는 거대한 구조변화를 경험하였고, 이로 인해 중국은 이전까지의 부족경제(shortage economy)에서 과잉경제(surplus economy)로 변화되었다.

중국의 디플레이션은 수요의 급감 때문이 아니라 공급의 과잉으로 인해 발생했기 때문에 부의 효과는 없었고, 따라서 소비에도 거의 영향을 미치지 않았다. 디플레이션이 생겼지만 연평균 소비 증가율은 그 이전과 마찬가지로 7%대를 유지하였다. 비록 생산과잉으로 인해 민간투자가 다소 감소하기는 하였지만, 전체 투자 증가율은 1996년에서 2000년 사이에는 11.2%, 2001년에서 2005년 사이에는 20.2%를 기록하였다.

중국이 이처럼 높은 투자 증가율을 유지할 수 있었던 것은 중국이 여전히 산업화 초기단계에 머물고 있었기 때문이다. 기술적인 측면이나 산업구조적인 측면에서 중국은 더 발전할 가능성이 컸다. 중국정부의 투자 확대는 이런 높은 투자 증가율에서 매우 중요한 비중을 차지하였다. 중국정부는 사회기반시설 건설에 집중적으로 투자하는 확대재정정책(expansion fiscal policy)을 실시하였다.

이와 같은 높은 투자증가율과 지속적인 소비확대를 고려한다면, 중국이 디플레이션 기간에도 7%~8%의 연평균 경제성장률을 유지하였다는 것은 그리 놀라운 일은 아니었다. 2003년 디플레이션 시기가 종료된 이후에는 중국의 경제성장률이 10% 이상으로 급증하였다. 중국의 경제성장은 허상이 아니라 사실이었던 것이다.

한편, 다른 나라의 경험에 비추어 보면 1997년 이후 3년 연속으로 중국의 에너지 소비가 줄어든 것은 설명하기 어려운 현상이다. 하지만 중국 경제성장 과정의 특징을 살펴볼 필요가 있다. 1990년 이전 중국은 부족경제(shortage economy) 상태였고, 국가적으로 수요에 비해 공급이 크게 부족하였다. 당시 가장 빠르게 성장했던 기업이 향진기업인데, 향진기업은 기술력이 낙후되어 있고, 에너지 소비가 많으며, 제품의 품질이 낮음에도 불구하고 빠르게 성장하였다. 하지만 1998년 이후 공급이 수요를 초과하게 되었고, 생산과잉 현상이 명백해졌다. 경쟁이 치열해지면서 조악한 물건을 대량으로 생산하던 기업들이 가장 먼저 시장에서 퇴출되었고, 그 후 점차 낙후된 기술을 사용하고 에너지를 많이 소비하던 기업들이 문을 닫았다. 1998년과 1999년 많은 향진기업들이 파산하였고, 농촌지역은 막대한 빚더미에 올랐다.

이런 상황에서 파산한 많은 향진기업들은 더 나은 기술력을 갖추고, 더 적은 에너지를 소비하고, 더 높은 품질의 제품을 생산하는 새로운 기업으로 대체되었다. 결과적으로 당시 경제가 빠르게 성장함에도 불구하고 전체적인 에너지 소비는 감소했던 것이다. 하지만 경제가 계속 성장하고 향진기업을 대체하는 효과가 사라지면서 에너지 소비도 결국 꾸준히 증가하게 되었다. 2000년 이후에는 에너지 소비와 경제성장이 정상적인 양의 상관관계로 돌아갔다.

3) 디플레이션의 결과

비록 중국의 디플레이션이 경기침체(stagnation)로 이어지지는 않았지만, 여러 부정적인 결과들을 야기하기는 하였다. 과잉 생산능력은 전반적인 가격하락을 의미한다. 이로 인해 제품의 공급자인 기업의 이윤은 줄어들거나 적자가 늘어나게 된다. 또한 기업의 재고(inventories)가 증가하면서 생산량이 감소해, 인력고용을 줄였기 때문에 실업이 중요한 사회적 문제로 대두되었다. 나아가 적자를 보는 기업이 증가하면서 은행 대출금을 갚지 못하는 경우도 빈번하였다.

중국정부가 디플레이션 문제를 해결하는 방법은 2가지 있는데, 바로 통화정책과 재정정책이다. 통화정책(monetary policy)은 통화의 공급량을 조정하면서 시장 이자율에 영향을 준다. 예를 들면, 디플레이션 시기에 정부는 시장 이자율을 낮추기 위해 통화의 공급량을 증가시킬 수 있다. 이자율이 낮다는 것은 투자의 비용이 낮다는 것을 의미하기 때문에 투자를 촉진할 수 있다. 또한 이자율이 낮다는 것은 다른 한편으로는 미래의 소비가격이 상승한다는[6] 것을 의미하기 때문에 저축이 감소하고 소비가 증가할 수 있다.

하지만 디플레이션 기간에는 이러한 통화정책을 사용하여 투자와 소비 수요를 증대시키는 것이 쉽지 않다. 아무리 이자율을 낮추더라도 사람들이 쉽게 소비를 늘리지 못하기 때문이다. 당시는 경제 전체로 과잉생산이 너무나 심각한 상황이었기 때문에 기업이 투자에 소극적이었다. 따라서 노동자들의 수입은 늘어나기 어렵다. 결과적으로 아무리 소비를 많이 하라고 장려를 해도 구매력의 약화로 소비를 확대하기가 어려운 것이다. 즉, 디플레이션 상황에서는 이자율이 아무리 낮아도 투자수요나 소비수요가 증가하기 어렵기 때문에 통화정책은 소용이 없었다.

이와는 반대로 재정정책(fiscal policy)은 통화정책보다 직접적인 효과가 있다. 통화정책이 이자율 조정을 통해 투자와 소비에 영향을 미치는 것과 달리, 확장적

---

6 이자율이 낮아지면 예금을 해도 나중에 받게 되는 소득이 줄어든다. 예금이라는 것은 현재 소비를 하지 않고 미래에 소비를 하는 것인데, 이자율이 낮아지면 현재의 소비를 줄일 이유가 없다. 즉 현재소비가 미래소비보다 가격이 하락하여 현재 소비를 더 늘리게 된다(역자 주).

재정정책은 정부가 주도하여 직접투자와 건설 혹은 이전지출(transfer payment)[7]을 통해 소비를 촉진시킨다.

일본정부는 1991년 시작된 디플레이션 문제를 해결하기 위한 방법으로 소비 촉진을 위한 "일본경기쿠폰(Japan Revitalization Coupon)"을 65세 이상의 국민들과 초등학생에게 발행하였다. 하지만 이렇게 소비수요를 확대하기 위한 자금은 재정적자를 통해서 충당되었기 때문에 국가부채는 급속히 증가하였다. 1991년 디플레이션 이전에는 일본의 누적 재정적자가 GDP에서 차지하는 비율이 60%로 OECD 선진국 중에서도 상당히 낮은 수준으로 재정상태가 매우 양호하였다. 하지만 디플레이션 이후 확장적 재정정책을 시행한 지 10년 후 일본의 재정적자는 GDP의 140%로 급증하였고, 지금은 220%로 OECD 국가 중 가장 심각한 상태가 되었다.

이런 예를 통해 볼 수 있듯이 재정적자를 통한 디플레이션 해결은 효과적이기는 하지만 지속적이지는 못하다. 이렇게 따지면 통화정책과 재정정책 모두 본질적으로는 효과가 없는 것처럼 보인다. 이것이 경제학자들이 인플레이션에 대해서는 많은 해결책을 제시하면서도, 디플레이션에 대해서는 기본적으로 속수무책이라고 하는 이유이다.

1929년 미국의 예를 살펴보자. 당시 뉴욕 주식시장의 버블이 갑자기 붕괴된 이후, 많은 부가 사라졌고 사람들이 갑자기 가난해졌다. 소비수요가 급격히 감소하면서 초과공급 상태가 되었고, 물가가 지속적으로 하락하면서 투자도 줄어들었다. 소비심리가 계속 하락하면서 소비위축과 투자감소로 이어졌다. 비록 루즈벨트의 "뉴딜(New Deal)[8]" 정책으로 사회기반시설을 건설하기 위한 몇 가지 확장적인 재정정책이 사용되었지만, 학자들은 사실 뉴딜 정책의 경제적 성과는 그렇게 크지 않았다고 생각한다. 정작 미국이 1941년 디플레이션에서 벗어날 수 있게 된 것은 2차 세계대전 동안의 막대한 재정적자의 확대였다.

---

7 이전지출은 정부가 개인 등에게 일방적으로 지급하는 소득이다. 예를 들면 실업수당, 재해보상금, 사회보험이나 보조금 등이 이에 해당한다(역자 주).

8 뉴딜(New Deal) 정책은 미국 32대 루즈벨트 대통령의 지도 아래 대공황을 극복하기 위해 추진했던 재정확대 정책이다. 이 정책 이후 미국의 경제정책이 변화되면서 전통적인 자유방임에서 벗어나 케인즈주의의 영향하에 정부의 간섭이 강화되었다(역자 주).

4) 과잉 생산능력의 해결방법

디플레이션 문제를 해결하려는 많은 정책들은 사실 큰 효과가 없다는 것이 입증되었다. 대부분의 국가들은 생산량이 자연스럽게 줄어들도록 기업이 파산하는 것을 기다릴 수밖에 없었다. 아니면 인구가 증가하여 과잉생산이 흡수되기를 기대해야 했다.

과잉 생산능력(excess capacity)이라는 것은 사실 자세히 살펴보면 본질적으로 재고와 같은 특징을 가지고 있다. 기계가 100대 있다고 가정해 보자. 공급이 과잉 상태에 있을 때는 기계 50대만으로도 생산량을 충분히 충당할 수 있다. 나머지 50대의 기계는 운영되지 않을 것이기 때문에 "사용되지 못하는 생산능력의 재고"가 된다. 이 문제를 해결하는 가장 좋은 방법은 사용되지 못하는 생산능력의 재고와 같은 양의 "충족되지 못한 수요의 재고"를 찾는 것이다.

충족되지 못한 수요(unsatisfied demand)라는 것은 무엇인가? 수요는 투자수요와 소비수요가 있는데, 예를 들어 소비수요를 살펴보자. 소비자가 소비하고자 하는 의사가 있고, 지불할 수 있는 능력이 있음에도 불구하고 이를 실현시키지 못하는 경우 소비가 충족되지 못한다. 정상적인 시장경제에서는 이러한 수요가 존재할 수 없지만, 수요와 공급 사이의 구조적인 불균형이 존재하는 경우나 정부정책에 의한 통제가 존재하는 경우는 이런 충족되지 못한 수요가 발생한다. 중국도 이행경제(transition economy)이기 때문에 수요의 상당부분이 제도적, 정책적 혹은 구조적 제약 때문에 충족되지 못했다.

중국에서는 크게 4가지 형태의 충족되지 못한 수요가 있었다. 그 중 2가지는 소비와 관련된 수요였고, 2가지는 투자와 관련된 수요였다. 만약 중국경제의 모든 제약들이 제거된다면, 수문이 열렸을 때 저수지의 물이 쏟아져 나오는 것처럼, 장기간 충족되지 못했던 수요들이 쏟아져 나올 것이다. 이에 따라 사용되지 못하는 생산능력의 재고도 순식간에 사라질 것이다.

첫 번째 충족되지 못한 수요는 투자수요에 대한 것으로 외국인 직접투자(FDI: foreign direct investment)였다. 중국경제는 20년 넘게 급속한 경제성장을 지속하면서 외국기업이 주목할 만큼의 거대한 시장을 형성하였지만, 중국정부는 외국자본의 진입을 상당히 제한하였다. 중국이 WTO에 가입하기 이전에는 주로 수출을 위한 생산분야에 국한되어 외국인 직접투자가 허용되었고, 중국은 외국기업의 가공과 제조업 기지로서의 역할만을 수행하였다. 외국기업이 중국에서 생산한 제품은 해외시장에 판매되었고, 중국 국내시장에 판매되는 것은 허용되지 못했다. 따라서 외국인 투자자들은 충분한 능력이 있음에도 불구하고, 정책적인 제약 때문에 중국에 투자를 하지 못했다.

하지만 WTO 가입 이후 중국은 외국인 투자에 대한 정책 제약을 폐기하였고, 외국기업에게 내국민대우[9]를 해 줄 것을 약속하였다. 또한 외국기업에게 중국 국내시장에서 상품을 판매하는 것을 허용하였다. 결과적으로 외국자본의 중국 유입이 급격하게 증가하기 시작하였다. 중국은 이제 세계에서 외국인 직접투자 유입이 가장 많거나 혹은 2번째로 많은 국가가 되었다. 이것이 충족되지 못한 수요를 충족시킨 첫 번째 방법이었다.

두 번째 충족되지 못한 수요는 민간부분의 투자수요이다. 민영기업은 개혁개방 정책을 실시한 이후에야 등장했으며, 그 후 20여 년간 빠르게 성장하였다. 민영기업 중에서는 상당한 규모로 성장한 기업도 있다. 하지만 계획경제의 사고방식이 존속하고 있었기 때문에 경제의 일부 분야에서는 민영기업의 진입이 배제되었다. 중국이 WTO에 가입한 이후 외국기업뿐 아니라 국내 민영기업에게도 내국민대우를 해줄 것을 승인하였다. 충족되지 못했던 민영기업의 투자수요 문제를 해결하였던 것이다.

세 번째 충족되지 못했던 수요는 도시의 소비수요였다. 개혁개방 이후 도시 가정의 소비수요와 소비능력은 꾸준히 상승하였다. 1980년대 초반 중국 도시가정의 3대 주요 소비품목은 손목시계, 재봉틀 그리고 자전거였는데, 이들의 가격대는 100위안 정도였다. 당시 중국에서는 이 3가지 품목의 제품을 구입하기 위해서는

---

9 다른 나라의 국민이나 기업, 수입 상품을 자국민이나 자국의 기업, 국내상품과 동등하게 차별 없이 대우하는 것을 의미한다. 내국민대우는 주로 과세, 재판, 계약, 재산권, 법인활동 등의 영역에 적용된다(역자 주).

100위안의 저축이 있어야 했을 뿐만 아니라 특별한 쿠폰이 있어야 했다.

1980년대 말의 3대 주요 소비품목은 냉장고, 세탁기, TV이었으며, 이들의 가격은 대략 5,000위안 정도였다. 1990년대 초에는 3대 주요 소비품목이 에어컨, 스테레오, 휴대폰으로 바뀌었고, 이들의 가격은 1만 위안 정도에 달했다.

1990년 말의 주요 소비품목은 다시 약 25만 위안(약 4,500만원) 정도의 자동차와 50만 위안(약 9,000만원) 정도의 아파트로 바뀌었다. 하지만 이러한 고가의 소비재는 미국과 같은 1인당 소득이 높은 나라에서도 할부로 구입을 한다. 왜냐하면 이를 구매할 수 있을 만큼 돈을 모았을 때만 물건을 구입해야 한다면, 소비자들이 그 물건을 이용하기에는 너무 나이가 많아질 것이기 때문이다. 따라서 소비자 대출이 필요하다.

소비자 대출(consumer loan)은 일반적으로 대출받는 사람의 미래소득에 근거하여 대출이 이루어진다. 어떤 사람이 직장을 가지고 있고, 미래의 소득으로 원금과 이자를 충분히 갚을 수 있다면, 그 사람은 차나 아파트를 구입하기 위해 은행에서 주택담보 대출을 받을 수 있다. 개혁개방 이후 30년이 지나면서 도시 사무직 근로자들 중에서는 주택담보 대출을 받아서 갚을 수 있는 능력을 가진 사람들이 많아졌다. 하지만 지금까지 은행대출은 대부분 기업, 특히 국유기업을 대상으로 이루어졌다. 결과적으로 정책의 통제 때문에 사무직 근로자들은 2000년 이전에는 소비를 위한 대출을 받을 수 없었다. 이에 대한 해결방안은 소비자대출 서비스를 도입하는 것이었다.

네 번째 충족되지 못했던 수요는 거의 중국전체 인구의 3/5를 차지하는 농촌의 소비수요였다. 앞의 3가지 충족되지 못했던 수요는 2002년 중국의 WTO 가입과 소비자 대출의 확대를 통해 점차적으로 충족되었다. 그러나 농촌의 소비수요 확대하는 것은 여전히 많은 문제를 안고 있었다.

가전제품을 예를 들어보자. 2002년 도시에는 100가구당 120대의 컬러TV를 보유하고 있었지만, 농촌지역에서는 겨우 60대에 불과했다(〈표 11-2〉). 냉장고의 경우도 도시가정에는 82개를 보유하고 있던 반면, 농촌가정은 겨우 15개(도시의 18%)만 보유하고 있었다. 세탁기의 경우는 도시가정이 93개, 농촌가정이 32개(도시의

표 11-2 중국의 도시와 농촌지역의 가전제품 보급률

	1991	1998		2002	
	도시가정	도시가정	농촌가정	도시가정	농촌가정
컬러TV	68.4	105.4	32.6	120.0	60.0
냉장고	48.7	76.1	9.3	81.9	14.8
세탁기	81.0	90.6	22.8	92.9	31.8
1인당 국민소득(위안)	2,025	5,425	2,162	7,702	2,475

자료: 중국 국가통계국.

34%)였다. 도시의 가전제품 시장은 이미 포화상태였지만, 농촌 가전제품 시장은 아직 성장할 수 있는 여유가 매우 많았다.

어떤 사람들은 농촌에서 소비수준이 낮은 이유가 농민들의 수입이 충분하지 않기 때문이라고 주장한다. 2002년 도시주민의 1인당 소득이 7,702위안이었던 반면 농민의 1인당 소득은 2,475위안으로 도시지역의 32%밖에 되지 않았다. 하지만 소득이 농촌의 소비가 낮은 가장 중요한 이유는 아니다.

2002년 중국 농촌지역의 1인당 소득은 2,475위안으로 이는 1991년의 도시지역 1인당 소득 2,025위안보다 22%나 높았다. 하지만 1991년의 도시지역 100가구당 컬러TV 보유는 68대였던 반면 2002년 농촌지역의 컬러TV 보유대수는 60대에 불과하였다. 냉장고의 경우도 마찬가지다. 1991년 도시지역의 100가구당 냉장고 보유수는 49개였지만 2002년 농촌지역의 냉장고 보유수는 15대로 1991년 당시 도시지역의 30%에 불과하였다. 세탁기의 경우도 1991년 도시지역이 100가구당 81개를 보유했지만, 2002년 농촌지역에는 32개로 1991년 도시지역의 39%밖에 되지 않았다.

가격으로 비교를 하면 그 차이는 더욱 극명해진다. 1991년 리모컨이 있는 25인치 컬러TV의 가격은 거의 6,000위안이었지만, 2002년에는 그 이전의 1/5가격인 1,200위안밖에 되지 않았다. 2002년 냉장고와 세탁기의 가격도 1991년 가격의 절반에 불과했다. 하지만 왜 2002년 농촌지역의 소비가 1991년 도시지역의 소비보다 적은가? 분명히 소득이 농촌지역의 소비를 제약하는 유일한 이유는 아니다. 다른 요인이 분명히 존재하는 것이다.

2000년대 초 농촌지역에는 TV 신호가 잘 잡히지 않았다. TV를 시청하기 위해서는 위성TV 수신기를 설치해야 했는데, 이 가격이 4,000위안~5,000위안이었다. 비록 농민들이 1,200위안짜리의 TV를 구매할 수 있는 능력이 있더라도 TV 수신기를 구매할 능력까지는 되지 못했다. 약한 신호 때문에 TV 화면에는 하얀 점들만 보였기 때문에 농민들은 농촌지역의 TV를 "눈송이" 브랜드라고 농담처럼 말했다. TV는 전기도 필요로 했는데, 당시 중국의 농촌지역에서는 전기가 들어오지 않는 지역도 많았다. 전기가 들어온다고 하더라도 전압이 불안정하여 가전제품을 사용하지 못할 정도였다. 특히 많은 사람들이 TV를 시청하는 저녁 피크 시간에는 전기부족으로 정전이 빈번하게 일어났다. 결과적으로 농민들은 전기부족과 약한 신호 때문에 TV를 꺼야만 했다.

다른 가전제품들도 상황은 마찬가지였다. 세탁기를 사용하기 위해서는 수돗물이 꼭 필요했지만, 도시에 있는 가정에서만 수돗물을 사용할 수 있었다. 냉장고는 하루 평균 1킬로와트의 전기를 사용하는데, 도시에서는 이 전기료가 0.5위안이었지만 농촌에서는 1위안~2위안에 달했다. 만약 냉장고 한 대가 하루 2위안의 전기료를 소비한다면 한 달이면 60위안, 1년이면 720위안이 된다. 이를 2000년의 농민 1인당 연소득 2,253위안과 비교해 보라. 농민들은 비록 말은 살 수 있었지만, 말 안장을 살 여유는 없었던 것이다.

농촌의 소비를 진작시키기 위해서는 사회기반 시설과 관련 서비스를 개선해야만 했다. 이러한 이유는 나는 1999년 농촌 사회기반시설 개선을 위한 "新농촌 운동"을 주창한 것이다. 2005년 중국정부는 농촌개발을 위한 자세한 계획과 지침을 준비하여 "사회주의 新농촌(new socialist countryside) 건설" 계획을 제정하였다.

2 사회주의 新농촌 건설

"사회주의 新농촌 건설"은 2005년 10월 16기 5中全會(중국공산당 전체회의)에서 통과된 "제11차 5개년 규획 핵심건의(十一五规划纲要建议)"에서 공식적인 국가정책으로 등장하였다. 이 건의안에 따르면 사회주의 新농촌의 주요 내용은 "생산력의 발전, 생활수주의 개선, 교양 있는 사회문화 형성, 깨끗하고 정리된 마을, 민주적인 관리"로 요약할 수 있다.

2005년 말 중앙 농촌공작회의(农村工作会议)는 "사회주의 新농촌 건설에 대한 의견들"이라는 제목의 2006년의 1호 문건을 발표하였다. 이 문건에는 농촌의 발전이 "11차 5개년 규획"의 가장 중요한 핵심이라는 내용이 포함되어 있다. 2006년 3월 열린 중국의 가장 중요한 두 회의(两会)[10] 기간 동안 개정된 11차 5개년 규획과 "정부업무보고(政府工作报告)"에서도 사회주의 新농촌건설이 다시 한 번 최우선 순위로 결정되었다. 8장에서 서술했듯이 사회주의 新농촌건설 운동은 "삼농(三農) 문제"를 해결하고 현재, 미래에 발생하는 과잉생산을 흡수한다는 중요한 의미가 있다.

1) 디플레이션과 삼농문제

8장 농촌개혁 부분에서 저자는 농촌노동력의 도시로의 이동이 농민들의 소득을 장기적이고, 안정적으로 증가시킬 수 있는 가장 이상적인 해결책이라고 언급했다. 왜냐하면 농산물 수요의 소득탄력성과 가격탄력성이 낮은 상황에서 농촌노동력의 도시로의 이동이 농민 소득의 실질적인 증대로 이어질 수 있기 때문이다. 하지만 불행하게도 1990년대 말부터 시작된 디플레이션은 농촌노동력의 도시 이동에 악영향을 미쳤다.

디플레이션으로 도시의 제조업 부문은 많은 어려움을 겪었다. 도시지역의 기업들은 농촌 노동력을 더 많이 흡수할 수 있는 여력이 부족해졌고, 농촌 노동력은

---

10 전국인민대표자대회(全人大)와 중국인민정치협상회의(政协)를 통칭하여 양회라고 한다.

도시지역으로 이동하지 못하고 농촌에 있어야 했다. 또한 기업들도 생산능력보다 적게 생산해야 했기 때문에 많은 노동자들이 일자리를 잃어야 했고, 그 중에는 도시로 이전했던 농촌 노동자들도 포함되었다.

뿐만 아니라 디플레이션이 발생하기 이전 투자가 급격히 증가하면서 많은 민영기업과 외국인투자 기업들이 등장하였는데, 이들은 발전된 기술과 더 높은 품질의 제품을 앞세워서 농촌의 향진기업들을 시장에서 퇴출시켰다. 경쟁이 치열해지면서 농촌지역에서 엄청난 수의 非농업 노동인력을 흡수했던 많은 향진기업들이 파산했던 것이다. 결과적으로 농촌 내 농업에 종사하는 농민들의 수가 증가하면서 농민 1인당 소득은 사실상 감소하였다(〈그림 11-4와 11-5〉). 다시 말해 농촌 노동력이 더 이상 도시로 이동할 수 없었고, 도시에 거주하던 이주 농민들도 고향으로 돌아왔기 때문에 1995년에서 2000년 농촌 소득증가율이 둔화되었고, 삼농문제가 심각해졌던 것이다.

전반적인 물가수준만을 고려한다면, 중국의 디플레이션은 2003년에 이미 끝난 것처럼 보였다. 그러나 당시 물가가 상승했던 이유는 에너지와 건설자재 가격이 급격히 상승하였기 때문이다. 다른 품목들의 가격은 대부분 하락했다(〈그림 11-6〉). 하지만 2003년에서 2005년 사이 투자가 과열되면서 건축자재의 생산과잉

그림 11-4 1990년대 말 1차산업 노동자의 증가

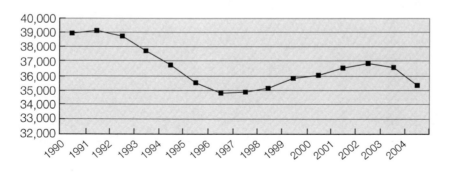

주: 1차산업은 농업, 임업, 축산업, 어업을 포함함.
자료: 중국 국가통계국.

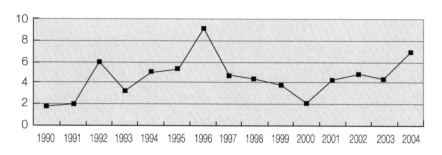

그림 11-5) 농촌가구 1인당 소득증가율의 둔화

자료: 중국 국가통계국.

문제가 다시 발생하였다. 이후 투자 붐이 끝나자 다시 물가가 하락하였고, 재고가 증가하면서 디플레이션 압력이 증가하였다.

결국 디플레이션 문제를 해결하고 삼농문제를 해결하기 위해서는 충족되지 못했던 수요가 과잉 생산능력 부분을 소비해야만 했다. 당시 충족되지 못했던 수요 중에서 가장 큰 비중을 차지하고 있었던 것이 농촌지역의 소비수요였다. 사회기반시설을 개선하는 것은 생활과 생산환경을 향상시키고, 도시와 농촌의 격차를 줄이기 위해 필수적일 뿐만 아니라, 농촌의 소비수요를 증대시켜서 과잉 생산능력을

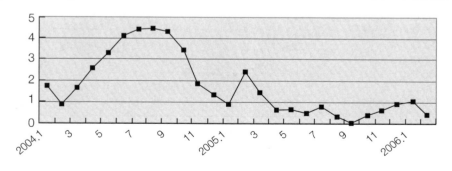

그림 11-6) 2004년~2005년 전반적인 물가 하락(소비자물가지수)

자료: 중국 국가통계국.

없애는 데도 중요하다. 이를 통해 도시지역 기업의 상황이 호전되면 농촌노동력의 도시 이동이 용이하게 되고, 궁극적으로 농민들의 수입 향상에도 기여할 수 있다.

2) 新농촌 건설과 충족되지 못했던 수요의 충족

저자의 연구에 따르면 1999년 당시 전기료가 0.1위안 하락할 때 컬러TV의 수요가 증가하는 효과는 농민 소득이 370위안 증가했을 때의 수요 증가와 같았다. 전기료 가격 하락의 냉장고와 세탁기 수요 증가에 대한 효과는 각각 농민 소득 607위안과 909위안에 상응하였다.[11] 즉, 전기료 가격을 인하하는 것이 농촌지역 가전제품의 수요를 가장 효과적으로 증가시킬 수 있었던 것이다. 결론적으로 농촌의 막대한 충족되지 못했던 소비수요를 충족시킬 수 있는 방법은 소비관련 사회기반시설을 빠르게 확충하는 것이다.

1999년 "新농촌"운동을 제안한 이후 후난성(湖南省)의 한 농촌마을로 파견된 "후난일보" 기자가 이 아이디어를 시험해 보았는데, 그 결과는 놀라웠다. 그가 처음 도착했을 때 마을에는 TV가 한 대도 없었다. 그래서 기자는 마을주민들이 공동으로 돈을 지불하여 위성TV 수신기를 구입하도록 하였고, 기자도 어느 정도 기부하였다. 당시 위성TV 수신기의 가격은 5,000위안이었고 필요한 케이블까지 포함하면 거의 1만 위안에 가까운 가격이었다. 분명 한 가구가 지불하기에는 불가능한 금액이었지만, 200가구가 나누어 지불하면서 한 가구는 평균 50위안만 내면 되었다. 이 방법을 통해 TV 보유비율은 0%에서 100%로 빠르게 증가하였다.

우리는 보통 농민들이 가난하다고 생각하지만, 동시에 농민들도 항상 남에게 뒤처지지 않으려고 노력한다는 것도 발견하게 된다. 예를 들어 1978년 이후로 농촌지역의 많은 집들이 정기적으로 개조되고 재개발되었다. 처음엔 모든 사람들이 초가집에 살았지만, 한 농가가 벽돌집을 지으면 다른 농가들도 얕잡아 보일까 두려워 금방 따라했다. 그리고 누군가가 2층집을 지었을 때 다른 농가들도 그들의 낡은 벽돌집을 부수고 2층짜리 집을 짓기 시작했다. 2층짜리 집이 보편화되었을 때, 더 부유한 농가들은 3층짜리 집을 지음으로써 스스로를 차별화하려고 한다. 이

---

11 Lin, 2004.

런 개조는 보통 수천, 수만 위안이 지출된다. 따라서 농민들은 사실 가난하지 않았다. 단지 그들은 돈을 써야 하는 곳에 쓰지 않았을 뿐이다.

결론적으로, 소비 관련 사회기반시설을 개선하는 것은 농촌의 잠재된 소비수요를 일으켜서 도시의 과잉 생산능력을 소비할 수 있도록 할 수 있다. 이를 통해 도시지역의 기업들은 경영상황이 개선되고, 이 기업들이 다시 농촌의 이주 노동자들을 고용할 수 있는 여력이 생기며, 이를 통해 농민들의 소득도 따라서 상승한다. 더구나 농촌지역의 사회기반시설 공사에 투자되는 자원도 농촌지역의 소비를 활성화시킨다. 사회기반시설 공사에 사용되는 원자재는 보통 그 지역 내에서 생산되기 때문에, 그 지역 향진기업의 성장을 촉진할 수 있다. 향진기업에 고용된 노동자 대부분이 그 지역출신이기 때문에 농민을 위한 일자리는 더 많이 창출되고 농민들의 수입은 더 증가한다. 이것이 바로 선(善)순환구조이다. 이 때문에 2006년 중국인민대표대회와 중국인민정치협상회의 폐회식 기자회견에서 원자바오(溫家寶) 총리가 사회주의 新농촌건설은 경제발전의 더욱 견고한 기반을 마련하는 가장 핵심적인 것이며, 만약 성공한다면 이는 내수와 국내소비 모두를 진작시킬 수 있다고 한 이유도 바로 이것이다.

3) 新농촌 건설의 몇 가지 문제점

(가) 일정 문제

사회주의 新농촌을 건설하는 것은 중국의 현대화를 달성하기 위해 필수적이다. 물론 사회주의 新농촌 건설은 장기적인 과제이다. 앞에서 언급하였듯이 사회주의 新농촌 건설의 주요 목표는 "생산력의 발전, 생활수주의 개선, 교양 있는 사회문화 형성, 깨끗하고 정리된 마을, 민주적인 관리"인데, 이들은 대부분 장기적인 목표로 추진되는 것이다.

이러한 장기적인 목표를 달성하기 위한 단기적인 목표는 무엇인가? 앞에서 내가 언급했던 농촌의 사회기반시설 개선과 같은 단기적인 목표들은 2020년 이전까지는 완료되어야 한다. 16차 공산당회의에서는 "전면적"인 소강(小康)사회**12** 건

---

12 소강(小康)사회는 중국의 이상사회 모델로, 현대로 따지면 중진국 수준을 지칭한다. 1978년 덩

설을 목표로 제시하였다. 하지만 농촌의 발전과 생활수준이 계속 도시보다 뒤처진 다면 중국은 "전반적인"이라는 기준에 부합한다고 보기 어렵다. 중국인구 중에서 상당히 높은 비율의 사람들이 농촌지역에 살고 있기 때문에, 농촌지역의 현대화를 이루지 않고서는 국가 전체의 현대화를 이루는 것은 불가능하다. 농민들이 더 부유해져야 중국은 전면적 소강사회 건설이라는 목표를 이룰 수 있을 것이다.

사회주의 新농촌 건설은 최근 제기되고 있는 조화로운 사회(和諧社會)[13]를 건설하는 데도 필수적이다. 현재 도시와 농촌의 소득수준 비율은 〈표 7-3〉에서 보듯이 3.3:1이다. 향후에도 1998년 이후의 평균 성장속도(농촌 4.5%, 도시 8%~9%)대로 계속된다면, 2020년에는 그 차이가 4.9:1까지 커질 것이다. 즉, 도시주민의 평균 소득이 농촌주민의 약 5배에 이른다는 것이다.[14] 지금의 3.3:1의 비율도 이미 세계 최고수준인데, 5:1의 차이는 상상조차 할 수 없는 것이다. 그렇게 되면 사회불안이 극심해져서 조화로운 사회를 이루는 것은 불가능해질 것이다. 따라서 2020년까지 전국적으로 농촌 사회기반시설을 확충하는 것은 정부가 국민을 위해 반드시 해야 하는 것이다.

(나) 어디에서 시작해야 하는가?

농촌지역의 사회기반시설 건설은 규모의 경제(economies of scale) 문제 때문에 도시지역보다 건설비용이 더 높다. 도시지역은 인구가 집중되어 있기 때문에 대규모 사회기반시설을 건설할 수 있는 반면 농촌지역의 주민들이 산발적으로 분포되어 있기 때문이다. 이 문제를 해결하는 방법으로 어떤 사람들은 새로운 도시를 기존 도시의 외곽에 건설하여 주변의 농민들을 수용하는 방식으로 사회기반시설 건설비용을 절감하는 방안을 제안하기도 한다. 하지만 사회기반시설은 농민들을 위해 건설하는 것이기 때문에 농민들의 편의를 먼저 고려해야 한다.

샤오핑이 제시한 3단계 발전전략에서 먹고사는 문제가 해결되는 온포(溫飽) 단계 다음의 두 번째 단계이다(역자 주).

13 중국 공산당이 2004년 제시한 사회주의 발전전략 목표로 화합하고 각 계층이 협력하는 사회 상태를 지칭한다. 이전까지의 발전전략이 성장 위주로 치우치면서 빈부격차 등의 사회문제가 심화되면서 이러한 문제 해결을 중시하는 발전전략의 수정이 일부 포함되어 있다(역자 주).

14 Lin, 2007.

농민들은 아침 일찍 일을 시작해서 해가 질 때까지 일을 해야 하기 때문에 항상 농장 안이나 농장 근처에서 거주해야 한다. 불필요한 출퇴근은 농민들의 일을 더욱 고달프게 만들 뿐이다. 따라서 아주 예외적인 일부 지역을 제외하고는 사회주의 新농촌은 현존하고 있는 자연촌락을 기반으로 해야 한다. 사실 중국은 과거 수차례의 농촌 집단화 운동의 결과로 이미 농가들이 산간지역이나 강가에 있는 몇몇 외딴 지역을 제외하고는 꽤 밀집되어 있다. 결론적으로 농부들은 자신들의 마을에 머물러야 한다.

또 한 가지 주의해야 할 점은 공공재인 사회기반시설과는 다르게 농부의 집은 사유재산이라는 것이다. 농민들에게 밀집해서 살라고 하는 것은 그들의 옛 집을 무너뜨리고 그들의 사유재산을 침해하는 것을 의미한다. 이러한 행동은 절대 용납되어서는 안 된다. 특히 땅값이 상승할 때 어떤 사람들은 사회주의 新농촌을 건설한다는 것을 구실로 마을을 파괴하며 땅을 압류하려고 할 것이다. 이러한 행위는 반드시 막아야 한다.

(다) 자금 모집 방법

농촌의 사회기반시설을 건설하기 위한 투자 예산은 어림잡아 약 4조 위안(약 720조원)이며, 이는 2006년에서 2020년까지 연평균 예산이 약 2,700억 위안(약 48조원)라는 것을 의미한다.[15] 사회기반시설은 공공재이기 때문에 이런 천문학적인 예산은 정부주도로 자금이 마련되어야 한다. 하지만 이를 위한 정부의 예산은 2005년도에 겨우 441억 위안에 불과했다. 2006년 "정부업무보고"에서는 273억 위안을 증액하여, 총 714억 위안이 되었다. 하지만 이것에는 의료서비스, 교육과 같은 다른 서비스 기반시설 건설비용도 포함되어야 한다. 따라서 자금이 부족하다. 이런 부족함을 메우기 위해서는 모든 사회부문들이 동원되어야 한다.

첫째, 정부의 재정 집행을 조정해야 한다. 지금까지는 투자가 도시에 집중되었지만 도시개발은 이제 어느 정도 정비가 되었기 때문에 그 초점이 농촌지역으로 옮겨져야 한다. 2006년 정부업무보고에서도 이런 변화에 대해 명시했다. "사회주의

---

15 Lin, 2007.

新농촌건설을 위해 우리는 농촌 사회기반시설 투자를 가속화해야 한다. 우리는 사회기반시설 투자에 대한 정부의 우선순위를 농촌지역으로 전환하여야 한다."

둘째, 정부는 모든 사회적 역량을 동원하도록 조직역량을 발휘할 수 있다. 서로 다른 지역들은 각각 다른 종류의 사회기반시설에 대한 수요를 가지고 있다. 만약 중앙정부가 모든 프로젝트에 대한 자금을 마련해야 한다면, 지방정부는 실제로 필요한 것보다 더 많은 보조금을 청구할 것이고 이는 중앙정부의 재정 부담을 가중시킬 것이다. 경제의 기본원칙은 "이익을 얻는 사람이 돈을 지불한다"이다. 따라서 일단 사회기반시설이 완성되면 정부는 그 수혜자들에게 비용을 청구할 수 있다. 예를 들면 고속도로의 통행료징수가 그것이다. 농촌사회기반시설은 이 사례를 참고해야 한다. 따라서 수익을 내는 프로젝트들은 민간부분이나 은행대출로 자금을 확충할 수 있다. 이 외에도 정부는 부유한 농부들에게 학교를 짓거나 길을 내는 형태로 사회에 공헌하도록 장려할 수도 있다.

셋째, 사유자산으로 귀속되는 프로젝트는 농민들 스스로 자금과 인력을 충당해야 하며 필요하다면 적당한 정부의 보조금을 받아야 한다. 예를 들어 바이오가스 처리소(biogas digester)는 기본적으로는 사유자산이다. 이것은 규모가 큰 경우는 정부가 짓고 마을 전체가 사용할 수도 있고, 혹은 작은 규모로 각 가정에서 각자 짓고 사용할 수도 있다. 어떤 형태이건 결국 마을주민이 궁극적인 수혜자이다. 물론 여기에는 문제가 하나 있는데, 만약 바이오가스 처리소가 없다면 마을 사람들이 충분한 연료를 사용하지 못할 것이고 따라서 산에서 나무를 베어서 연료로 쓸 것이다. 이런 의미에서 바이오가스 처리소가 완전한 사유자산은 아니다. 따라서 정부는 이 프로젝트의 일정 부분을 보조금으로 충당해주고, 마을 주민들이 대부분의 자금을 충당해야 한다. 위성TV 수신기와 화장실과 같은 프로젝트도 비슷한데, 이것들도 위와 같은 방법으로 해결해야 한다.

만약 이 3가지 자금을 충당할 수 있는 방법이 모두 사용될 수 있다면 2,700억 위안을 확보하는 것도 가능할 것이다. 민간자본의 참여는 일반적으로 규모가 작고 분산되어 있는 농촌 프로젝트의 건설 과정에서 효율적인 감독이 가능하도록 할 것이다. 이를 위해 마을 주민들이 그들과 자본과 노동을 투입하는 방식으로 주주가 되게 함으로써 "민주적인 경영"을 실현할 수도 있을 것이다.

4) 주의 사항

(가) 사회주의 新농촌 건설과 도시화

농민 소득증대 등의 농촌문제를 해결하기 위해 가장 중요한 것은 도시화(urbanization)이다. 이는 농촌 노동력이 도시의 경공업과 서비스업 부문으로 이동하는 것을 의미한다. 이때 농촌개발이라는 것과 도시화와는 반대되는 개념으로 느껴질 수도 있지만, 실제로는 그렇지 않다.

중국의 도시화는 다소 오랜 시간이 필요할 것이다. 2020년까지 여전히 인구의 40%(6억 명의 사람들) 이상이 계속 농촌에서 살 것으로 예상된다. 2050년 중국의 1인당 국민소득이 세계평균을 웃돌 것으로 예상되는 상황에서도, 중국의 농촌인구는 여전히 적어도 전체 인구의 15%를 차지할 것이다.[16] 그때까지 농촌 사회기반시설이 상당히 개선되고 도시와 농촌의 수입격차가 현저히 줄어든다면, 도시와 농촌간의 생활수준의 격차는 크지 않을 것이다. 어떤 사람은 심지어 농촌에서 사는 것을 더 선호할 수도 있다. 만약 2050년에 대도시들이 이미 포화상태라면 전체 인구의 30% 이상인 4억 명이 농촌지역에서 살 수도 있다. 이것이 도시화와 사회주의 新농촌건설이 상호 배타적이지 않는 이유이다.

(나) 농촌문제 해결과 非농업 분야의 성장

농촌 노동력을 비농업 산업으로 이전하는 데 필요한 전제조건은 이런 산업들에서 일자리가 더 많이 창출되어야 한다는 것이다. 그렇지 않으면 농촌문제가 도시로 전파되어 심각한 실업문제를 야기할 것이다.

농촌지역에서 농민들은 자연 자원에 의존해 식량을 지급자족할 수 있다. 반면 도시에서는 한 사람이 직장을 구하지 못하면 살아남지 못할 것이다. 도시에 더 많은 일거리를 창출하기 위해서 중국은 비교우위가 있는 노동집약적 중소기업을 더욱 육성해야 한다. 지금까지 중국의 중소기업들은 상당히 발전해 왔지만, 적절한

---

16 Lin, 2007.

금융서비스의 부족은 심각한 문제점이었다. 10장에서 언급했듯, 더 많은 일자리를 창출하는 효과적인 방법은 중소 규모의 지방은행을 더욱 발전시켜서 중소기업 발전을 촉진하는 것이다

(다) 현대적인 농업기술의 발전

경제발전과 도시화가 진행됨에 따라 농촌노동력은 점차 줄어들 것이다. 농업생산을 증대시키고 국내수요를 충족시키며 농민들의 소득을 개선하기 위한 핵심은 생산력을 꾸준히 증대시키는 것이다. 따라서 정부는 농업관련 사회기반시설과 현대농업과 관련된 과학기술에 대한 투자를 늘리고 과학과 기술의 보급에 힘써야 한다. 또한 농산품 시장을 확대하기 위해 선도 기업을 지원하고 현대화된 농산물 물류유통 시스템을 구축하여야 한다. 또한 농촌지역에 특화된 소액금융회사, 농촌은행, 농업보험 등의 금융기관을 육성하여 농업생산에 기여하도록 지원해야 한다.

(라) 농민에 대한 복지와 교육

사회주의 新농촌건설 프로젝트가 계속되면서 의료서비스, 건강, 교육을 포함한 농촌의 소프트 사회기반시설(soft infrastructure)도 점차로 더욱 중요해질 것이다. 도시에 적응하려면 농촌 이주노동자들은 어느 정도의 지식과 기술을 습득해야 한다. 일자리가 증가하는 것은 단순히 농촌노동력이 성공적으로 이동할 수 있도록 하는 하나의 전제조건이지만, 이들의 교육과 직업에 관련된 기술을 향상시키는 것도 매우 중요하다. 동시에 농촌에 더 적은 수의 농민들만이 머물게 되는데, 이들이 중국인들에게 충분한 식량을 공급하기 위해서는 신기술을 보유하고 사용해야 한다. 나아가 도시와 농촌의 소득 수준 향상으로 사람들은 더 고품질의 더 다양한 종류의 농업 생산물을 필요로 할 것이다. 따라서 이러한 농산품을 생산하는 농부는 신기술을 배워서 새로운 요구에 부응해야 한다. 농촌에서의 기초교육과 직업교육은 이러한 측면이 강화되어야 하며 이는 농민소득을 향상시킬 것이다

5) 몇 가지 남은 문제들

현재까지 사회주의 新농촌건설은 방향성도 맞았고 성과도 적지 않았다. 하지

만 그 과정에서 몇 가지의 문제점이 드러났다.

먼저, 개발을 하기 위해서는 기존의 자연촌락들을 부수고 새로운 것을 짓기보다는 기존의 자연촌락을 개선하는 건설작업이 이루어져야 한다. 또한 개발금지구역이나 농업생산성이 매우 높은 특별 지역은 제외한 지역에서 건설작업이 이루어져야 한다.

둘째, 사회주의 新농촌건설은 일종의 "보상적인 조치"인데, 왜냐하면 오랫동안 국가가 중점적으로 개발했던 지역은 도시들이었기 때문이다. 이제 정부는 투자방향을 재설정하고 농촌건설에 더 많이 집중해야 할 시기이다. 여러 과정을 통해 농민들의 이윤을 보호해야 한다. 민간부분과 농민 스스로 이 사업에 투자하고 참여하게 한다는 것도 좋은 생각이다. 하지만 개발의 의무 목표 단계를 설정하고 농민들에게 부담을 지우는 방식은 곤란하다

셋째, 서로 다른 지역들은 각자 다른 조건을 가지고 있기 때문에, 정부가 한 가지 종류의 계획을 국가 전체에 적용해서는 곤란하다. 정부는 장기적 계획을 수립하고 이것이 그 지역의 상황과 역량에 맞추어 반드시 조정될 수 있게 해야 한다. 가장 중요한 것은 농민들에게 가장 중요하고 급한 일부터 해야 한다는 것이다. 사회주의 新농촌건설은 마을 자치개혁의 일부분이 되어야 한다. 지역농민은 프로젝트의 토의, 의사결정, 감시의 역할을 맡아야 하고 수동적이지 않아야 한다. 이런 방식을 통해 부패와 실패는 줄어들 것이고, 민주적인 역량이 양성될 것이다.

11 참고문헌
Bibliography

Gong, Gang, and Justin Y. Lin. "Deflationary Expansion: An Overshooting Perspective to the Recent Business Cycle in China." *China Economic Review* 19, no. 1 (2008): 1−17.

Lin, Justin Y. *Fa Zhan Zhan Lue Yu Jing Ji Fa Zhan* [Development Strategy and Economic Development]. Beijing: Peking University Press, 2004.

Lin, Justin Y. *Juedu Zhongguo Wenti Meiyou Xiancheng Moshi* [There Is No Textbook Paradigm for Understanding Chinese Economy], Beijing: China's Social Sciences Literature Press, 2007.

Lin, Justin Y. "Beyond Keynesianism: the Necessity of a Globally Coordinated Solution," *Harvard International Review,* 31, No. 2 (Summer 2009), 14-17.

Lin, Justin Y. "Shocks, Crises and Their Determinants," *Middle East Development Journal*, 2, no. 2 (December 2010): 159-176.

National Bureau of Statistics of China. *China Statistic Yearbook.* Beijing: China Statistics Press, 2004.

National Bureau of Statistics of China. *China Compendium of Statistics* 1949−2008. Beijing: China Statistics Press, 2010.

Rawski, Thomas G. "What's Happening to China's GDP Statistics?" *China Economic Review* 12, no. 1 (December 2001): 298−302.

National Bureau of Statistics of China, *China Statistics Yearbook 2010,* Beijing: China Statistics Press, 2011.

World Bank Data: http://data.worldbank.org/indicator

제12장

시장 시스템의 완성과 조화로운 사회

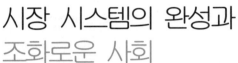

시장 시스템의 완성과 조화로운 사회

제12장

　　1978년 개혁개방정책을 실시한 이래 중국은 33년 동안 지속적으로 높은 경제 성장 속도를 지속해 왔다. 이 기간 연평균 GDP 성장률은 9.9%였고, 연평균 무역 증가율은 16.3%였다. 2003년부터 2010년 1인당 GDP 증가율은 10% 이상이었고, 무역증가율은 21.5%를 기록하였다. 최근에도 전 세계가 대공황 이래 가장 심각했던 글로벌 금융위기를 겪으면서도 중국의 경제성장률은 2008년 9.6%, 2009년 9.1%, 2010년 10.1%를 기록하였다.[1] 하지만 이러한 긍정적인 측면의 이면에는 개혁개방 정책이 추진되는 과정에서 체제 이행과 관련된 여러 사회경제적인 문제점들이 심각해지고 있으며, 새로운 문제들도 등장하고 있다.

　　1980년대와 1990년대 초반에는 가장 중요한 문제가 국유기업의 개혁이었다. 당시 국유기업은 1/3은 명백한 적자기업이었고, 1/3은 숨겨진 적자기업이었으며, 흑자기업은 1/3밖에 되지 않았다. 개혁 정책이 도입된 이후의 상황은 앞의 9장에서 설명하였고, 이러한 개혁 정책의 결과로 국유기업의 이윤은 더 이상 중요한 쟁

---

[1] 중국 국가통계국.

점이 아니게 되었다. 많은 중소형 국유기업은 민영화되었고, 남아 있는 대형 국유기업들은 독점 산업분야에서 많은 이윤을 누리고 있었다. 국유기업 문제의 쟁점은 이제 이윤이 아니라 경쟁력을 높이는 문제이다.

한편 과거 국유기업의 적자로 인한 부실대출 문제로 어려움을 겪었던 은행도 상황이 변화되었다. 중국의 은행 시스템은 지난 수년간의 자본 확충, 홍콩과 상하이 주식시장의 상장 등으로 인해 많이 안정화되었다. 중국 4대 대형국유상업은행의 부실대출 비율은 과거 40%대에서 이미 5% 미만으로 급감하였다.

1 과거 문제를 대신하는 새로운 문제들

이처럼 예전에 쟁점이 되었던 국유기업 적자 문제는 많이 해결되었지만, 이러한 문제들을 해결하는 과정에서 새로운 문제들이 생겼고, 예전에는 사소했던 문제들이 점차 심각해지고 있다. 가장 큰 문제들은 2003년 이후 거시경제에서 나타난 "3가지 과잉" 문제이다. 첫 번째 과잉은 과잉투자와 소비의 부족이다. 두 번째 과잉은 통화공급과 신용의 과잉이다. 세 번째 과잉은 무역흑자의 과잉이다.

이러한 과잉 문제는 근본적으로 과잉투자로 인해 과잉 생산능력 문제가 심각해졌기 때문에 발생한 것이다. 국내 시장에서는 과잉 생산능력을 소화해 낼 수 없기 때문에, 생산품들을 외국으로 수출해야 했고, 이로 인해 무역흑자가 발생하였다. 하지만 무역흑자가 장기간 계속되면 외환 공급이 증가하고, 이러한 외환을 흡수하기 위해 중국정부는 통화공급량을 확대하여야 했다. 이러한 통화 공급량의 확대는 은행 대출증가 등의 문제를 야기하였다.[2]

2003년부터 중국정부는 과잉 문제의 해결을 위해 거시 안정화 정책을 실시하였지만, 효과를 거두지 못했다. 그 이유는 아주 간단하다. 중국 정부가 그 원인인 소득 불평등 심화 문제를 일거에 해소하는 과감한 정책을 실시하지 못했기 때문이다. 투자 증가는 실제로는 지난 수년간 소득 불평등이 심화되었기 때문에 나타난 현상이다. 개인 소득은 소비에 사용되거나 투자에 사용된다. 저소득 계층은 자신

---

2 Lin and Liu, 2008; Lin, Hinh, and Im, 2010.

들의 소득을 투자보다는 소비에 더 많이 사용한다. 하지만 그들은 사실 그렇게 많은 소비를 할 수는 없다. 반면 고소득 계층은 소득 중 일부만 소비를 하고 나머지 많은 부분은 투자에 사용한다.

과거 개혁 이전 중국은 평등주의를 지향하였다. 하지만 개혁개방 정책이 진행되면서 어떤 지역은 훨씬 부유해졌고, 도시와 농촌지역의 소득 격차도 확대되었다. 현재 중국의 소득격차는 전 세계에서 가장 심각한 수준이다. 도시 내에서도 임금격차는 갈수록 확대되고 있고, 실업과 구조조정 문제도 심각하다. 중국의 지니계수(Gini coefficient)[3]는 이미 0.42를 넘어서 국제적인 위험경계 수준을 훨씬 넘어서고 있다.[4] 뿐만 아니라 의료와 교육 서비스 분야에서의 불평등도 매우 심각한 수준이다.

사실 급격한 경제성장 과정에서 중국인들의 생활수준은 전체적으로 나아진 것은 분명하다. 중국의 빈곤 지역에서조차도 더 이상 생존이 위협받는 수준은 아니다. 하지만 소득 불평등이 심화되면서 사회 전체적으로 현실 불만족 정서가 확산되는 문제가 있다. 어떤 사람들은 심지어 "옛날이 좋았다"고 과거를 미화하기도 한다. 그들은 옛날에는 주위 모든 사람들이 가난했기 때문에 가난한 것도 그렇게 나쁜 것이 아니었다고 믿고 있다. 하지만 현재는 과거보다 훨씬 부유해졌음에도 불구하고, 주위 사람들이 더 부자가 되었기 때문에 그들은 더 가난하게 된 것처럼 느끼고 있다.

즉, 소득 불평등은 중국의 건전한 경제발전에 장애가 될 뿐만 아니라 사회의 화합에도 심각한 문제를 야기하고 있다. 이에 따라 많은 사람들이 소득 재분배(income redistribution) 문제의 중요성에 대해서 언급하고 있다. 예를 들면 2005년과 2006년 소득세 문제가 논의되었을 때 부유층이 더 높은 소득세율을 부담하여야 한다고 주장했다. 이런 식으로 저소득층에 대한 세금의 이전효과를 기대한 것이다. 하지만 중국의 개인 소득세율은 이미 최고세율이 45%로 세계에서 가장 높은 수준

---

3 지니계수(Gini coefficient)는 소득 불평등을 측정하는 데 많이 사용되는 지수로 완전한 평등은 0의 값을, 완전한 불평등은 1의 값을 가진다(역자 주).

4 World Bank, 2010.

이다.

　나는 여러 차례 공적인 자리에서 소득세율의 문제가 아니라 세원을 확대하는 것이 정말 중요한 것이라고 연설하였다. 네티즌들은 이런 나의 관점에 대해서 불만을 표시하였는데, 그들은 내가 부유층을 위해서 이런 주장을 했다고 믿는다. 네티즌들의 의견은 중국 내에 존재하는 일반적인 정서를 반영하고 있다. 그들은 중국의 부유층이 너무 부유하다고 믿고 있다. 하지만 사실 중국 부유층의 부는 해외 부유층의 부에 비해서는 그렇게 많지 않다. 오히려 중국 부유층에게 더 많은 부를 창출하라고 인센티브를 제공해야 한다. 비록 소득격차 문제가 심각한 상황이지만, 그렇다고 로빈후드 식으로 소득 재분배를 하는 것이 해답이 될 수는 없다.

　중국 공산당은 경제상황과 경제성장 및 사회 발전 단계에 따른 중요 원칙을 제시하고 있다. 2002년 16차 당대회에서는 과학적 발전관(科学发展观)을 제시하였다. 이 과학적 발전에 따르면 중국은 경제성장을 가장 우선순위로 설정하고 이를 지속적으로 추진하는 과정에서 "5가지의 통합적인 해결"을 추진하는 종합적인 경제발전 전략을 견지해야 한다. 이 "5가지의 통합적인 해결"은 다음과 같은 문제이다.

　(1) 도시와 농촌의 발전의 조화(城乡统筹)

　(2) 사회와 경제 발전의 조화(社会与经济的统筹)

　(3) 지역간 발전 격차의 해소(地区的统筹)

　(4) 사람과 자연의 조화로운 발전(人与自然的统筹)

　(5) 국내시장과 해외 시장의 조화(国内, 国际市场的统筹)

　2007년에도 17차 공산당 회의에서 조화로운 사회의 건설을 주창하였고, 사람들의 생활수준이 향상될 것이라고 전망하였다. 2007년과 2008년 정부의 문건 중에서 조화로운 사회를 완성할 수 있는 다양한 정책이 제기되었다.

② 비교우위를 통한 효율성과 공평성의 통합[5]

조화로운 사회의 건설과 과학적인 발전전략을 어떻게 통합해야 하는가? 중국의 학계나 정치권에서는 조화로운 사회는 분배(distribution)의 공평성(fairness)에 초점을 맞추는 것이고, 과학적 발전전략은 분배의 효율성(efficiency)에 초점을 맞추는 것이라고 보고 있다. 현재는 민생을 강조하고 조화로운 사회를 강조하고 있기 때문에 당연히 소득분배의 공평성을 중시하고 있고, 중국정부도 이를 중시하고 있다.

많은 사람들이 소득분배의 문제에 대해서 먼저 효율을 중시하고 공평을 고려하지 않고, 나중에 재분배(redistribution) 등의 방식으로 공평의 문제를 해결하면 된다고 생각한다. 효율성이라는 것은 기술수준에 의해서 정의되고, 자본집약도가 높고 기술집약도가 높은 산업이 더욱 효율적인 것이다. 이런 산업을 먼저 육성한 이후 정부가 주도적으로 조세정책, 재정정책, 이전지출 등의 재분배 정책을 통해 소득분배의 불평등성을 시정하고 조화로운 사회를 이루어낼 수 있다고 주장한다.

나도 소득 재분배 정책을 반대하는 것은 아니다. 하지만 재분배를 통한 해결은 공평성이 효율성을 위해 희생될 수도 있다는 것을 전제하고 있다. 슬프게도 이런 식의 해결방법은 결과적으로 전혀 효율적이지도 않고, 공평하지도 않은 결과로 이어지는 경우가 많다. 나는 처음부터 효율성과 공평성을 통합적으로 고려하여 소득분배 문제를 접근해야 하고, 재분배 정책은 단지 보조적인 수단으로만 사용해야 된다고 생각한다.

1) 효율성과 공평성을 통합하는 것은 환상인가?

소득분배에서 공평성과 효율성을 통합하여 고려한다는 것은 2가지 의미가 있다. 첫째는 국민소득이 지속적인 고도성장을 통해 끊임없이 증가해야 한다. 이것은 매우 중요하다. 지난 33년간 중국이 지속적으로 고도성장을 해왔지만, 1인당 소득은 2009년 3,744달러에 불과하다. 이는 전 세계 평균의 45%, 미국의 8%에 불과

---

5 Lin and Liu, 2008.

한 낮은 수준이다.[6] 따라서 경제적 효율성과 지속적인 경제성장은 무엇보다 우선되어야 한다. 둘째, 공평성을 달성하기 위해서 가난한 사람들의 소득 증가율이 부유한 사람들의 소득 증가율보다 높아야 한다.

즉, 소득분배에서의 공평성과 효율성의 통합이라는 것은 지속적인 경제성장을 추진하는 과정에서 과학적 발전관에서 제시하였던 "5가지의 통합" 문제를 해결해 나가는 것이다. 이를 위해서 가장 중요한 것은 중국 경제성장 과정에서 공평성과 효율성을 통합할 수 있는 바람직한 산업과 제품 그리고 기술을 선택해야 하는 것이다. 그리고 이러한 산업과 제품, 기술의 선택은 경제성장 단계에 따른 비교우위 발전전략에 적합한 것이어야 한다.

일반적으로 중국의 비교우위는 여전히 노동집약적인 제조업과 서비스 산업, 그리고 자본집약적 산업의 일부 노동집약적인 부문에 존재하고 있다. 이러한 산업과 부문들은 많은 일자리를 창출할 수 있다. 잘 알려진 것처럼, 부자와 가난한 사람들의 중요한 차이점은 부자들은 그들의 자본을 이용해서 부를 창출한다는 것이다. 이는 부자들이 돈을 벌기 위해 다른 사람들을 고용하는 반면, 가난한 사람들은 그들의 노동력에만 의존해야 한다는 것을 의미한다.

만약 중국이 비교우위 전략을 추진한다면 가난한 사람들을 위해 더 많은 일자리들이 창출될 수 있으며, 그들은 경제성장의 열매를 공유할 수 있게 된다. 비교우위 발전전략은 중국이 가지고 있는 경쟁력을 더 높일 수 있게 하여 세계시장에서의 비중을 더욱 확대할 것이다. 앞의 5장에서 언급하였듯이 비교우위 발전전략은 중국이 잉여 이윤을 극대화하여 자본축적을 빠르게 한다.

이런 상황이 지속되면 요소부존 구조는 끊임없이 진화된다. 중국이 현재는 노동력이 풍부하고 자본이 부족한 요소부존 구조를 가지고 있지만, 자본축적이 빨라지고 인구증가율이 낮은 상태로 유지된다면 결국 노동력이 부족하고 자본이 풍부한 요소부존 구조로 변화될 것이다. 이것이 다른 선진국들이 발전했던 방식이다.

자본이 풍부해지고 노동력이 부족해지면, 그들의 상대 가격도 역시 변화한다. 즉, 임금은 상승하고 자본의 수익률은 낮아지는 것이다. 이로 인해 가난한 사람들

---

6 World Bank, 2011.

은 더욱 많은 보상을 받게 되는 반면, 부유한 사람들은 적은 보상을 받게 되면서 소득의 불평등 문제도 많이 해결될 수 있다.

전후 일본과 한국, 싱가포르와 타이완은 동아시아의 기적이라고 불렸다. 왜냐 하면 이들 나라에서는 경제가 지속적으로 빠르게 성장하면서 소득 불평등도 동시 에 개선되었기 때문이다.[7] 이러한 사례에서 보듯이 소득 불평등 문제는 비교우위 전략을 채택한 지역에서 훨씬 쉽게 해결되었다. 중국의 경우에도 지역별 비교연구 결과 비교우위 전략에 가까운 성(省)일수록 더 평등한 것으로 나타났다.[8]

2) 추월발전전략과 소득불평등

몇 년 전에 나는 "짧은 보폭으로 빠르게 달려라(小步快跑)"라는 중국 경제발전 전략을 제시한 적이 있다. 이 말의 의미는 산업과 기술을 무리하게 업그레이드 하 는 것이 중요한 것이 아니라, 경제성장 속도를 충분히 높게 유지하는 것이 중요하 다는 것이다. 경제성장 속도가 높게 유지되면 중국은 1세대나 혹은 2세대 이후에 는 선진국들을 따라잡을 수 있다.[9] 하지만 여전히 많은 사람들이 선진국들과 개도 국들의 산업과 기술 격차에 대해서 우려하고 있다. 뿐만 아니라 산업과 기술이 발 달하지 않으면 국가의 국력과 소득 증가에 부정적인 영향을 미친다고 생각한다. 그래서 많은 사람들이 가능하면 빨리 그 차이를 줄이고 싶어 한다. 중국 역시 빠 른 시간 안에 선진국을 따라잡는 추월발전을 원하는 사람들이 많다.

하지만 이렇게 단기간에 선진국을 따라잡는 것은 4장에서 분석하였듯이 비교 우위를 무시한 추월발전전략이다. 개도국과 선진국의 차이는 요소부존 구조의 차 이이고, 이로 인한 비교우위의 차이이다. 만약 뒤처져 있는 개도국에서 추월발전 전략을 채택하고 대규모 자본집약적 산업에 집중한다면 이러한 산업들은 비교우위 를 가지지 못할 뿐만 아니라 자원배분에서도 매우 비효율적이다. 이로 인해 경제 성장은 많은 어려움에 직면한다.

---

7 Fei, Ranis and Kuo, 1979.

8 Lin and Liu, 2008.

9 Lin, 2004.

추월발전전략은 많은 문제점을 야기한다. 예를 들면 자본집약적인 산업에서는 충분한 일자리를 창출하지 못하기 때문에 저임금 노동자들은 일자리를 찾을 수 없다. 이로 인해 그들은 경제성장의 열매를 공유하지 못한다. 다행히 일자리를 구해도 그 자리를 두고 경쟁이 매우 치열하기 때문에 충분히 높은 소득을 올리지 못한다.

더 나쁜 것은 자본집약적 산업의 발전을 지원하기 위해서는 국가적으로 이런 산업에 대해서 보호하고 보조금을 지급해야 한다는 것이다. 자본집약적인 산업에 투자하기 위해서 과거 계획경제에서는 정부에서 자금을 조달하였고, 현재의 시장경제에서는 수익을 내고 있는 민간부문에서 자금을 조달해야 한다. 그리고 자본집약적인 산업에 대한 보조금은 어디서 조달해야 하는가? 직간접적으로 결국 자본집약적인 산업과 별로 관계가 없는 가난한 사람들의 호주머니에서 나와야 한다.

추월발전전략을 추진하게 되면서 가난한 사람들은 임금 상승이 억제될 뿐만 아니라, 세금 등으로 인해 오히려 부유한 사람들에게 보조금을 지불해야만 하는 상황이 된다. 따라서 이미 벌어져 있는 임금 격차가 더욱 크게 벌어질 수밖에 없다. 불평등이 심화되면서 호적관리 제도가 없는 나라의 경우는 농촌의 실업인구가 대량으로 도시로 몰려든다. 하지만 이들은 도시에서 정상적인 일자리를 찾을 수 없기 때문에 그들은 빈민층으로 전락한다.

물론 이렇게 추월발전전략을 추진하는 개도국에서도 몇몇 첨단 산업을 육성하고 대기업이 탄생하기도 한다. 하지만 이러한 산업의 이윤은 사실은 정부의 보호와 보조금에 의존하는 것이기 때문에, 비록 이윤이 창출되었다고 하더라도 이것은 다른 분야에서 부가 이전된 것에 불과하다. 뿐만 아니라 비교우위를 가지고 있는 노동집약적인 산업조차 충분한 자본을 확보하지 못하기 때문에 이윤을 창출하기 어렵다. 결과적으로 사회 전체적으로 이윤이 거의 창출되지 못하고, 자본축적과 산업구조의 업그레이드는 매우 느리게 진행된다.

비교우위를 무시한 추월발전전략을 추진하는 개도국은 일정한 패턴을 보인다. 아주 초창기에 그들은 상당히 빠른 속도로 경제성장을 이룬다. 왜냐하면 정부가 이들을 보호하고 보조금을 지불하면서 지원하기 때문이다. 하지만 점차 이윤이 줄어들고 국내 투자가 위축되면서 이들 국가는 외국인투자에 의존하게 된다. 외국인 투자로 인해 일정기간 경제성장 속도는 높게 유지된다. 하지만 결국 파국은 찾아온다. 새로 육성된 산업들은 경쟁력이 떨어져서 이윤을 창출하지 못하는데, 외국 인투자자나 외채는 상환해야 한다. 따라서 금융위기를 겪고, 사회적인 위기가 찾아온다.

비교우위를 무시한 추월전략으로 발전한 산업들은 결국 스스로의 노력으로 경영성과를 개선하기보다는 정부의 보조금을 더 많이 요구하게 된다. 경제 상황은 더욱 악화되고 사회 전체적으로 지대추구행위가 기승을 부리게 된다.

2차 세계대전 이후 라틴아메리카는 "수입대체" 전략을 실시하여 자본집약적 산업의 발전을 추구하였는데, 이것은 일종의 비교우위를 무시한 추월전략이다. 당연하게도 결과적으로 라틴아메리카는 실업문제가 심각하고, 소득 불평등이 악화되었고 극심한 가난으로 고생하게 되었다. 실업과 사회불안으로 인해 이런 나라들은 대부분 소위 민주주의 정치를 채택할 수밖에 없었다. 하지만 정치가들은 선거에 당선되기 위해서 대중에게 인기에 영합하여 복지를 남발하는 대중정치를 실시하였다. 결과적으로 라틴아메리카는 중진국 함정(middle-income trap)[10]에 빠졌으며, 경제 침체가 계속되었다. 선진국과의 소득격차를 좁히지 못하고 반복적인 금융위기와 경제위기를 겪게 되었다.[11]

현재 중국은 소득분배에서 효율성을 더욱 중시하고 있다. 하지만 그 효율이라는 것은 정부의 보호나 보조금 제공이 없는 상황에서 완전한 시장을 기반으로 하는 효율이어야 하는데, 실상은 그렇지 못하다. 많은 기업들이 정부의 보호하에 있기 때문에 손쉽게 이윤을 얻는다. 하지만 그 이윤은 사실은 정부의 보호와 보조금에서 창출되는 것이기 때문에, 다른 분야에서의 부가 이전된 것이다. 따라서 결국에는 사회적 문제를 야기하게 된다.

만약 중국이 근본적인 문제를 그대로 두고 지금처럼 소득분배의 문제를 재분

---

10 중진국 함정이란 개발도상국이 경제발전 초기단계에서는 순조로운 성장세를 보이다가 중진국 수준에 이르러서는 성장이 장기간 둔화되어 정체되는 현상을 뜻한다. 중진국 함정에 빠지면 고속성장 과정에서 축적되었던 내부문제가 폭발하면서 각종 사회갈등이 심화된다(역자 주).

11 Paus, 2011.

배 정책으로 해결하려고 하면, 결국 라틴아메리카와 같은 상황에 직면하게 될 것이다. 이것이 내가 "소득분배 문제에서 먼저 효율성을 중시하고, 그 다음으로 재분배를 통한 공평성 문제에 주목해야 한다"고 주장하는 이유이다.

3) 비교우위 발전전략과 소득불평등

어떻게 하면 소득분배 문제에서 효율성을 우선하고 공평성을 통합할 수 있는가? 앞에서 언급하였듯이 비교우위 발전전략을 추진할 경우 소득분배에서 효율성과 공평성의 통합을 이룰 수 있다. 그렇다면 그 다음 질문은 어떤 산업이 중국이 비교우위를 가질 수 있는 산업인가가 될 것이다. 이 질문에 간단하게 대답하기는 쉽지 않다.

요소부존 구조는 끊임없이 변화하고 업그레이드된다. 노동집약적, 자본집약적이라는 것은 모두 상대적인 것이다. 뿐만 아니라 중국은 매우 큰 나라이기 때문에 지역적으로도 비교우위가 서로 다르다. 예를 들면 상하이, 광조우, 선전과 같은 연해 도시들의 비교우위는 안휘, 후난, 허베이 등의 내륙지역의 비교우위와는 다를 수밖에 없다. 그렇다면 중국은 어떻게 비교우위 발전전략을 추진해야 하는가?

사실 기업 경영자의 입장에서는 그들은 비교우위라는 것에는 사실 관심이 없고, 오직 이윤에만 관심이 있다. 이윤은 상품과 투입요소의 가격에 의해서 결정된다. 따라서 중국이 어떻게 비교우위 발전전략을 추진해야 하는가라는 질문에 답하기 위해서는 5장에서 언급하였듯이 시장의 가격 시스템이 적절하게 작동해야 한다. 만약 가격 시스템이 모든 생산요소의 요소부존 구조를 정확하게 반영한다면 상대적으로 풍부한 생산요소의 가격은 낮을 것이고, 희소한 생산요소의 가격은 높을 것이다. 그런 가격 시스템이 작동하고 있다면 이윤을 추구하는 기업가들은 자연적으로 가장 저렴한 생산요소를 사용하여 생산비용을 절감할 것이다.

가장 중요한 것은 충분히 경쟁적인 시장을 형성하는 것이다. 이런 시장을 바탕으로 비교우위 발전전략을 추진한다면 자본축적은 빠르게 진행될 것이고, 거듭 얘기하듯이 자본은 희소한 생산요소에서 풍부한 생산요소로 바뀌게 될 것이다. 이에 따라 생산과 산업 구조가 자본을 더 많이 사용하는 자본집약적이고 기술집약적인 형태로 업그레이드 될 것이다. 이런 상황에서 소득의 분배도 점차로 노동자에게 유리하게 작동하게 된다.

중국 경제개혁의 목적은 건전한 사회주의 시장경제를 형성하는 것이었다. 그리고 개혁개방 이후 중국은 비교우위 발전전략을 채택하였기 때문에 급격한 성장을 이룩할 수 있었다. 중국정부는 과거 계획경제 시대에 비교우위를 무시한 추격발전전략을 추진하여 자본집약적이고 기술집약적인 산업을 육성하였다. 당시 그 목적을 달성하기 위해 의도적으로 요소가격을 왜곡하였고, 정부의 강제적인 자원배분을 실시하였다.

1978년 중국이 점진적인 개혁정책을 실시한 이래 정부는 한편으로는 비교우위가 없는 산업에 대해서 지속적으로 보호와 보조금 지급을 계속하였지만, 다른 한편으로는 비교우위가 있는 산업은 점차적으로 개방하였다. 결과적으로 중국은 사회적으로 안정을 이루면서 경제도 빠르게 성장할 수 있었다. 중국은 많은 노동집약적인 제품을 수출하고 있다.

한편 중국은 지금까지 지속적인 경제성장을 유지하였기 때문에 자본축적이 상당히 많이 이루어졌다. 이에 따라 자본집약적, 기술집약적 산업의 제품들이 점차적으로 수출품에서 차지하는 비중이 증가하고 있다. 이것은 비교우위 발전전략이 성공적으로 진행되고 있는 결과이다.

③ 남아 있는 문제점과 해결방안

중국경제가 상당히 성공적인 발전을 이루고 있지만 점진적인 개혁과정에서 여러 가지 문제가 야기된 것도 사실이다. 무엇보다도 중국은 여전히 완전히 경쟁적인 시장 시스템을 구축하고 있지 못하다. 정부는 여전히 수시로 자원 배분에 관여하고 있고, 비교우위가 없는 산업에 대한 보호와 보조금 지급이 지속되고 있다. 이런 오래된 문제들은 중국경제의 다음의 몇 가지 왜곡 때문에 발생한 것이다.

1) 중국 경제의 왜곡

(가) 금융 구조의 왜곡

현재 중국경제가 직면하고 있는 첫 번째 왜곡은 금융 구조의 왜곡이다. 과거 계획경제 시대에 중국정부는 자금을 배분할 때 금융기관을 활용하지 않고 재정정책을 활용하였다. 따라서 당시 중국에는 은행도 없었고 주식시장도 없었다. 개혁개방정책을 시작한 이후 중국정부는 금융시스템을 육성하였다. 1983년부터는 자금 배분 방식이 재정을 통하지 않고 은행 대출을 통해서 이루어졌다. 국유기업들은 정부로부터 직접 재정지원을 받지 못하고 대신 은행에서 낮은 이자율로 대출을 받아야 했다. 당시 금융기관들의 역할은 사실상 국유기업들에게 편의를 제공하는 것이었다. 이런 이유 때문에 중국정부는 이자율을 낮게 유지하였고, 대형 국유기업을 지원하기 위해 대형 국유은행을 육성하였다.

현재 중국의 금융시스템은 기본적으로 과거의 유산을 그대로 물려받았다. 기본적으로 4대 국유은행이 전체 자본의 70%를 담당하고 있으며, 그들의 주요 역할은 여전히 대형 국유기업의 자금 수요를 충족하는 것이다. 그 사이에 주식시장도 등장하였지만, 마찬가지로 대형 국유기업들만이 상장을 통해 자금을 조달할 수 있었다.

이와 같은 중앙집권화되어 있는 금융시스템에서 중소기업에 대한 대출은 사실상 배제되고 있다. 하지만 중소기업은 현재 중국이 가장 비교우위를 가지고 있는 노동집약적 산업에 종사하고 있다. 자금 조달에 어려움을 겪고 있기 때문에, 중소기업의 발전은 어려움에 직면해 있다. 현재 금융 구조의 왜곡은 4가지 측면에서 발생한다.

첫째, 중소기업이 자금지원을 받지 못하고 있다. 중소기업은 대부분 노동집약적 산업이나 서비스산업에 종사하고 있다. 하지만 그들은 금융기관에서 자금을 거의 지원받지 못하고 있다. 결과적으로 이들 산업의 발전이 낙후되어 있다. 특히 대부분 중소기업인 서비스 산업은 심각한 상황이다. 최근 중국정부는 서비스산업의 발전을 지원하는 정책을 계속 내놓고는 있지만, 실질적인 효과는 크지 않다. 2009

년 중국 GDP에서 서비스산업이 차지하는 비중은 42.6%로 비슷한 발전 수준의 다른 나라들의 평균인 53%보다 크게 낮다.[12]

둘째, 농민들도 금융지원을 거의 받지 못하고 있다. 농업을 현대화하기 위해서는 자본이 필요하다. 예를 들면 비닐하우스 농작물 재배를 위해서는 1만~2만 위안이 필요하고, 현대적인 양계장 시설을 구축하는 데는 10만 위안이 필요하다. 사회 전체적으로는 자금의 여유가 있지만, 자금 배분의 효율성이 매우 떨어지기 때문에 비교우위가 있는 산업에서 금융지원을 받지 못하는 것이다.

셋째, 일자리가 매우 부족하다. 도시에서는 실업 문제가 심각하고, 구직자들이 많다. 많은 농촌 노동력이 도시로 와서 일자리를 찾고 싶어 하지만 일자리가 충분하지 않다. 결과적으로 도시의 소득격차, 도시와 농촌의 소득격차가 확대되고 있다.

마지막으로 산업별로 어떤 산업에는 자본이 집중되는 반면 다른 산업은 자본이 배분되지 못하는 왜곡이 존재한다. 경제 전체적으로 자본의 가격인 이자율이 낮게 유지되고 있기 때문에 자본에 대한 수요가 항상 초과수요를 형성하고 있다. 이런 상황에서 여러 이유로 금융기관에서 대출을 받게 된 특정 대형 국유기업이나 새롭게 등장한 대형 민영기업에게 대출이 몰리는 현상이 발생했다.

이런 상황에서 은행에서 낮은 이자율로 대출을 받은 자본집약적인 산업에 종사하는 사람들의 수는 많지 않기 때문에 소득 불평등은 더욱 확대될 수밖에 없다.

(나) 자원가격의 왜곡

현재 중국경제가 직면하고 있는 두 번째 왜곡은 자원가격의 왜곡이다. 계획경제 당시에는 자본과 자원의 가격은 인위적으로 낮게 책정되었다. 하지만 개혁개방 정책이 시작된 이후 중국정부는 가격의 왜곡을 교정하기 위해 노력해 왔지만, 어떤 분야에서는 그 결과가 아직 만족스럽지는 못했다. 예를 들면 1990년대 초반 국유 광산업체를 보호하기 위해서 중국정부는 광산자원의 자원세를 1.8%만 부과하였다. 뿐만 아니라 광산세를 상품의 판매가격이 아니라 수량을 기준으로 부과하였

---

12 National Bureau of Statistics of China, 2010; World Bank, 2011.

다. 1990년대 이후 중국정부는 자원에 대한 통제를 완화하였지만, 아직도 중국의 석탄, 석유, 구리, 철광의 가격은 전 세계 평균가격보다 낮다. 더구나 그 사이에 자원의 가격이 1990년 초반보다 상승하였지만, 광산세는 수량을 기준으로 부과되기 때문에 실질적인 광산세는 0.5%로 하락하였다.

원래 광산업은 국유기업만 존재했으나 1980년 중반부터 점차적으로 민영기업과 외국인기업이 광산업에 진출하는 것이 허용되었다. 광산 가격은 높은 반면 광산세는 이렇게 낮기 때문에 이 산업에 종사하는 기업은 쉽게 높은 수익을 얻을 수 있다. 2006년의 내가 연구한 바에 따르면 한 개 광산의 가치는 수십억 위안에서 수백억 위안에 달하고, 광산업 허가증의 가격은 천만 위안 이상이지만, 정부에 납부하는 광산세는 자원가격의 1%도 되지 않는다. 이런 상황에서 광산 소유주의 1년 수입이 1억 위안(180억원) 이상이 되는 것도 놀랄 일도 아니다.

광산업의 이와 같은 폭리는 소득 불평등을 더욱 심화시키고 부정부패와 같은 심각한 지대추구 행위로 이어지고 있다. 뿐만 아니라 자격을 갖추지 못한 사람들이 산업에 진출하게 되어 빈번하게 광산사고가 발생하고 있다.

(다) 행정적인 왜곡

현재 중국경제가 직면하고 있는 세 번째 왜곡은 행정적인 독점에 의한 왜곡이다. 정부가 행정적으로 국유기업으로 독점을 실시하고 있는 산업은 전력산업이나, 통신업 등이다. 하지만 이러한 산업에서 창출되는 막대한 이윤은 정부의 국고로 환수되는 것이 아니라 그 기업이 보유하고 있다. 이것이 소득불평등을 심화시키는 또 다른 이유이다.

이상에서 서술한 왜곡들은 중국이 시장경제로 이행하는 과정에서 발생한 것이다. 중국 경제가 구조적으로 소득불평등을 심화시키는 왜곡이 존재하였고, 소득재분배 제도도 충분한 역할을 하지 못했다. 결과적으로 중국의 소득불평등이 심화된 것은 과거 중국이 비교우위를 무시한 추월전략을 추진한 과정에서 생겨난 왜곡의 역사적 유산이 완전히 청산되지 못하였기 때문이다. 중국이 앞으로 개혁정책을 꾸준히 추진하여 이러한 왜곡들을 시행해 나가고, 시장이 비교우위 전략을 추진할 수 있을 만큼 발전하게 되면 노동자들은 더 많은 일자리를 얻고 경제성장의 열매를 공유할 수 있을 것이다. 이것이 소득분배 문제에서 효율성과 공평성을 통합하는 길이다. 그런 연후에 중국 정부는 재분배 정책을 사회안전망의 역할로 사용하여 노약자나 고아 등 사회 소외계층에게 사용하면 훨씬 쉽게 문제를 풀어나갈 수 있을 것이다.

2) 개혁의 심화를 통한 시장 시스템의 완성

그렇다면 어떤 식으로 개혁을 추진하여 소득분배 문제에서의 효율성과 공평성의 통일을 이루어낼 수 있을 것인가? 나는 다음의 몇 단계를 순차적으로 풀어나가야 한다고 생각한다.

(가) 금융시스템의 개혁

첫 번째 해결방안은 시장 시스템의 개혁을 더욱 적극적으로 추진해야 하며, 특히 금융시스템의 개혁에 주력할 필요가 있다. 현재 중국의 비교우위는 여전히 노동집약적 산업에 있으며, 그 안에는 농업이나 경공업 그리고 서비스업이 포함되어 있다. 하지만 이러한 산업에 종사하는 기업들은 대부분 중소기업이나 영세한 농민들이다. 그들은 자본이 부족하기 때문에 충분한 역량을 발휘하지 못하고 있다.

다른 나라의 은행 시스템은 작은 은행도 있고 큰 은행도 있다. 일반적으로 경제발전의 초창기에는 노동집약적 산업이 경제를 견인하기 때문에, 중소기업과 농민들에게 대출해주는데 유리한 중소은행이 많은 역할을 한다. 그러다가 경제가 성장하면서 기업의 규모가 커지고 필요한 자금의 규모가 확대되면서 큰 은행이나 주식시장이 등장한다.

하지만 중국은 개혁개방의 초창기부터 정부가 주도적으로 개혁정책을 추진하였다. 따라서 정부의 편의에 의해서 대형 국유기업이 발전했고, 이러한 대형 국유기업에 지원하기 편리하도록 대형 은행 위주의 금융시스템이 성립되었다.

따라서 나는 10장에서 "지난 시간에 대한 보상"의 필요성을 언급하였다. 이제부터 중국정부는 중소형 금융기관이 발전할 수 있도록 많은 노력을 기울여야 한다. 중국정부는 2007년 3차 전국금융공작회의 이후 중소형 농촌은행의 설립을 허용하여 농촌지역의 금융 수요에 부합하고자 한다. 이런 방향성은 매우 적절한 것이다.

하지만 중국정부가 추진하는 개혁 방향에서는 몇 가지 문제가 있다. 첫째, 농촌은행 설립자본금 기준이 50만 위안(9,000만원)이라는 것은 너무 낮다. 둘째, "농촌은행은 기존 상업은행과 공동으로 설립해야 하는데, 상업은행의 지분은 20%가 넘어서는 안된다"라는 규정은 실현가능성이 매우 낮다. 은행산업이 매우 리스크가 큰 산업이기 때문에 경험을 가진 기존 상업은행의 참여를 유도하려는 것은 이해하지만, 지금까지 농촌지역의 금융시스템이 낙후되었던 이유는 상업은행이 농촌 금융산업에 별로 관심이 없었기 때문이다. 단지 20%의 지분만을 참여한 상황에서 대형 상업은행이 농촌 금융사업의 모든 리스크를 떠안고 그들의 평판을 거는 위험을 감수하기를 기대하는 것은 곤란하다. 상업은행이 전략적 투자자로 참여하기를 기대하기 보다는 앞의 10장에서 언급하였듯이 진입장벽을 높이고 원하는 어떤 사람이라도 자신의 돈을 들고 와서 농촌 지역에서 금융산업을 할 수 있도록 허용해야한다. 필요 자본금은 현재보다 훨씬 높은 1,000만 위안(18억원)이나 5,000만 위안(90억원) 정도로 높여야 한다. 그리고 중요한 것은 이들에 대한 철저한 관리 감독이다.

(나) 자원세의 인상

두 번째 해결방안은 자원세의 인상이다. 현재의 자원세율은 1.8%인데, 다른 나라의 경우 예를 들면 미국의 석유에 대한 자원세는 육상에서 생산된 석유는 12%, 해상에서 생산된 석유는 16%의 세율이 적용된다. 뿐만 아니라 중국은 현재와 같은 수량을 기반으로 하는 세금부과 방식이 아니라 판매가격을 기준으로 하는 세금부과 방식으로 전환하여야 한다.

현재 중국정부는 대형 광산업 국유기업에게 여러 사회적 부담을 전가하고 있다. 이들은 많은 노동자들의 연금과 양로보험 등을 책임져야 한다. 중국정부는 낮은 자원세를 부과하는 방식으로 이들 국유기업에게 보상을 하고 있지만, 이 과정에서 사회적인 부담을 떠안지 않는 민영기업까지 왜곡된 제도의 혜택을 누리고 있는 것이다. 따라서 그 해결 방법은 국유 광산업체들이 안고 있는 사회적 부담을 사회보장 시스템으로 이전하고 자원세를 시장 상황에 부합하도록 인상하는 것이 필요하다.

(다) 행정 독점산업의 개방

마지막 해결방안은 행정적으로 독점적으로 운영되고 있는 산업을 개방해야 한다. 이렇게 독점이 없어져야만 가격이 떨어지고, 이들이 누리고 있는 이윤이 감소할 수 있다. 어쩔 수 없이 경쟁을 허용할 수 없는 전력산업들 같은 경우는 정부가 그 가격과 비용, 이윤의 재분배에 대한 관리 감독을 강화해야 한다.

이상의 3가지 해결 방안이 도입되면 개혁은 더욱 심화되고 건전한 시장 시스템이 발전할 수 있을 것이다. 비교우위 전략에 따를 경우 중국이 비교우위를 가진 산업의 수출은 더욱 늘어날 것이지만, 동시에 비교우위가 없는 산업에서 수입도 늘어날 것이다. 이는 국내 시장가격과 세계 시장가격의 상대적인 균형에 의해서 결정될 것이다. 이런 환경이 조성되면 기업의 경쟁력은 증가하고 중국정부는 더 이상 보호나 보조금을 지급하지 않아도 되고, 지대추구행위가 줄어들기 때문에 사회적 불균형 문제도 해결된다. 이것이 소득분배 문제에 공평성과 효율성을 통합하는 방법이다. 이런 방식으로 소득격차, 농촌과 도시와의 지역격차는 점차로 축소될 것이다. 소득불평등이 해소되고 경제의 소비와 투자가 증가하면서 결과적으로 앞에서 얘기했던 3가지 과잉 문제도 해소될 것이다.

4 결 론

결론적으로 나는 과거에 추진했던 "분배의 효율성을 먼저 중시하고, 나중에 세금이나 재정 등의 정책수단을 통해 재분배 정책을 실시하는 방법"은 문제가 많다고 설명하였다. 뿐만 아니라 분배의 효율성을 얘기할 때 기준이 선진국에서 일어나고 있는 일이 되어서는 안된다고 주장했다. 왜냐하면 중국의 비교우위는 선진국의 비교우위와 다르기 때문이다. 만약 중국이 선진국처럼 자본집약적인 산업의 발전을 추구하는 추월발전전략을 효율성의 기준으로 삼는다면 중국의 실업은 증가하고, 소득 격차는 오히려 확대될 것이다. 또한 재분배 정책만에 의존해서 소득불평등 문제를 해결하려는 시도는 중국 역시 라틴아메리카와 같은 중진국 함정에 빠지게 만들 것이다.

따라서 소득분배 문제의 해결 방법은 효율성과 공평성을 통합하는 것이다. 만약 중국경제가 지금같이 지속적으로 빠르게 성장한다면, 더 많은 일자리와 임금상승으로 농촌지역과 도시지역의 지역간 격차나 지역내 임금격차는 줄어들 것이다. 사람들이 더 많은 돈을 가지고 있고 더 많은 구매력을 가지고 있다면, 의료보험 문제도 점차적으로 해결될 것이다. 이런 과정에서 중국정부는 자원소모적 산업의 발전은 어느 정도 통제해서 환경오염이 심해지지 않도록 해야 한다. 이런 모든 과정을 통해 과학적 발전관의 "5가지 통합"이 이루어지면 조화로운 사회도 실현될 것이다.

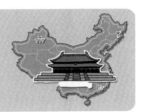

12 참고문헌
Bibliography

Fei, J. C. H., Ranis, G. and Kuo, S. W. Y. *Growth with Equity, the Taiwan Case.* With the assistance of Y.-Y. Bian and J. Chang Collins. New York: Oxford University Press, 1979.

Lin, Justin Y. *Fa Zhan Zhan Lue Yu Jing Ji Fa Zhan* [Development Strategy and Economic Development]. Beijing: Peking University Press, 2004.

Lin, Justin Y. "Rebalancing Equity and Efficiency for Sustained Growth," in Ligang Song and Wing-Thye Woo eds. *China's Dilemma: Economic Growth, Environment, and Climate Change,* Canberra: ANU Press, 2008, 90-109.

Lin, Justin Y., Hinh Ding, and Fernando. "US-China external imbalance and the global financial crisis," *Chinese Economic Journal,* 3, No. 1 (June 2010): 1-24

Lin, Justin Y. and Peilin Liu. "Achieving Equity and Efficiency Simultaneously in the Primary Distribution Stage in the People's Republic of China," *Asian Development Review,* 25, nos. 1-2 (2008): 34-574 (with National Bureau of Statistics of China, *Statistical Yearbook of China 2010.* Beijing: China Statistics Press, 2010).

Paus, Eva. "Latin America's Middle Income Trap," America Quarterly, Winter 2011 (http://www.americasquarterly.org/node/2142)

World Bank. *World Development Indicators 2011.* Washington, DC: World Bank, 2011.

제13장

신고전학파 경제이론에 대한 고찰

신고전학파 경제이론에 대한 고찰[1]

제13장

중국 경제는 1978년 이래 30년 이상 전 세계가 깜짝 놀랄 만큼의 성과를 이룩하였다. 이 기간 동안 중국의 연평균 GDP 성장률은 9.9%를 기록하였고, 무역규모는 연평균 16.3%가 증가하였다. 1장에서 언급하였듯이 중국은 이미 세계 2위의 경제규모를 가지고 있고, 세계 1위의 수출대국으로 성장하였다. 같은 기간 국민들의 생활수준과 소득수준도 상당히 향상되었다. 6억 명 이상의 인구가 절대빈곤에서 벗어날 수 있었다.

1 국제경제학계의 반응들

중국의 개혁이 거둔 성과는 경제사에서 기적으로 불릴 수 있는 것이다. 하지만 1980년대 후반에서 1990년대 초반, 국제경제학계에서는 중국의 개혁방식을 제대로 이해하지 못했으며, 심지어 많은 경제학자들이 중국의 개혁방식을 부정적으

---

1 이 장의 내용은 Lin, 2005에서 참조.

로 보았다. 그들은 시장경제는 사유재산권을 기본으로 하고, 자원은 반드시 시장에 의해서 배분되어야 한다고 생각했다. 하지만 당시 중국의 모습은 이와는 거리가 멀었다. 대형 국유기업들은 사유화되지 않았으며 자원배분에는 계획과 시장이라는 두 가지 방식에 의한 이원화된 시스템(双轨制, dual-track system)이 적용되었다. 또한 국가의 계획이 자원의 배분에 있어 여전히 매우 중요한 역할을 차지하고 있었다.

그들은 이 이원화된 시스템이 머지않아 효율성 측면에서 치명적인 문제가 발생하고 지대추구행위(rent-seeking)와 국가 기회주의(state-opportunism)[2] 의 제도화 같은 문제를 낳을 것이기 때문에 이원화된 시스템이 순수한 계획경제에 비해서도 열등한 시스템일 것이라고 생각했다.[3] 일부 경제학자들은 심지어 중국의 체제 전환이 불완전한 개혁으로 인해 결국에는 실패할 것이라고 주장하기도 했다.[4]

이와는 반대로 당시 대부분의 경제학자들은 구소련과 동유럽 국가들의 개혁 방식에 대해서는 낙관적이었다. 왜냐하면 이들 국가들은 신고전학파 경제학의 기본 원리를 따라서 경제 개혁을 진행했기 때문이다. 이것의 가장 대표적인 방식은 폴란드, 체코, 러시아 등에서 실시했던 "충격요법(shock therapy)"이었다. 충격요법에는 3가지 핵심 내용이 있는데, 시장 가격의 자유화, 전면적인 사유화의 실현, 재정적자 감축을 통한 거시경제의 안정성 유지가 그것이다.[5] 이러한 내용들은 신고전학파 경제학에서 효율적인 경제시스템을 위해 가장 기본적으로 요구되는 부분들이다.

충격요법을 주장하는 경제학자들은 하나의 경제체제가 다른 경제체제로 전환하는 것은 많은 시간이 소요되고, 옛 것을 벗어 던지는 데는 비용이 발생한다는 것을 잘 알고 있었다. 하지만 그들은 충격요법을 실시한다면 경제가 초기에는 다소 침체되겠지만, 반년이나 1년이 지나고 나면 다시 빠른 속도로 성장하는, "J자"

---

2 국유기업의 자산을 사적인 용도로 빼돌리는 국유 자산유실과 같이 체제전환기의 국가를 이용하여 부를 축적하는 행위를 지칭하는 용어(역자 주).

3 Balcerowicz, 1994; Woo, 1993; Sachs and Woo, 1994·1997; Qian and Xu, 1993.

4 Murphy, Schleifer, and Vishny, 1992; Sachs, Woo, and Yang, 2000.

5 Lipton and Sachs, 1990; Blanchard and others, 1991; Boycko, Shleifer, and Vishny, 1995.

형태의 성장이 나타날 것이라고 낙관적으로 주장했다.[6] 그들은 구소련과 동유럽 국가들이 비록 중국보다 개혁의 출발은 늦었지만, 더 빠른 속도로 중국을 따라잡을 것이라고 믿었다. 뿐만 아니라 그들은 중국의 개혁이 불완전하기 때문에 경제 내부의 모순으로 인해 각종 어려움에 처하게 되고 결국에는 실패할 것이라고 믿었다.

저명한 경제학자들이 1990년대 초반에 이렇게 예견한 지 벌써 20여 년의 시간이 흘렀다. 하지만 그들의 예상과는 반대로 중국 경제는 빠르게 성장한 반면 충격요법을 실시한 국가들의 경제는 심각한 어려움에 처했다. 충격요법을 실시한 국가들의 경제는 "J자" 형태의 성장을 하는 대신에 먼저 급격한 경기하강을 겪고 다시 장기적인 침체에 빠지는 "L자" 형태의 성장형태를 보였다(〈그림 13-1〉). 러시아의 인플레이션은 1993년 8,414%까지 치솟았고, 우크라이나의 인플레이션은 1995년 1만%를 기록했다. 1995년 러시아의 GDP는 1990년의 절반에 지나지 않았고, 우크라이나는 절반에도 미치지 못하는 40% 수준이었다.[7]

1인당 소득의 급격한 감소 및 극단적인 소득 양극화와 함께 다른 모든 사회지표들도 악화되었다. 러시아 남성의 기대수명은 1990년 64세에서 1994년 58세로 낮아졌다. 2006년 유럽은행이 23개국 2만3천여 가구를 대상으로 진행한 조사에서, 응답한 가구의 70%가 15년 전 체제 개혁 전보다 지금의 생활수준이 더 악화되었다고 응답했다. 충격요법을 실시한 국가들은 경제학자들의 낙관적인 기대와는 반대로 개혁에 큰 어려움을 겪었다. 동유럽 국가들 중 GDP가 20% 정도 감소한 폴란드가 그나마 가장 좋은 성과를 거둔 국가였다. 하지만 실제로 폴란드는 충격요법을 제대로 실시한 것은 아니었다. 폴란드의 가격은 비록 자유화되었지만 많은 대형 국유기업들은 사유화되지 않았다.[8]

1990년대 중국경제는 확실히 적지 않은 문제점들이 드러났다. 국유기업개혁은 1980년대 초부터 시작되었지만 1990년대 말에도 여전히 마무리 되지 않았다.

---

6 Brada and King, 1991; Kornai, 1990; Lipton and Sachs, 1990; Wiles, 1995.

7 Gregory and Stuart, 2001.

8 Gregory and Stuart, 2001.

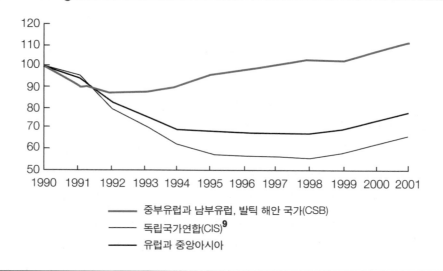

그림 13-1 1990년대 초반 구소련과 동유럽 국가들의 산출량 감소

중부유럽과 남부유럽, 발틱 해안 국가(CSB)
독립국가연합(CIS)[9]
유럽과 중앙아시아

주: CSB 국가와 CIS 국가의 평균은 인구 가중치를 감안한 평균이다.
자료: World Bank, 2002.

지역간, 도농간 격차는 더욱 확대되었다. 금융 시스템에도 해결해야 할 심각한 문제들이 많이 산적해 있었다. 지속가능한 발전을 위한 환경도 걱정스러운 상황이었다. 대외무역을 통해 축적된 무역흑자와 거대한 외환보유액은 환율절상 압력으로 다가왔다.

그럼에도 불구하고 중국경제는 1990년대에 연평균 10.1% 성장하였고, 2000년대에는 연평균 10.4% 성장하였다. 1978년에서 1990년 사이의 연평균 성장률 10%에 비해 각각 1.1% 포인트, 1.4% 포인트 더 높았던 것이다.[10] 게다가 국민들의 생활수준은, 특히 도시 지역에서 빠르게 개선되었다. 중국의 경제발전은 중국 국민들의 복지수준을 개선시켰을 뿐만 아니라 세계 경제의 성장에도 커다란 공헌을 하

---

9 독립국가연합은 1991년 소련이 붕괴된 이후 새롭게 성립된 공화국 11개국이 결성한 정치공동체이다. 러시아, 우크라이나, 벨라루스, 몰도바, 카자흐스탄, 우즈베키스탄, 아르메니아, 아제르바이잔 등이다.(역자 주)
10 중국 국가통계국.

였다. 아시아 금융위기 중에도 위안화는 절하되지 않았으며, 이것은 당시 동남아시아의 경제회복에 매우 중요한 역할을 하였다. 최근의 글로벌 금융위기에서도 중국은 세계경제 회복의 견인차 역할을 하고 있다.

경제 연구 분야에서 당시 가장 유명했던 많은 저명한 경제학자들이 구소련과 동유럽 국가들의 개혁 작업에 참여했었다. 하지만 왜 그들은 충격요법의 부정적 결과에 대해서는 예견하고 설명할 수 없었을까? 그리고 왜 그들은 중국 경제의 전망에 대해 부정적이었을까?

그들은 계획경제 이면에 있는 역사나 메커니즘에 대해 충분히 잘 이해하지 못하고 있었다. 그리고 그들은 사회주의 국가들의 경제체제 이행의 핵심문제에 대해 제대로 이해하지 못하고 있었다. 무엇보다도 지금의 신고전학파 경제이론은 경제의 체제이행을 분석하는 데 있어 선천적인 결함을 가지고 있다.

2 자생능력과 신고전파 경제이론

1) 현대경제학의 전제와 추론

이론은 현상을 설명하고 예측할 수 있어야 한다. 만약 그렇지 않다면 그 이론은 근본적인 결함을 가지고 있음이 분명하다.[11] 신고전학파(neoclassical economic) 주류 경제이론은 선진국의 경제현상을 해석하고 설명하는 데 적합하다. 그러나 체제이행국가나 개발도상국의 경제현상을 설명하는 데 반드시 적합한 것은 아니다. 신고전학파 경제학의 기본 가정은 합리적 이성(rationality)이다. 합리적 이성에 따르면 경제의 결정 주체는 가능한 모든 선택 가능성 가운데 언제나 자신의 목적함수를 극대화하는 선택을 한다. 그리고 앞서 언급하였듯이 이것은 사회주의 국가나 체제이행 국가의 경제현상을 설명하는 데도 적용될 수도 있다. 이것은 대부분 알고 있는 사실이다. 하지만 신고전학파 경제이론에서 당연하게 여겨지는 전제가 또 하나 있는데 나는 이것을 '기업의 자생능력(viability)'이라고 부른다.

나는 5장에서 자생능력을 개방경쟁 시장에서 기업의 정상 이윤과 연관 지어

---

[11] Friedman, 1953.

서 정의했다. 만일 외부의 보호나 보호금 없는 개방경쟁 시장에서 일반 기업이 사회적으로 허용되는 정상 이윤을 벌어들일 것으로 기대된다면 그 기업은 자생능력이 있는 것이다. 이러한 자생능력에 대한 전제하에서 대부분의 경제학자들은 기업이 개방경쟁 시장에서 정상 이윤을 벌어들이지 못한다면, 그 기업은 틀림없이 경영능력이 부족한 것이라고 결론 내릴 것이다. 또한 기업이 정상적으로 경영을 하는 데 방해가 되는 것은 오로지 기업의 지배구조, 인센티브 구조, 정부의 과도한 개입, 재산권 문제 등이며, 이러한 문제를 해결하는 것이 중요하다고 생각한다.

개방경쟁시장에서 정상 이윤을 얻지 못하는 상황이 사회주의 경제의 국유기업에서 나타났다. 그래서 신고전학파 경제학은 자신들의 이론적인 틀에 의거하여 사회주의 경제의 체제이행 성공 여부는 재산권, 기업 지배구조, 정부의 과도한 개입과 같은 문제들을 해결하는 데 달려있다고 결론 내렸다. 충격요법은 이러한 이론적 기반을 가지고 있는 것이다.

2) 자생능력의 이론적 배경

신고전학파 경제이론은 선진국에서 발전하였고, 주로 선진국의 경제현상을 설명해왔다. 선진국의 기업들이 자생능력이 있다는 가정은 어느 정도 합리적이다. 국방이나 농업과 같은 일부 부문들을 제외하면 정부는 기업에 보조금을 지급하거나 기업을 보호해줄 필요가 없다. 정상적인 기업경영을 하더라도 이윤을 내지 못할 것으로 예상되는 기업은 처음부터 투자가 되지 않는다. 만약 그런 기업들이 잘못된 정보로 인해 설립되었다 하더라도, 투자자들이 그들의 투자 자금을 곧 회수할 것이기 때문에 그 기업은 시장에서 살아남을 수 없다.

그러나 체제이행 국가나 개발도상국의 많은 기업들은 자생능력이 부족하다. 그래서 그들은 정상적인 기업경영을 하더라도 개방경쟁 시장에서 사회적으로 허용되는 정상 이윤을 얻을 수 없다. 한 기업이 개방경쟁 시장에서 사회적으로 허용되는 정상 이윤을 얻을 수 있을지 여부, 즉 기업의 자생능력 유무는 그 기업이 속해있는 산업, 생산하는 제품, 사용하는 기술이 그 경제 전체의 비교우위에 부합하는지에 달려있다. 만약 속한 산업이 그 경제의 비교우위와 부합하지 않는다면 그 기업은 정상적인 기업경영을 하더라도 사회적으로 허용되는 정상 이윤을 얻을 수 없다. 그리고 그 기업의 존속여부는 전적으로 정부의 보호나 보조금에 의존한다.

좋은 예로 일본의 농업을 들 수 있다. 일본의 농업은 대부분 농부가 농장의 소유주이자 경영자인 작은 농장으로 구성되어 있어 재산권이나 지배구조 문제는 전혀 없다. 하지만 일본은 토지가 부족하기 때문에 곡물과 같은 토지집약적인 농작물 생산에 비교우위가 없다. 일본은 또한 임금 수준이 높기 때문에 채소나 과일과 같은 노동집약적 농작물 생산에도 비교우위가 없다. 비록 일본의 농업이 세밀하고 집약적인 경작으로 유명하지만 일본 농장의 생존은 일본 정부의 관세 보호나 재정 보조에 크게 의존할 수밖에 없으며 정부의 보호나 보조금이 없다면 일본의 농장은 살아남을 수 없다.

체제이행국가의 많은 국유기업들이 일본의 농장과 같은 자생능력 문제에 직면해 있다. 이러한 국유기업들, 특히 중공업 부문의 대형 국유기업들은 선진국의 산업을 추격하기 위해 설립된 것으로써 국가의 비교우위와는 부합하지 않는다. 러시아나 중국과 같은 체제이행국가는 사회주의 계획경제를 실시하기 이전부터 자본이 부족한 농업국가였다.

자본이 부족한 개발도상국이 자본집약적 중공업을 발전시키기 위해서는 4장에서 설명하였듯이 정부 주도의 가격왜곡이나 자원배분, 정부의 기업에 대한 직접적인 개입 등이 반드시 필요했다.

계획경제하에서는 어떤 기업이 속한 산업이 정부가 우선적으로 발전시키고자 하는 최종재 부문이라면 그 제품시장은 독점시장이라 가격은 충분히 높을 것이고, 게다가 각종 투입요소들도 저렴하게 공급받을 수 있게 되어 그 기업은 매우 높은 이윤을 얻을 수 있을 것이다. 반대로 일상용품이나 중공업에 투입되는 중간재를 생산하는 산업에 속한 기업들은 정부에 의해 인위적으로 낮은 가격으로 제품을 시장에 공급해야 하기 때문에 경영에 문제가 없음에도 불구하고 손해를 볼 가능성이 크다. 따라서 큰 그림에서 보면 이윤은 기업경영의 좋고 나쁨에 의해 결정되는 것이라기보다는 산업 연결고리에서 그 기업이 차지하고 있는 위치에 달려 있다고 볼 수 있다.

사실상 과거 계획경제 체제에서 자본, 외환, 원자재, 임금, 물가 등과 같은 각종 가격신호체계를 왜곡하는 것과 시장이 아닌 계획에 의해 자원을 배분하는 것, 기업 경영의 자주권을 박탈하는 것은 정부에 의해 우선적으로 지원받는 기업들이 자생능력이 부족하다는 것과 밀접한 관계에 있었다. 신고전학파 경제이론에 따르면 이러한 제도적 방법들은 한정된 조건하에서 할 수 있는 최선이 아닌 "차선의 선택"이다. 서로 다른 부문에서 흩어져서 발생한 경제적 잉여는 상당수가 정부에 의해 우선순위에 있는 산업에 먼저 투자된다. 그래서 중국과 같이 낙후된 농업국가도 짧은 시간 내에 핵무기와 인공위성기술을 개발할 수 있었던 것이다. 하지만 자원의 배분이 비효율적이고, 또 기업이 경영에 대한 자주권이 없어 기업과 직원들이 성과에 따라 정당하게 대우받지 못하기 때문에 기업과 직원들의 인센티브도 떨어졌다. 그 결과 경제의 전반적인 효율도 매우 낮았다.

사회주의 계획경제와 체제이행 경제의 많은 기업들은 자생능력이 부족하며, 이와 같이 자생능력이 부족한 기업을 보호하고 보조금을 지급하기 위해 이들 국가의 정부는 시장에 개입하는 일련의 제도와 정책들을 펼쳤다. 그렇기 때문에 기업이 자생능력이 있다는 것을 전제로 하는 신고전학파 경제이론을 통해 이와 같은 국가들의 경제현상을 분석하고 문제를 해결하려고 할 때, 제안되는 정책의 결과는 예상했던 효과에 미치지 못하고 심지어는 정반대의 효과로 나타날 수 있는 것이다.

③ 현실과 이론의 발전

사회주의 국가에서는 기업 지배구조, 정경유착, 정실인사, 연성예산제약, 금융시장과 대외무역에 대한 정부의 개입 등과 같은 일련의 왜곡된 현상을 찾아 볼 수 있으며, 이것들이 경제의 효율성을 떨어뜨린다. 이러한 현상은 큰 의미에서 보면 정부의 발전전략의 지원을 받는 기업들이 자생능력이 부족하다는 사실과 밀접한 연관관계에 있다. 기업의 자생능력 문제를 해결하지 못하거나, 정부가 이런 기업들의 파산을 원하지 않는다면 이러한 형태의 왜곡과 개입은 사라지지 않을 것이다.

현실세계에 대한 이해는 관찰자의 머릿속에 그려져 있는 세계에 대한 모델에
의해 제한된다.[12] 신고전학파 경제이론은 기업이 자생능력이 있다는 것을 전제로
하고 있다. 신고전학파 경제이론의 영향을 받은 경제학자들은 이 경제이론이 체제
이행 국가의 경제현상을 설명하기에 적절하다고 생각하는 경향이 있다. 그리고 그
들은 체제이행 국가에서 보편적으로 나타나는 기업지배구조, 재산권, 정부의 개입
등과 같은 문제를 분석하고 해결하기 위해 신고전학파 경제이론이 매우 훌륭한 도
구라고 생각한다. 이러한 문제들은 신고전학파 경제이론을 통해 이미 경제의 효율
을 저해하는 것으로 증명되었다.[13]

하지만 그들은 이러한 문제들이 사실은 정부가 지원하는 기업이 자생능력이
부족하다는 것과 내생적 관계에 있다는 점은 무시한다. 체제이행 국가에 초대되어
체제이행 정책을 설계한 많은 유명한 경제학자들이 제안한 정책들은 정부의 개입
을 없애는 것과 사유화, 시장화를 강조하였다. 그리고 이들 사이에는 매우 중요한
공통된 인식, 즉 컨센서스(consensus)를 가지고 있었다.[14]

1) 워싱턴 컨센서스의 주요 내용과 적용

신고전학파 경제이론에 근거하여 만들어낸 개혁정책이 가장 구체적이고 집중
적으로 표현된 것이 소위 말하는 "워싱턴 컨센서스(Washington Consensus)"이다. 워
싱턴 컨센서스는 재정지출에 대한 규율을 강화하고, 공공투자를 확대하여 소득분
배를 개선하는 등의 문제를 강조한다. 또한 세원을 확대하고, 환율을 단일화하고,
무역을 자유화하며, 외국인 직접투자의 장벽을 없애고, 국유기업을 사유화하고, 시
장진입에 대한 규제를 완화하고, 사유재산권을 보호하는 것을 강조한다.

체제이행국가 경제에 제시되었던 "충격요법"은 이러한 워싱턴 컨센서스를 기
반으로 설계되었다.[15] 여기에서 우리는 국제경제학계가 1990년대 당시에 왜 충격

---

12 North, 2002.
13 Murrell, 1991.
14 Summers, 1994.
15 Kolodko, 2001.

요법을 실시한 구소련과 동유럽 국가들의 개혁은 긍정적인 시각으로 평가하고 점진적인 개혁을 실시한 중국은 부정적으로 평가하였는지를 이해할 수 있다.

신고전학파 경제이론은 선진국 문제에 대해 연구를 진행하는 주류 경제학자들의 사고에 영향을 미쳤을 뿐만 아니라 그 밖의 다른 국가들의 문제에 대해 연구하는 경제학자들의 사고에도 영향을 주었다. 예를 들면, 1930년대에 벌어진 사회주의를 둘러싼 논쟁에서 찬성 측인 오스카 랑게(Oscar Lange)와 같은 경제학자는 사회주의 계획경제가 시장을 시뮬레이션하는 방식을 통해 시장경제보다 더 효율적인 분배를 달성할 수 있다고 믿었다.[16] 그리고 반대 측인 하이에크(Hayek)는 정보문제로 인해 사회주의 경제는 결국 실패할 것이라고 믿었다. 찬성 측과 반대 측 모두 사회주의 경제의 기업이 자생능력이 있다는 것을 전제로 하고 있었다.[17]

반면 헝가리의 코르나이(Kornai)는 아마도 사회주의 국가의 경제문제에 대해 가장 정통한 경제학자 중 한 사람일 것이다. 그의 가장 위대한 업적은 연성예산제약이라는 개념을 제시한 것이다.[18] 많은 사회주의 국가에서 경영이 어려운 기업들은 정부에 우선적인 지원이나 보조를 요구할 수 있지만 시장경제의 비슷한 상황에 처한 기업들은 파산이 아니면 별다른 대안이 없다.

코르나이는 국유기업들에게 생산성을 높이고자 하는 인센티브가 부족하고 도덕적 해이 현상이 만연한 주된 이유가 연성예산제약이라고 주장했다. 그는 이러한 연성예산제약은 사회주의국가의 정부의 국유기업에 대한 부애주의(父愛主義: paternalism)[19]에서 기인하는 것이라고 생각했다. 그러므로 연성예산제약을 없애고 기업의 효율성을 제고하기 위해서는 재산권 문제와 정경유착 문제에 대한 개혁이 반드시 이루어져야 한다고 주장했다.

하지만 코르나이의 이론적 체계 역시 사회주의 국가의 국유기업이 자생능력이 있다는 것을 전제로 하고 있다. 사실 사회주의 국가의 연성예산제약은 기업의

---

16 Lange, 1936.

17 Hayek, 1935.

18 Kornai, 1986.

19 원래는 노동자와 자본가의 관계를 가족적인 부모와 자녀 간의 애정에 의해서 해결되는 것으로 설명하는 것이었으나, 사회주의 국가의 국가와 그 산하의 국유기업과의 관계를 부모와 자녀관계의 애정관계로 설명하는 형태로 확대되었다(역자 주).

자생능력이 부족하기 때문에 생긴 것이다. 개방경쟁 시장에서 이러한 기업들은 투자를 얻어내지 못하고 사라진다. 자생능력이 없는 기업들을 설립하기 위해서는 정부가 보호와 보조금 지급의 의무를 반드시 부담해야 한다.[20]

기업들은 항상 그들의 손실을, 심지어 그 손실이 그들의 무능함에서 발생한 것이라 할지라도 이를 정부의 비효율적인 보호와 보조금의 탓으로 돌릴 충분한 인센티브가 있다. 하지만 정보의 비대칭성으로 인해 정부는 어느 수준의 보호와 보조금 지급이 적절한 것인지를 알지 못한다. 그래서 더 많은 지원을 바라는 기업들의 요구를 거절할 수가 없으며, 그 결과 기업들의 예산제약은 점점 더 연성화되어 간다.[21]

다시 말해 국유기업의 연성예산제약은 사회주의 정부의 부애주의에서 기인한 것이라기보다는, 자생능력 부족 문제로부터 발생한 결과라고 할 수 있다. 심지어 非사회주의 국가, 예를 들면 선진국에서도 국방산업과 같이 정부의 지원을 받는 자생능력이 부족한 기업들에게는 연성예산제약 현상이 나타난다.

2) 구소련과 동유럽 개혁의 실패 이유

기업의 자생능력문제를 해결하지 않고 신고전학파 경제이론에 근거하여 재산권, 정경유착, 기업지배구조 등의 문제를 해결하려는 노력은 대개의 경우 정책의 당초 목표를 달성하지 못하고 종종 문제가 더 악화되기도 한다.[22]

구소련과 동유럽 국가에서 사회주의 정부가 무너지고 충격요법과 사유화가 진행되었다. 하지만 기업의 연성예산제약은 여전히 존재하였으며 민영기업 경영자는 정부로부터 더 많은 보조금을 받아내기 위해 정부와 흥정하려는 유인이 과거 국유기업보다 더 커졌다. 기업이 정부로부터 받는 보조금은 줄지 않았고, 어떤 경우에는 오히려 늘어났다.[23] 반면 충격요법은 정부의 조세수입을 약화시켰다. 이것은 기업에 대한 높은 보조금과 맞물려서 극단적으로 높은 인플레이션으로 나타

---

20 Lin and Tan, 1999.

21 Lin and Tan, 1999.

22 Lin and Li, 2008.

23 World Bank, 2002.

났다.

3) 중국의 개혁 실패

중국의 개혁은 1978년부터 시작되었는데, 효과가 가장 두드러졌던 개혁은 덩 샤오핑이 "생각지도 못했던 결과"라고 밝혔던 다음 2가지 것들이었다. 하나는 7장 에서 언급하였던, 농가단위의 청부생산제의 성공이었고,[24] 나머지 하나는 8장에서 다루었던 향진기업의 놀라운 성장이었다.[25] 이러한 개혁들은 정책담당자가 구상한 것이 아니라, 농민이 자발적으로 개혁조치를 취한 것들이었다.

중국의 개혁과정 중에 중국정부가 구상한 많은 정책들이 구소련과 동유럽 국 가들의 충격요법과 같은 운명을 겪었다. 국유기업의 개혁을 예로 들어보자. 8장에 서 논의하였듯, 1980년대 초 개혁개방 초기에는 국유기업 문제가 경영 자주권의 부족과 성과에 대한 보상 시스템의 부재에서 비롯한 인센티브 제도에 있다고 생각 했다. 그래서 경영 자주권을 높이기 위해 분권화가 시작되었고, 국유기업이 자체 적으로 이윤의 일부를 기업내부에 유보하는 것이 허용되었다. 그러나 이러한 정책 들을 시범적으로 운영하였을 때는 효과가 있었으나, 전면적으로 시행되자 효율이 떨어졌다. 당시 기업의 생산성은 높아졌지만 수익성은 오히려 감소하였다. 이 문 제에 대해서 당시 학자들은 재산권의 불명확성 측면에서 설명하였다. 당시 국유기 업의 소유권은 정부가 가지고 있었지만, 국유기업의 실제 경영은 공장의 경영자가 하였다. 하지만 이들 경영자는 국유기업의 소유자가 아니었고, 단지 대리인이었기 때문에 기업경영의 인센티브 부족의 문제가 있었다는 것이다.

그래서 1980년대 말에서 1990년대 초까지 국유기업의 개혁은 재산권을 명확 하게 정의하고 이사회와 감사기구가 있는 현대적인 기업지배구조를 도입하는 방향 으로 진행되었다. 재산권을 명확하게 정의하고 기업지배구조를 국유기업에 도입하 는 최선의 방법은 국유기업을 시장에 상장시키는 것으로 생각되었다. 기업을 상장 할 때, 기업이 보유한 자산은 시장에서 그 가치를 평가받고, 기업의 소유권은 국가

---

[24] Lin, 1992.
[25] Lin and Yao, 2001.

와 개인투자자의 지분으로 나누어진다. 또한 이사회와 감사기구뿐만 아니라 개별 주주들도 그들의 투자에 대한 수익을 위해 기업의 경영과 운영 상황을 감시할 인센티브를 가지게 되기 때문이다.

하지만 몇 년 후 상장된 국유기업들의 각종 성과지표들이 非상장 국유기업들과 크게 다르지 않다는 것이 증명되었다.[26] 처음에는 이것이 개인투자자들이 분산되어 있고 기업에 대한 지분의 비중이 너무 적어서, 기업의 경영이나 운영 상황을 감시할 만큼의 인센티브가 없기 때문이라고 생각되었다. 이들 개인투자자들은 단기적인 주식가격 변화에만 관심을 두고 단기간에 여러 번 주식을 사고 파는 등 투기성이 짙은 주식시장을 만들고 있다고 여겨졌다.

당시 선진국 주식회사들의 경우는 지분의 상당량을 기관투자가들이 보유하고 있다고 믿어졌다. 게다가 기관투자자들은 상장기업의 재무상황에 대한 전문적인 분석을 할 능력이 있었고, 이는 그들로 하여금 투자한 기업에 대해 보다 효과적으로 감독을 할 수 있게 해주었다고 생각되었다. 이에 따라 1998년에 중국에도 펀드 투자 제도가 도입되었다. 하지만 주식시장의 투기적 특징은 기관투자자들이 주식가격을 조작하기 시작함으로써 더 심해졌다.

어떻게 이런 일이 발생하였을까? 그 이유는 또다시 상장기업들의 자생능력 부족에서 찾을 수 있다. 개방경쟁 시장에서 정상 이윤을 얻지 못하는 상장기업들은 주주들에게 배당을 할 수 없으며, 따라서 개인투자자들은 오로지 주식투자가 아닌 주식투기를 통해서만 이익을 얻을 수 있다. 그리고 비록 기관투자자들은 개별 주주에 비해 많은 지분을 보유할 수는 있지만, 투자한 기업이 자생능력이 없어 정상이윤을 얻지 못하면 기관투자자 역시 장기 투자를 통해서 이익을 얻는 것이 어렵다. 기관투자자들은 거액의 자금을 관리하고 있고, 유통주식의 비중이 낮았기 때문에 주식가격 조작을 통해 큰 이익을 얻을 수 있었다.[27]

---

26 Lin Yixiang, 1999.

27 Lin, 2001.

4) 추월발전전략을 선택한 다른 나라들의 실패

이상의 논의를 통해 선진국의 경험에 기초한 신고전학파 경제이론에 따른 개혁이 실패한 것은 자생능력 부족이라는 체제이행 국가의 특성이 고려되지 못했기 때문이라는 것을 알 수 있었다.

자생능력 부족의 문제는 비단 체제이행 국가들에게만 해당되는 문제가 아니라 개발도상국들에게도 널리 존재하는 문제다. 3장에서 다루었듯이 2차 세계대전 이후 독립한 개발도상국들의 많은 정치지도자들은 선진국들의 발달된 산업화 수준이 정치력이나 경제력을 좌우한다는 것을 관찰했다. 하지만 그들은 선진국들의 산업 구조가 그 나라의 요소부존구조에 의해 결정된다는 사실은 인지하지 못했다. 그래서 개발도상국의 정치지도자들은 그들의 비교우위와는 부합하지 않는, 선진국과 같은 수준의 산업을 선택하여 발전시키려고 노력했다.

이러한 산업을 발전시키기 위해서 개발도상국 정부는 요소가격, 금융시스템, 국제무역, 투자 등에 일련의 개입을 실시하였다.[28] 결과적으로 개발도상국의 기업들은 개방경쟁시장에서 자생능력이 부족했지만 가격, 자원배분, 시장경쟁에 대한 정부의 개입은 이들 기업들이 파산하지는 않도록 도와주었다. 정부의 개입은 필연적으로 지대추구 행위와 정경유착 등의 문제를 낳았고 이는 결국 소득불평등, 저효율, 경제와 사회의 불안정으로 이어졌다.[29]

시장경제 국가가 자생능력이 부족한 기업들에게 제공하는 보호정책들은 사회주의 국가의 그것과 유사하다. 이자율을 인위적으로 낮추고 은행과 기타 금융기관들이 특정 기업에게 저렴한 비용으로 대출을 할 수 있도록 금융체계를 조작하고, 선진국과의 경쟁으로부터 특정 기업을 보호하기 위해 각종 수입 장벽을 쌓았다. 결과적으로 국가의 비교우위에 부합하는 생산활동을 하여 잉여 이윤을 벌어들일 수 있는 기업들은 성장하는 데 곤란을 겪었고, 이는 경제 전체적인 자금의 효율성을 떨어뜨리는 결과를 낳았다. 만약 해외에서 외채를 도입하기 힘들어지면 이러한

---

28 Chenery, 1961; Krueger, 1992; Lin, 2009.

29 Krueger, 1974; Lin, 2003, Lin and Tan, 1999.

경제는 불황에 빠진다. 혹은 라틴아메리카처럼 기업이나 정부의 외부차입이 허용되더라도 비효율적인 경제운영으로 결국 외채 위기가 발생한다.[30]

외채 도입에 따라 국가부채 위기가 발생하면 위기가 발생한 국가들은 국제통화기금(IMF)에 도움을 요청하게 되는데, 이 경우 대개는 일련의 개혁들과 구조조정이 뒤따른다. 워싱턴 컨센서스에 기반을 둔 조건부 원조는 거시경제 정책의 왜곡을 바로잡고, 정부의 은행과 기업에 대한 개입을 중단하고, 기업지배구조 문제를 해결할 것을 요구한다.

하지만 신고전학파 경제이론에 근거한 워싱턴 컨센서스는 기업들이 자생적이라고 전제한다. 그래서 국제통화기금에서 요구하는 조건들은 기업들의 자생력 문제를 해결하지 않은 채 일단 정부의 보호와 보조금을 먼저 없애는 데 목적을 둔다.

만약 동아시아 금융위기의 한국이나 1980년대의 볼리비아처럼 자생능력이 부족한 기업들이 경제에서 차지하는 비중이 적으면, 쇼크요법은 효과를 발하게 된다. 동시에 경제의 높아진 효율성이 이러한 기업들의 파산 충격을 어느 정도 흡수함으로써 경제성장은 빠르게 제자리를 찾는다. 하지만 체제이행 국가들처럼 자생능력이 부족한 기업들이 경제의 상당부분을 차지하고 있는 경우, 쇼크요법을 실시한 경제의 성장은 J자 형태가 아니라 L자 형태의 경로를 보이게 된 것이다.[31]

자생능력이 부족한 기업들은 사회주의 국가, 체제이행 국가가, 개발도상국 모두에게 공통적인 문제이다. 따라서 이런 나라들의 경제문제를 분석하고 해결하는 데 있어 기업들이 자생능력이 있다는 가정은 적절하지 못하다. 자생능력은 경제발전과 체제이행을 연구함에 있어 구체적인 고려가 필요한 특별한 변수로 다루어져야 한다.

4 경제발전과 자생능력의 중요성

경제 이론은 마치 하나의 지도와 같다. 지도는 실제 세계는 아니지만 주위의

---

30 Krueger, 1992.
31 Lin, 1998.

환경과 앞, 뒤, 좌, 우로 앞으로 부딪칠 새로운 모습들을 이해하는 데 도움을 준다. 지도는 추상적이고 간략해야 한다. 하지만 지도에 중요한 표지가 빠져있거나 표지가 잘못되어 있다면 지도는 우리를 잘못된 방향으로 이끌게 된다. 그리고 오류를 찾았다면 우리는 반드시 그 오류를 제대로 고쳐야 한다.

사회주의 체제이행 국가와 개발도상국에는 자생능력 문제가 있기 때문에 이들 국가의 경제 문제나 정책을 구상을 할 때 기업이 자생능력을 가지고 있다는 암묵적인 전제는 하지 말아야 한다. 체제이행 국가와 개발도상국의 많은 기업들이 자생능력이 부족하다는 것을 이론분석과 정책결정의 중요한 전제로 삼아야 한다. 또 무조건 충격요법과 워싱턴 컨센서스를 따라서 체제이행과 개혁정책을 결정할 것이 아니라, 체제이행과 개혁정책의 성공은 자생능력이 없는 기업들이 자생능력을 갖도록 하는 것에 달려 있다는 것을 이해해야 한다.

게다가 이들 나라의 국가발전 목표도 다시 새롭게 정립되어야 한다. 전통적으로 개발도상국의 정치 지도자들, 경제학자들, 사회 엘리트들은 개발의 목표를 가능하면 빨리 선진국을 추격하여 그들과 같은 첨단산업, 선진기술, 선진제품들을 보유하는 것에 두고 있었다.

하지만 산업과 기술의 구조는 경제의 요소부존 구조와 비교우위에 의해 결정된다. 개발도상국이 선진국 수준의 산업이나 기술을 개발하기 위해 노력하는 것은 그러한 산업에 속한 자국기업들이 개방경쟁 시장에서 자생능력을 잃고 살아남을 수 없게 만든다. 그래서 정부는 가격을 왜곡하고, 자원배분에 개입하는 등의 방법을 통해 이들을 보호하고 보조금을 지급한다. 하지만 정부지원의 결과로 지대추구, 연성예산제약, 거시경제의 불안정성, 소득 불균형, 경기침체, 경제위기 등이 잇달아 발생하고 결과적으로 좋은 의도가 나쁜 결과를 낳고 경제발전목표도 결국 달성하지 못하게 된다.

기업의 자생능력과 함께, 한 국가의 궁극적인 경제발전 목표는 요소부존 구조를 업그레이드하는 것이어야 한다. 왜냐하면 국가의 요소부존 구조가 업그레이드되면 개방경쟁시장의 기업들은 그들이 시장에서 경쟁력을 가질 수 있도록 그들의 산업, 제품, 기술의 수준을 업그레이드해야만 한다. 한 국가의 땅과 자연자원의 부존은 주어진 것이므로 요소부존 구조를 업그레이드하는 것은 바로 단위 노동당 자본의 양을 늘리는 것을 의미한다.

자본은 경제적 잉여의 축적으로부터 생겨난다. 요소부존 구조를 빠르게 업그레이드하기 위해 매기마다 최대한의 경제적 잉여를 만들어내고, 이렇게 발생한 잉여의 많은 부분을 저축하여야 한다. 만약 한 경제가 산업, 기술, 제품을 매 순간 그것의 비교우위에 부합하게 발전시킨다면 그 경제는 최대의 경쟁력과 잉여를 가질 것이다. 그리고 자본의 수익률도 가장 높을 것이고 저축에 대한 인센티브도 가장 클 것이며, 결과적으로 요소부존구조의 업그레이드도 가장 빠를 것이다.

기업가들은 제품의 가격과 생산비용만을 고려하지 경제의 요소부존 구조 자체를 고려하지는 않는다. 오직 제품의 가격이 국제 시장의 가격을 반영하고 요소 가격이 요소들의 상대적인 희소성을 반영할 때, 기업가들은 자동적으로 그 경제의 비교우위에 부합하는 산업, 제품, 그리고 기술을 결정한다. 그리고 오직 개방경쟁시장만이 제품과 요소의 가격이 신호의 기능을 할 수 있도록 만든다. 그러므로 개방경쟁시장을 유지하는 것은 요소부존 구조의 빠른 업그레이드를 목표로 하는 정부의 기본적인 기능이 되어야 한다.

요소부존 구조가 업그레이드되면서 이미 자생능력이 있던 기업들은 경쟁시장에서 그들의 자생능력을 유지하기 위해 산업, 제품, 기술을 요소부존 구조에 맞추어 업그레이드하여야 한다. 기업의 산업, 제품, 기술의 업그레이드는 일종의 혁신활동으로써 새로운 산업, 제품 그리고 기술에 대한 정보를 충분히 가지고 있어야 한다. 하지만 이러한 정보는 공공재의 특성을 가지고 있고 정보의 수집과 가공은 엄청난 비용을 발생시키지만 정보를 공유하는 것에는 비용이 거의 들지 않는다. 그러므로 정부는 新산업, 시장, 기술 방면의 정보를 수집하여 이를 산업정책의 형태로 기업들에게 무상으로 제공해야 한다. 6장에서 다루었듯이 정부는 민영기업들이 협조와 외부성 문제를 극복할 수 있도록 도움으로써 산업의 업그레이드를 추진할 수 있다.

국가의 비교우위를 활용한 경제발전 정책은 개발도상국이 선진국과의 기술격차를 충분히 활용하여 저비용으로 기술을 이전받고, 이를 통해 경제발전을 가속화할 수 있도록 한다. 이것은 개발도상국이 소득, 산업, 기술 측면에서 선진국에 접근할 수 있도록 돕는다.[32] 주지해야 할 것은 요소부존 구조의 업그레이드를 목표로 하는 비교우위 발전정책과 산업, 제품, 기술을 직접 업그레이드할 목적의 추월발전정책 모두 산업정책이긴 하지만, 전자의 경우는 산업정책의 지원을 받는 기업이 자생력이 있지만 후자는 지원받는 기업이 자생능력이 없다. 전자가 필요로 하는 보조금은 소량이며 특정한 시기에만 필요하지만, 후자는 정부의 장기적이고 대규모의 우대정책과 지원금을 필요로 한다.

전통적인 계획경제에서 정부의 우선순위에 있던 중공업 관련 기업들은 개방경쟁 시장에서 자생능력이 부족했다. 전통적인 계획경제의 체제이행 목적은 개방경쟁 시장시스템을 구축하는 것이었다. 하지만 전환과정 중에 기업들의 자생능력 문제가 심각한 도전에 직면했다. 체제이행이 안정적이고 성공적인지 여부는 어떻게 이 자생능력 문제를 풀어내는가에 달려 있다.

자생능력이 부족한 기업들은 개방경쟁 시장에서 정부의 도움 없이는 생존할 수가 없다. 따라서 계획경제와 시장경제 사이의 큰 간극을 한 번에 뛰어 넘으려고 하는 충격요법은 필연적으로 대량의 기업파산과 대량실업을 유발하고, 경제적 붕괴와 사회적 불안을 야기한다. 그러므로 정부는 자생능력이 없는 기업들을 계속 보조해주어야 하고, 이 때문에 쇼크만 있고 치료는 없는 당황스러운 결과를 생기는 것이다.

중국의 개혁은 이원화된 이중시스템을 따라서 점진적으로 진행되었다. 중국 정부는 자원 배분에 있어 엄격했던 통제를 조금씩 완화해 왔고, 중국이 비교우위에 있는 영역에서 새로운 시장 진입을 허용했다. 이는 자원배분의 효율성을 향상시키고, 계획경제의 문제점들을 개혁할 수 있는 조건을 만들었다. 다른 한편으로 정부는 계획경제 부문들에 대한 보호나 보조금 지급을 지속하여 그들을 파산의 위험으로부터 막아주고 국유기업들의 자생능력 문제를 해결할 수 있는 여건을 조생해 주었다. 이러한 이원화된 시스템 방식은 사회와 경제의 안정을 유지하면서도 상당히 높은 경제성장을 달성하며, 커다란 문제없이 효과적으로 체제전환을 이끌

---

32 Lin, 2002.

어낼 수 있었다.

국유기업의 자생능력 문제들이 해결되고 난 후에는 기업들이 이윤을 창출할 수 있을 것인지 여부는 신고전학파 경제이론에서 다루듯이 기업지배구조나 시장경쟁의 문제로 옮겨간다. 정부는 기업들의 성과에 더 이상 책임질 필요가 없다. 이 경우에만 과거 계획경제 체제에서 남겨진 국유기업을 보호하거나 보조금을 지급하는 제도를 철저하게 개혁할 수 있고, 비로소 계획경제에서 시장경제 시스템으로 전환하는 것이 완성될 수 있을 것이다.[33]

---

33 Lin, Cai, and Li, 1996; Lin, 2009.

13 참고문헌
Bibliography

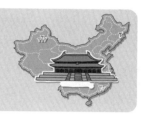

Asian Development Bank. *Key Indicators of Developing Asian and Pacific Countries 1999,* 30 vol. Oxford, UK: Oxford University Press, 1999.

Balcerowicz, Leszek. "Common Fallacies in the Debate on the Transition to a Market Economy." *Economic Policy* 9, no. 19 (1994): 16–50.

Blanchard, Oliver, Rudiger Dornbusch, Paul Krugman, Richard Layard, and Lawrence Summers. *Reform in Eastern Europe.* Cambridge, MA: MIT Press, 1991.

Boycko, Maxim, Andrei Shleifer, and Robert Vishny. *Privatizing Russia.* Cambridge, MA: MIT Press, 1995.

Brada, Josef C., and Arthur E. King. "Sequencing Measures for the Transformation of Socialist Economies to Capitalism: Is There a J-Curve for Economic Reform?" Research Paper Series 13. Socialist Economies Reform Unit, World Bank, Washington, DC, 1991.

Chenery, Hollis B. "Comparative Advantage and Development Policy." *American Economic Review* 51, no. 1 (1961): 18–51.

Dabrowski, Marek. "Ten Years of Polish Economic Transition, 1989–1999." In *Transition: The First Decade,* eds. Mario I. Blejer and Marko Skreb. Cambridge, MA: MIT Press, 2001.

Friedman, Milton. "The Methodology of Positive Economics." *Essays in Positive Economics.* Chicago: University of Chicago Press, 1953.

Gregory, Paul, and Robert Stuart. *Russian and Soviet Economic Performance and Structure,* 7th ed. New York: Addison Wesley, 2001.

Hayek, Friedrich A. ed. *Collectivist Economic Planning*, London: Routledge and Kegan Paul, 1935.

Kolodko, Grzegorz W. "Postcommunist Transitions and Post-Washington Consensus: the Lessons for Policy Reforms." In *Transition: the First Decade*, eds. Mario I. Blejer and Marko Skreb. Cambridge, MA: MIT Press, 2001.

Kornai, Janos. "The Soft Budget Constraint." *Kyklos* 39, no. 1 (1986): 3−30.

Kornai, Janos. *The Road to a Free Economy*. New York: Norton, 1990.

Krueger, Ann O. "The Political Economy of the Rent-seeking Society." *American Economic Review* 64, no. 3 (1974): 291−303.

Kruger, Anne O. *Economic Policy Reform in Developing Countries*. Oxford, UK: Basil Blackwell, 1992.

Lange, Oscar. "On the Economic Theory of Socialism." *Review of Economic Studies* 4, no. 1 (1936): 53−71.

Lin, Justin Y. "Rural Reforms and Agricultural Growth in China." *American Economic Review* 82 (1992): 34−51.

Lin, Justin Y. "Transition to a Market-Oriented Economy: China versus Eastern Europe and Russia." In *The Institutional Foundations of East Asian Economic Development*, eds. Yujiro Hayami and Masahiko Aoki. New York: St. Martin's Press in Association with International Economic Association, 1998.

Lin, Justin Y. "Four Issues on China's Stock Market." Peking University CCER Newsletter 7 (2001).

Lin, Justin Y. "Development Strategy, Viability and Economic Convergence." *Jing Ji Xue Ji Kan* (China Economic Quarterly) 1, no. 2 (2002).

Lin, Justin Y. *Economic Development and Transition: Thought, Strategy, and Viability*. Cambridge: Cambridge University Press, 2009.

Lin, Justin Y. "Viability, Economic Transition and Reflections on Neoclassical Economics." *Kyklos* 58, no. 2 (2005): 239−64.

Lin, Justin Y., and Guofu Tan. "Policy Burdens, Accountability, and the Soft Budget Constraint." *American Economic Review* 89, no. 2 (1999): 426−31.

Lin, Justin Y. and Zhiyun Li. "Policy Burden, Privatization and Soft Budget Constraint," *Journal of Comparative Economics*, 36 (2008): 90-102.

Lin, Justin Y., and Yang Yao. "Chinese Rural Industrialization in the Context of the East Asian Miracle." In *Rethinking theEast Asian Miracle*, eds. Joseph E. Stigilitz and Shahid Yusuf. Oxford, UK: Oxford University Press, 2001.

Lin, Justin Y., Fang Cai, and Zhou Li. *The China Miracle: Development Strategy and Economic Reform*. Hong Kong: Chinese University Press, 1996a.

Lin, Justin Y., Fang Cai, and Zhou Li. "The Lessons of China's Transition to a Market Economy." *Cato Journal* 16, no. 2 (1996b): 201–31.

Lin, Justin Y., Fang Cai, and Zhou Li. *State-owned Enterprise Reform in China*. Hong Kong: Chinese University Press, 2001.

Lin, Yixiang. "The Third Institutional Innovation in Security Market and the State-owned Enterprise Reform." *Jing Ji Yan Jiu* (Economic Research) no. 10 (1999): 46–52.

Lipton, David, and Jeffrey Sachs. "Privatization in Eastern Europe: The Case of Poland." *Brookings Papers on Economic Activities* 2 (1990): 293–341.

Murphy, Kevin, Andrei Schleifer, and Robert Vishny. "The Tradition to a Market Economy; Pitfall of Partial Reform." *Quarterly Journal of Economics* 107, no. 3 (1992): 889–906.

Murrell, Peter. "Can Neoclassical Economics underpin the Reform of Centrally Planned Economies?" *Journal of Economic Perspectives* 5, no. 4 (1991): 59–76.

National Bureau of Statistics of China. *China Statistical Yearbook 2010*. Beijing: China Statistics Press, 2010.

North, Douglass. "The Process of Economic Change." *China Economic Quarterly* 1, no. 4 (2002): 787–802.

Qian, Yingyi, and Chenggan Xu. "Why China's Economic Reforms Differ: The M-Form Hierarchy and Entry/Expansion of the Non-state Sector." *Economics of Transition* 1, no. 2 (1993): 135–70.

Sachs, Jeffrey D., and Wing Thye Woo. "Structural Factors in the Economic Re-forms of China, Eastern Europe and the Former Soviet Union." *Economic Policy* 9, no. 18 (1994): 101–45.

Sachs, Jeffrey D., and Wing Thye Woo. "Understanding China's Economic Performance." Manuscript, May 1997.

Sachs, Jeffrey D., Wing Thye Woo, and Xiaokai Yang. "Economic Reforms and

Constitutional Transition." *Annals of Economics and Finance* 1, no. 2 (2000): 435−91.

Summers, Lawrence H. "Russia and the Soviet Union Then and Now: Comment." In *The Transition in Eastern Europe*, vol. 1, eds. Olivier Jean Blanchard, Kenneth A. Froot, and Jeffrey D. Sachs. Chicago: Chicago University Press, 1994.

Wiles, Peter. "Capitalist Triumphalism in the Eastern European Transition." In *The Transformation of the Communist Economies*, eds. Ha-Joon Chang and Peter Nolan. London: Macmillan Press, 1995.

Williamson, John. "The Washington Consensus Revisited." In *Economic and Social Development into the XXI Century*, ed. Louis Emmerij. Washington, DC: Inter-American Development Bank, 1997.

Woo, Wing Thye. "The Art of Reforming Centrally-Planned Economies: Comparing China, Poland and Russia." Presented at the Conference of the Tradition of Centrally-Planned Economies in Pacific Asia, San Francisco, CA, May 7−8, 1993.

World Bank. *Transition, the First Ten Years: Analysis and Lessons for Eastern Europe and the Former SovietUnion*. Washington, DC: World Bank, 2002.

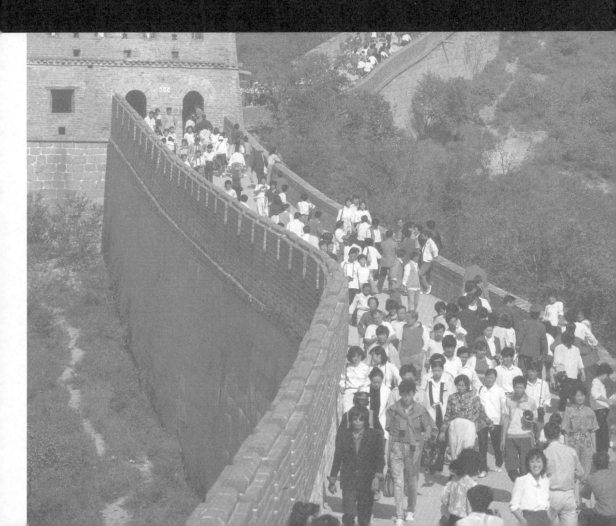

부록

글로벌 불균형과 기축통화

글로벌 불균형과 기축통화

부 록

최근 언론이나 정책 담당자들은 글로벌 불균형 문제를 많이 논의하고 있다. 일반적으로 글로벌 불균형의 원인으로 논의되고 있는 가설은 다음과 같다. 동아시아 경제는 수출주도형 경제성장전략을 채택하고 있는데, 동아시아 외환위기 이후 기축통화를 외환보유고로 많이 보유하려고 하는 자기보험의 동기가 생겼다. 중국 역시 마찬가지로 외환보유고를 축적하였다. 하지만 이러한 가설은 이론적으로는 가능하지만, 현실과도 부합하는가?

수출주도 가설

동아시아 국가들의 무역흑자는 최근 크게 증가하였다(〈그림 1〉). 하지만 동아시아 국가들은 1960년대부터 이미 수출주도형 발전전략을 계속해왔다. 사실 수출주도형 경제발전전략은 무역 흑자를 확대하는 것이 목적이 아니다. 오히려 글로벌 시장에 통합되는 것을 목적으로 하기 때문에 수출뿐만 아니라 수입까지도 확대하

그림 1　　동아시아 국가들의 무역 흑자

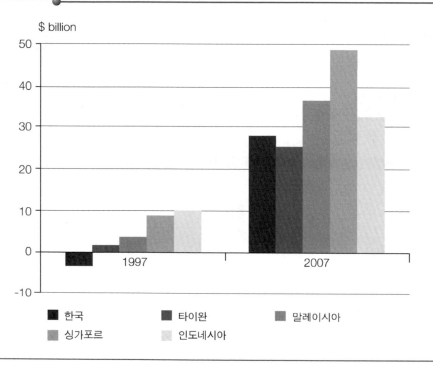

자료: 세계은행.

는 것을 목표로 한다. 이를 통해 일자리를 더 많이 창출하고자 하였다.

　　동아시아 국가들은 지난 수십 년 동안 이러한 과정들을 성공적으로 추진해 왔고, 이를 통해 생활수준이 꾸준히 향상되어 왔다. 동아시아 국가들의 무역은 2000년 이전까지만 해도 전반적으로 균형을 이루었다. 다시 말해 동아시아 국가들의 수출주도형 경제성장전략이 2000년 이후의 글로벌 불균형이 심각해진 가장 중요한 이유라고 볼 수는 없다.

보험으로 외환보유고 축적

1990년대 말 동아시아 외환위기 이후 동아시아 지역의 신흥공업 국가들에서 경상수지 흑자가 커졌다. 이에 따라 이들 나라의 외환보유고가 빠르게 증가하였다. 자기보험동기(self-insurance motivation) 가설은 이런 사실들을 근거로 제시하고 있다. 하지만 주목해야 하는 것은 일본과 독일 역시 2000년대 이후 경상수지의 흑자가 크게 증가하였다는 것이다〈그림 2〉). 하지만 이들 나라의 통화는 국제적으로 통용되는 통화이기 때문에, 구태여 다른 나라의 기축통화를 외환보유고로 축적하는 보험을 들 필요가 없다. 더 나아가서 2005년 이후 중국의 외환보유고와 무역흑자는

그림 2 각국의 무역흑자 추이

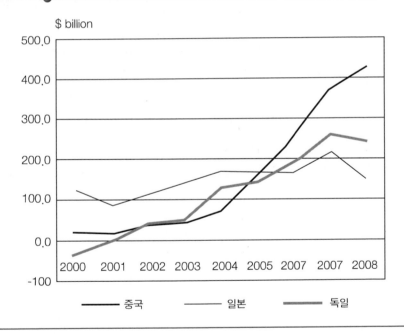

자료: 세계은행.

너무나 많아져서 자기보험동기로 설명할 수가 없다. 적절한 외환보유고 수준을 계산하는 것은 어렵지만, 중국이 보유하고 있는 외환보유고는 보험으로 생각할 수 있는 적절한 수준을 이미 넘어서고 있는 것은 확실하다.

 ## 중국의 환율정책

글로벌 불균형이 심화되기 시작한 것은 2002년 이후이다. 그리고 2003년 이후 중국의 위안화 실질환율이 상당히 저평가되어 있는 것이 글로벌 불균형의 주범으로 지목되었다. 몇 가지 사실로 볼 때 이러한 주장은 맞지 않다. 첫째, 중국의 무역흑자는 2005년 이전까지는 그렇게 크지 않았다. 2003년의 무역흑자는 1997년과 1998년보다도 적었다〈그림 3〉. 심지어 1990년대 말에는 많은 사람들이 중국의 위안화가 고평가되어 있다고 주장했었다. 결국 환율이 아니라 다른 요인이 중국의 무역흑자 확대에 영향을 미친 것이다.

둘째, 중국은 미국 달러 대비 위안화의 환율을 2005년부터 2008년까지 20% 평가절상하였다. 하지만 미국과 중국 간의 무역불균형은 오히려 더욱 증가하였다.

셋째, 같은 기간 다른 대부분의 개도국에서 무역흑자와 외환보유고가 증가하였다〈그림 4〉. 만약 중국 위안화의 환율이 중요한 원인이었다면, 중국과 경쟁관계에 있는 다른 개도국들은 무역흑자가 감소하여 외환보유고가 줄어들어야 했다. 이러한 사실들에 비추어볼 때 최근의 글로벌 불균형은 어떤 다른 요인 때문에 발생한 것이다.

그림 3 글로벌 불균형(세계 GDP 대비 비중, %)

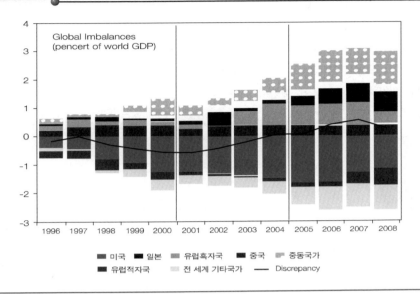

Global Imbalances
(pencert of world GDP)

■ 미국 ■ 일본 ■ 유럽흑자국 ■ 중국 ▨ 중동국가
■ 유럽적자국 ▨ 전 세계 기타국가 —— Discrepancy

자료: 세계은행.

그림 4 개발도상국들의 외환보유고

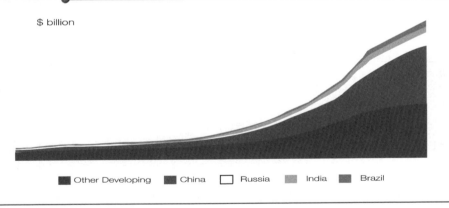

$ billion

■ Other Developing ■ China □ Russia ▨ India ■ Brazil

자료: 세계은행.

다른 가설의 필요성

지금 글로벌 불균형을 설명하고 있는 여러 가설들은 모두 동아시아 국가들이 글로벌 불균형을 일으킨 이유라고 설명하고 있다. 하지만 이 가설들은 기본적인 통계와 맞지 않다. 미국의 중국에 대한 무역적자는 최근 적자규모 면에서는 크게 증가하고 있지만, 전체 미국의 적자에서 동아시아 국가들과의 무역적자가 차지하는 비중은 오히려 감소하였다(〈그림 5〉).

 미국의 무역흑자에서 동아시아 비중의 감소

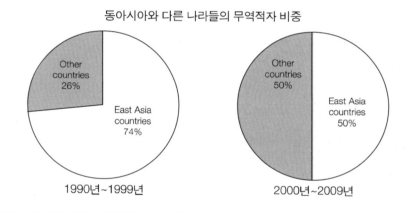

자료: 세계은행.

이런 증거들은 최근 글로벌 금융위기의 원인으로 많이 제시되는 3가지 가설들이 사실은 정확하지 않고, 글로벌 금융위기를 야기한 가장 중요한 원인이 아니라는 것을 의미한다.

한편 중국에 대한 미국의 무역적자가 증가하고 있다는 것은 단순히 동아시아 지역의 다른 나라에서 생산되던 경공업 제품들이 중국으로 생산기지를 옮겨서 수출된다는 것을 반영하고 있다. 동아시아 지역의 지역내 생산 분업화는 더욱 확대

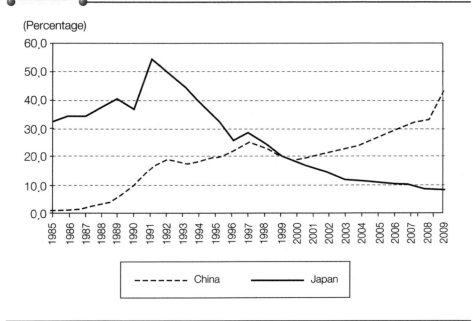

그림 6 미국의 일본과 중국에 대한 무역적자의 비중 변화(%)

(Percentage)

```
60.0
50.0
40.0
30.0
20.0
10.0
 0.0
     1985 1986 1987 1988 1989 1990 1991 1992 1993 1994 1995 1996 1997 1998 1999 2000 2001 2002 2003 2004 2005 2006 2007 2008 2009
```

- - - - - - - China ——————— Japan

자료: 미국 Comtrade database.

되고 있다. 이는 미국 무역적자에서 일본과 중국의 무역적자가 1985년에서 2009년 사이에 완전히 대조적으로 변화되었다는 것에서도 알 수 있다〈그림 6〉.

다른 가설의 제시

내가 제시하는 다른 가설은 국제 금융자산의 구조와 미국의 정책구조와 중점을 두고 있다. 좀 더 구체적으로 설명하자면 다음과 같다. 글로벌 불균형은 미국 달러화가 가장 중요한 전 세계 기축통화의 위치를 차지하고 있는데, 최근 다음과 같은 두 가지 정책변화가 있었기 때문에 발생한 것이다.

첫째는 1980년대 이후 금융분야의 건전성 규제가 규제완화 추세 때문에 약화

그림 7   GDP 증가율의 경향과 사이클 (%)

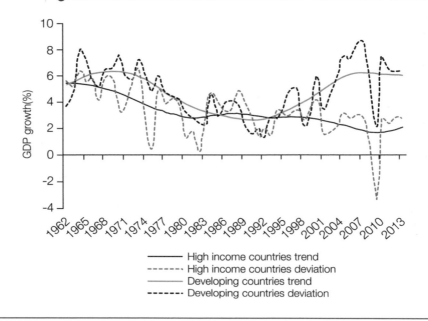

자료: 세계은행.

되었다.

둘째는 미국 연방준비은행이 2001년 닷컴 버블의 붕괴 이후 저이자율 정책을 계속 유지했다.

이러한 정책적인 변화는 사람들에게 대출을 많이 받아서 리스크를 많이 떠안게 하였다. 이로 인해 미국의 부동산 시장과 주식시장에서는 유동성 과잉 때문에 생겨난 거대한 버블이 등장했다. 이러한 버블은 부의 효과를 창출하여 미국 가정들은 과잉소비를 하였다. 뿐만 아니라 미국정부는 아프간과 이라크 전쟁을 수행하는 과정에서 재정적자가 엄청나게 증가하였다.

2000년 이후 전 세계에서 노동집약적 소비재를 가장 많이 생산하는 국가가 중국이었기 때문에, 미국의 중국에 대한 무역적자는 엄청나게 증가한 것이다. 동시에 동아시아 국가들은 중국에 중간재 부품을 많이 수출하였고, 미국에 대해서도 무역흑자를 기록하였다.

하지만 미국 내 유동성이 지나치게 많아지면서, 자본은 개발도상국으로 투자되었다. 개발도상국에 대한 투자는 2000년 2,000억 달러에서 2007년 1조 2,000억 달러로 증가했다. 이러한 외국인투자의 확대에 힘입어 같은 시기 개발도상국들의 경제도 빠르게 성장하였다. 2002년에서 2007년 사이 전 세계 개발도상국들의 성장속도는 기록적으로 높았다.

이렇게 개발도상국들이 외국인투자 확대에 따른 경제성장을 지속하면서 이들 나라에 자본집약적인 기계설비들을 수출하는 일본이나 독일 같은 나라들은 무역흑자가 크게 증가하였다.

이렇게 세계경제의 성장속도가 빨라지면서 석유 같은 천연자원에 대한 수요가 크게 증가하였고 가격이 상승하였다. 결과적으로 천연자원을 수출하는 국가들도 무역흑자가 증가하였다.

미국은 기축통화를 발행하는 국가이기 때문에 다른 나라에서 무역수지나 자본수지 흑자를 통해 축적한 달러는 다시 미국으로 돌아온다. 이 때문에 미국의 자본수지는 흑자를 기록하는 것이다.

🌑 중국과 글로벌 불균형

중국이 많은 무역흑자를 기록하는 가장 중요한 이유가 위안화 실질환율이 저평가되어 있기 때문이라는 주장이 종종 제기된다. 이러한 주장들에 대해서는 다음과 같은 이야기를 할 수 있다. 중국의 무역 분야(교역재: tradable sector)의 생산성은 최근 몇 년간 빠르게 상승하였다. 사무엘슨 이론(Balassa-Samuelson Theorem)에 따르면 이러한 무역 분야의 생산성의 증가는 필연적으로 전반적인 임금의 상승으로 이어져야 한다. 이러한 임금상승은 결과적으로 非무역 분야(非교역재)와 서비스 분야의 가격상승으로 이어져서 실질 환율이 절상되는 효과가 있다.

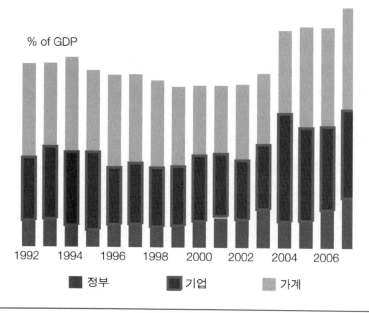

그림 8 중국의 국가 저축 구성(GDP 대비 비중, %)

% of GDP

1992   1994   1996   1998   2000   2002   2004   2006

■ 정부   ■ 기업   ■ 가계

자료: 세계은행.

　하지만 중국은 임금상승과 서비스 분야의 가격상승이 매우 제한되는데, 이는 중국정부가 가격상승을 통제하고 있기 때문이다. 뿐만 아니라 중국은 농촌지역에 아직도 많은 잉여 노동력이 존재하고 있다. 무역 분야의 생산성 증가는 다른 나라처럼 임금상승으로 이어지는 것이 아니라 더 많은 고용을 창출하고 이런 산업의 성장으로 이어지는 것이다. 따라서 사무엘슨의 이론은 중국에는 맞지 않는 것이다. 중국의 실질환율은 균형을 이루고 있는 것이다.

　중국의 경상수지 흑자가 많다는 것은 사실 국내 저축이 매우 많다는 것을 의미한다. 중국의 저축률이 높은 이유에 대해서는 몇 가지 가설이 있다. 중국에는 사회보장 시스템이 발달되어 있지 않기 때문에, 사람들이 노후를 대비하여 저축을 많이 하고 있다는 것이다. 이러한 설명은 가계의 저축 동기에만 주목하고 있다. 하지만 중국의 가계저축이 중국 전체의 높은 저축률을 설명할 수는 없다. 사실 중국의 가계저축이 GDP에서 차지하는 비율은 20%밖에 되지 않아 인도와 비슷한 수준이다.

중국의 저축률이 매우 특이한 진짜 이유는 기업의 저축 비율이 매우 높다는 것이다(〈그림 8〉).기업의 저축률이 높은 이유는 금융시스템과 밀접한 상관이 있다. 앞의 12장에서 언급하였듯이 중국의 금융시스템이 대기업에게만 대출해 주는 왜곡된 상황이기 때문에 많은 기업들이 자체적으로 자금을 조달할 필요가 있다. 개혁을 통해 이러한 왜곡현상들이 시정된다면 저축률이 줄어들고 국내소비가 증가할 수 있을 것이다.

글로벌 불균형과 기축통화의 역할

미국 달러화가 기축통화 역할을 할 수 있었던 것은 미국이 오랫동안 무역적자를 지속할 수 있는 역량이 있기 때문이다. 글로벌 기축통화로서의 달러의 역할은 1980년대 이후의 금융 산업의 규제완화와 2000년대 이후의 저이자율 정책으로 글로벌 불균형을 야기하였다. 이러한 글로벌 불균형을 해소하는 궁극적인 해결 방안은 한 나라의 통화가 글로벌 기축통화가 되는 현재의 시스템을 개혁하여 새로운 기축통화를 도입하는 것뿐이다. 예를 들면 국제통화기금(IMF)의 특별인출권(SDR: special drawing rights) 같은 것이 새로운 글로벌 통용화폐가 될 수 있을 것이다.

하지만 이러한 제도 개혁은 실현 가능성이 높지 않다. 왜냐하면 현재 기축통화의 지위를 차지하고 있는 국가들이 자신의 지위를 자발적으로 포기하지는 않을 것이기 때문이다. 보다 현실 가능성이 큰 시나리오는 여러 기축통화들로 바스켓(basket)을 형성하고, 상황에 따라 이 바스켓의 구성 비율을 조정하는 것이 될 것이다.

기축통화의 윈-윈 전략

　　지금 현재 전 세계 글로벌 경제를 위협하고 있는 가장 중요한 문제는 선진국의 높은 실업률과 과잉 생산능력이다〈그림 9, 10〉). 미국 달러화를 약세로 전환하여 문제를 해결하려는 것은 선진국들 간의 제로섬(zero-sum) 게임을 하는 것이다. 왜냐하면 선진국들 간은 수출품과 수입품의 구성이 비슷하기 때문이다. 미국의 수출이 증가하여 실업문제가 완화되면, 다른 선진국의 수출은 줄고 실업문제는 악화되기 때문이다.

　　개도국의 소비를 증가시키고, 이들 국가의 소비와 투자를 줄이는 것도 해결방법은 아니다. 선진국들은 자본집약적 상품을 주로 생산하여 개도국에 수출하고 있다. 만약 개도국의 투자 증가율이 둔화되면 선진국의 자본집약적 상품에 대한

그림 9　산업생산 규모 지수

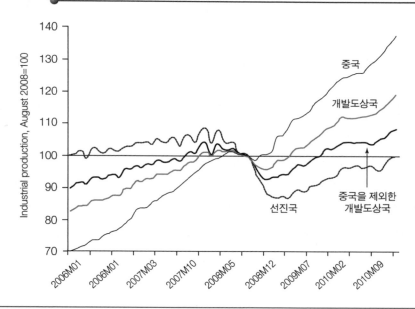

자료: 세계은행.

그림 10   생산 차이(실제 생산과 잠재력과의 차이)

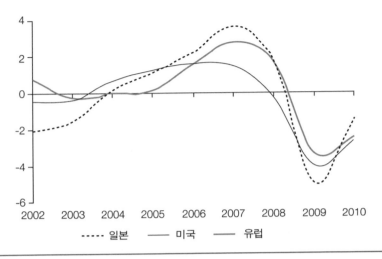

자료: 세계은행.

수요도 오히려 줄어들 것이다.

따라서 현재의 글로벌 위기를 극복하고 장기적으로 글로벌 경제가 성장하도록 하기 위해서는 새로운 국제 금융질서를 확립하고 선진국과 개발도상국의 구조적 개혁을 진행해야 한다. 금융분야에서 우선적으로 실시해야 하는 해결 전략은 글로벌 경기회복 펀드(recovery fund)를 발행하는 것이다. 이 펀드는 기존의 기축통화를 발행하고 있던 나라들과 외환보유고를 많이 가지고 있는 나라들이 구매해야 한다.

이렇게 조성된 펀드 자금으로 개발도상국들의 생산성을 높이는 데 투자해야 한다. 이렇게 투자가 증가하게 되면 선진국에서 생산하는 자본집약적 상품에 대한 수요가 증가한다. 선진국의 경제가 회복되면서 실업률이 줄게 되면 결국 개발도상국들의 경제성장률도 높아진다. 물론 일부 투자는 선진국에 대해서도 이루어질 수 있다. 중요한 것은 투자의 효율성을 높이는 것이다. 이렇게 조성된 펀드 자금이 선진국과 개발도상국의 구조조정에 도움이 되고, 향후 지속적인 성장이 가능할 수 있도록 해야 한다.

찾아보기

저자 약력

Justin Yi Fu LIN(林毅夫)

세계은행(World Bank)의 부총재이자 수석 경제학자이다. 그는 Chicago 대학교에서 1986년 경제학 박사학위를 받고, 1987년 중국으로 돌아왔다. 이후 베이징 대학교 경제학과 교수로, 1994년부터 2008년까지 베이징대학교 중국경제연구소(China Center for Economic Research)의 주임을 역임하였다. 그의 주요 저서로는 *The China Miracle*(1996), *State-Owned Enterprise Reform in China*(2001), *Economic Development and Transition*(2009) 등이 있다.

역자 약력

서봉교(徐逢敎)

현재 동덕여대 중국학과에서 중국경제를 가르치고 있는 교수이다. 서울대학교 중어중문학과 출신으로, 서울대학교 경제학과에서 경제학 박사학위를 받았고, 2007년 중국 칭화대학교 경제관리학원에서도 박사를 받았다. 2000년대 초 LG 경제연구소에서 근무하였고, 2006년부터 2009년까지 삼성 금융연구소 해외금융사 업팀에서 근무하였다. 주요 논문으로는 *Causes for changing performance of the business groups in a transition economy*(2010. 12), *Industrial and Corporate Change, Vol. 19, No. 6*; 중국금융지주회사의 금융사별 특징과 외국 금융사에 대한 시사점(2012), 현대중국연구; 중국 개인 금융자산 포트폴리오의 변화와 외국 금융사에 대한 시사점(2012), 한중사회과학연구 등이 있다.

감수 약력

이근(李根)

현재 서울대학교 경제학과 교수이다. 서울대학교 경제학과 출신으로, 미국 버클리 대학교에서 경제학 박사를 받았다. *Seoul Journal of Economics* 등의 에디터이고, 경제추격연구소의 소장을 역임하고 있다. 주요 논저는 기업간 추격의 경제학(2008), *Assessing China's Economic Catch-up at the Firm-Level and Beyond*(2011) 등이 있다.

세계은행 부총재 린이푸 교수의 **중국 경제 입문**

발행일 2012년 8월 22일 초판인쇄
       2012년 8월 30일 초판발행
저 자 린이푸
역 자 서봉교
감 수 이 근
발행인 황인욱
발행처 圖書出版 오래

주 소 서울특별시 용산구 한강로 2가 156-13
전 화 02-797-8786, 8787, 070-4109-9966
팩 스 02-797-9911
이메일 orebook@naver.com
홈페이지 www.orebook.com
출판신고번호 제302-2010-000029호.(2010. 3. 17)

ISBN 978-89-94707-67-9

가 격 18,000원